한 번에 합격,
자격증은 이기적

이렇게 기막힌 적중률

인증만 하면, **고퀄리티 강의가 무료!**

100% 무료 강의

STEP 1
이기적
홈페이지
접속하기

›

STEP 2
무료동영상
게시판에서
과목 선택하기

›

STEP 3
ISBN 코드
입력 & 단어
인증하기

›

STEP 4
이기적이 준비한
명품 강의로
본격 학습하기

영진닷컴 이기적

1년 365일 이기적이 쏜다!

365일 진행되는 이벤트에 참여하고 다양한 혜택을 누리세요.

EVENT ❶

기출문제 복원

- 이기적 독자 수험생 대상
- 응시일로부터 7일 이내 시험만 가능
- 스터디 카페의 링크 클릭하여 제보

이벤트 자세히 보기 ▶

EVENT ❷

합격 후기 작성

- 이기적 스터디 카페의 가이드 준수
- 네이버 카페 또는 개인 SNS에 등록 후 이기적 스터디 카페에 인증

이벤트 자세히 보기 ▶

EVENT ❸

온라인 서점 리뷰

- 온라인 서점 구매자 대상
- 한줄평 또는 텍스트 & 포토리뷰 작성 후 이기적 스터디 카페에 인증

이벤트 자세히 보기 ▶

EVENT ❹

정오표 제보

- 이름, 연락처 필수 기재
- 도서명, 페이지, 수정사항 작성
- book2@youngjin.com으로 제보

이벤트 자세히 보기 ▶

- N페이 포인트 5,000~20,000원 지급
- 영진닷컴 쇼핑몰 30,000원 적립
- 30,000원 미만의 영진닷컴 도서 증정

※이벤트별 혜택은 변경될 수 있으므로 자세한 내용은 해당 QR을 참고하세요.

이기적이 다 드립니다

여러분은 합격만 하세요! 이기적 합격 성공세트 BIG 4

저자가 직접 알려주는, 무료 동영상 강의

도서와 연계된 동영상 강의 제공!
책으로만 이해하기 어려웠던 내용을 영상으로 쉽게 공부하세요.

무엇이든 물어보세요, 1:1 질문답변

1:1 질문답변부터 다양한 이벤트까지~
이기적 스터디 카페에 접속하여 시험에 관련된 정보들을 받아 가세요.

마지막까지 이기적과 함께, 핵심요약 PDF

시험장에서 많이 떨리실 거예요.
마지막으로 가장 많이 출제되었던 핵심 개념을 정리해 보세요.

더 많은 문제를 원한다면, 적중 모의고사

문제를 더 풀고 연습하고 싶으시다고요?
걱정마세요. 적중률 100% 모의고사까지 아낌없이 드립니다.

※ 〈2025 이기적 정보처리기능사 필기 기본서〉를 구매하고 인증한 수험생에게만 드리는 자료입니다.

스터디 카페 바로가기 ▶

시험 환경 100% 재현!

CBT 온라인 문제집

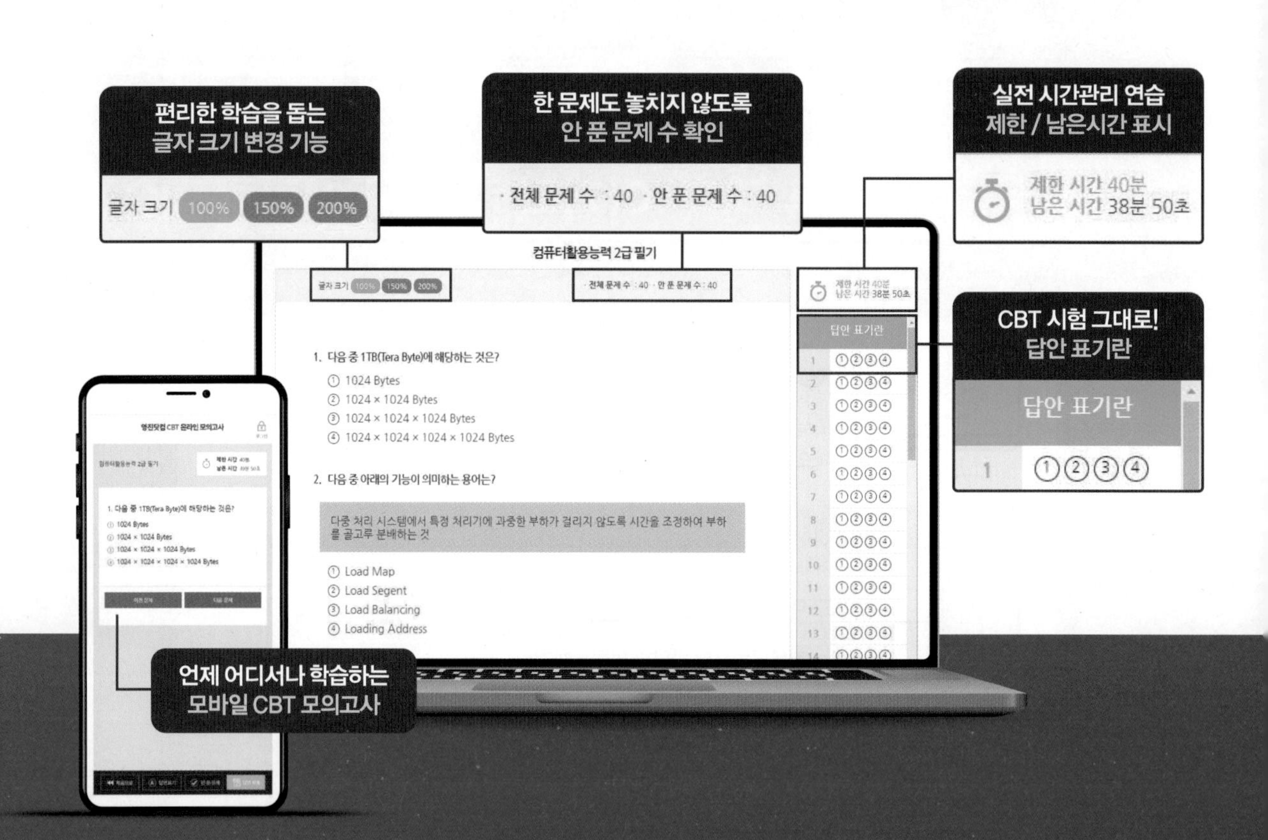

이용 방법

STEP 1
이기적 CBT
cbt.youngjin.com
접속

STEP 2
과목 선택 후
제한시간 안에
풀이

STEP 3
답안 제출하고
합격 여부
확인

STEP 4
틀린 문제는
꼼꼼한 해설로
복습

이기적 CBT

이렇게
기막힌
적중률

정보처리기능사
필기 기본서

1권 · 이론서

"이" 한 권으로 합격의 "기적"을 경험하세요!

YoungJin.com Y.
영진닷컴

차례

출제빈도에 따라 분류하였습니다.
상 : 반드시 보고 가야 하는 이론
중 : 보편적으로 다루어지는 이론
하 : 알고 가면 좋은 이론

표시된 부분은 동영상 강의가 제공됩니다.
이기적 홈페이지(license.youngjin.com)에 접속하여 시청하세요.

▶ 제공하는 동영상과 PDF 자료는 1판 1쇄 기준 2년간 유효합니다.
단, 출제기준안에 따라 동영상 내용은 변경될 수 있습니다.

전자계산기 일반

1권

구매 인증 PDF

모의고사 01~02회

시험장까지 함께 가는 핵심 요약

※ **참여 방법 :** '이기적 스터디 카페' 검색 → 이기적 스터디 카페(cafe.naver.com/yjbooks) 접속 → '구매 인증 PDF 증정' 게시판 → 구매 인증 → 메일로 자료 받기

이 책의 구성

시험에 반드시 나오는 내용으로 꽉 채운 핵심 이론

출제빈도
섹션별 출제빈도를 상중하로 나누어 효율적인 학습이 가능합니다.

빈출 태그
시험에 자주 출제되는 주요 키워드를 태그로 정리했습니다.

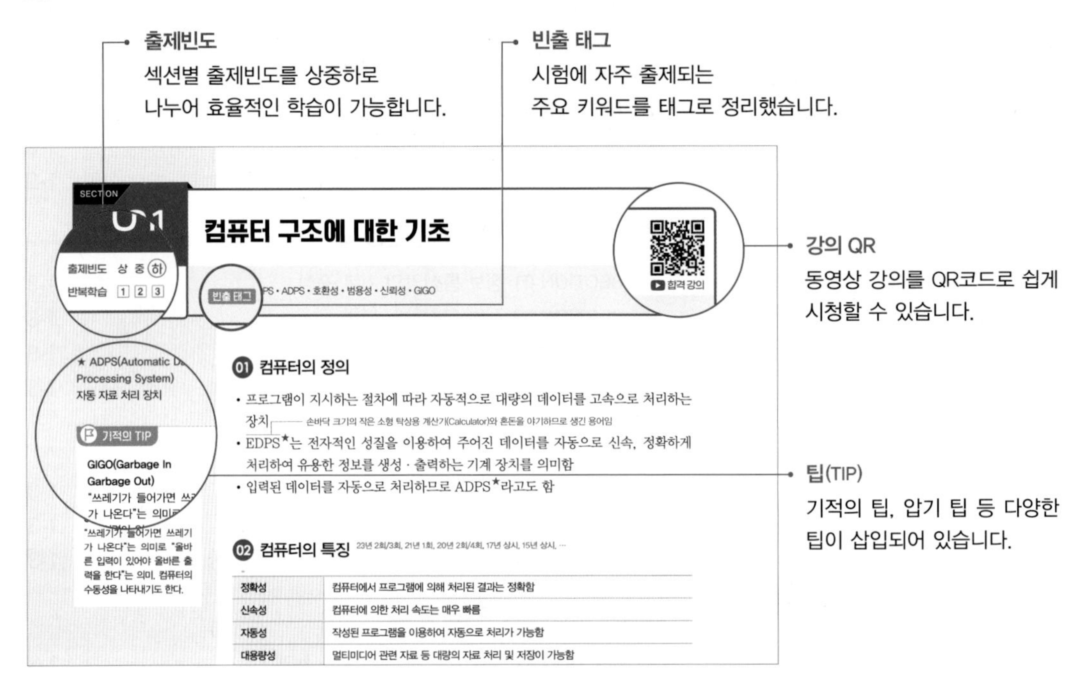

SECTION 01
컴퓨터 구조에 대한 기초
출제빈도 상 중 하
반복학습 1 2 3
빈출 태그
합격 강의
01 컴퓨터의 정의
• 프로그램이 지시하는 절차에 따라 자동적으로 대량의 데이터를 고속으로 처리하는 장치
• EDPS★는 전자적인 성질을 이용하여 주어진 데이터를 자동으로 신속, 정확하게 처리하여 유용한 정보를 생성·출력하는 기계 장치를 의미함
• 입력된 데이터를 자동으로 처리하므로 ADPS★라고도 함
02 컴퓨터의 특징
정확성 컴퓨터에서 프로그램에 의해 처리된 결과는 정확함
신속성 컴퓨터에 의한 처리 속도는 매우 빠름
자동성 작성된 프로그램을 이용하여 자동으로 처리가 가능함
대용량성 멀티미디어 관련 자료 등 대량의 자료 처리 및 저장이 가능함
기적의 TIP
GIGO(Garbage In Garbage Out)

강의 QR
동영상 강의를 QR코드로 쉽게 시청할 수 있습니다.

팁(TIP)
기적의 팁, 암기 팁 등 다양한 팁이 삽입되어 있습니다.

시험에 자주 출제되는 내용만 엄선한 대표 기출 70선

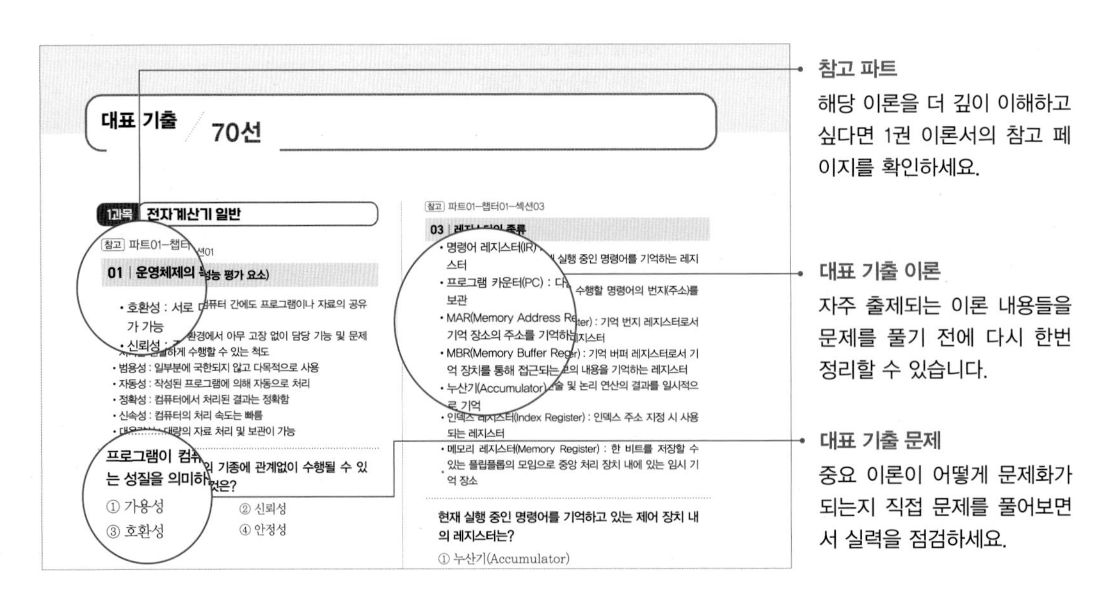

참고 파트
해당 이론을 더 깊이 이해하고 싶다면 1권 이론서의 참고 페이지를 확인하세요.

대표 기출 이론
자주 출제되는 이론 내용들을 문제를 풀기 전에 다시 한번 정리할 수 있습니다.

대표 기출 문제
중요 이론이 어떻게 문제화가 되는지 직접 문제를 풀어보면서 실력을 점검하세요.

실제 시험처럼 풀어보는 최신 기출문제와 자세한 해설

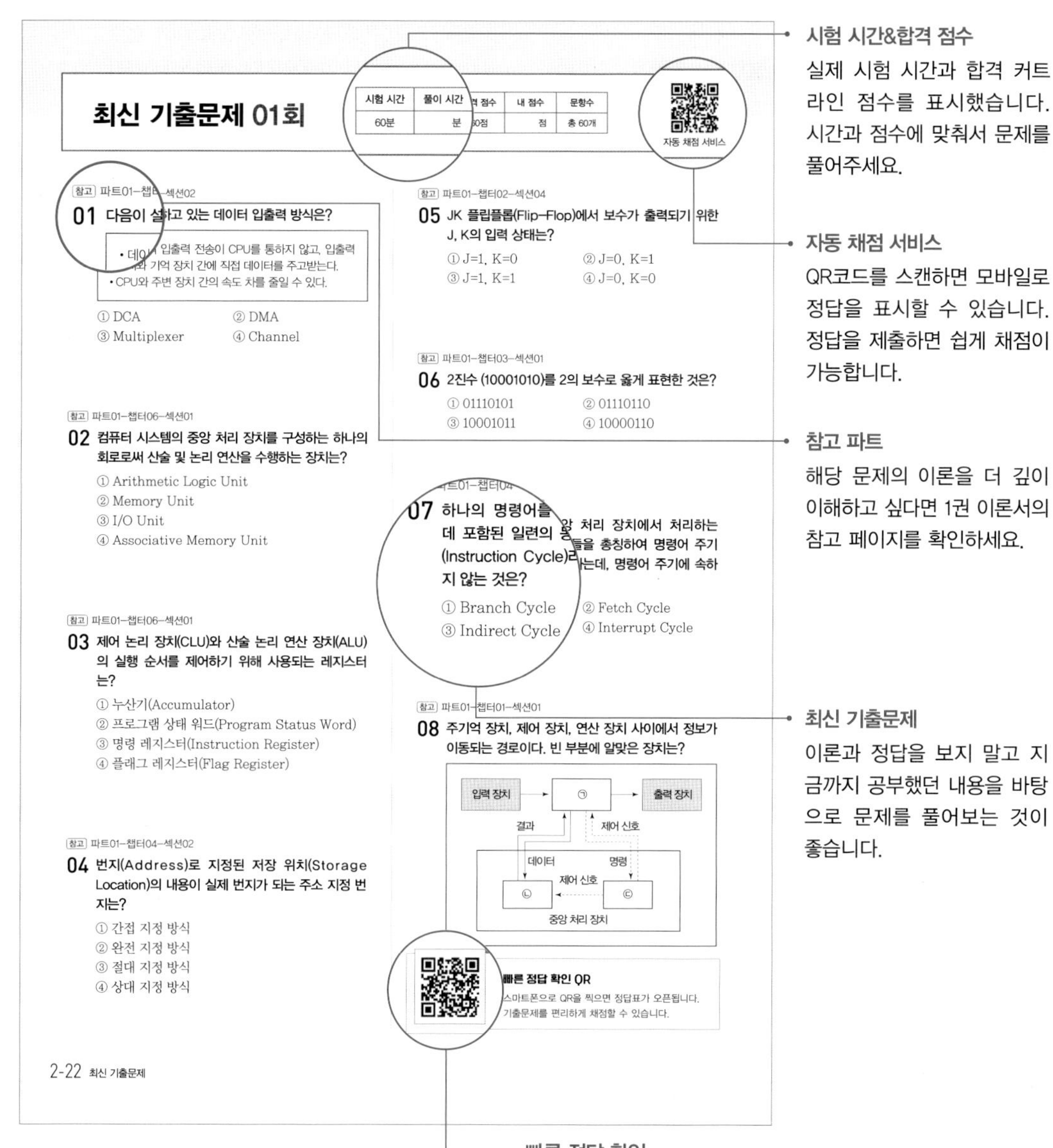

최신 기출문제 01회

시험 시간	풀이 시간	합격 점수	내 점수	문항수
60분	분	60점	점	총 60개

자동 채점 서비스

참고 파트01-챕터04-섹션02

01 다음이 설명하고 있는 데이터 입출력 방식은?

- 데이터 입출력 전송이 CPU를 통하지 않고, 입출력 장치와 기억 장치 간에 직접 데이터를 주고받는다.
- CPU와 주변 장치 간의 속도 차를 줄일 수 있다.

① DCA ② DMA
③ Multiplexer ④ Channel

참고 파트01-챕터06-섹션01

02 컴퓨터 시스템의 중앙 처리 장치를 구성하는 하나의 회로로써 산술 및 논리 연산을 수행하는 장치는?

① Arithmetic Logic Unit
② Memory Unit
③ I/O Unit
④ Associative Memory Unit

참고 파트01-챕터06-섹션01

03 제어 논리 장치(CLU)와 산술 논리 연산 장치(ALU)의 실행 순서를 제어하기 위해 사용되는 레지스터는?

① 누산기(Accumulator)
② 프로그램 상태 워드(Program Status Word)
③ 명령 레지스터(Instruction Register)
④ 플래그 레지스터(Flag Register)

참고 파트01-챕터04-섹션02

04 번지(Address)로 지정된 저장 위치(Storage Location)의 내용이 실제 번지가 되는 주소 지정 번지는?

① 간접 지정 방식
② 완전 지정 방식
③ 절대 지정 방식
④ 상대 지정 방식

참고 파트01-챕터02-섹션04

05 JK 플립플롭(Flip-Flop)에서 보수가 출력되기 위한 J, K의 입력 상태는?

① J=1, K=0 ② J=0, K=1
③ J=1, K=1 ④ J=0, K=0

참고 파트01-챕터03-섹션01

06 2진수 (10001010)를 2의 보수로 옳게 표현한 것은?

① 01110101 ② 01110110
③ 10001011 ④ 10000110

파트01-챕터04

07 하나의 명령어를 중앙 처리 장치에서 처리하는 데 포함된 일련의 동작들을 총칭하여 명령어 주기(Instruction Cycle)라고 하는데, 명령어 주기에 속하지 않는 것은?

① Branch Cycle ② Fetch Cycle
③ Indirect Cycle ④ Interrupt Cycle

참고 파트01-챕터01-섹션01

08 주기억 장치, 제어 장치, 연산 장치 사이에서 정보가 이동되는 경로이다. 빈 부분에 알맞은 장치는?

빠른 정답 확인 QR
스마트폰으로 QR을 찍으면 정답표가 오픈됩니다.
기출문제를 편리하게 채점할 수 있습니다.

2-22 최신 기출문제

시험 시간&합격 점수
실제 시험 시간과 합격 커트라인 점수를 표시했습니다. 시간과 점수에 맞춰서 문제를 풀어주세요.

자동 채점 서비스
QR코드를 스캔하면 모바일로 정답을 표시할 수 있습니다. 정답을 제출하면 쉽게 채점이 가능합니다.

참고 파트
해당 문제의 이론을 더 깊이 이해하고 싶다면 1권 이론서의 참고 페이지를 확인하세요.

최신 기출문제
이론과 정답을 보지 말고 지금까지 공부했던 내용을 바탕으로 문제를 풀어보는 것이 좋습니다.

빠른 정답 확인
QR코드를 스캔하면 해당 회차의 정답지를 확인할 수 있습니다. 모바일로 정답을 보면서 채점해 보세요.

시험의 모든 것

응시 자격 조건 확인

- 누구나 응시 가능
- 정확한 응시 자격은 시행처에서 확인

원서 접수

- 큐넷(www.q-net.or.kr)에서 접수
- 원서 접수 기간에 직접 인터넷으로 접수

시험 응시

- 신분증, 수험표, 기타 준비물 지참
- CBT 시험 방식으로 진행

합격자 발표

- 시험 종료와 동시에 합격 여부 확인
- 큐넷 홈페이지에서도 확인 가능

01 시행처

한국산업인력공단

02 시험 과목

필기	전자계산기 일반, 패키지 활용, PC 운영체제, 정보 통신 일반
실기	정보처리 실무

03 검정 방법

필기	객관식 4지 택일형 60문항(60분, 100점)
실기	필답형(1시간 30분, 100점)

04 합격 기준

필기	100점을 만점으로 하여 60점 이상
실기	100점을 만점으로 하여 60점 이상

05 자격증 발급

신규	인터넷 신청 후 우편 배송
인터넷 발급	• 인터넷 발급 신청하여 우편 수령 • 인터넷 자격증 발급 신청 접수 기간 : 월요일~일요일(24시간) 연중 무휴 • 인터넷을 이용한 자격증 발급 신청이 가능한 경우 – 배송 신청 가능자 : 공단이 본인 확인용 사진을 보유한 경우 (2005년 9월 이후 자격 취득자 및 공인인증 가능자) • 인터넷 우편 배송 신청 전 공단에 직접 방문하여야 하는 경우 – 공단에서 확인된 본인 사진이 없는 경우 – 신분 미확인자인 경우(사진 상이자 포함) – 법령 개정으로 자격 종목의 선택이 필요한 경우 • 인터넷 자격증 발급 시 비용 – 수수료 : 3,100원 / 배송비 : 3,010원
발급 문의	한국산업인력공단 32개 지부/지사

※ 시험과 관련된 사항은 시행처에서 반드시 확인하세요.

06 출제기준

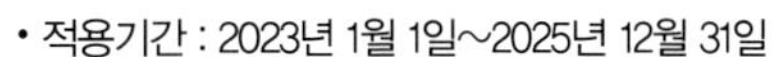
• 적용기간 : 2023년 1월 1일~2025년 12월 31일

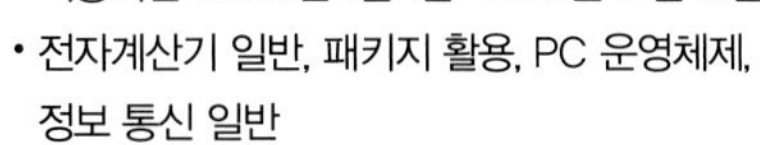
• 전자계산기 일반, 패키지 활용, PC 운영체제, 정보 통신 일반

출제 기준 상세 보기

컴퓨터 구성 및 논리 회로	컴퓨터 시스템 구성, 논리 회로
수의 표현 및 명령어	자료의 표현과 연산, 명령어 및 제어
컴퓨터 구조	입 · 출력 및 기억장치, 연산장치와 마이크로 프로세서
데이터베이스 일반	데이터베이스 활용
SQL의 이해	SQL 활용
패키지 일반	스프레드시트 및 프리젠테이션
운영체제의 일반	운영체제의 개요
운영체제의 종류	DOS/WINDOWS, UNIX/LINUX
전산 영어	운영체제 관련 지식
정보 통신 개요	정보와 정보 통신의 개념, 정보 통신 관련 용어의 정의
정보 전송 회선	전송 선로의 종류와 특성, 통신 속도 및 통신 용량
정보 전송	전송 부호의 종류 및 특성, 정보 전송 방식, 신호 변환 방식, 전송 에러 제어 방식
정보 통신 설비	정보 전송 설비, 정보 교환 설비
통신 프로토콜	프로토콜의 개요, OSI 7계층, TCP/IP
정보 통신망	정보 통신망의 기본 구성, 정보 통신망의 종류 및 특성
뉴 미디어	멀티미디어의 개요 및 표준

시험 출제 경향

전자계산기 일반 기본을 튼튼하게, 14개 이상을 목표로 도전

20문항

01 컴퓨터 시스템의 개요 18%

빈출 태그 컴퓨터의 특징, 정보 처리 속도 단위, 중앙 처리 장치(CPU), 레지스터, 제어장치, 연산 장치운영체제, 제어 프로그램, 처리 프로그램

02 논리 회로 25%

빈출 태그 불 대수, 게이트의 종류 및 의미, 반가산기, 디코더, 전가산기, 디코더, 인코더, 플립플롭의 종류 및 의미

03 자료 표현과 연산 14%

빈출 태그 진법 변환, 보수, 자료 구조, 해밍코드, 그레이 코드, 이항 연산, 단항 연산, 비수치적 연산

04 명령어 및 제어 21%

빈출 태그 명령어 구성, 연산자 기능, 0-주소, 1-주소 형식, 주소 지정 방식, 메이저 스테이트

05 입출력 및 기억 장치 11%

빈출 태그 입출력 채널, DMA, 인터럽트, ROM, RAM

06 연산 장치와 마이크로프로세서 11%

빈출 태그 ALU, 레지스터, CISC, RISC

패키지 활용 쉬운 과목입니다. 최소 7개로 점수 따기

10문항

01 데이터베이스 활용 29%

빈출 태그 DBMS, 데이터베이스 필수 기능, DBA, 스키마, 릴레이션

02 SQL 활용 36%

빈출 태그 SQL, DDL, DML, DCL, 연산자의 종류, 문자 연산자, 집계 함수, 교차 조인, 자연 조인

03 스프레드시트 및 프레젠테이션 35%

빈출 태그 스프레드시트, 셀, 필터, 매크로, 프레젠테이션, 개체, 슬라이드, 시나리오, 작성 순서

PC 운영체제 시간이 없으면 이 부분만이라도 꼭 공부하세요. 다다익선 13개 이상!!

20문항

01 운영체제의 개요 22%

빈출 태그 운영체제의 정의, 성능 평가 요소, 로더, 실시간 처리 시스템, 시분할 처리 시스템, 프로세스, 교착상태, 스케줄링, 페이지 교체 기법

02 DOS 23%

빈출 태그 DOS의 부팅, 시스템 파일, 내부 명령어, 외부 명령어, 배치 파일, 환경 설정 파일

03 Windows 25%

빈출 태그 Windows의 개요, 바로 가기 키, 바로 가기 아이콘, 작업 표시줄, 메모장, 그림판, 폴더, 찾기, 휴지통, 스풀, 버퍼링

04 UNIX 22%

빈출 태그 UNIX 특징, 커널, 셸, 유틸리티, UNIX 기본 명령어, 파일 및 디렉터리 관련 명령어, 시스템 및 파일 관련 명령어

05 Linux 4%

빈출 태그 Linux 특징, Linux 기본 명령어, ls 명령 옵션

06 전산영어 4%

빈출 태그 OS, Cache Memory, Deadlock, Interrupt

정보 통신 일반 모르는 문제는 과감하게 패스하세요. 최소 8개!!

10문항

01 정보 통신 개요 13%

빈출 태그 정보 통신의 개념, 데이터 전송계, 데이터 처리계, 입력 장치, 일괄 처리

02 정보 전송 회선 15%

빈출 태그 동축 케이블, 광섬유 케이블, 단방향 통신, 반이중 통신, 전이중 통신, 전송 속도, BPS, Baud

03 정보 전송 방식 23%

빈출 태그 비동기식 전송, 동기식 전송, PCM, PSK, QAM, 전송 제어 문자, 에러 검출 부호 방식, 잡음, 감쇠, 왜곡

04 정보 통신 설비 17%

빈출 태그 RS-232C, EIA, ITU-T, V 시리즈, X 시리즈, 모뎀, DSU, 다중화기, 코드 분할 다중 접속

05 통신 프로토콜 7%

빈출 태그 프로토콜, HDLC, OSI 참조 모델 7계층

06 정보 통신망 21%

빈출 태그 정보 통신망의 구성 형태와 특징, 회선 교환망, 패킷 교환망, 메시지 교환망, LAN, MAN, WAN, VAN, ISDN, ADSL

07 뉴 미디어 및 인터넷 4%

빈출 태그 비디오텍스, 텔레텍스, VOD

CBT 시험 가이드

CBT란?

CBT는 시험지와 필기구로 응시하는 일반 필기시험과 달리, 컴퓨터 화면으로 시험 문제를 확인하고 그에 따른 정답을 클릭하면 네트워크를 통하여 감독자 PC에 자동으로 수험자의 답안이 저장되는 방식의 시험입니다.
오른쪽 QR코드를 스캔해서 큐넷 CBT를 체험해 보세요!

CBT 필기시험 진행 방식

본인 좌석 확인 후 착석 ➡ 수험자 정보 확인 ➡ 화면 안내에 따라 진행 ➡ 검토 후 최종 답안 제출 ➡ 퇴실

CBT 응시 유의사항

- 수험자마다 문제가 모두 달라요. 문제은행에서 자동 출제됩니다!
- 답지는 따로 없어요!
- 문제를 다 풀면, 반드시 '제출' 버튼을 눌러야만 시험이 종료되어요!
- 시험 종료 안내방송이 따로 없어요.

FAQ

Q CBT 시험이 처음이에요! 시험 당일에는 어떤 것들을 준비해야 좋을까요?

A 시험 20분 전 도착을 목표로 출발하고 시험장에는 주차할 자리가 마땅하지 않은 경우가 많으므로, 대중교통을 이용하는 것을 추천합니다. 무사히 시험 장소에 도착했다면 수험자 입장 시간에 늦지 않게 시험실에 입실하고, 자신의 자리를 확인한 뒤 착석하세요.

Q 기존보다 더 어려워졌을까요?

A 시험 자체의 난이도 차이는 없지만, 랜덤으로 출제되는 CBT 시험 특성상 경우에 따라 유독 어려운 문제가 많이 출제될 수는 있습니다. 이러한 돌발 상황에 대비하기 위해 이기적 CBT 온라인 문제집으로 실제 시험과 동일한 환경에서 미리 연습해두세요.

CBT 진행 순서

좌석번호 확인	수험자 접속 대기 화면에서 본인의 좌석번호를 확인합니다.
⬇	
수험자 정보 확인	시험 감독관이 수험자의 신분을 확인하는 단계입니다. 신분 확인이 끝나면 시험이 시작됩니다.
⬇	
안내사항	시험 안내사항을 확인하고, 다음을 클릭합니다.
⬇	
유의사항	시험과 관련된 유의사항을 확인합니다.
⬇	
문제풀이 메뉴 설명	시험을 볼 때 필요한 메뉴에 대한 설명을 확인합니다. 메뉴를 이용해 글자 크기와 화면 배치를 조정할 수 있습니다. 남은 시간을 확인하며 답을 표기하고, 필요한 경우 아래의 계산기를 이용할 수 있습니다.
⬇	
문제풀이 연습	시험 보기 전, 연습을 해 보는 단계입니다. 직접 시험 메뉴화면을 클릭하며, CBT가 어떻게 진행되는지 확인합니다.
⬇	
시험 준비 완료	문제풀이 연습을 모두 마친 후 [시험 준비 완료] 버튼을 클릭하면 시험 감독관의 지시에 따라 시험이 시작됩니다.
⬇	
시험 시작	시험이 시작되었습니다. 수험자는 제한 시간에 맞추어 문제풀이를 시작합니다.
⬇	
답안 제출	시험을 완료하면 [답안 제출] 버튼을 클릭합니다. 답안을 수정하기 위해 시험화면으로 돌아가고 싶으면 [아니오] 버튼을 클릭합니다.
⬇	
답안 제출 최종 확인	답안 제출 메뉴에서 [예] 버튼을 클릭하면, 수험자의 실수를 방지하기 위해 한 번 더 주의 문구가 나타납니다. 완벽히 시험 문제 풀이가 끝났다면 [예] 버튼을 클릭하여 최종 제출합니다.
⬇	
합격 발표	CBT 시험이 모두 종료되면, 퇴실할 수 있습니다.

이제 완벽하게 CBT 필기시험에 대해 이해하셨나요?
그렇다면 이기적이 준비한 CBT 온라인 문제집으로 학습해 보세요!

이기적 온라인 문제집 : https://cbt.youngjin.com

Q&A

Q **정보처리기능사 시험 접수는 어디에서 하나요?**

A 각 시험에 따라 시험을 주관하는 시행처가 다르며, 정보처리기능사의 경우 '한국산업인력공단'에서 시험을 주관하고 있어요. 한국산업인력공단 자격증 관련 사이트는 포털 사이트에서 큐넷을 검색하거나 주소창에 www.q-net.or.kr을 직접 입력하여 접속할 수 있어요. 시험 접수를 위해서는 큐넷 사이트에 회원가입이 되어 있어야 하며, 시험과 관련된 사항은 시행처에서 관리하므로 시험 일정, 출제기준, 기출문제 등은 시행처에 문의해 주세요.

Q **도대체 CBT 시험이 무엇인가요?**

A CBT 시험이란, Computer Based Test의 줄임말로 컴퓨터를 이용해 시험에 응시하고 성적 처리도 컴퓨터를 통해 이루어지는 시험이에요. 처음 시험을 보러 가면 종이 시험지가 아닌 컴퓨터 앞에서 보는 시험이라 당황할 수 있어요. 이기적 교재 앞쪽에 CBT 시험에 대해 자세하게 설명해 두었으니, QR코드를 스캔하여 CBT 시험에 대해 충분히 이해하고 시험에 보러 가면 당황하지 않을 수 있어요. 실제 시험을 보는 연습을 하려면 이기적 CBT 사이트(cbt.youngjin.com)에 접속하여 연습하세요.

Q **정보처리기능사 필기 시험은 살고 있는 주소지에서만 볼 수 있나요?**

A 아닙니다. 지역에 상관없이 원하는 시험장을 선택할 수 있어요. 필기 접수 기간 내에 인터넷을 이용하여 직접 시험장과 시험 시간을 선택하여 접수하면 됩니다(큐넷 회원가입 후 로그인 필수).

Q **필기 시험일에 주의해야 할 사항이 있을까요?**

A 시험 날짜와 장소는 접수 즉시 확인할 수 있어요. 본인이 신청한 날짜와 장소가 수험표와 일치하는지 반드시 확인하고 시험을 보러가면 됩니다. 시험 당일에는 입실 시간 전에 도착할 수 있도록 여유를 가지고 수험표, 신분증, 필기구 등을 잊지 말고 챙겨가세요.

Q **비전공자인데 정보처리기능사 시험을 준비해도 되나요?**

A 정보처리기능사는 자격 조건이 없는 시험이기 때문에 꼭 전공자가 아니라도 시험을 볼 수 있어요. 기초부터 공부를 시작해야 해서 전공자들보다 힘들 수는 있겠지만 교재와 동영상을 보면서 차근차근 공부하다 보면 자격증을 취득할 수 있을 거예요.

Q **정보처리기능사는 어떻게 공부해야 하나요?**

A 시험에서는 그동안 출제되었던 기출문제를 제대로 이해하고 풀 수 있는지가 가장 중요해요. 이론 내용을 공부하기 막막하다면 일단 기출문제 부분을 풀어보고 자신에게 부족한 부분이 어떤 내용인지 파악한 후에 이론 공부를 시작하는 것도 시간을 단축할 수 있는 좋은 방법입니다.

Q 시험 내용이 너무 어려운 것 같아요.

A 처음 정보처리 분야를 공부하는 수험생이라면 교재의 내용이 어려울 수 있어요. 먼저 교재를 처음부터 끝까지 한 번 가볍게 훑어 본 다음에, 동영상 강의와 함께 차근차근 공부하면 충분히 시험에 합격할 수 있어요. 합격 커트라인을 넘을 수 있도록 포기하는 과목 없이 공부해 두세요.

Q 책에 없는 내용이 시험에 나왔어요.

A 도서는 시행처에서 발표한 출제기준에 부합하도록 구성되어 있어요. 단 문제를 출제하는 시행처에서 가끔 과도한 응용력을 요구하는 함정 문제를 출제하기도 해요. 이럴 때에는 이 한두 문제에 집착하지 말고 다른 문제를 얼른 푼 후에 다시 돌아와서 문제를 푸는 것이 좋아요. 자격증 시험은 100점을 맞아야 합격인 시험이 아니기 때문에, 다른 문제를 잘 풀었다면 틀리라고 출제한 함정 문제 때문에 당락이 결정되지는 않을 거예요.

Q 문제들이 왜 실제 시험과 동일하지 않나요?

A 필기 시험의 경우 컴퓨터로 시험을 보는 CBT 시험 방식으로 진행됩니다. 시험 회차마다 문제가 다르고, 심지어 같은 시험장 안에서도 자리에 따라 시험 문제가 다르게 출제되고 있어요. 저희 도서에 수록된 기출문제들은 그 해에 빈번하게 출제된 문제들을 저자분이 재구성하여 출제한 문제들로, 수험생이 본 문제들과 겹칠 수도 있고 처음 본 문제들일 수도 있어요. 도서 내의 이론과 기출문제를 확실히 이해했다면 처음 본 문제도 충분히 풀 수 있어요.

Q 책에 오류가 있는 것 같아요.

A 수험서 도서에서 가장 중요한 부분이 오류 없는 도서를 출간하는 것임을 항상 명심하고 있습니다. 다만 많은 사람들이 여러 번 확인했음에도 찾지 못한 오류가 있을 수 있어요. 이럴 때에는 정오표 이벤트에 참여(book2@youngjin.com으로 메일 발송)하셔서 더 좋은 도서를 만들 수 있도록 도와주세요. 출간 후 발견되는 정오사항은 이기적 홈페이지 정오표 게시판에 업로드해 두겠습니다.

Q 공부하면서 궁금한 점은 어디에 문의하면 되나요?

A 이기적 수험서를 구매하신 분들은 이기적 스터디 카페(cafe.naver.com/yjbooks)에 가입하면 더욱 다양한 혜택을 받을 수 있어요. 구매인증을 하면 제공되는 추가 자료부터 매일 진행되는 이벤트에 응모할 수 있답니다. 또한 질문답변 게시판에서는 전문가 선생님들과 1:1 질의응답이 가능하니, 공부하면서 궁금한 사항이나 이해가 안 되는 문제의 추가 설명 등을 요청해 보세요. 이기적에서 여러분들의 합격을 응원할게요!

PART

01

전자계산기 일반

파트 소개

20문제가 출제되는 파트로서 주요 내용은 컴퓨터 시스템의 개요, 논리 회로, 자료의 표현과 연산, 명령어 및 제어, 입출력 및 기억 장치, 연산 장치와 마이크로프로세서이며 하드웨어의 기본과 기본 논리 회로, 자료 구성 및 표현 방식, 연산, 명령어, 주소 지정 방식, 입출력 채널과 DMA, 기억 장치, 연산 장치와 마이크로프로세서 등에서 출제 비율이 높은 경향을 보이고 있습니다.

CHAPTER 01

컴퓨터 시스템의 개요

학습 방향

ACC, PC, IR, PSW, 제어 장치, 연산 장치, 누산기, 레지스터, MIPS, 컴퓨터의 호환성, 신뢰성, 로더의 기능 등이 출제되었으며 하드웨어의 기본을 묻는 문제가 높은 비율로 출제되는 경향을 보이고 있습니다. 컴퓨터의 특성은 반드시 암기하시고, 하드웨어의 기본 섹션을 중심으로 기출 문제 위주의 숙지 학습이 필요합니다. 또한 소프트웨어에서 운영체제의 정의와 제어, 처리 프로그램의 종류에 대해 정확히 구분할 수 있도록 공부하세요.

출제빈도

SECTION 01	하	5%
SECTION 02	하	7%
SECTION 03	상	79%
SECTION 04	중	9%

SECTION 01

컴퓨터 구조에 대한 기초

출제빈도 상 중 (하)
반복학습 1 2 3

빈출 태그 EDPS • ADPS • 호환성 • 범용성 • 신뢰성 • GIGO

★ EDPS(Electronic Data Processing System)
전자적 자료 처리 장치

★ ADPS(Automatic Data Processing System)
자동 자료 처리 장치

기적의 TIP

GIGO(Garbage In Garbage Out)
"쓰레기가 들어가면 쓰레기가 나온다"는 의미로 "올바른 입력이 있어야 올바른 출력을 한다"는 의미. 컴퓨터의 수동성을 나타내기도 한다.

01 컴퓨터의 정의

- 프로그램이 지시하는 절차에 따라 자동적으로 대량의 데이터를 고속으로 처리하는 장치 ── 손바닥 크기의 작은 소형 탁상용 계산기(Calculator)와 혼돈을 야기하므로 생긴 용어임
- EDPS★는 전자적인 성질을 이용하여 주어진 데이터를 자동으로 신속, 정확하게 처리하여 유용한 정보를 생성 · 출력하는 기계 장치를 의미함
- 입력된 데이터를 자동으로 처리하므로 ADPS★라고도 함

02 컴퓨터의 특징 23년 2회/3회, 21년 1회, 20년 2회/4회, 17년 상시, 15년 상시, …

정확성	컴퓨터에서 프로그램에 의해 처리된 결과는 정확함
신속성	컴퓨터에 의한 처리 속도는 매우 빠름
자동성	작성된 프로그램을 이용하여 자동으로 처리가 가능함
대용량성	멀티미디어 관련 자료 등 대량의 자료 처리 및 저장이 가능함
호환성	서로 다른 컴퓨터간에도 프로그램이나 자료의 공유가 가능함
범용성	일부분에 국한되지 않고 다목적(사무, 공학, 교육, 의료 등) 분야에서 사용됨
신뢰성	주어진 환경에서 고장 없이 자신의 담당 기능을 원활하게 수행할 수 있는 능력의 척도

※ 단, 창조성은 없음에 유의할 것

암기 TIP

자정 신호 대범
자정에 **신호**를 **대범**하게 보내라! → **자**동성, **정**확성, **신**속성, **신**뢰성, **호**환성, **대**용량성, **범**용성

03 컴퓨터의 정보 처리 과정

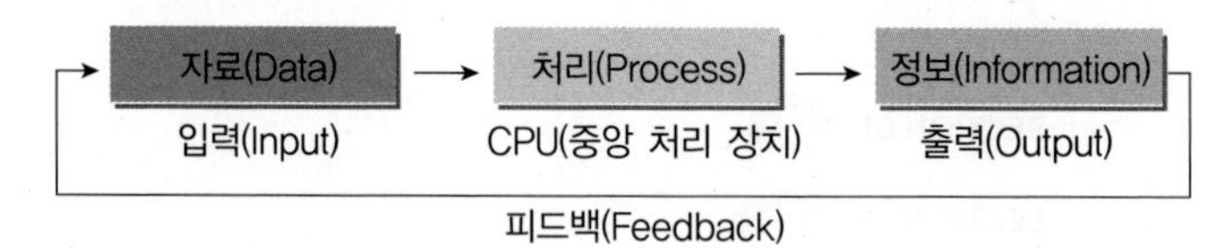

- 입력(Input)된 자료(Data)★가 중앙 처리 장치(CPU)에 의해 처리(Process)되어 정보(Information)★를 출력(Output)
- 피드백(Feedback)은 출력으로 나갈 정보의 이상 유무에 따라 자료를 입력측으로 되돌리는 것을 의미

기적의 TIP

정보 처리의 기본 과정과 컴퓨터의 특성 중 호환성, 범용성, 신뢰성 등이 출제되므로 과정과 용어에 대한 이해와 숙지가 필요합니다.

★ 자료(Data)
컴퓨터에 입력되는 기초 자료로, 처리 이전 상태의 문자나 수치, 그림 등을 의미함

★ 정보(Information)
자료를 처리한 결과로 어떤 목적에 의해 유용하게 활용될 수 있는 상태를 의미함

04 컴퓨터의 구성

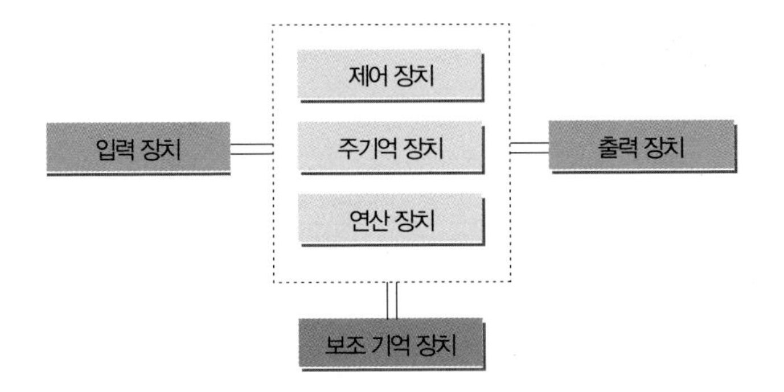

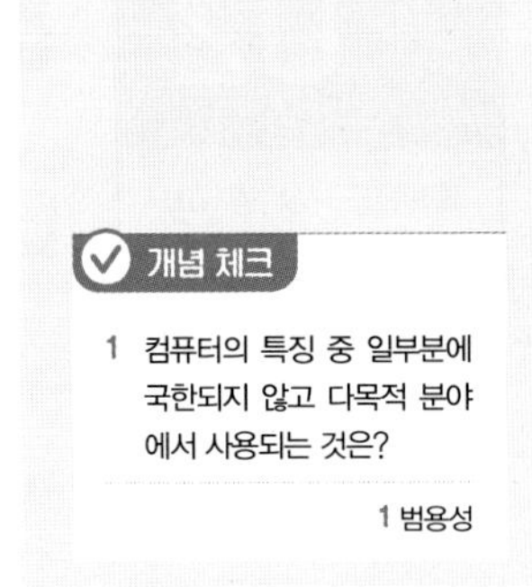

개념 체크
1 컴퓨터의 특징 중 일부분에 국한되지 않고 다목적 분야에서 사용되는 것은?
1 범용성

이론을 확인하는 기출문제

01 다음 중 컴퓨터의 기종에 관계없이 프로그램이 수행될 수 있는 성질을 의미하는 것은?

① 가용성
② 신뢰성
③ 호환성
④ 안정성

호환성 : 서로 다른 컴퓨터 간에도 프로그램이나 자료의 공유가 가능

02 컴퓨터 시스템이 주어진 환경 아래에서 자신의 담당 기능을 원활하게 수행할 수 있는 능력의 척도를 나타내는 것은?

① 호환성
② 가용성
③ 신뢰성
④ 안정성

신뢰성 : 컴퓨터 시스템이 아무 고장 없이 주어진 환경에서 기능을 원활하게 수행하는 문제 처리의 정확성을 나타냄

오답 피하기

- 호환성 : 서로 다른 컴퓨터 간에도 프로그램이나 자료의 공유가 가능
- 범용성 : 여러 가지 목적(다목적)으로 사용

03 다음 그림은 주기억 장치, 제어 장치, 연산 장치 사이에서 정보가 이동되는 경로이다. 빈 부분에 알맞은 장치는?

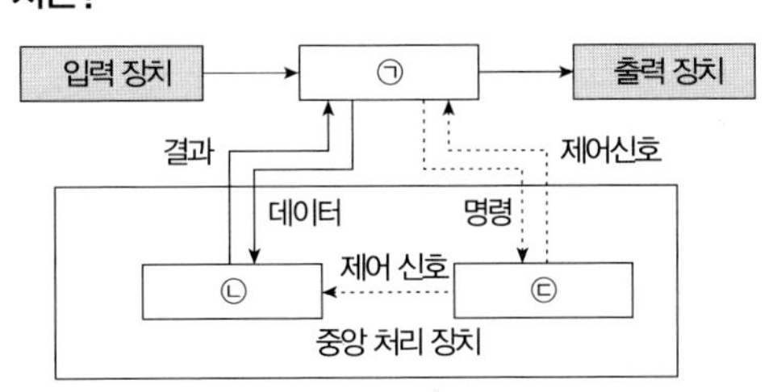

① ㉠ 제어 장치 ㉡ 주기억 장치 ㉢ 연산 장치
② ㉠ 주기억 장치 ㉡ 연산 장치 ㉢ 제어 장치
③ ㉠ 주기억 장치 ㉡ 제어 장치 ㉢ 연산 장치
④ ㉠ 제어 장치 ㉡ 연산 장치 ㉢ 주기억 장치

제어 신호는 제어 장치에서 만듦

정답 01 ③ 02 ③ 03 ②

SECTION 02

컴퓨터의 발달과 분류

출제빈도 상 중 (하)
반복학습 1 2 3

빈출 태그 주요 소자 • 사용 목적에 의한 분류 • 자료 처리에 의한 분류 • LIPS • MIPS

01 기계식 계산기

구분		특징
파스칼의 치차★식 계산기		톱니바퀴의 원리를 이용한 가감산(덧셈, 뺄셈)만 가능한 계산기
라이프니츠 가감승제 계산기		치차식 계산기를 보완하여 가감승제(덧셈, 뺄셈, 곱셈, 나눗셈)가 가능하며 탁상용 계산기의 시조가 됨
배비지	차분 기관	삼각 함수 계산이 가능
	해석 기관	현재의 디지털 컴퓨터의 모체가 됨
홀러리스의 PCS (Punch Card System)		천공(구멍을 뚫는 방식)카드시스템으로 미국의 국세 조사에 사용되며 일괄 처리★의 효시가 됨
마크원(MARK-1)		최초의 기계식 자동 계산기로 에이컨이 제작함

★ 치차
톱니바퀴를 의미함

★ 일괄 처리 방식
(Batch Processing)
한꺼번에(일정 시간, 일정량) 처리하는 방식임

02 전자식 컴퓨터

구분	특징
에니악(ENIAC)	• 1946년 에커트와 모클리가 제작 • 최초의 전자식 계산기 • 외부 프로그램 방식을 사용
에드삭(EDSAC)	• 윌키스가 제작 • 최초로 프로그램 내장 방식 도입
유니박(UNIVAC-1)	• 에커트와 모클리가 제작 • 최초의 상업용 전자 계산기 • 국세조사 및 미국인구의 통계조사 등에 사용
에드박(EDVAC)	• 폰 노이만이 제작 • 프로그램 내장 방식★을 완성하고 이진법을 채택

★ 프로그램 내장 방식
(Stored Program Method)
폰 노이만(Von Neumann)의 프로그램 내장 방식은 기억 장치를 갖추고 계산의 순서를 프로그래밍하여 순서대로 해독하면서 실행하는 방식으로 오늘날의 컴퓨터에 모두 적용됨

암기 TIP
악씨빡빡
에니악, 에드삭(싸), 유니박, 에드박

➕ 더 알기 TIP

컴퓨터의 처리 속도 단위

ms	μs	ns	ps	fs	as
10^{-3}초	10^{-6}초	10^{-9}초	10^{-12}초	10^{-15}초	10^{-18}초
(ms)milli second	(μs)micro second	(ns)nano second	(ps)pico second	(fs)femto second	(as)atto second

암기 TIP
처리 속도 단위
밀마 나피 펨아
밀(리) → 마(이크로) → 나(노) → 피(코) → 펨(토) → 아(토)
기억 용량 단위
갈매기털 팔이
갈(K) → 매(M) → 기(G) → 털(T) → 팔(P) → 이(E)

컴퓨터의 기억 용량 단위

KB	MB	GB	TB	PB	EB
2^{10}(Byte)	2^{20}(Byte)	2^{30}(Byte)	2^{40}(Byte)	2^{50}(Byte)	2^{60}(Byte)
1,024(Byte)	1,024(KB)	1,024(MB)	1,024(GB)	1,024(TB)	1,024(PB)
Kilo Byte	Mega Byte	Giga Byte	Tera Byte	Peta Byte	Exa Byte

03 컴퓨터의 세대별 특징 03년 3월

구분	주요 소자	연산 속도	주기억 장치	사용 언어	특징
제1세대	진공관 (Vacuum Tube)	ms(10^{-3})	자기 드럼	기계어, 어셈블리어	• 하드웨어 개발 중심 • 일괄 처리 시스템 • 속도가 느리고 부피가 큼
제2세대	트랜지스터(TR)	μs(10^{-6})	자기 코어	FORTRAN, COBOL, ALGOL, LISP	• 소프트웨어 중심 • 온라인 실시간 처리 시스템 • 운영체제(OS) 등장 • 다중 프로그래밍★
제3세대	집적 회로(IC) └ 모아서 쌓아 놓은 것	ns(10^{-9})	집적 회로(IC)	BASIC, PASCAL, PL/1	• OMR, OCR, MICR • 시분할 처리(TSS) • 다중 처리★ 시스템 • 경영 정보 시스템(MIS)★
제4세대	고밀도 집적 회로(LSI)	ps(10^{-12})	고밀도 집적 회로(LSI)	C언어, Ada 문제 중심 지향 언어	• 개인용 컴퓨터의 개발 • 마이크로프로세서 개발 • 가상 기억 장치 (Virtual Memory) • 슈퍼 컴퓨터 개발 • 네트워크의 발달
제5세대	초고밀도 집적 회로(VLSI)	fs(10^{-15})	초고밀도 집적 회로(VLSI)	Visual C++, Visual Basic, Java, Delphi 객체 지향 언어	• 인공 지능(AI)★ • 전문가 시스템★ • 퍼지(Fuzzy) 이론★ • 음성 인식 개발 • 의사 결정 지원 시스템(DSS) • 패턴 인식

+ 더 알기 TIP

집적 회로(IC; Integrated Circuit) 11년 7월, 03년 3월

- SSI(Small Scale Integration) : 하나의 실리콘에 1백여 개의 반도체를 집적시킨 것
- MSI(Middle Scale Integration) : 하나의 실리콘에 1천여 개의 반도체를 집적시킨 것
- LSI(Large Scale Integration) : 하나의 실리콘에 1만여 개의 반도체를 집적시킨 것
- VLSI(Very Large Scale Integration) : 하나의 실리콘에 10만여 개의 반도체를 집적시킨 것
- ULSI(Ultra Large Scale Integration) : 하나의 실리콘에 100만여 개의 반도체를 집적시킨 것

★ 다중 프로그래밍 (Multi-programming)
하나의 CPU로 여러 개의 프로그램을 동시에 처리하는 기법

★ 다중 처리((Multi-Processing)
두 개 이상의 CPU로 하나 또는 여러 개의 프로그램을 처리하는 기법

★ 경영 정보 시스템(MIS; Management Information System)
경영 정보를 집계하고 분석하여 기업 활동에 필요한 의사 결정 정보를 제공하는 시스템

★ 인공 지능 (AI; Artificial Intelligence)
인간의 지능을 컴퓨터와 접목시킨 개념의 시스템으로 컴퓨터의 처리 능력을 향상시키기 위한 시스템

★ 전문가 시스템 (Expert System)
의료 진단 등과 같은 특정 분야의 전문가가 수행하는 고도의 업무를 지원하기 위한 컴퓨터 응용 프로그램

★ 퍼지 이론(Fuzzy Theory)
애매하고 불분명한 상황에서 여러 문제들을 두뇌가 판단 결정하는 과정에 대하여 수학적으로 접근하려는 이론으로 가전제품, 자동 제어 분야에 응용한 제품이 출현하고 있음

기적의 TIP

각 세대별 주요 소자와 연산 속도, 특징에 대해서 숙지해 두고 세대별로 구분할 수 있게 공부하세요.

더 알기 TIP

정보 처리 속도 단위 20년 3회, 19년 상시, 14년 상시, 11년 7월, 09년 1월/3월, …

- LIPS(Logical Inference Per Second) : 1초 동안 실행 가능한 논리적 추론 횟수임
- KIPS(Kilo Instruction Per Second) : 1초 동안 1,000개의 연산을 수행함
- MIPS(Million Instruction Per Second) : 1초 동안 1백만 개의 연산을 수행함
- FLOPS(FLoating-point Operation Per Second) : 초당 수행 가능한 부동 소수점 연산임
- MFLOPS(Mega FLoating-point Operation Per Second) : 초당 1백만 회 수행 가능한 부동 소수점 연산임 (Mega: 100만을 의미함)
- GFLOPS(Giga FLoating-point Operation Per Second) : 초당 10억 회 수행 가능한 부동 소수점 연산임

04 컴퓨터의 분류

아날로그 신호의 특성 요소
진폭, 파장, 위상

암기 TIP

아연 · 아빠 · 아증 · 아미
아날로그는 **연**속적인 물리량이다.
아날로그는 **빠**르다.
아날로그는 **증**폭 회로이다.
아날로그는 **미**적분 연산에 이용된다.

① 사용 목적에 의한 분류

전용 컴퓨터	특수 목적용 컴퓨터로 기상관측, 자동 제어, 군사용 등의 특정한 목적을 위해 제작된 컴퓨터
범용 컴퓨터	여러 가지 목적(다목적)을 위해 제작된 컴퓨터로 일반 사무 처리 및 과학 기술 계산 등에 사용

기적의 TIP

디지털과 아날로그의 각 특징과 차이점을 확실하게 구분할 수 있어야 합니다.

② 자료 처리에 의한 분류 24년 1회, 21년 1회, 18년 상시, 08년 7월, 02년 10월, …

분류	취급 데이터	구성 회로	주요 연산	연산 속도	정밀도	기억 장치/프로그램
디지털 컴퓨터 (Digital Computer)	셀 수 있는 이산 데이터 (입출력 : 숫자, 문자 등)	논리 회로	사칙 연산	느림	필요한 한도까지	필요
아날로그 컴퓨터 (Analog Computer)	셀 수 없는 연속적인 물리량 (입력 : 전류, 온도, 속도 등) (출력 : 곡선, 그래프)	증폭 회로	미적분 연산	빠름	제한적 (0.01%까지)	필요 없음
하이브리드 컴퓨터 (Hybrid Computer)	디지털 컴퓨터와 아날로그 컴퓨터의 장점만을 혼합한 조합형 컴퓨터로 현재의 컴퓨터들이 대부분 채택하고 있는 형태					

처리 용량 및 속도(작은 용량, 느린 속도 → 큰 용량, 빠른 속도)
마이크로 컴퓨터 → 미니(소형) 컴퓨터 → 메인(대형) 프레임 → 슈퍼 컴퓨터

마이크로 컴퓨터의 크기 (작은 것 → 큰 것)
팜톱 → 노트북 → 랩톱 → 데스크톱

PDA (Personal Digital Assistants)
팜톱 컴퓨터를 의미하기도 하며, 차세대 개인용 단말기로서 개인의 스케줄 관리, 펜 입력 기능, 사전 검색 기능들을 갖추고 있음

③ 처리 능력에 의한 분류

개인용 컴퓨터 (PC; Personal Computer)	데스크톱(DeskTop)과 휴대용(노트북, 랩톱, 팜톱 등)으로 구분 = 마이크로컴퓨터
워크스테이션 (Workstation)	고성능 컴퓨터로 그래픽, 동영상, 미디(MIDI), 멀티미디어 제작이 가능, 네트워크에서 서버(Server) 역할
소형 컴퓨터(Mini Computer)	PC보다 정보 처리 능력이 뛰어나고 기업체나 학교, 연구소 등에서 사용
대형 컴퓨터 (Main Frame Computer)	소형 컴퓨터보다 규모나 성능이 좋으며 은행이나 정부 기관, 대학 등에서 사용
슈퍼 컴퓨터 (Super Computer)	연산 속도가 빠르며 기상 관측 및 예보, 우주 및 항공 분야 등 고속 계산이 필요한 분야에서 사용하는 초고속 컴퓨터

미디(MIDI): 컴퓨터와 전자 악기의 데이터 교환 규약 (Musical Instrument Digital Interface)

SECTION 03

하드웨어의 기본

출제빈도 상 중 하

반복학습 1 2 3

빈출 태그 하드웨어 • 소프트웨어 • 펌웨어 • 중앙 처리 장치 • 레지스터 • MAR • MBR • IR • PC • ACC • PSW • 플래그 레지스터

01 컴퓨터의 기본 구성

컴퓨터	=	하드웨어★	+	소프트웨어★
인간	=	육체	+	정신(두뇌)

★ 하드웨어(Hardware)
컴퓨터 기기 그 자체

★ 소프트웨어(Software)
하드웨어를 움직여주는 프로그램들

더 알기 TIP

펌웨어(Firmware)

Firm은 '단단한, 견고한'의 의미로 단단한 개념의 ROM에 소프트웨어를 접목시켜 저장한 중간 형태의 특성을 가진 제품(Ware)으로 하드웨어를 교체하지 않아도 소프트웨어를 업그레이드하여 시스템의 성능을 향상시킬 수 있음

02 하드웨어(Hardware)

- Hardware는 '딱딱한 제품'이라는 의미가 있으며 컴퓨터의 기계적인 부분을 의미함
- 본체, 모니터, 프린터, 키보드, 마우스 등의 딱딱한 제품을 통틀어 하드웨어라 함
- 컴퓨터를 구성하는 하드웨어는 입력 장치, 출력 장치, 제어 장치, 연산 장치, 기억 장치로 나누어지며 이를 5대 장치라 함
- 하드웨어의 구성

하드웨어(H/W)					
중앙 처리 장치			주변 장치		
제어 장치	연산 장치	주기억 장치	입력 장치	출력 장치	보조 기억 장치

기적의 TIP

중앙 처리 장치의 구성 요소와 각 기능은 정말 중요하고 시험에 자주 나오는 부분입니다. 꼭!! 숙지하세요.

1) 중앙 처리 장치(CPU; Central Processing Unit) 22년 1회, 20년 3회/4회, 19년 상시 …

- 인간의 두뇌에 해당하는 부분
- 컴퓨터의 중추적인 역할을 담당
- 각 부분의 동작을 제어하고 연산을 수행
- 제어 장치와 연산 장치로 구성

개념 체크

1 연산 장치와 제어 장치로 구성되며 포괄적인 개념에서 주기억 장치를 포함하기도 하는 하드웨어는?

2 중앙 처리 장치 내의 고속 임시 기억 장치는 (   ) 이다.

1 중앙 처리 장치(CPU)
2 레지스터(Register)

① 레지스터(Register) 21년 1회, 20년 4회, 19년 상시, 18년 상시, 17년 상시, …

- 중앙 처리 장치 내의 고속 임시 기억 장치
- 자료를 일시적으로 기억
- 새로운 데이터가 전송되면 먼저 내용은 지워지고 새로운 내용만 기억
- 연산 속도의 향상에 사용 목적이 있음
- 크기는 워드 크기와 메모리의 용량에 따라 달라짐
- 플립플롭(1비트 기억 소자)의 모임

기적의 TIP

출제 빈도가 높은 부분이므로 제어 장치 개념과 관련 레지스터에 대한 확실한 숙지와 이해가 필수입니다.

② 제어 장치(Control Unit) 23년 3회, 21년 1회/2회/3회, 18년 상시, 16년 상시, 15년 상시, 11년 2월/4월/10월, …

- 입력, 출력, 연산, 기억 장치 등을 감시, 감독하는 역할
- 프로그램의 명령을 해독하여 각 장치에게 처리하도록 지시
- 제어 신호를 발행하여 명령어의 처리가 순서적으로 이루어지게 함

MAR(Memory Address Register)	• 기억 번지 레지스터 • 기억 장소의 주소를 기억하는 레지스터
MBR(Memory Buffer Register)	• 기억 버퍼 레지스터 • 기억 장치를 통해 접근되는 정보의 내용을 기억하는 레지스터
IR(Instruction Register)	• 명령 레지스터 • 현재 수행중인 명령어를 기억하는 레지스터
PC(Program Counter) '명령 계수기'라고도 함	• 프로그램 카운터 • 다음에 수행할 명령어의 번지를 기억하는 레지스터
명령 해독기(Instruction Decoder)	IR에 기억된 명령들을 해독해서 각 장치에 제어 신호를 보냄
부호기(Encoder)	중앙 처리 장치에서 실행하기 위한 전기 신호로 변환하여 각 장치에 보내는 기능

암기 TIP

다음에 어디 갈거야? PC방!
PC는 다음에 수행할 명령어의 번지를 기억한답니다.

★ PSW(Program Status Word)
중앙 처리 장치에서 명령이 실행되는 순서를 제어하거나 특정 프로그램에 관련된 컴퓨터 시스템의 상태를 나타내고 유지하기 위한 제어 워드로써 실행 중인 중앙 처리 장치의 상황을 나타내는 것임

③ 연산 장치(Arithmetic & Logic Unit) 23년 1회, 20년 2회/3회/4회, 18년 상시, 17년 상시, 14년 상시, …

프로그램의 사칙, 논리 연산을 수행하고 비교 및 판단, 데이터의 이동, 편집 등을 수행

ACC(ACCumulator)	• 누산기 • 산술 및 논리 연산의 결과를 일시적으로 기억
가산기(Adder)	누산기와 데이터 레지스터의 값을 더하여 누산기에 저장
데이터 레지스터(Data Register)	연산에 사용되는 데이터의 일시적인 저장을 위해 사용되는 레지스터
상태 레지스터(Status Register)	• 현재 상태를 나타내는 레지스터 • 각 비트별로 조건을 할당 • PSW(Program Status Word)★라고도 함
보수기(Complement)	뺄셈이나 나눗셈 연산을 위해 보수로 바꾸어 가산하는 장치

기적의 TIP

PSW(Program Status Word)는 자주 출제되고 있습니다. 아울러 그 외 연산 장치 관련 레지스터들 특히, ACC(누산기)의 확실한 이해와 숙지가 중요합니다.

더 알기 TIP

플래그 레지스터(Flag Register) 17년 상시, 11년 7월, 10년 10월, 08년 7월, 06년 4월, …

제어 논리 장치(CLU)와 산술 논리 연산 장치(ALU)의 실행 순서를 제어하기 위한 레지스터

개념 체크

1 현재 수행 중에 있는 명령어 코드를 저장하고 있는 임시 저장 장치는 명령 레지스터이다. (O, X)

2 연산 장치의 핵심 레지스터로 산술 및 논리 연산의 결과를 일시적으로 기억하는 장치는 (   )이다.

1 ○ 2 누산기(ACC)

2) 주기억 장치

프로그램과 데이터가 기억되는 장치이며, 작업이 수행되는 곳으로 때에 따라 중앙 처리 장치에서 제외되기도 함

3) 주변 장치

① 입력 장치

- 프로그램과 데이터를 특정 입력 매체를 통해 주기억 장치로 입력하는 장치
- 종류 : OMR★, OCR★, MICR★, 스캐너, 디지타이저, 키보드 등

② 출력 장치

- 처리된 특정 프로그램과 데이터를 특정 매체로 출력하는 장치
- 종류 : 프린터, X-Y플로터, 마이크로필름 출력 장치(COM) 등

Computer Output Microfilm

③ 보조 기억 장치

- 대용량의 프로그램이나 데이터를 저장하기 위해 사용하는 기억 장치
- 주기억 장치에 비해 입출력 속도면에서는 느림
- 종류 : HDD(하드 디스크), CD-ROM, DVD, 플로피 디스크 등

★ OMR(Optical Mark Reader)
광학 마크 판독기, 시험 답안 채점용

★ OCR
(Optical Character Reader)
광학 문자 판독기, 공공 요금 지로 청구서

★ MICR
(Magnetic Ink Character Reader)
자기 잉크 문자 판독기, 수표, 어음

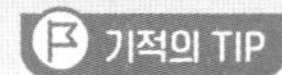

입출력 장치의 종류와 입출력 겸용 장치의 문제가 출제되기에 각 장치의 종류의 이해와 숙지가 필요합니다.

이론을 확인하는 기출문제

01 레지스터에 새로운 데이터를 전송하면 먼저 있던 내용은 어떻게 되는가?

① 기억된 내용에 아무런 변화가 없다.
② 먼저 내용은 지워지고 새로운 내용만 기억된다.
③ 먼저 내용은 다른 곳으로 전송되고 새로운 내용만 기억된다.
④ 누산기(Accumulator)에서 덧셈이 이루어진다.

레지스터(Register)는 연산의 결과나 처리할 명령을 기억하는 고속의 임시 기억 장치로 새로운 데이터가 전송되면 전송된 내용만 기억함

02 현재 수행 중에 있는 명령어 코드(Code)를 저장하고 있는 임시 저장 장치는?

① 인덱스 레지스터(Index Register)
② 누산기(Accumulator)
③ 명령 레지스터(Instruction Register)
④ 메모리 레지스터(Memory Register)

명령 레지스터(IR) : 현재 수행 중인 명령어를 보관

오답 피하기

- 인덱스 레지스터(Index Register) : 인덱스 주소 지정시 사용되는 레지스터
- 누산기(Accumulator) : 연산 장치의 핵심 레지스터로서 산술 및 논리 연산의 결과를 일시적으로 기억하는 장치

03 중앙 처리 장치에서 명령이 실행될 차례를 제어하거나 특정 프로그램과 관련된 컴퓨터 시스템의 상태를 나타내고 유지해 두기 위한 제어 워드로서, 실행 중인 CPU의 상태를 포함하고 있는 것은?

① PSW ② SP
③ MAR ④ MBR

PSW(Program Status Word) : 프로그램의 실행에 필요한 정보 및 시스템의 상태를 의미

04 컴퓨터의 중앙 처리 장치(CPU) 구성 부분에 해당되지 않는 것은?

① 주기억 장치
② 연산 장치
③ 보조 기억 장치
④ 제어 장치

중앙 처리 장치(CPU) : 제어 장치, 주기억 장치, 연산 장치

오답 피하기

주변 장치 : 입력 장치, 출력 장치, 보조 기억 장치

정답 01 ② 02 ③ 03 ① 04 ③

05 다음에 나열된 내용과 관계 있는 장치는?

논리 회로, 누산기, 가산기, 보수기

① 연산 장치
② 기억 장치
③ 제어 장치
④ 보조 기억 장치

연산 장치에서 사용되는 레지스터 : 누산기, 데이터 레지스터, 가산기, 상태 레지스터, 보수기

오답 피하기

제어 장치에서 사용되는 레지스터 : 프로그램 카운터, 명령 레지스터, 명령 해독기, 번지 해독기, 부호기, 기억 번지 레지스터, 기억 버퍼 레지스터

06 레지스터 중 Program Counter의 기능에 대한 설명으로 옳은 것은?

① 현재 실행 중인 명령어의 내용을 기억한다.
② 주기억 장치의 번지를 기억한다.
③ 연산의 결과를 일시적으로 보관한다.
④ 다음에 수행할 명령어의 번지를 기억한다.

프로그램 카운터(PC) : 다음에 수행할 명령어의 번지(주소)를 보관

오답 피하기

- 명령 레지스터(IR) : 현재 수행중인 명령어를 보관
- MAR(Memory Address Register) : 기억 번지 레지스터로서 기억 장소의 주소를 기억하는 레지스터
- 누산기(Accumulator) : 산술 및 논리 연산의 결과를 일시적으로 기억하는 장치

07 산술 및 논리 연산의 결과를 일시적으로 기억하는 것은?

① 가산기
② 누산기
③ 보수기
④ 감산기

누산기(ACC) : 연산 장치의 핵심 레지스터로서 중간 계산된 결과값을 보관

오답 피하기

- 가산기 : 누산기와 데이터 레지스터의 값을 더하여 누산기에 저장
- 보수기 : 뺄셈이나 나눗셈 연산을 위해 보수로 바꾸어 가산하는 장치
- 감산기 : 컴퓨터에서 2진수를 뺄셈하기 위해 사용되는 논리 회로

08 다음 중 기억 장치로부터 읽혀지거나 기록할 자료를 임시로 보관하는 Register는?

① PC(Program Counter)
② MAR(Memory Address Register)
③ IR(Instruction Register)
④ MBR(Memory Buffer Register)

기억 레지스터(MBR; Memory Buffer Register) : 주기억 장치에서 연산에 필요한 자료를 호출하여 저장

오답 피하기

- 프로그램 카운터(PC; Program Counter) : 다음에 수행할 명령어의 번지를 기억
- 번지 레지스터(MAR; Memory Address Register) : 주기억 장치의 번지를 기억
- 명령 레지스터(IR; Instruction Register) : 현재 수행 중인 명령어의 내용을 기억

정답 05 ① 06 ④ 07 ② 08 ④

SECTION 04

소프트웨어의 기본

출제빈도 상 (중) 하

반복학습 1 2 3

빈출 태그 제어 프로그램 • 처리 프로그램 • 컴파일러 • 인터프리터 • 로드 모듈 • 로더

01 소프트웨어(Software)

- Software의 soft는 '부드러운'의 뜻에서 '눈에 보이지 않는'의 의미로 눈에 보이지 않고 만질 수 없는 프로그램을 말함
- 하드웨어를 움직여주는 프로그램으로, 인간의 정신(두뇌)에 해당하는 역할을 담당
- 시스템 소프트웨어와 응용 소프트웨어로 구성됨

02 시스템 소프트웨어 11년 4월

- 컴퓨터 시스템의 전반적인 운영을 위한 기본적인 소프트웨어
- 종류 : 운영체제(OS; Operating System), 언어 번역기, 유틸리티 프로그램★

① 운영체제(OS; Operating System) 10년 1월/3월, 09년 7월, 08년 10월, 05년 10월, …

- 컴퓨터 하드웨어의 성능을 최대한 효율적으로 운영하기 위해 하드웨어와 사용자 사이에 있는 프로그램
- 제어 프로그램과 처리 프로그램으로 구성
  - 제어 프로그램(Control Program) 20년 3회, 13년 상시, 09년 1월/3월/9월, 07년 9월, 06년 7월, …

감시 프로그램 (Supervisor Program)	컴퓨터 시스템 전체의 작동 상태를 감시, 감독하는 프로그램
작업 관리 프로그램 (Job Management Program)	작업 관련 데이터의 준비와 처리를 관리하는 프로그램
데이터 관리 프로그램 (Data Management Program)	여러 종류의 데이터와 파일을 관리해 주는 프로그램

  - 처리 프로그램(Process Program) 15년 상시, 11년 4월, 10년 1월/7월, 08년 2월, 07년 7월, …

언어 번역 프로그램 (Language Translator Program)	기계어로 번역하기 위한 프로그램
서비스 프로그램 (Service Program)	유틸리티, 정렬/병합 프로그램과 같이 사용 빈도가 높은 프로그램들을 제작 회사에서 미리 프로그램화하여 제공하는 프로그램
문제 처리 프로그램 (Problem Processing Program)	사용자가 업무에 적용하여 그에 따라 작성한 프로그램

★ **유틸리티(Utility) 프로그램**
Utility는 사용자가 컴퓨터를 유용하게 사용할 수 있게 작성된 프로그램을 의미하는 것으로, 컴퓨터 주변 기기의 드라이버나 데이터 파일의 조작 관련 프로그램 등을 가리킴

암기 TIP

(제)감작데
제철인데 과일 중에 감은 작데 → **제**어 프로그램은 **감**시 프로그램, **작**업 관리 프로그램, **데**이터 관리 프로그램으로 구성됨

기적의 TIP

제어 프로그램은 감작데, 즉 감시 프로그램, 작업 관리 프로그램, 데이터 관리 프로그램으로 구성되며 제어이므로 "감시"나 "관리"라는 말이 들어갑니다.

기적의 TIP

컴파일러와 인터프리터의 가장 큰 차이점인 목적 프로그램의 생성 여부를 기억하세요.

컴파일러
- 전체를 한 번에 번역
- 목적 프로그램 생성
- 수행 속도 빠름(효율성 중시)

인터프리터
- 행 단위로 번역
- 목적 프로그램 생성하지 않음
- 수행 속도 느림

★ 디버깅(Debugging)
'De'는 분리하다의 의미가 있으므로 '오류'를 분리한다는 즉, 수정의 의미가 됨

★ 버그(Bug)
'벌레'라는 사전적 의미가 있으며 '오류'를 나타냄

② 언어 번역기의 종류 20년 2회, 16년 상시, 06년 10월, 04년 7월, 03년 1월, …

컴파일러(Compiler)	고급 언어를 기계어로 번역하는 프로그램(FORTRAN, COBOL, PL/1, PASCAL, C 언어 등)으로 전체를 한 번에 번역
어셈블러(Assembler)	어셈블리(Assembly) 언어를 기계어로 번역하는 프로그램
인터프리터(Interpreter)	대화식 언어로 작성된 프로그램을 필요할 때마다 매번 기계어로 번역하여 실행하는 프로그램(BASIC, LISP, SNOBOL, APL 등)으로 행 단위로 번역

- 프리프로세서(Preprocessor, 전처리기) : 고급 언어로 작성된 프로그램을 다른 고급 언어로 번역해 주는 프로그램(기호 변환 작업, Macro 확장 작업 등)
- 크로스 컴파일러(Cross Compiler) : 교차 컴파일러로 다른 기종의 컴퓨터에서 실행할 수 있는 목적 프로그램을 만들기 위한 컴파일러임
- 디버깅(Debugging)★ : 사용자가 프로그램을 작성해서 실행하는 도중에 문법상의 오류나 논리적인 오류가 발생되는 것을 버그(Bug)★라 하며, 에러가 발생된 부분을 찾아내서 옳게 수정하는 과정을 디버깅이라 함

③ 언어 번역 과정 03년 1월, 10년 1월, 18년 상시

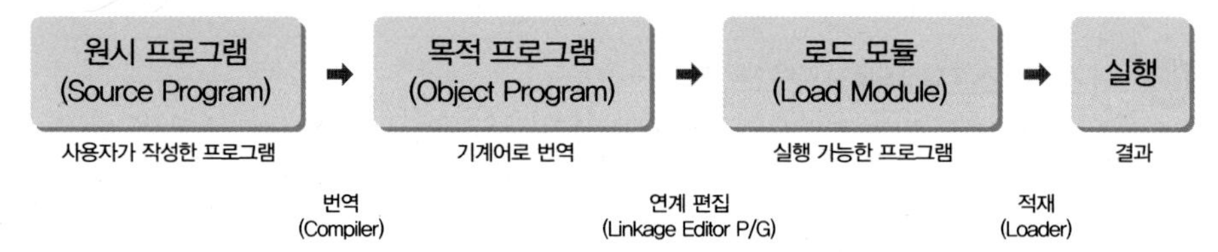

기적의 TIP

언어 번역 과정과 관련 용어는 곧잘 출제되는 내용입니다. 정확한 이해와 숙지가 필요합니다.

- 원시 프로그램(Source Program) : 사용자가 프로그램 언어(고급 언어, 어셈블리어)로 작성한 프로그램
- 언어 번역기(Language Translator) : 특정 프로그래밍 언어로 작성된 내용을 컴퓨터가 이해할 수 있는 기계어로 바꾸어 주는 프로그램(Compiler, Assembler, Interpreter)
- 목적 프로그램(Object Program) : 컴파일러에 의해 기계어로 번역된 프로그램
- 연계 편집(Linkage Editor) : 목적 프로그램을 실행 가능한 프로그램으로 만드는 과정
- 로드 모듈(Load Module) : 실행 가능한 상태의 프로그램
- 로더(Loader) : 로드 모듈 프로그램을 주기억 장치 내로 옮겨서 실행해 주는 소프트웨어

암기 TIP

로더, 너더, 넣어둬
로더 : 주기억 장치로 넣어두는 적재

더 알기 TIP

로더(Loader)의 기능 20년 4회, 19년 상시, 17년 상시, 11년 4월, 10년 3월/10월, …

할당(Allocation), 연결(Linking), 재배치(Relocation), 적재(Loading)

암기 TIP

활(할)을 연속해서 쏘면서 제(재)대로 적중시킨다.
할당, 연결, 재배치, 적재

03 응용 소프트웨어(Application Software)

실제 업무 처리를 위해 개발된 프로그램을 의미하며 워드프로세서, 스프레드시트, 프레젠테이션, 데이터베이스 등이 있음

04 프로그래밍 언어(Programming Language)

- 저급 언어 : 기계가 이해하기 쉽게 구성된 언어로 처리 속도가 빠르며, 어셈블리어와 기계어가 있음
- 고급 언어 : 인간 중심의 언어로 번역기에 의해 기계어로 번역되어 처리되므로 속도가 느림

더 알기 TIP

고급 언어의 종류와 특징

COBOL	사무 처리용 언어
FORTRAN	과학 기술 계산용, 정밀도를 요하는 수치 계산용 언어
C	시스템용 언어, UNIX 운영체제 구현 언어
PASCAL	교육용 언어, 알고리즘 표현이 용이
ALGOL	블록 구조를 가진 최초의 언어, PASCAL 언어의 모체
LISP, SNOBOL	인공지능(AI)용 언어
ADA	시스템용 언어, 병렬 처리 언어
PL/1	ALGOL, FORTRAN, COBOL의 장점을 복합한 언어
BASIC	대화형 언어, 다목적용 언어
C++	C 언어 기반의 객체 지향 개념을 결합하여 만든 언어
JAVA	객체 지향 프로그래밍 언어로 특정 컴퓨터 구조와 무관한 가상 바이트 코드를 사용하며, 플랫폼이 독립적인 언어임

매크로(Macro)
여러 개의 명령문을 하나로 묶어서 일련의 처리 절차를 미리 정의해 두는 기능이나 그러한 기능을 이용하여 만든 명령

매크로 프로세서(Macro Processor)
원시 프로그램에 존재하는 매크로 명령을 실행하여 매크로를 확장하는 기능을 수행하는 프로그램으로, 처리 단계는 매크로 정의 인식, 매크로 정의 보관, 매크로 호출 인식, 매크로 호출 확장 등이 있음

이론을 확인하는 기출문제

01 로더(Loader)가 수행하는 기능으로 옳지 않은 것은?

① 재배치가 가능한 주소들을 할당된 기억 장치에 맞게 변환한다.
② 로드 모듈은 주기억 장치로 읽어 들인다.
③ 프로그램의 수행 순서를 결정한다.
④ 프로그램을 적재할 주기억 장치 내의 공간을 할당한다.

- 로더(Loader) : 기계어로 번역된 목적프로그램을 주기억 장치에 적재하여 실행할 수 있도록 해주는 시스템 프로그램
- 로더(Loader)의 기능 : 할당(Allocation), 연결(Linking), 재배치(Relocation), 적재(Loading) 등이 있음

02 컴퓨터 시스템의 구성은 아래 그림과 같은 개념으로 설명될 수 있다. (   ) 안의 내용으로 가장 적절한 것은?

① Operating System ② Application Program
③ Compiler ④ MODEM

운영체제(OS; Operating System) : 컴퓨터 하드웨어의 성능을 최대한 효율적으로 운영하기 위해 하드웨어와 사용자 사이에 있는 프로그램

정답 01 ③ 02 ①

합격을 다지는 예상문제

01 다음 중 주기억 장치 내에서 고유 번호, 즉 주소를 기억하거나 읽을 때 기억 장소를 편리하게 식별할 수 있도록 자료를 기억할 주소를 알려주는 것은 무엇인가?

① BUS
② MAR
③ MBR
④ MACRO

02 목적 프로그램을 만들지 않고 직접 한 문장씩 번역하여 실행하는 방식의 언어 처리기는?

① 인터프리터(Interpreter)
② 프리프로세서(Preprocessor)
③ 컴파일러(Compiler)
④ 어셈블러(Assembler)

03 인스트럭션 레지스터(Instruction Register), 부호기, 번지 해독기, 제어 계수기 등과 관계 있는 장치는?

① 입력 장치
② 제어 장치
③ 연산 장치
④ 기억 장치

04 로더(Loader)의 기능으로 옳지 않은 것은?

① 재배치(relocation)
② 할당(allocation)
③ 링킹(linking)
④ 번역(compile)

05 현재 실행 중인 명령어를 기억하고 있는 제어 장치 내의 레지스터는?

① 누산기　② 명령어 레지스터
③ 인덱스 레지스터　④ 메모리 레지스터

06 매크로 프로세서의 기본 수행 작업이 아닌 것은?

① 매크로 정의 확장
② 매크로 정의 인식
③ 매크로 정의 저장
④ 매크로 호출 인식

07 산술 연산과 논리 연산을 수행하는 컴퓨터 장치는?

① ALU
② CPU
③ PCS
④ 레지스터

08 자성체를 띤 특수 잉크로 기록된 자료를 읽을 수 있는 장치는?

① OCR
② OMR
③ MICR
④ CRT

09 컴퓨터에 의하여 다음에 실행될 명령어의 주소가 저장되어 있는 기억 장소는?

① 명령어 레지스터(Instruction Register)
② 메모리 레지스터(Memory Register)
③ 인덱스 레지스터(Index Register)
④ 프로그램 카운터(Program Counter)

10 다음 중 컴퓨터의 처리 속도 단위를 느린 순에서 빠른 순으로 옳게 나열한 것은?

① ms → ps → ns → μs → fs → as
② ms → μs → fs → ps → ns → as
③ ms → μs → ns → as → fs → ps
④ ms → μs → ns → ps → fs → as

11 연산 작업을 할 때, 연산의 중간 결과나 데이터 저장시 레지스터를 사용하는 주된 이유는?

① 기억 장소를 절약하기 위하여
② 연산 속도 향상을 위하여
③ 연산의 정확성을 위하여
④ 인터럽트 요청을 방지하기 위하여

12 메이커 측이 제공하는 프로그램 중의 하나로서 몇 번이고 반복하여 공통적으로 사용할 수 있도록 작성된 프로그램을 무엇이라고 하는가?

① Save ② Load
③ Translator ④ Utility

13 중앙 처리 장치의 구성 요소로서 거리가 먼 것은?

① 제어 장치
② 기억 장치
③ 입력 장치
④ 연산 장치

14 다음 중 기계어로 번역된 목적 프로그램을 결합하여 실행 가능한 모듈로 만들어 주는 프로그램은?

① 라이브러리 프로그램
② 연계 편집 프로그램
③ 정렬/병합 프로그램
④ 파일 변환 프로그램

15 다음은 컴퓨터에서 프로그램 언어의 처리 과정을 나타내고 있다. ( ) 안에 들어갈 과정을 차례로 나열한 것은?

컴파일 → (　　) → (　　) → 실행

① 로딩(Loading), 링킹(Linking)
② 링킹(Linking), 로딩(Loading)
③ 어셈블링(Assembling), 링킹(Linking)
④ 링킹(Linking), 어셈블링(Assembling)

16 중앙 처리 장치를 구성하고 있는 ALU, 기억 장치 등을 제어하는 역할을 하는 제어 장치의 구성 요소가 아닌 것은?

① 해독기(Decoder)
② 누산기(Accumulator)
③ 프로그램 카운터(PC)
④ 명령 레지스터(IR)

17 다음 중 세대별 주요 소자의 순서(1세대 → 5세대)가 옳게 나열된 것은?

① 진공관 → IC → TR → LSI → VLSI
② TR → IC → LSI → VLSI → 진공관
③ TR → 진공관 → IC → LSI → VLSI
④ 진공관 → TR → IC → LSI → VLSI

18 다음 중 입력 장치로만 나열된 것은?

① 키보드, OCR, OMR, 라인 프린터
② 키보드, OCR, OMR, 플로터
③ 키보드, 라인 프린터, 플로터, OMR
④ 키보드, OCR, OMR, MICR

19 하드웨어 선정 시 고려 사항으로 옳지 않은 것은?

① 입출력 매체의 다양화에 따른 적응도가 높아야 한다.
② 기억 용량은 소량화되어야 한다.
③ 신뢰성이 향상되어야 한다.
④ 신속한 처리 능력이 보장되어야 한다.

20 운영체제의 제어 프로그램 중 주기억 장치와 보조 기억 장치 사이의 자료 전송, 파일의 조작과 처리, 입출력 자료와 프로그램 간의 논리적 연결 등 시스템에서 취급하는 파일과 데이터를 표준적인 방법으로 처리할 수 있도록 관리하는 프로그램은?

① Supervisor Program
② Data Management Program
③ Job Management Program
④ Problem Processing Program

21 제어 장치의 구성 요소와 관계가 없는 것은?

① 가산기(Adder)
② 번지 디코더(Address Decoder)
③ 명령 레지스터(Instruction Register)
④ 프로그램 계수기(Program Counter)

22 다음 중 컴파일러 기법의 특징으로 옳지 않은 것은?

① 명령 단위별로 번역하여 즉시 실행
② 효율성을 강조한 처리
③ 기억 장소가 많이 필요
④ 정적 자료 구조

23 다음 중 컴퓨터의 기억 용량이 작은 순에서 큰 순으로 올바르게 나열된 것은?

① KB → GB → TB → PB → MB
② KB → MB → GB → PB → TB
③ KB → MB → GB → TB → PB
④ MB → KB → GB → TB → PB

24 다음의 처리 속도 단위와 기억 용량 단위가 옳게 짝지어진 것은?

as(atto second), TB(Tera Byte)

① 10^{-3}, 2^{10} ② 10^{-9}, 2^{20}
③ 10^{-15}, 2^{30} ④ 10^{-18}, 2^{40}

25 다음 중 언어 번역 프로그램이 아닌 것은?

① 어셈블러 ② 인터프리터
③ 로더 ④ 컴파일러

26 다음 설명 중 올바르지 않은 것은?

① GFLOPS : 초당 10억 회 수행 가능한 부동 소수점 연산
② MFLOPS : 초당 1백만 회 수행 가능한 부동 소수점 연산
③ KIPS : 1초 동안 1,000개의 연산을 수행
④ LIPS : 초당 수행 가능한 부동 소수점 연산

27 프로그램을 작성하여 실행하는 동안 논리적인 오류나 언어 문법상의 오류가 발생될 수 있다. 그런 오류를 찾아 제대로 작동하도록 수정하는 과정을 무엇이라 하는가?

① 편집(Edit)
② 로딩(Loading)
③ 버그(Bug)
④ 디버깅(Debugging)

28 숫자나 문자 등 셀 수 있는 이산 데이터의 디지털 컴퓨터와 셀 수 없는 물리량을 취급하는 아날로그 컴퓨터의 장점을 혼합한 조합형 컴퓨터는?

① 워크스테이션(Workstation)
② 슈퍼 컴퓨터(Super Computer)
③ 펌웨어(Firmware)
④ 하이브리드 컴퓨터(Hybrid Computer)

29 **다음 중 연산의 중심이 되는 레지스터와 다음에 실행할 명령의 번지를 기억하는 레지스터로 옳게 짝지어진 것은?**

① ACC, PC
② ACC, MAR
③ PC, MBR
④ IR, Adder

30 **다음 프로그래밍 언어의 쓰임새에 대한 설명 중 가장 올바르지 않은 것은?**

① COBOL – 사무 처리용 언어로 사용
② JAVA – 시스템용 언어로 UNIX 운영체제를 구현하는 데 사용된 언어
③ ADA – 병렬 처리 언어
④ BASIC – 대화형 언어이자 다목적 언어로 주로 사용됨

31 **정보 처리 속도 단위 중 초당 100만 개의 연산을 수행한다는 의미의 단위는?**

① MIPS
② KIPS
③ MFLOPS
④ LIPS

32 **다음 중 Digital형의 양을 바르게 표현한 것은?**

① 온도의 변화
② 식물의 성장
③ 연필의 개수
④ 시간의 흐름

합격을 다지는 예상문제 정답 & 해설

CHAPTER 01

01 ②	02 ①	03 ②	04 ④	05 ②
06 ①	07 ①	08 ③	09 ④	10 ④
11 ②	12 ④	13 ③	14 ②	15 ②
16 ②	17 ④	18 ④	19 ②	20 ②
21 ①	22 ①	23 ③	24 ④	25 ③
26 ④	27 ④	28 ④	29 ①	30 ②
31 ①	32 ③			

01 ②

MAR(Memory Address Register) : 기억 번지 레지스터로, 기억 장소의 주소를 기억하는 레지스터

오답 피하기

- BUS : 연산 장치와 제어 장치 사이에서 자료를 주고받고 지시 신호의 전달이 가능한 통로로 제어 버스, 어드레스 버스, 데이터 버스 등이 있음
- MBR(Memory Buffer Register) : 기억 버퍼 레지스터로, 기억 장치를 통해 접근되는 정보의 내용을 기억하는 레지스터
- MACRO : 여러 개의 명령문을 하나로 묶어서 일련의 처리 절차를 미리 정의해 두는 기능 또는 그러한 기능을 이용하여 만든 명령

02 ①

인터프리터(Interpreter) : 대화식 언어로 작성된 프로그램을 필요할 때 마다 매번 기계어로 번역하여 실행하는 프로그램(BASIC, LISP, SNOBOL, APL 등)으로 행 단위로 번역, 목적 프로그램 생성하지 않음

오답 피하기

- 프리프로세서(Preprocessor) : 고급 언어로 작성된 프로그램을 다른 고급 언어로 번역해 주는 프로그램
- 컴파일러(Compiler) : 고급 언어를 기계어로 번역하는 프로그램(FORTRAN, COBOL, PL/1, PASCAL, C 언어 등)으로 전체를 한 번에 번역
- 어셈블러(Assembler) : 어셈블리(Assembly) 언어를 기계어로 번역하는 프로그램

03 ②

제어 장치 : 프로그램의 명령을 해독하여 각 장치에 보내어 처리하도록 지시하는 장치

오답 피하기

연산 장치 : 프로그램의 연산 명령 실행과 비교, 판단 등을 수행하는 장치로 누산기, 가산기, 상태 레지스터 등과 관계 있음

04 ④

로더(Loader)의 기능은 할당(Allocation), 연결(Linking), 재배치(Relocation), 적재(Loading) 등이 있음

05 ②

IR(Instruction Register) : 명령어 레지스터로, 현재 수행 중인 명령을 기억

오답 피하기

- 누산기(ACC) : 산술 및 논리 연산의 결과를 일시적으로 기억하는 레지스터
- 인덱스 레지스터(Index Register) : 다른 주소값과 더해져서 실제 피연산자의 주소를 만드는 데 사용하는 레지스터
- 메모리 레지스터(Memory Register) : 기억 장소의 주소를 기억하는 레지스터(MAR), 기억 장치를 통해 접근되는 정보의 내용을 기억하는 레지스터(MBR)

06 ①

매크로 프로세서(Macro Processor) : 원시 프로그램에 존재하는 매크로 명령을 실행하여 매크로를 확장하는 기능을 수행하는 프로그램으로, 그 처리 단계는 매크로 정의 인식, 매크로 정의 저장, 매크로 호출 인식, 매크로 호출 확장 등이 있음

07 ①

ALU(Arithmetic & Logic Unit) : 연산 장치로, 산술 연산(사칙 연산)과 논리 연산(비교, 판단 등)을 수행

오답 피하기

- CPU(Central Processing Unit) : 중앙 처리 장치
- PCS(Punch Card System) : 천공 카드 시스템
- 레지스터(Register) : 일시 기억 장치

08 ③

MICR(Magnetic Ink Character Reader) : 자기 잉크 문자 판독기(수표, 어음)

오답 피하기

- OCR(Optical Character Reader) : 광학 문자 판독기(공공요금 지로 청구서)
- OMR(Optical Mark Reader) : 광학 마크 판독기(시험 답안 채점용)
- CRT(Cathode–Ray Tube) : 음극선관, 음극의 전자총으로부터 방출되는 전자빔을 이용하여 형광면상에 화상을 그리는 진공관의 일종(TV 수상기, 컴퓨터의 모니터 화면)

09 ④

프로그램 카운터(Program Counter) : 다음에 실행할 명령의 주소를 저장하는 기억 장소(= 명령 계수기)

오답 피하기

- 명령어 레지스터(Instruction Register) : 현재 수행 중인 명령어를 기억하는 레지스터
- 메모리 레지스터(Memory Register) : 한 비트를 저장할 수 있는 플립플롭의 모임으로, 중앙 처리 장치 내에 있는 임시 기억 장소
- 인덱스 레지스터(Index Register) : 인덱스 주소 지정 시 사용되는 레지스터

10 ④

컴퓨터 처리 속도(느린 순 → 빠른 순) : ms → μs → ns → ps → fs → as

오답 피하기

속도 단위

ms(milli second)	10^{-3}초	μs(micro second)	10^{-6}초
ns(nano second)	10^{-9}초	ps(pico second)	10^{-12}초
fs(femto second)	10^{-15}초	as(atto second)	10^{-18}초

11 ②

레지스터 사용의 주된 이유는 연산 속도의 향상에 있음

오답 피하기

주기억 장치의 자료를 액세스하는 속도보다 레지스터의 속도가 빠르기 때문에 레지스터의 개수가 많을수록 처리 속도가 빠름

12 ④

Utility(유틸리티) : 프로그램의 작성에 유용한 각종 소프트웨어의 총칭으로, 운영체제에 포함되어 있는 에디터, 로더, 링커, 디버거 등이 속함

오답 피하기

- Save(세이브) : 주기억 장치에서 보조 기억 장치로 저장하는 것
- Load(로드) : ① 자기 디스크나 자기 테이프 등의 보조 기억 장치에 저장되어 있는 프로그램이나 데이터를 주기억 장치로 읽어들이는 것 ② 링커에 의해 결합된 로드 모듈을 실행시키기 위해 주기억 장치로 읽어들이는 것
- Translator(언어 번역기) : 기계어로 번역하기 위한 프로그램으로 컴파일러, 어셈블러, 인터프리터 등이 있음

13 ③

주변 장치 : 입력 장치, 출력 장치, 보조 기억 장치 등

오답 피하기

중앙 처리 장치 : 좁은 의미로는 제어와 연산 장치를, 넓은 의미로는 제어, 연산, 주기억 장치를 포함

14 ②

연계 편집 프로그램(Linkage Editor Program) : 목적 프로그램을 실행 가능한 프로그램으로 만들어 주는 프로그램

오답 피하기

- 라이브러리 프로그램((Library Program) : 여러 사용자가 공동으로 사용할 수 있도록 시스템 라이브러리에 저장시켜 놓은 프로그램이나 루틴
- 정렬/병합 프로그램(Sort/Merge Program) : 파일의 레코드를 정해진 순서로 정렬하거나 여러 개의 파일을 병합하여 하나의 정렬된 파일로 만드는 프로그램
- 파일 변환 프로그램 : 어떤 형식의 데이터를 다른 형식으로 바꾸기 위해 사용되는 프로그램

15 ②

컴파일 → 링킹 → 로딩 → 실행

- 연계 편집(Linkage Editor) : 목적 프로그램을 실행 가능한 프로그램으로 만드는 과정
- 로드 모듈(Load Module) : 실행 가능한 상태의 프로그램
- 로더(Loader) : 로드 모듈 프로그램을 주기억 장치 내로 옮겨서 실행해 주는 소프트웨어

16 ②

누산기(ACC) : 연산 장치의 핵심 레지스터로, 명령 수행 중간에 계산된 결과값을 보관

오답 피하기

- 해독기(Decoder) : 2진수로 표시된 입력 조합에 따라 출력이 하나만 동작하도록 만든 회로
- 프로그램 카운터(PC) : 다음에 수행할 명령어의 번지(주소)를 보관
- 명령 레지스터(IR) : 현재 수행 중인 명령어를 보관

17 ④

	1세대	2세대	3세대	4세대	5세대
주요 소자	진공관 (Vacuum Tube)	트랜지스터 (TR)	집적 회로 (IC)	고밀도 집적 회로 (LSI)	초고밀도 집적 회로 (VLSI)

18 ④

입력 장치 : 키보드, 마우스, 스캐너, OMR, OCR, MICR, BCR, 디지타이저 등

오답 피하기

출력 장치 : 표시 장치, 프린터, X-Y 플로터, COM 등

19 ②

기억 장치의 용량은 대량화되고 있는 추세임

오답 피하기

신뢰성과 신속성이 고려되어야 하며, 기억 장치의 크기는 소형화되고 있음

20 ②

데이터 관리 프로그램(Data Management Program) : 여러 종류의 데이터와 파일을 관리해 주는 프로그램

오답 피하기

- 감시 프로그램(Supervisor Program) : 컴퓨터 시스템 전체의 작동 상태를 감시, 감독하는 프로그램
- 작업 관리 프로그램(Job Management Program) : 작업 관련 데이터의 준비와 처리를 관리하는 프로그램
- 문제 처리 프로그램(Problem Processing Program) : 사용자가 업무에 적용하여 그에 따라 작성한 프로그램

21 ①

가산기(Adder) : 연산 장치의 구성 요소임

오답 피하기

제어 장치 : MAR(Memory Address Register), MBR(Memory Buffer Register), IR(Instruction Register), PC(Program Counter), 명령 해독기(Instruction Decoder), 부호기(Encoder) 등

22 ①

인터프리터(Interpreter) : 대화식 언어로 작성된 프로그램을 행 단위로 번역하여 실행

오답 피하기

컴파일러(Compiler) : 전체를 한 번에 번역하며 목적 프로그램을 생성하므로 기억 장소가 필요하고, 정적 자료 구조의 효율성을 중시한 언어 번역기

23 ③

기억 용량(작은 순 → 큰 순) : KB → MB → GB → TB → PB

오답 피하기

기억 용량

- KB(Kilo Byte) = 2^{10}(Byte) = 1,024(Byte)
- MB(Mega Byte) = 2^{20}(Byte) = 1,024(KB)
- GB(Giga Byte) = 2^{30}(Byte) = 1,024(MB)
- TB(Tera Byte) = 2^{40}(Byte) = 1,024(GB)
- PB(Peta Byte) = 2^{50}(Byte) = 1,024(TB)

24 ④

- as(atto second) : 10^{-18}
- TB(Tera Byte) : 2^{40}

25 ③

로더(Loader) : 로드 모듈 프로그램을 주기억 장치 내로 옮겨서 실행해 주는 소프트웨어

오답 피하기

언어 번역 프로그램(Language Translator)의 종류로는 컴파일러(Compiler), 어셈블러(Assembler), 인터프리터(Interpreter) 등이 있음

26 ④

LIPS(Logical Inference Per Second) : 1초 동안 실행 가능한 논리적 추론 횟수임

오답 피하기

FLOPS(FLoating-point Operation Per Second) : 초당 수행 가능한 부동 소수점 연산

27 ④

디버깅(Debugging) : 에러가 발생된 부분을 찾아내서 옳게 수정하는 작업

28 ④

하이브리드 컴퓨터(Hybrid Computer) : 디지털 컴퓨터와 아날로그 컴퓨터의 장점만을 혼합하여 만든 조합형 컴퓨터

29 ①

- ACC(누산기) : 산술 및 논리 연산의 결과를 일시적으로 기억하며 연산의 중심이 되는 레지스터
- PC(Program Counter) : 다음에 수행할 명령어의 번지를 기억하는 레지스터

오답 피하기

- MAR : 기억 장소의 주소를 기억하는 레지스터
- MBR : 기억 장치를 통해 접근되는 정보의 내용을 기억하는 레지스터
- IR : 현재 수행 중인 명령어를 기억하는 레지스터
- Adder(가산기) : 누산기와 데이터 레지스터의 값을 더하여 누산기에 저장

30 ②

JAVA : 객체 지향 프로그래밍 언어로 특정한 컴퓨터 구조와는 무관한 가상 바이트 코드를 사용하여 플랫폼에 독립적인 언어임

오답 피하기

C 언어 : 시스템용 언어로 UNIX 운영체제를 구현하는 데 사용된 언어

31 ①

MIPS(Million Instruction Per Second) : 1초 동안 1백만 개의 연산을 수행하는 것

오답 피하기

- KIPS(Kilo Instruction Per Second)는 1초 동안 1,000개의 연산을 수행함
- MFLOPS(Mega FLoating-point Operation Per Second)는 초당 1백만 회 수행 가능한 부동 소수점 연산임
- LIPS(Logical Inference Per Second)는 1초 동안 실행 가능한 논리적 추론 횟수임

32 ③

디지털형 : 자동차의 수, 연필의 개수와 같은 숫자를 셀 수 있는 데이터

논리 회로

학습 방향

논리식과 논리식의 간략화, 불 대수, NAND, OR, AND, 논리 회로, 반가산기, 전가산기, 플립플롭 등이 출제되었습니다. 논리 회로는 0 또는 1을 값으로 갖는 2진 정보를 처리할 수 있는 기본 회로입니다. 이 장에서는 2진수의 값으로 논리적 동작을 취급하는 불 대수와 논리 회로의 종류에 대한 중점적인 학습이 필수입니다.

출제빈도

섹션	난이도	비율
SECTION 01	상	25%
SECTION 02	상	45%
SECTION 03	중	16%
SECTION 04	중	14%

SECTION 01

불 대수

합격 강의

출제빈도 상 중 하
반복학습 1 2 3

빈출 태그 불 대수 • 기본 성질

01 불 대수 09년 9월, 05년 1월/7월

- 2진수의 값으로 논리적 동작을 취급하는 대수
- 하나의 변수는 0 또는 1의 값을 가짐
- 불 대수★의 연산자는 논리곱(AND), 논리합(OR), 논리 부정(NOT)이 있음

★ 불 대수(Boolean Algebra)
영국의 수학자이자 논리학자인 조지 불(George Boole)이 고안한 논리 수학으로, 디지털 회로의 논리적 동작을 취급하는 대수임

02 불 대수의 기본 성질 23년 2회, 21년 1회/2회, 20년 4회, 19년 상시, 17년 상시, …

기적의 TIP
불 대수의 합, 곱의 법칙과 흡수 법칙, 드모르간의 법칙에서 잘못된 것을 고르는 형식으로 출제됩니다.

종류	논리식	종류	논리식
합의 법칙	$X+0=X$ $X+1=1$ $X+X=X$ $X+\overline{X}=1$	곱의 법칙	$X\cdot 0=0$ $X\cdot 1=X$ $X\cdot X=X$ $X\cdot\overline{X}=0$
교환 법칙	$X+Y=Y+X$ $X\cdot Y=Y\cdot X$	흡수 법칙	$X+X\cdot Y=X$ $X+\overline{X}\cdot Y=X+Y$ $X\cdot(X+Y)=X$
결합 법칙	$X+(Y+Z)=(X+Y)+Z$ $X\cdot(Y\cdot Z)=(X\cdot Y)\cdot Z$	분배 법칙	$X\cdot(Y+Z)=(X\cdot Y)+(X\cdot Z)$ $X+(Y\cdot Z)=(X+Y)\cdot(X+Z)$
대합성의 법칙	$\overline{\overline{X}}=X$	드모르간의 법칙	$\overline{X+Y}=\overline{X}\cdot\overline{Y}$ $\overline{X\cdot Y}=\overline{X}+\overline{Y}$

불 대수의 X의 값에 0과 1을 대입할 수 있으며, $X+1=1$의 경우 X에 0 또는 1을 넣으면 $0+1=1$, $1+1=1$이 되므로 $X+1=1$이 됨

03 논리식의 간략화 23년 3회, 21년 1회, 19년 상시, 18년 상시, 16년 상시, 14년 상시, …

기적의 TIP
불 대수의 기본 성질을 이해했다면 논리식의 간략화는 비교적 쉽습니다. 응용 문제로 많이 출제되니 꼭 숙지해 두세요.

논리 함수를 간략화시키는 방법으로는 불 대수를 이용하는 방법과 카르노 맵을 이용하는 방법이 있음

① $\overline{X}\cdot Y+X\cdot\overline{Y}+X\cdot Y$

$=\overline{X}\cdot Y+X\cdot(\overline{Y}+Y)$ ◀ 분배 법칙 ($X\cdot\overline{Y}+X\cdot Y=X\cdot(\overline{Y}+Y)$)

$=\overline{X}\cdot Y+X\cdot 1$ ◀ 합의 법칙 ($\overline{Y}+Y=1$)

$=\overline{X}\cdot Y+X$ ◀ 곱의 법칙 ($X\cdot 1=X$)

$=X+\overline{X}\cdot Y$ ◀ 교환 법칙 ($X+Y=Y+X$)

$=X+Y$ ◀ 흡수 법칙 ($X+\overline{X}\cdot Y=X+Y$)

② $X + X \cdot Y + \overline{X} \cdot Y$

$= X + Y(X + \overline{X})$ ◀ 분배 법칙 ($X \cdot Y + \overline{X} \cdot Y = Y \cdot (X + \overline{X})$)

$= X + Y \cdot 1$ ◀ 합의 법칙 ($X + \overline{X} = 1$)

$= X + Y$ ◀ 곱의 법칙 ($Y \cdot 1 = Y$)

③ $X + \overline{X} \cdot Y$

$= (X + \overline{X}) \cdot (X + Y)$ ◀ 분배 법칙 ($X + \overline{X} \cdot Y = (X + \overline{X}) \cdot (X + Y)$)

$= 1 \cdot (X + Y)$ ◀ 합의 법칙 ($\overline{X} + X = 1$)

$= X + Y$ ◀ 곱의 법칙 ($X \cdot 1 = X$)

AND 연산

AND 연산자를 나타내는 '·'는 생략 가능

- $X \cdot Y \rightarrow XY$
- $X + X \cdot Y \rightarrow X + XY$

이론을 확인하는 기출문제

01 불 대수의 기본 법칙으로 옳지 않은 것은?

① $X + X = X$　② $X \cdot \overline{X} = 0$

③ $X + \overline{X} = 1$　④ $X + 0 = 0$

합의 법칙 : $X + 0 = X$

02 $Y=(A+B)\ \overline{(A \cdot B)}$와 같은 논리식은?

① $Y = \overline{A}A \cdot B\overline{B}$　② $Y = AB \cdot \overline{AB}$

③ $Y = \overline{A}B + \overline{AB}$　④ $Y = \overline{A}B + A\overline{B}$

- 드모르간 법칙 : $\overline{A+B} = \overline{A} \cdot \overline{B}$, $\overline{A \cdot B} = \overline{A} + \overline{B}$
- $\overline{A \cdot B}$를 드모르간의 법칙을 적용하면 $\overline{A} + \overline{B}$이므로
- $Y = (A + B)(\overline{A} + \overline{B})$
  $= A\overline{A} + A\overline{B} + B\overline{A} + B\overline{B}$ (∵분배 법칙)
  $= A\overline{B} + B\overline{A}$ (∵곱의 법칙 : $A\overline{A} = 0$, $B\overline{B} = 0$)
  $= A\overline{B} + \overline{A}B$ (∵교환 법칙 : $B\overline{A} = \overline{A}B$)

03 $Y=A+\overline{A} \cdot B$를 간소화하면?

① A　② B

③ A + B　④ A · B

$Y = A + \overline{A} \cdot B$
$= (A + \overline{A}) \cdot (A + B)$: 분배 법칙 $A + \overline{A} \cdot B = (A + \overline{A}) \cdot (A + B)$
$= 1 \cdot (A + B)$: 합의 법칙 $(A + \overline{A}) = 1$
$= A + B$: 곱의 법칙 $A \cdot 1 = A$

04 드모르간(De Morgan)의 정리에 의하여 $\overline{A \cdot B}$를 바르게 변환시킨 것은?

① $A + B$　② $A \cdot B$

③ $\overline{A} + \overline{B}$　④ $\overline{A} \cdot B$

드모르간 법칙 : $\overline{A + B} = \overline{A} \cdot \overline{B}$, $\overline{A \cdot B} = \overline{A} + \overline{B}$

05 불 대수의 정리로 옳지 않은 것은?

① $\overline{A} + \overline{B} = \overline{AB}$

② $\overline{A} \cdot A = 0$

③ $A + \overline{B} \cdot B = A + B$

④ $A + A = 1$

A + A = A(합의 법칙)

06 불(Boolean) 대수 $A+\overline{A} \cdot B+\overline{A} \cdot \overline{B}$의 결과값은?

① 0　② 1

③ 2　④ 3

$A + \overline{A} \cdot B + \overline{A} \cdot \overline{B}$
$= A + \overline{A}(B + \overline{B})$
$= A + \overline{A}$ (∵ $B + \overline{B} = 1$)
$= 1$

정답 01 ④ 02 ④ 03 ③ 04 ③ 05 ④ 06 ②

SECTION 02

기본 논리 회로

출제빈도 (상) 중 하
반복학습 1 2 3

빈출 태그 AND • OR • NOT • BUFFER • NAND • NOR • XOR • XNOR

01 게이트(Gate)

- 2진 정보를 처리하기 위한 논리 회로의 기본 소자
- 입력 논리의 필요 조건을 만족하는 결과(0 또는 1)를 산출
- 컴퓨터 하드웨어의 기본 소자

02 게이트의 종류

AND 게이트는 AND에서 D모양을 따서 만들었답니다.

★ AND

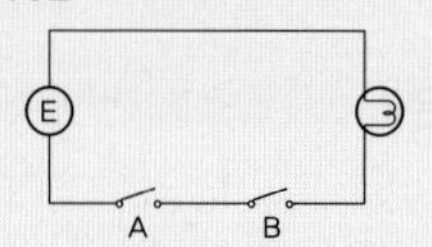

두 개의 입력 스위치가 직렬로 연결, 둘 다 동시에 ON 상태(A=1, B=1)에서 불이 켜짐

1) AND 게이트★ 24년 1회, 20년 2회, 18년 상시, 16년 상시, 12년 상시, 11년 2월/4월, …

- 그리고, 논리곱
- 두 개의 입력값이 모두 1일 때만 출력값이 1이 됨

게이트	논리식	진리표		
		A	B	S
A B S	S = A ∩ B = A · B	0	0	0
		0	1	0
		1	0	0
		1	1	1

★ OR

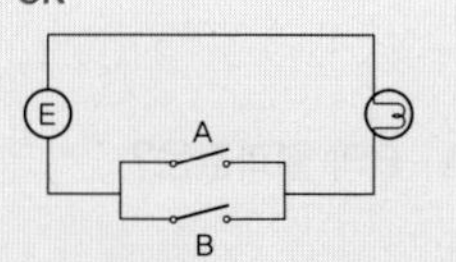

두 개의 입력 스위치가 병렬로 연결, 둘 중 하나만이라도 ON 상태이면 불이 켜짐

2) OR 게이트★ 20년 4회, 19년 상시, 17년 상시, 14년 상시, 11년 2월/4월/10월, …

- 또는, 논리합
- 두 개의 입력값 중 하나 이상이 1이면 출력값이 1이 됨

게이트	논리식	진리표		
		A	B	S
A B S	S = A ∪ B = A + B	0	0	0
		0	1	1
		1	0	1
		1	1	1

3) NOT 게이트(= Inverter) 18년 상시, 11년 2월, 10년 1월/3월/7월, 09년 1월/7월/9월, 08년 7월/10월, …

- …아니다, …않다, 부정을 만드는 논리 연산자
- 입력값의 반대값이 출력

게이트	논리식	진리표	
		A	S
A S	$S = \overline{A} = A'$	0	1
		1	0

암기 TIP

NOT 게이트는 끝에 동그랗게 걸려 있어서 아직 무언가가 끝나지 않았다는 의미로 생각하세요.

더 알기 TIP

다이오드 회로

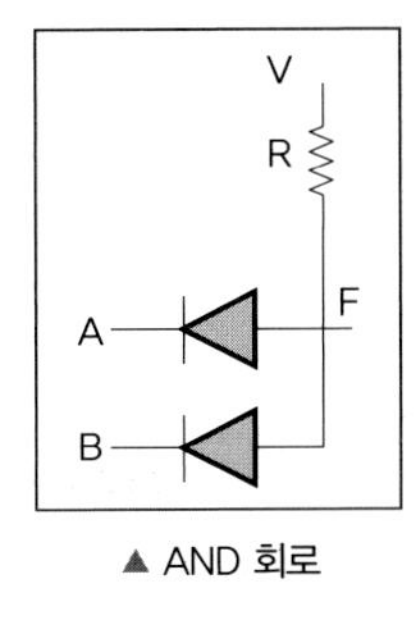

▲ AND 회로

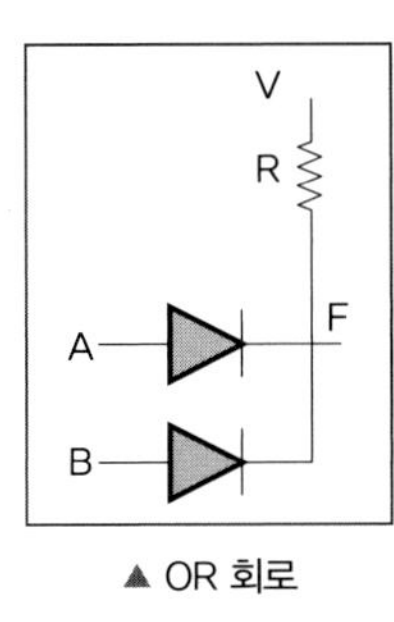

▲ OR 회로

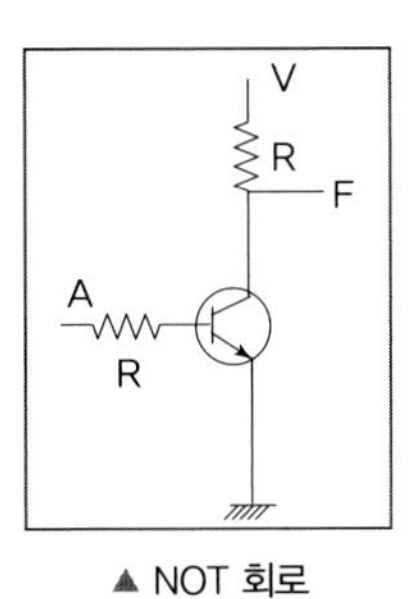

▲ NOT 회로

4) Buffer 게이트

- 완충 장치, 버퍼(기억), 완충역의 의미로 Delay(지연)의 개념
- 입력값 그대로 출력

게이트	논리식	진리표	
		A	S
A S	S = A	0	0
		1	1

5) NAND 게이트 21년 2회, 20년 2회, 18년 상시, 13년 상시, 11년 7월, …

- NOT + AND, [그리고, 논리곱]의 부정
- 두 수 중 하나 이상 0이 입력될 때만 1이 출력(AND 결과의 부정)

게이트	논리식	진리표		
		A	B	S
A B S	$S = \overline{A \cdot B}$ $= \overline{A} + \overline{B}$	0	0	1
		0	1	1
		1	0	1
		1	1	0

개념 체크

1 입력값의 반대값이 출력되는 게이트로 2진수 1의 보수를 구하는 데 사용되는 게이트는?

2 NAND 게이트는 두 수 중 하나 이상 0이 입력되면 0이 출력된다. (O, X)

1 NOT 게이트 2 ×

6) NOR 게이트 21년 4회, 20년 4회, 18년 상시, 14년 상시, 11년 4월, …

- NOT + OR, [또는, 논리합]의 부정
- 두 수 모두 0이 입력될 때만 1이 출력(OR 결과의 부정)

게이트	논리식	진리표		
		A	B	S
A, B → NOR → S	$S = \overline{A + B} = \overline{A} \cdot \overline{B}$	0	0	1
		0	1	0
		1	0	0
		1	1	0

7) XOR 게이트(eXclusive OR) 20년 4회, 19년 상시, 16년 상시, 15년 상시, 11년 4월, …

- eXclusive OR, 배타적 논리합
- 둘 중 하나의 값이 1일 때만(서로 다를 때) 출력값이 1이 됨

게이트	논리식	진리표		
		A	B	S
A, B → XOR → S	$S = \overline{A} \cdot B + A \cdot \overline{B} = A \oplus B$	0	0	0
		0	1	1
		1	0	1
		1	1	0

암기 TIP

XOR은 입력이 서로 다를 때(X) 출력이 1이 된다고 암기하세요. 또한 A⊕B에서 ⊕도 XOR에서 X와 O가 합쳐진 모양이랍니다.

8) XNOR 게이트(= Equivalence)

- eXclusive NOR, 배타적 부정 논리합(=동치)
- 두 수 모두 0 또는 1일 때만(같을 때) 출력값이 1이 됨

게이트	논리식	진리표		
		A	B	S
A, B → XNOR → S	$S = \overline{A} \cdot \overline{B} + A \cdot B = A \odot B$	0	0	1
		0	1	0
		1	0	0
		1	1	1

더 알기 TIP

금지 회로(Inhibit Circuit)

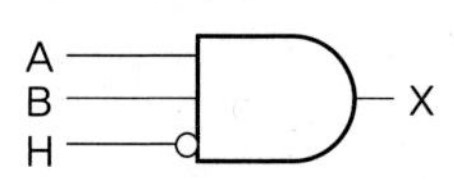

- AND 게이트의 여러 입력 중 한 입력을 NOT 회로를 이용하여 금지 입력으로 사용하는 회로
- 금지 입력값이 "1"인 경우 AND 게이트의 출력이 "1"이 될 수 없는 회로

개념 체크

1 두 수 모두 0이 입력될 때만 1이 출력(OR 결과의 부정)되는 게이트는?

2 XOR 게이트는 둘 중 하나의 값이 1일 때만(서로 다를 때) 출력값이 (   )이 된다.

1 NOR 게이트 2 1

이론을 확인하는 기출문제

01 다음 도형과 관련있는 사항은?

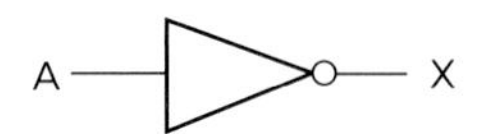

① 인버터(Inverter) ② NAND 게이트
③ 버퍼(Buffer) ④ OR 게이트

- NOT 게이트(= Inverter) : 입력값의 반대값이 출력
- 논리식 : $X = \overline{A} = A'$

02 다음 게이트에서 입력 A, B에 대한 설명으로 옳은 것은?

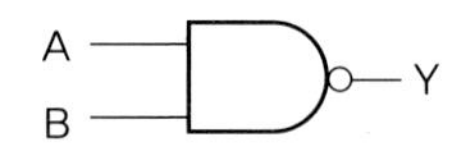

① $\overline{A} + B$ ② $A + \overline{B}$
③ $\overline{A} + \overline{B}$ ④ $A + B$

NAND 게이트 : NOT + AND, (그리고, 논리적(積), 곱)의 부정, $Y = \overline{A \cdot B} = \overline{A} + \overline{B}$

03 다음 그림과 같은 논리 회로는?

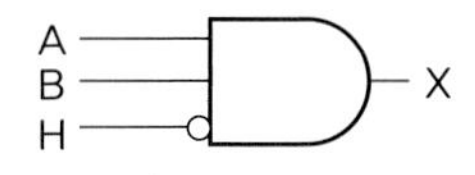

① Inhibit ② OR
③ AND ④ Flip-Flop

금지 회로(Inhibit Circuit) : AND 게이트의 여러 입력 중 한 입력을 NOT 회로를 이용하여 금지 입력으로 사용하는 회로로 이 금지 입력값이 "1"인 경우 AND게이트의 출력이 "1"이 될 수 없는 회로

04 다음 중 입력이 어느 하나라도 1이면 출력이 1이 되고, 입력이 모두 0일 때만 출력이 0이 되는 게이트는?

① NOT ② AND
③ OR ④ XOR

OR 게이트 : 두 개의 입력값 중 하나 이상 1이면 출력값이 1이 됨(병렬 회로)

오답 피하기

- NOT : 입력값의 반대값이 출력
- AND : 두 개의 입력값이 모두 1일 때만 출력값이 1이 됨(직렬 회로)
- XOR : 둘 중 하나의 값이 1일 때만(서로 다를 때) 출력값이 1이 됨

05 다음 진리표에 대한 논리식으로 올바른 것은?

A	B	Y
0	0	1
0	1	0
1	0	0
1	1	0

① $Y = A \cdot B$ ② $Y = \overline{A \cdot B}$
③ $Y = A + B$ ④ $Y = \overline{A + B}$

두 수 모두 0이 입력될 때만 1이 출력(OR 결과의 부정) → NOR 게이트의 진리표이므로 논리식은 $Y = \overline{A + B} = \overline{A} \cdot \overline{B}$이 됨

06 다음 회로(Circuit)에서 결과가 "1"(불이 켜진 상태)이 되기 위해서는 A와 B는 각각 어떠한 값을 갖는가?

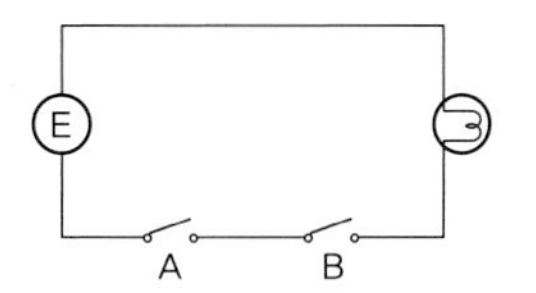

① A = 0, B = 1 ② A = 0, B = 0
③ A = 1, B = 1 ④ A = 1, B = 0

두 개의 입력 스위치가 직렬로 연결되어 있어 둘 다 ON(1)되어 있으면 불이 켜짐(AND : 직렬 연결), 따라서 A = 1, B = 1이 됨

07 그림과 같은 논리 회로의 출력 C는 얼마인가? (단, A = 1, B = 1이다.)

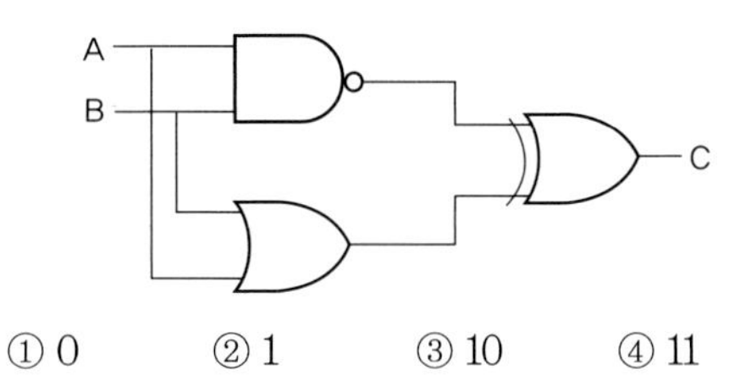

① 0 ② 1 ③ 10 ④ 11

입력되는 값을 게이트 순서대로 대입한 후 출력을 구해서 계산함

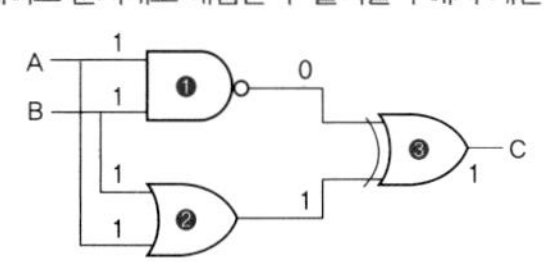

❶ $= \overline{AB} = \overline{1 \cdot 1} = \overline{1} = 0$
❷ $= A + B = 1 + 1 = 1$
❸ = ❶ ⊕ ❷ $= 0 \oplus 1 = 1$

정답 01 ① 02 ③ 03 ① 04 ③ 05 ④ 06 ③ 07 ②

SECTION 03

조합 논리 회로

출제빈도 상 (중) 하
반복학습 1 2 3

빈출 태그 반가산기 • 전가산기 • 디코더 • 인코더

- 이전의 입력에 관계없이 현재의 입력값에 의해서만 출력값이 결정되는 회로이며, 기억 기능은 없음
- 불 대수 조합에 의해 논리적으로 명시되는 정보 처리 동작을 수행
- 종류 : 반가산기, 전가산기, 감산기, 인코더, 디코더, 멀티플렉서 등

01 반가산기(HA; Half Adder)

21년 2회, 20년 2회/4회, 19년 상시, 18년 상시, 16년 상시, …

- 2진수 1자리(1Bit)의 A와 B를 더한 합(Sum)과 자리올림수(Carry)를 얻는 회로
- 입력 : 2개(A, B), 출력 : 2개(S, C)
- AND 게이트와 XOR 게이트로 구성

진리표

A	B	합(S)	자리올림수(C)
0	0	0	0
0	1	1	0
1	0	1	0
1	1	0	1
		XOR 게이트	AND 게이트

회로도

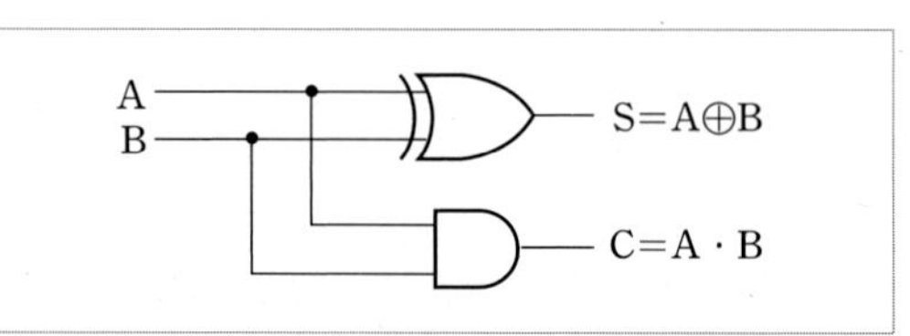

∴ 진리표에 의해 출력합(Sum)은 배타적 논리합(eXclusive OR) 게이트의 진리값이고, 자리올림수(Carry)는 논리곱(AND)의 진리값과 같음

논리식

$S = \overline{A} \cdot B + A \cdot \overline{B} = A \oplus B$
$C = A \cdot B$

기적의 TIP

반가산기의 진리표, 회로도, 논리식은 매우 중요한 내용이며 자주 출제되는 부분입니다. 특히 AND 게이트와 XOR 게이트로 구성되는 점과 회로도를 보고 반가산기임을 알 수 있어야 합니다.

개념 체크

1 반가산기는 AND 게이트와 (   ) 게이트로 구성된다.

1 XOR

02 전가산기(FA; Full Adder) 21년 1회, 12년 상시, 11년 7월, 09년 3월, 07년 1월, …

- 두 비트(A, B)와 전 상태의 자리올림수(C_0)를 더해서 합(S)과 최종 자리올림수(C_1)를 얻는 회로
- 입력 : 3개(A, B, C_0), 출력 : 2개(S, C_1)
- 2개의 반가산기와 1개의 OR 게이트로 구성

진리표

A	B	C_0	합(S)	자리올림수(C)
0	0	0	0	0
0	0	1	1	0
0	1	0	1	0
0	1	1	0	1
1	0	0	1	0
1	0	1	0	1
1	1	0	0	1
1	1	1	1	1

회로도

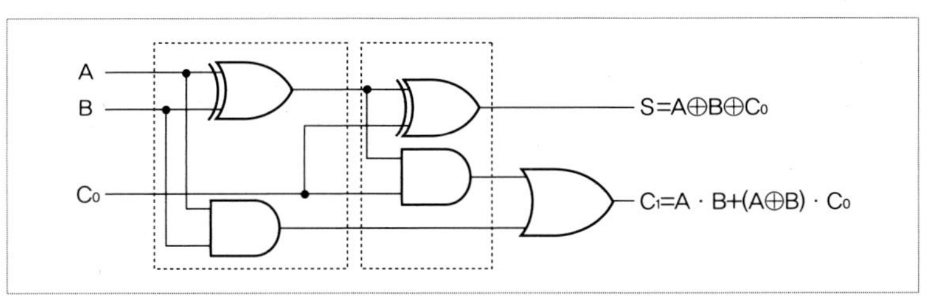

논리식

$S = A \oplus B \oplus C_0$
$C_1 = A \cdot B + (A \oplus B) \cdot C_0$

> **기적의 TIP**
> 전가산기는 반가산기 2개와 1개의 OR 게이트로 구현 가능하다는 부분에 주목하시면 됩니다. 아울러 디코더는 해독기이며, AND 게이트로 구성되는 점을 숙지하시면 됩니다.

4(2^2)개의 입력선 → 2개의 출력선 필요

03 인코더(Encoder, 부호기)★ 21년 1회,20년 2회, 18년 상시, 13년 상시, 11년 2월, …

- 특정 값을 여러 자리인 2진수로 변환하거나 특정 장치로부터 보내오는 신호를 여러 개의 2진 신호로 변환시키는 것으로, OR 게이트로 구성
- 2^n개의 입력을 받아들여 n개의 데이터를 출력

> **기적의 TIP**
> 인코더의 기능을 묻는 문제가 출제되므로 디코더와 함께 익히시면 학습하는 데 좋습니다.

★ 인코더(Encoder)
En은 '만들다'라는 뜻이며 Code는 '암호', '부호'이므로 부호기임

★ 디코더(Decoder)
De는 '분리하다', Code는 '암호', '부호'라는 뜻이 있으므로 암호를 분리한다는 뜻인 해독기임

암기 TIP

Decoder의 첫 글자 D는 AND 게이트의 D, 따라서 Decoder는 AND 게이트로 구성됩니다.

04 디코더(Decoder, 해독기)★ 17년 상시, 16년 상시, 10년 7월, …

2Bit를 코드화 시 → 2^2이므로 4개의 출력선 필요

- 2진 코드 형식의 신호를 출력 신호로 변환시키는 것으로, AND 게이트로 구성
- n개의 입력을 받아들여 2^n개의 데이터를 출력

진리표

A	B	X_1	X_2	X_3	X_4
0	0	1	0	0	0
0	1	0	1	0	0
1	0	0	0	1	0
1	1	0	0	0	1

회로도

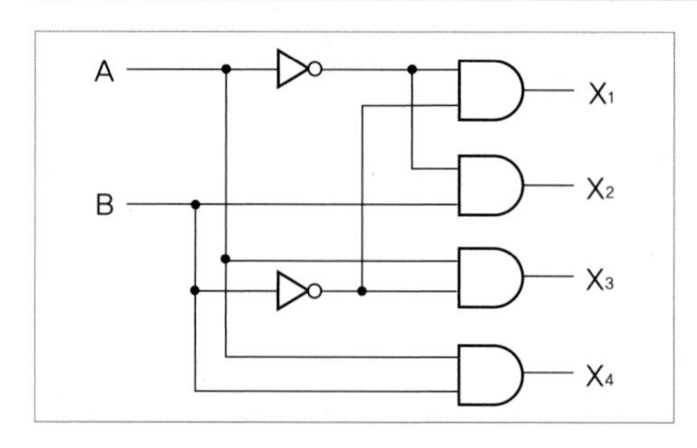

4(2^2)개의 입력선 → 1개를 출력하기 위해 2개의 선택선 필요

★ 멀티플렉서(Multiplexer)
Multi는 '많다'는 의미이므로 입력으로 2^n개가 들어옴

05 멀티플렉서(Multiplexer, MUX)★ 20년 4회, 17년 상시, 10년 10월

2^n개의 입력을 받아들여 하나의 출력선으로 정보를 출력하는 논리 회로

진리표

S_0	S_1	I_0	I_1	I_2	I_3
0	0	1	0	0	0
0	1	0	1	0	0
1	0	0	0	1	0
1	1	0	0	0	1

회로도

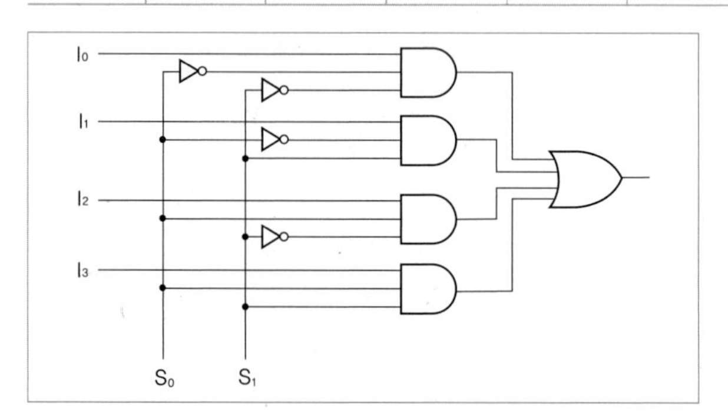

4(2^2)개의 출력선 → 1개를 출력하기 위해 2개의 선택선 필요

06 디멀티플렉서(Demultiplexer) 11년 10월

하나의 입력 신호를 받아들여 2^n개의 출력선 중 하나의 선을 선택하여 출력하는 회로

개념 체크

1 ( )는 2^n개의 입력을 받아들여 n개의 데이터를 출력하는 회로이다.
2 ( )는 2^n개의 입력을 받아 하나의 출력선으로 정보를 출력하는 논리 회로이다.

1 인코더 2 멀티플렉서

이론을 확인하는 기출문제

01 다음에 표시된 진리표가 나타내는 회로는? (단, 입력은 A, B이고 출력은 S(Sum)와 C(Carry)이다.)

〈진리표〉

A	B	S	C
0	0	0	0
0	1	1	0
1	0	1	0
1	1	0	1

① AND 회로 ② 반가산기 회로
③ OR 회로 ④ 전가산기 회로

반가산기(HA; Half Adder) : 2진수 1자리(1Bit)의 A와 B를 더한 합(Sum)과 자리올림수(Carry)를 얻는 회로
$S = \overline{A} \cdot B + A \cdot \overline{B} = A \oplus B$
$C = A \cdot B$

02 다음 논리 회로는 무슨 회로인가?

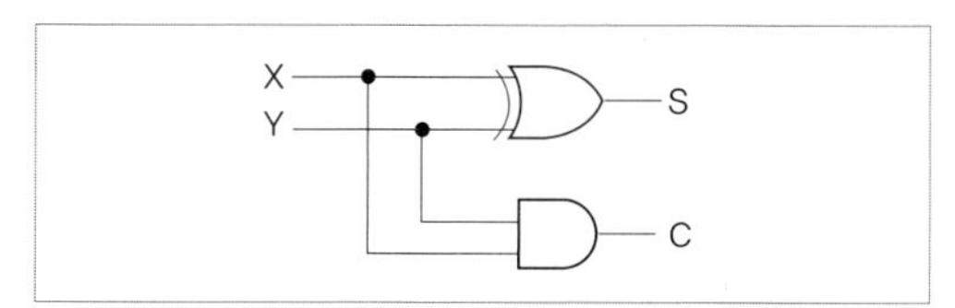

① 전가산기 ② 반가산기
③ Counter ④ Parity 발생기

반가산기(HA; Half Adder)
- 2진수 1자리(1Bit)의 A와 B를 더한 합(Sum)과 자리올림수(Carry)를 얻는 회로
- AND 회로와 XOR 회로로 구성

오답 피하기
전가산기 = 반가산기 2개 + 1개의 OR 게이트

03 전가산기에 대한 설명 중 옳은 것은?

① 1개의 반가산기와 1개의 OR 회로로 구성된다.
② 1개의 반가산기와 1개의 AND 회로로 구성된다.
③ 2개의 반가산기와 1개의 OR 회로로 구성된다.
④ 2개의 반가산기와 1개의 AND 회로로 구성된다.

전가산기(FA; Full Adder) : 2개의 반가산기와 1개의 OR 게이트로 구성

04 반가산기(Half-Adder)의 논리 회로도에서 자리올림이 발생하는 회로는?

① OR ② NOT
③ eXclusive-OR ④ AND

진리표에 의해 출력 합(Sum)은 배타적 논리합(eXclusive-OR) Gate의 진리값이고, 자리올림수(Carry)는 논리곱(AND)의 진리값과 같음

A	B	합	자리올림수
0	0	0	0
0	1	1	0
1	0	1	0
1	1	0	1

05 n비트의 2진 코드 입력에 의해 최대 2^n개의 출력이 나오는 회로로, 2진 코드를 다른 부호로 바꾸고자 할 때 사용하는 회로는?

① 디코더(Decoder)
② 카운터(Counter)
③ 레지스터(Register)
④ RS플립플롭(RS Flip-Flop)

디코더(Decoder) : n개의 입력을 받아들여 2^n개의 데이터를 출력, 2진 코드 형식의 신호를 출력 신호로 변환시키는 회로

06 특정 값을 여러 자리인 2진수로 변환하거나 특정 장치로부터 보내오는 신호를 여러 개의 2진 신호로 바꾸어 변환시키는 장치는?

① 인코더(Encoder)
② 디코더(Decoder)
③ 멀티플렉서(Multiplexer)
④ 플립플롭(Flip-Flop)

인코더(Encoder) : 2^n개의 입력을 받아들여 n개의 데이터를 출력하고 OR게이트로 구성되며 부호기라고 함

오답 피하기
- 디코더(Decoder) : 2진 코드 형식의 신호를 출력 신호로 변환시키는 것으로 AND 게이트로 구성되어 있고 해독기라고 함
- 멀티플렉서(Multiplexer) : 2^n개의 입력을 받아 하나의 출력선으로 정보를 출력하는 논리 회로
- 플립플롭(Flip-Flop) : 1비트('0' 또는 '1')의 정보를 기억할 수 있는 최소의 기억 소자로 RS 플립플롭, JK 플립플롭, D 플립플롭, T 플립플롭이 있음

정답 01 ② 02 ② 03 ③ 04 ④ 05 ① 06 ①

SECTION 04

순서 논리 회로

출제빈도 상 (중) 하
반복학습 1 2 3

빈출 태그 RS 플립플롭 • JK 플립플롭 • T 플립플롭 • D 플립플롭

- 출력이 입력과 전 상태의 출력에 의해 결정되는 회로
- 조합 논리 회로와 1비트 기억 소자인 플립플롭으로 구성되며, 기억 능력을 가짐
- 플립플롭(Flip－Flop) : 1비트('0' 또는 '1')의 정보를 기억할 수 있는 최소의 기억 소자
- 종류 : RS 플립플롭, JK 플립플롭, D 플립플롭, T 플립플롭 등

01 RS(Reset/Set) 플립플롭

19년 상시, 15년 상시, 09년 1월/9월, 06년 1월, 05년 7월, …

- Reset 단자와 Set 단자의 신호에 따라 2진수 한 자리를 기억
- Reset 단자에만 신호를 보내면 플립플롭의 값은 '0'을 기억
- Set 단자에만 신호를 보내면 플립플롭의 값은 '1'을 유지

기적의 TIP

플립플롭의 기능과 종류를 묻는 형식으로 출제되고 있습니다. 아울러 각 플립플롭의 진리표에 대해 집중적으로 공부하셔야 됩니다.

진리표

S	R	Q_{t+1}
0	0	상태 불변
0	1	0(Reset)
1	0	1(Set)
1	1	모순 발생(동작 안 됨)

회로도

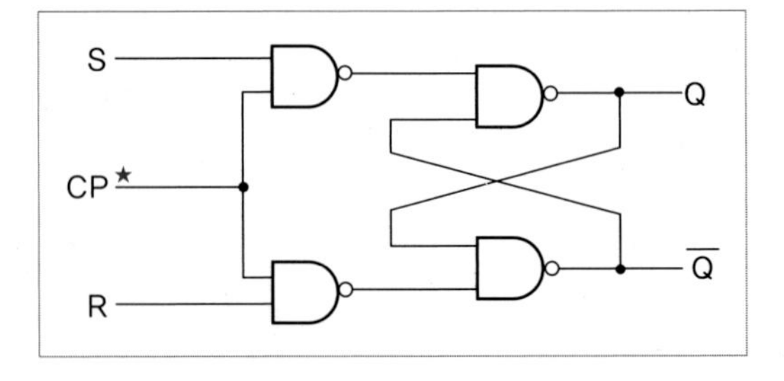

★ 클록 펄스(CP ; Clock Pulse)
각종 디지털 회로에서 각 부의 동작 보조를 맞추기 위해 사용되는 주기적인 펄스 신호

암기 TIP

JK 플립플롭이 매우 좋(J)군(K)요.

02 JK(Jack/King) 플립플롭 24년 1회, 23년 2회, 21년 1회, 20년 2회/4회, 13년 상시, 11년 7월, …

- RS 플립플롭에서 S=R=1인 경우에 발생하는 문제점(부정)을 보완 · 개선한 플립플롭
- 모든 플립플롭의 기능을 대용할 수 있으므로 응용 범위가 넓고 집적 회로화되어 가장 널리 사용됨
- J=K=1이 되면 전(前) 상태의 반전(Toggle)이 됨

진리표

J	K	Q_{t+1}
0	0	상태 불변
0	1	0
1	0	1
1	1	상태 반전

회로도

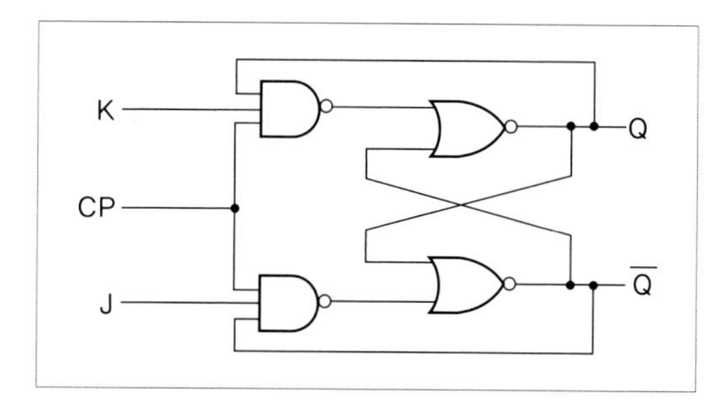

03 D(Delay or Data) 플립플롭 20년 3회

- 입력값과 출력값이 같은 플립플롭
- 일반적으로 입력 신호를 클록 펄스의 시간 간격만큼 지연(Delay)시켜 출력
- RS 플립플롭에 인버터(Inverter = NOT 게이트)를 연결한 플립플롭

진리표

D	Q_{t+1}
0	0
1	1

회로도

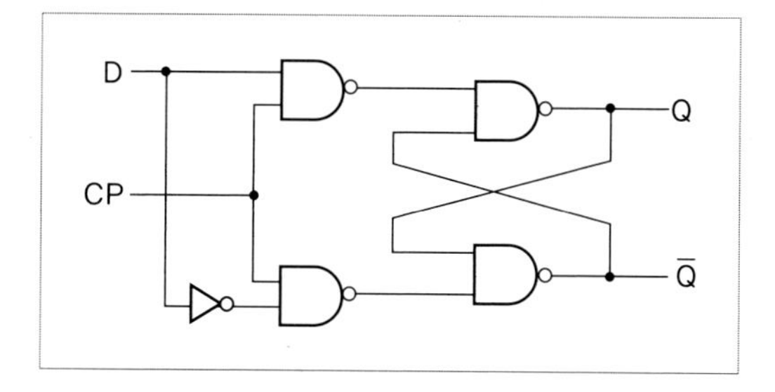

04 T(Toggle) 플립플롭 23년 2회, 21년 1회, 20년 2회/4회, 13년 상시, 11년 7월, …

★ Toggle
- '변하다'라는 뜻으로, 입력이 1일 때 전 상태의 보수가 됨
- 누를 때마다 ON, OFF가 교차되는 스위치에 이용

- JK 플립플롭에서 입력 J와 K를 하나로 묶어 T(Toggle★)로 표시
- 입력이 '0'이면 상태 불변, 입력이 '1'이면 전 상태의 보수값. 즉, 원 상태와 보수 상태의 2가지만 서로 전환됨
- 카운터(Counter) 회로로 많이 사용

진리표

T	Q_{t+1}
0	Q_t
1	$\overline{Q_{(t)}}$

회로도

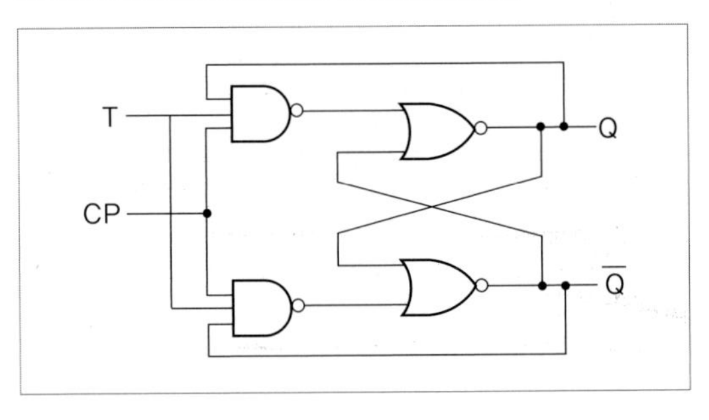

개념 체크

1 JK 플립플롭(Flip Flop)에서 보수가 출력되기 위한 입력 값 J, K의 입력 상태는?

2 (　　　)은 JK 플립플롭의 JK를 하나로 묶어서 T로 표시한다.

1 J = 1, K = 1 2 T 플립플롭

이론을 확인하는 기출문제

01 Flip-Flop의 종류에 해당되지 않는 것은?

① R Flip-Flop
② T Flip-Flop
③ RS Flip-Flop
④ JK Flip-Flop

플립플롭의 종류 : RS 플립플롭, JK 플립플롭, D 플립플롭, T 플립플롭 등

02 JK 플립플롭(Flip-Flop)에서 보수가 출력되기 위한 J, K의 입력 상태는?

① J=1, K=0　② J=0, K=1
③ J=1, K=1　④ J=0, K=0

JK 플립플롭 : J=K=1이 되면 보수(반전), J=K=0이면 전 상태 불변

J	K	Q_{t+1}
0	0	전 상태 불변
0	1	0
1	0	1
1	1	전 상태 반전

03 1비트(bit)를 기억할 수 있는 능력을 가진 기억의 최소 단위로 클록이 있는 순서 회로에 기억된 기억 소자는?

① 플립플롭(Flip-Flop)
② 전가산기(Full Adder)
③ 반가산기(Half Adder)
④ 부호기(Encoder)

플립플롭(FlipFlop) : 1 비트('0' 또는 '1')의 정보를 기억할 수 있는 최소의 기억 소자로 RS 플립플롭, JK 플립플롭, D 플립플롭, T 플립플롭 등이 있음

오답 피하기
- 전가산기(FA; Full Adder) : 두 비트(A, B)와 전 상태의 자리올림수(C_0)를 더해서 합(S)과 최종 자리올림수(C_1)를 얻는 회로로 2개의 반가산기와 1개의 OR 게이트로 구성
- 반가산기(HA; Half Adder) : 2진수 1자리(1Bit)의 A와 B를 더한 합(Sum)과 자리올림수(Carry)를 얻는 회로, AND 회로와 XOR 회로로 구성
- 부호기(Encoder) : 2^n개의 입력을 받아들여 n개의 데이터를 출력하는 회로로 OR 게이트로 구성

정답 01 ① 02 ③ 03 ①

합격을 다지는 예상문제

01 다음 중 기본적인 논리 회로의 종류에 속하지 <u>않는</u> 것은?

① AND 회로
② BUT 회로
③ NOT 회로
④ OR 회로

02 다음 회로에서 1을 +5V, 0을 0V라 하면 A, B에 대한 출력 X는 어떤 논리 회로가 되는가?

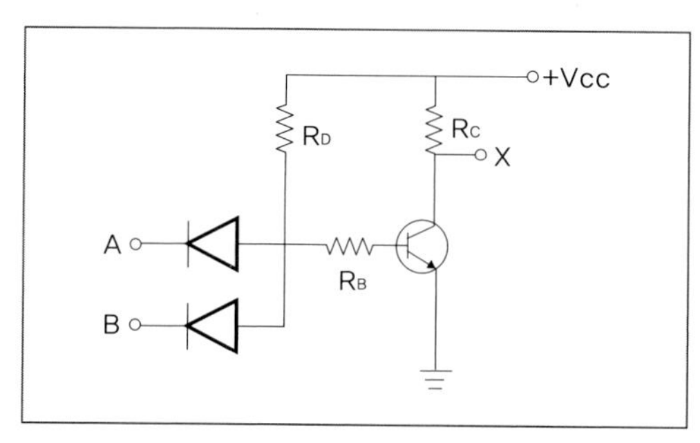

① NOR 회로
② NAND 회로
③ OR 회로
④ AND 회로

03 다음 불 대수식을 간단히 하면?

$$\overline{X}Y + XY$$

① $\overline{Y}$　　② X
③ $\overline{X}$　　④ Y

04 다음 진리표에 해당하는 게이트는?

A(입력)	B(입력)	S(출력)
0	0	0
0	1	1
1	0	1
1	1	0

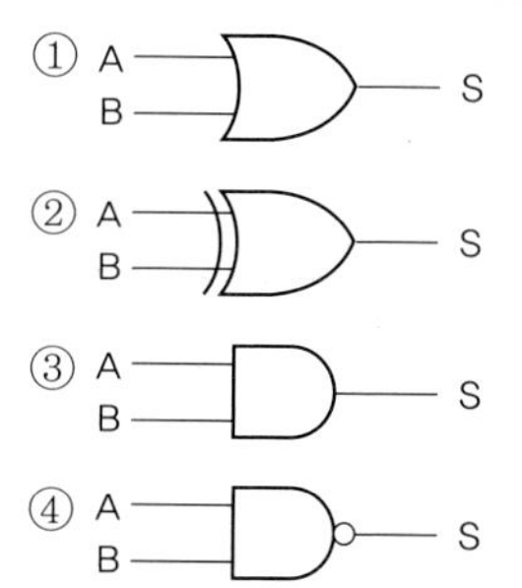

05 그림과 같은 논리 회로에서 A의 값이 1010, B의 값이 1110일 때 출력 Y의 값은?

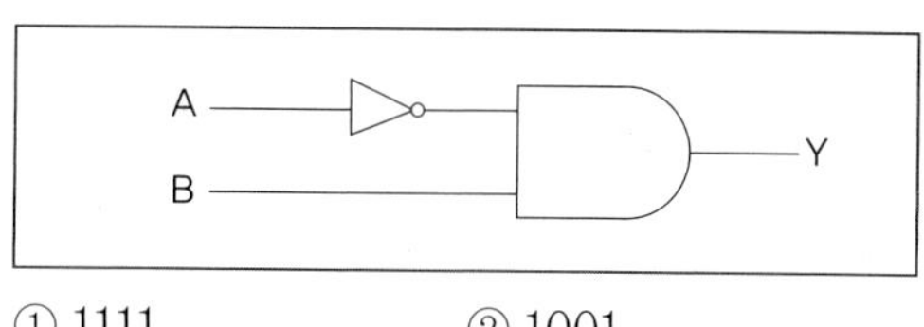

① 1111　　② 1001
③ 1010　　④ 0100

06 그림과 같은 회로도에서 A = 1, B = 1, C = 0일 때 X로 출력되는 값은?

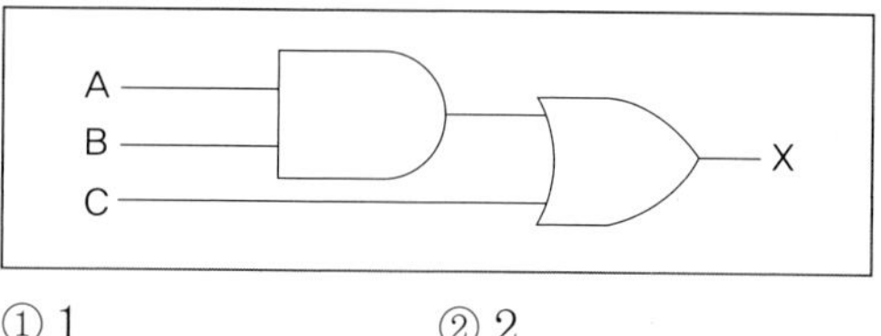

① 1　　② 2
③ 0　　④ 3

07 논리 게이트의 조합으로 구성되어 출력이 입력값에 의해 결정되는 조합 논리 회로가 아닌 것은?

① 멀티플렉서(Multiplexer)
② 전가산기(Full Adder)
③ 디코더(Decoder)
④ 플립플롭(Flip Flop)

08 시내 버스는 정류장에 멈춰서 승객이 타고, 문이 닫히면 출발한다. 다음과 같이 불 변수가 주어졌을 때 시내 버스의 출발에 필요한 조건을 불 변수로 나타내면?

A : 버스가 멈춰 있음 B : 승객이 탐 C : 문이 닫히지 않음 D : 버스 출발의 정보

① $D = A \cdot B \cdot \overline{C}$ ② $D = A \cdot B \cdot C$
③ $D = A + B + C$ ④ $D = \overline{A} + B \cdot C$

09 다음 그림의 Gate는 어느 회로인가?

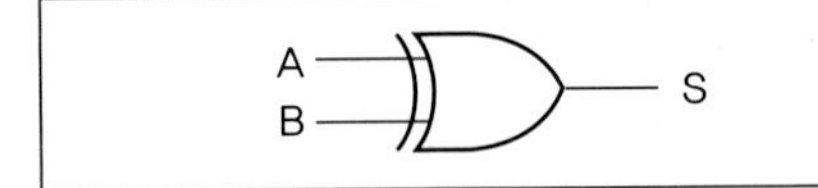

① eXclusive-AND
② eXclusive-NOR
③ eXclusive-OR
④ OR

10 다음과 같은 논리식으로 구성되는 회로는?

$S = \overline{A} \cdot B + A \cdot \overline{B}$ $C = A \cdot B$ (단, S는 합(Sum), C는 자리올림수(Carry)를 나타낸다.)

① 전감산기(Full Subtractor)
② 반가산기(Half Adder)
③ 전가산기(Full Adder)
④ 부호기(Encoder)

11 다음 식 중 드모르간(De Morgan)의 정리를 바르게 나타낸 것은?

① $\overline{X \cdot Y} = \overline{\overline{X} \cdot Y}$
② $\overline{X + Y} = \overline{X \cdot Y}$
③ $\overline{X \cdot Y} = \overline{X} \cdot \overline{Y}$
④ $\overline{X + Y} = \overline{X} \cdot \overline{Y}$

12 반가산기(Half Adder)에서 두 개의 입력 비트가 모두 1일 때 합(Sum)은?

① 0 ② 1
③ 10 ④ 11

13 모든 입력이 1일 때만 출력이 1이 되고, 입력이 하나라도 0이면 출력은 0이 되는 게이트(Gate)는?

① NOT ② OR
③ NAND ④ AND

14 불(Boolean) 대수의 기본식으로 옳지 않은 것은?

① $X \cdot X = 0$
② $X + 1 = 1$
③ $X + X = X$
④ $X + 0 = X$

15 X가 스위칭 변수라 할 때 다음의 결과는?

$\overline{\overline{X}} = ?$

① X
② 1
③ 0
④ $\overline{X}$

16 다음 논리식에서 ㉠에 알맞은 것은?

A	B	㉠
0	0	0
0	1	1
1	0	0
1	1	0

① $\overline{A}+B$
② $\overline{A}\cdot B$
③ $A+\overline{B}$
④ $A\cdot\overline{B}$

17 다음 스위치 회로에 해당하는 게이트는?

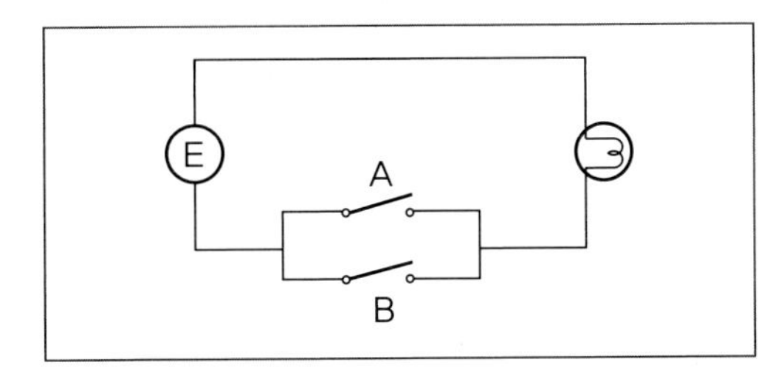

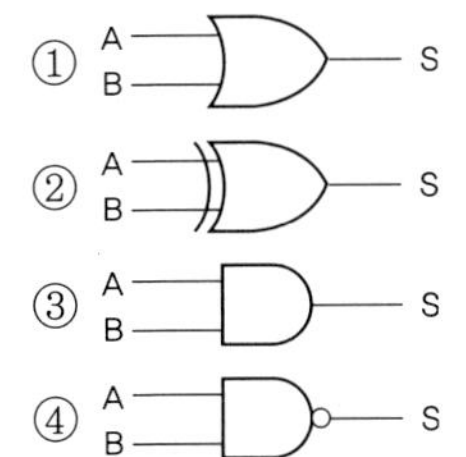

18 다음 논리 회로에서 출력 f의 값은?

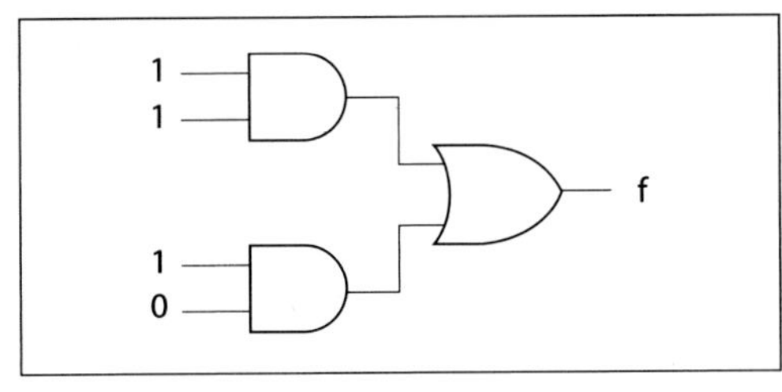

① 1　　② 2
③ 1/2　　④ 0

19 JK 플립플롭에서 J에 0, K에 0이 입력되면 동작 상태는 어떻게 되는가?

① 변화 없음
② Set 상태
③ 반전
④ Clear 상태

20 RS Flip-Flop 회로의 동작에서 R=1, S=1을 입력했을 때의 옳은 출력은?

① 1
② 부정(Not Allowed)
③ 0
④ 변화 없음(No Change)

21 다음 중 순차 논리 회로의 특징이 <u>아닌</u> 것은?

① 기억 능력이 없다.
② 입력 전의 상태에 의해 출력이 결정된다.
③ 클록 펄스에 의해 동기화된다.
④ 피드백(Feed Back)을 가진다.

22 다음 그림과 같은 결과를 갖는 논리 회로는?

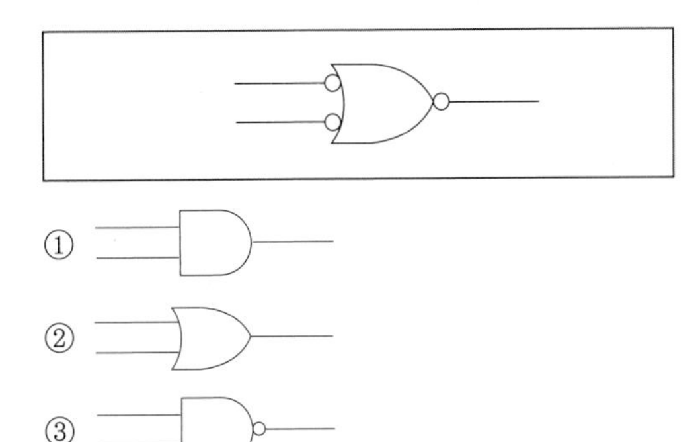

23 드모르간(De Morgan)의 정리에 의하여 $\overline{A \cdot B}$를 바르게 변환시킨 것은?

① $\overline{A} \cdot B$
② $A + \overline{B}$
③ $A \cdot \overline{B}$
④ $\overline{A} \cdot \overline{B}$

24 다음과 같은 논리식으로 구성되는 회로는?

> $S = A \oplus B \oplus C_0$
> $C_1 = A \cdot B + (A \oplus B) \cdot C_0$
> (단, S는 합(Sum), C_1은 자리올림(Carry)를 나타낸다.)

① 디코더
② 반가산기
③ 전가산기
④ 인코더

25 다음 중 순서 논리 회로에 속하지 않는 것은?

① RS 플립플롭
② T 플립플롭
③ D 플립플롭
④ 멀티플렉서

26 1비트(Bit) 기억 장치로 가장 적합한 것은?

① 누산기
② 레지스터
③ 계전기
④ 플립플롭

27 다음 진리표와 같이 연산이 행해지는 게이트(Gate)는?

입력		출력
X_1	X_2	Y
0	0	0
1	0	0
0	1	0
1	1	1

① AND
② OR
③ XOR
④ NAND

28 $(A + 1) \cdot (B + 1) + C$의 논리식을 간단히 한 결과는?

① 1
② 0
③ A
④ C

29 불 대수의 정리 중 옳지 않은 것은?

① $A \cdot A = A$
② $A \cdot 1 = A$
③ $A + A = 1$
④ $1 + A = 1$

30 전가산기(Full Adder)의 구성으로 옳은 것은?

① 2개의 반가산기와 1개의 OR 게이트 회로
② 1개의 AND 게이트 회로와 1개의 Exclusive OR 회로
③ 2개의 반가산기만으로 구성
④ 1개의 반가산기와 2개의 OR 게이트 회로

합격을 다지는 예상문제 정답 & 해설

CHAPTER 02

01 ②	02 ②	03 ④	04 ②	05 ④
06 ①	07 ④	08 ①	09 ③	10 ②
11 ④	12 ①	13 ④	14 ①	15 ①
16 ②	17 ①	18 ①	19 ①	20 ②
21 ①	22 ①	23 ②	24 ③	25 ④
26 ④	27 ①	28 ①	29 ③	30 ①

01 ②

기본적인 논리 회로의 종류 : AND, NOT, OR

오답 피하기

- AND : 두 개의 입력값이 모두 1일 때만 출력값이 1이 됨(직렬 회로)
- NOT : 입력값의 반대값이 출력
- OR : 두 개의 입력값 중 하나 이상 1이면 출력값이 1이 됨(병렬 회로)

02 ②

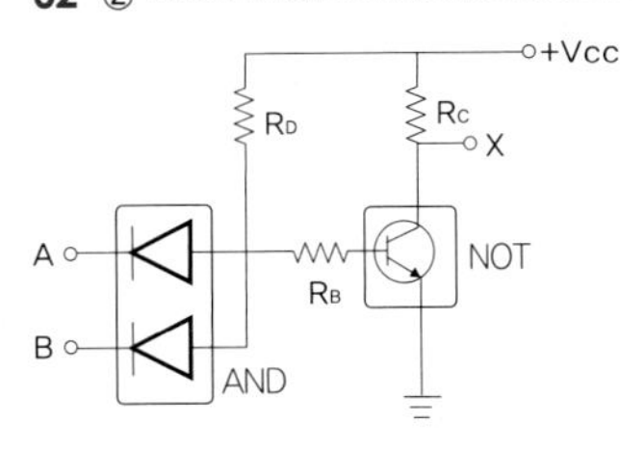

오답 피하기

다이오드 회로

- : AND
- : OR
- : NOT

03 ④

$\overline{X}Y + XY = Y(\overline{X} + X) = Y$

∵ $\overline{X} + X = 1$, $Y \cdot 1 = Y$

04 ②

- XOR 게이트(eXclusive OR) : 둘 중 하나의 값이 1일 때(서로 다를 때) 출력값이 1이 됨
- 논리식 : $S = \overline{A} \cdot B + A \cdot \overline{B} = A \oplus B$

05 ④

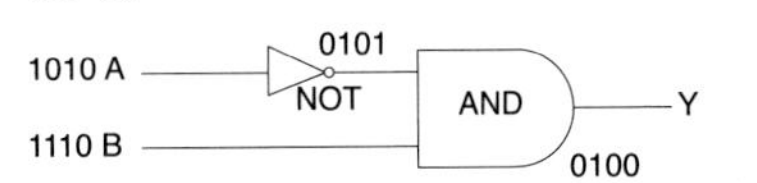

- NOT : 입력값의 반대값이 출력
- AND : 두 개의 입력값이 모두 1일 때만 출력값이 1이 됨

06 ①

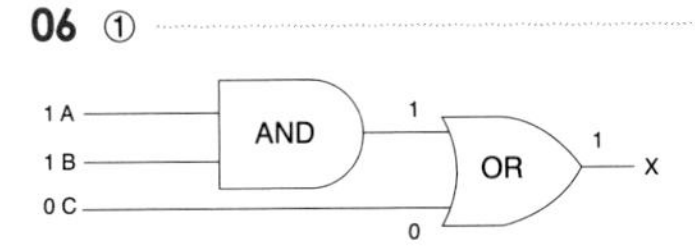

07 ④

조합 논리 회로 : 입력값에 의해서 출력값이 결정되는 회로(반가산기, 전가산기, 디코더, 인코더, 멀티플렉서, 디멀티플렉서 등)

오답 피하기

순서 논리 회로 : 새로운 값이 입력되기 전까지는 전 상태의 값을 계속해서 기억하는 회로(플립플롭)

08 ①

시내 버스의 출발에 필요한 조건을 모두 만족해야 하므로 불 변수를 AND로 나타내며, 문이 닫힐 때 출발이므로 $\overline{C}$가 됨

- NOT : 입력값의 반대값이 출력
- AND : 두 개의 입력값이 모두 1일 때만 출력값이 1이 됨

09 ③

XOR 게이트 : 둘 중 하나의 값이 1일 때(서로 다를 때) 출력값이 1이 됨

10 ②

반가산기(HA; Half Adder) : 2진수 1자리(1Bit)의 A와 B를 더한 합(Sum)과 자리올림수(Carry)를 얻는 회로

논리식 : $S = \overline{A} \cdot B + A \cdot \overline{B}$,

$C = A \cdot B$

오답 피하기

- 전감산기(Full Subtractor) : 컴퓨터에서 2진수를 뺄셈하기 위해 사용되는 논리 회로
- 전가산기(Full Adder) : 두 비트(A, B)와 전 상태의 자리올림수(C_0)를 더해서 합(S)과 최종 자리올림수(C_1)를 얻는 회로
- 부호기(Encoder) : 입력 신호를 부호화된 출력 신호로 바꾸어 주는 회로(2^n개의 입력을 받아들여 n개의 데이터를 출력)

11 ④

드모르간 법칙 : $\overline{X+Y} = \overline{X} \cdot \overline{Y}$, $\overline{X \cdot Y} = \overline{X} + \overline{Y}$

12 ①

반가산기의 합(Sum)

A	B	합(S)
0	0	0
0	1	1
1	0	1
1	1	0
		XOR 회로

13 ④

AND(논리곱) : 두 개의 입력값이 모두 1일 때만 1이 출력됨

오답 피하기

- NOT : 입력값의 반대값이 출력
- OR : 두 개의 입력값 중 하나 이상 1이면 출력값이 1이 됨
- NAND : 두 수 중 하나 이상 0이 입력될 때만 1이 출력(AND 결과의 부정)

14 ①

곱의 법칙 : $X \cdot X = X$

오답 피하기

곱의 법칙 : $X \cdot 0 = 0$, $X \cdot 1 = X$, $X \cdot X = X$, $X \cdot \overline{X} = 0$

15 ①

대합성의 법칙 : $\overline{\overline{X}} = X$

16 ②

㉠에서 결과가 1인 경우의 논리식은 $\overline{A} \cdot B$가 됨

A	B	㉠
0	0	0
0	1	1 ← $\overline{A} \cdot B$
1	0	0
1	1	0

17 ①

두 개의 입력 스위치가 병렬로 연결되어 있어 둘 중 하나만 ON이면 불이 켜짐(OR : 병렬 연결)

18 ①

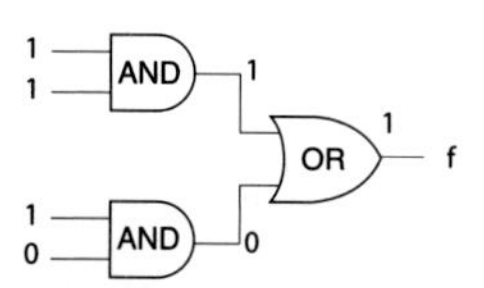

오답 피하기

A(입력)	B(입력)	OR	AND
0	0	0	0
0	1	1	0
1	0	1	0
1	1	1	1

19 ①

JK 플립플롭 : J=K=1이 되면 반전, J=K=0이면 전 상태 불변

J	K	Q_{t+1}
0	0	전 상태 불변
0	1	0
1	0	1
1	1	전 상태 반전

20 ②

RS Flip-Flop

S	R	Q_{t+1}
0	0	상태 불변
0	1	0
1	0	1
1	1	모순(부정)

21 ①

순차 회로는 기억 기능이 있으며, 조합 회로는 기억 능력이 없음

오답 피하기

조합 회로는 입력에 의해 출력이 결정되는 회로로 반가산기, 전가산기, 인코더, 디코더, 디멀티플렉서, 멀티플렉서 등이 있음

22 ①

$(\overline{\overline{A} + \overline{B}}) = \overline{\overline{A}} \cdot \overline{\overline{B}} = A \cdot B$

23 ②

$\overline{\overline{A} \cdot B} = \overline{\overline{A}} + \overline{B} = A + \overline{B}$

24 ③

전가산기(FA; Full Adder)

- 두 비트(A, B)와 전 상태의 자리올림수(C_0)를 더해서 합(S)과 최종 자리올림수(C_1)를 얻는 회로
- 입력 : 3개, 출력 : 2개
- 2개의 반가산기와 1개의 OR 게이트로 구성

오답 피하기

반가산기 : 2개의 입력과 2개의 출력을 가짐

25 ④

순서 논리 회로의 종류 : RS 플립플롭, JK 플립플롭, T 플립플롭, D 플립플롭

오답 피하기

조합 논리 회로의 종류 : 반가산기, 전가산기, 디코더, 인코더, 멀티플렉서, 디멀티플렉서

26 ④

플립플롭 : 1비트를 기억할 수 있는 기억 소자

27 ①

AND : 두 개의 입력값이 모두 1일 때만 출력값이 1이 됨

28 ①

$(A + 1) \cdot (B + 1) + C \leftarrow A + 1 = 1$
$= 1 \cdot 1 + C \leftarrow A \cdot A = A$
$= 1 + C \leftarrow A + 1 = 1$
$= 1$

29 ③

$A + A = A$

30 ①

전가산기 : 2개의 반가산기와 1개의 OR 게이트로 구성

CHAPTER 03

자료 표현과 연산

학습 방향

진법 변환, EBCDIC, 그레이 코드, AND 연산, MOVE, 이항 연산 등이 출제되었습니다. 각 진수의 이해와 진법 간 변환 방법, 코드별 특징에 대한 정확한 이해가 필요하며 자료 구조, 연산의 종류에 대해 정확히 익혀두어야 합니다.

출제빈도

섹션	빈도	비율
SECTION 01	상	39%
SECTION 02	상	34%
SECTION 03	중	27%

SECTION 01

수의 표현

출제빈도 (상) 중 하

반복학습 1 2 3

빈출 태그 진법 변환 • 보수

01 진수 표현 10년 3월/7월, 21년 2회

- 2진수 : 0과 1로 구성된 수
- 8진수 : 0~7 사이의 숫자로 구성된 수
- 10진수 : 0~9 사이의 숫자로 구성된 수
- 16진수 : 0~15 사이의 숫자로 구성된 수(10~15는 A~F로 표현)
- 진수별 숫자 1자리 표현을 위한 최대 비트 수
  - 2진수 1자리 표현 : 1비트(0 또는 1이므로 1비트 필요)
  - 8진수 1자리 표현 : 3비트(최댓값 7을 2진수로 변환하면 111이므로 3비트 필요)
  - 10진수 1자리 표현 : 4비트(최댓값 9를 2진수로 변환하면 1001이므로 4비트 필요)
  - 16진수 1자리 표현 : 4비트(최댓값 15를 2진수로 변환하면 1111이므로 4비트 필요)

02 진법 변환 24년 1회, 22년 1회/4회, 21년 1회/2회, 20년 3회/4회, 19년 상시, 18년 상시, …

> **암기 TIP**
>
> **16진수 A는 10**
> 용돈으로 10원 받으면 "에이" 더 주지!

> **기적의 TIP**
>
> 각 진수별 진법 변환 문제가 출제되므로 각 진법 간 예제를 통한 충분한 학습이 필수입니다.

① 10진수에서 다른 진수(2, 8, 16진수)로 변환

- 10진수를 변환하고자 하는 각 진수로 몫이 안 나눠질 때까지 나누어서 몫부터 나머지를 역순으로 취함

  예 $(17)_{10} = (10001)_2,\ (21)_8,\ (11)_{16}$

```
2) 17              8) 17          16) 17
2)  8 ···· 1 ↑        2 ···· 1 ↑       1 ···· 1 ↑
2)  4 ···· 0
2)  2 ···· 0
    1 ···· 0
```

- 소수점 앞에 있는 수는 나누어서 역순으로, 소수점 뒤에 있는 수는 곱해서 정수 부분만 취함

  예 $(0.1875)_{10} = (0.14)_8$

```
  0.1875        0.5
×      8  →  ×    8
  1.5000        4.0
──────────────────→
```

예 $(10.375)_{10} = (1010.011)_2$

〈소수점 이상〉

```
2) 10
2)  5 ····  0  ↑
2)  2 ····  1
    1 ····  0
```

〈소수점 이하〉

```
   0.375
×      2
   0.750
×      2
   1.5
×      2
   1.0   ↓
```

② 다른 진수(2, 8, 16진수)에서 10진수로 변환

- 정수 변환

  $(10001)_2 = 1\times2^4+0\times2^3+0\times2^2+0\times2^1+1\times2^0 = (17)_{10}$

  $(21)_8 = 2\times8^1+1\times8^0 = (17)_{10}$

  $(11)_{16} = 1\times16^1+1\times16^0 = (17)_{10}$

- 실수 변환

  $(101.11)_2 = 1\times2^2+0\times2^1+1\times2^0+1\times2^{-1}+1\times2^{-2} = (5.75)_{10}$

  $(12.5)_8 = 1\times8^1+2\times8^0+5\times8^{-1} = (10.625)_{10}$

더 알기 TIP

2진수를 10진수로 변환

예 $(1010)_2 \rightarrow (10)_{10}$: 2진수 1010에 가중치 8421을 적용하여 8+0+2+0=10

예 $(1111)_2 \rightarrow (15)_{10}$: 8+4+2+1=15

2진수 소수 이하 자릿값

$(0.1)_2 = 2^{-1} = 1/2^1 = 0.5$

$(0.01)_2 = 2^{-2} = 1/2^2 = 0.25$

$(0.001)_2 = 2^{-3} = 1/2^3 = 0.125$

$(0.0001)_2 = 2^{-4} = 1/2^4 = 0.0625$

③ 다른 진수에서 다른 진수로 변환

- 2진수가 기준
  - 8진수 1개 = 3Bit이므로 2진수를 소수점 이상은 오른쪽부터, 소수점 이하는 왼쪽부터 3자리씩 묶어서 표현(각 자리의 가중치는 421)
  - 16진수 1개 = 4Bit이므로 2진수를 소수점 이상은 오른쪽부터, 소수점 이하는 왼쪽부터 4자리씩 묶어서 표현(각 자리의 가중치는 8421)

- 2진수 1001011.11011을 8진수로 변환

1	001	011	.	110	11
1	1	3	.	6	6

- 2진수 1001011.11011을 16진수로 변환

100	1011	.	1101	1
4	B	.	D	8

- 16진수 256.AC를 2진수로 변환

2	5	6	.	A	C
0010	0101	0110	.	1010	1100

- 8진수 113.66을 2진수로 변환

1	1	3	.	6	6
001	001	011	.	110	110

개념 체크

1 2진수 $(101010)_2$을 10진수로 변환하면?

2 10진수 23을 2진수로 변환하면?

1 42 2 $(10111)_2$

더 알기 TIP

정수 변환

- $(101011011011011)_2 = (25553)_8$
- $(101011011011011)_2 = (2B6B)_{16}$
- $(525)_8 = (101010101)_2$

2진수를 8진수와 16진수로 변환

- 8진수로 변환 : 2진수를 3자리씩 묶어서 8진수 하나로 표현 예 $(111)_2 = (7)_8$
- 16진수로 변환 : 2진수를 4자리씩 묶어서 16진수 하나로 표현 예 $(1111)_2 = (15)_{10} = (F)_{16}$

8진수, 16진수를 2진수로 변환

- 8진수를 변환 : 각각의 숫자를 2진수 3자리로 표현 예 $(5)_8 = (101)_2$
- 16진수를 변환 : 각각의 숫자를 2진수 4자리로 표현
  예 $(7)_{16} = (0111)_2$
  예 $(C8)_{16} = (1100\ 1000)_2$

03 보수(Complement) 23년 3회, 21년 2회, 20년 2회, 19년 상시, 16년 상시, 15년 상시, …

기적의 TIP

보수의 개념과 보수를 사용하는 목적에 대해 반드시 이해하고 숙지하셔야 합니다.

기적의 TIP

사칙 연산 중에서 덧셈 연산이 가장 연산 속도가 빠릅니다.

보수는 컴퓨터에서 보수를 취한 후 가산하여 감산의 결과를 얻기 위해 사용

① 1의 보수(1's Complement) : 입력값의 반전된 값(0 → 1, 1 → 0)

예 $A = (100110)_2$의 1의 보수 $\overline{A} = (011001)_2$

② 2의 보수(2's Complement) : 1의 보수 + 1

예 $A = (100110)_2$의 2의 보수

먼저 1의 보수를 구하면, $\overline{A} = (011001)_2$

$\therefore \overline{A} + 1 = (011010)_2$

③ 보수를 사용하는 이유

보수를 사용하지 않으면 가산기 이외에 감산기를 따로 두어야 하는데, 보수를 사용하면 감산 과정을 가산으로 계산할 수 있기 때문임

예 2−1 = 1을 가산으로 감산의 결과를 구하는 경우

2	→ 0010	그대로	→	0010
−1	→ 0001	1의 보수로	→ +	1110
1				1 0000 : 자리올림수 1은 1의 보수이므로 오른쪽 끝자리에 더함
			+	1
				0001 : 가산이지만 결과는 감산임

개념 체크

1 (   )는 1의 보수+1이다.

1 2의 보수

이론을 확인하는 기출문제

01 다음 중 가장 작은 수는?

① 2진수 101011000
② 8진수 531
③ 10진수 345
④ 16진수 159

- 2진수 $1\times2^8+0\times2^7+1\times2^6+0\times2^5+1\times2^4+1\times2^3+0\times2^2+0\times2^1+0\times2^0=344$
- 8진수 $5\times8^2+3\times8^1+1\times8^0=345$
- 10진수 345
- 16진수 $1\times16^2+5\times16^1+9\times16^0=345$

02 16진수의 3D를 10진수로 변환하면?

① 48 ② 61
③ 62 ④ 49

- 16진수 3D를 2진수로 변환한 다음 10진수로 변환함
- 16진수 3D는 2진수로 0011 1101이며 10진수로 변환하면, $0\times2^7+0\times2^6+1\times2^5+1\times2^4+1\times2^3+1\times2^2+0\times2^1+1\times2^0$ =32+16+8+4+1=61이 됨

03 다음 중 컴퓨터 시스템에서 처리할 경우 연산 속도가 가장 빠른 것은?

① S = A / B
② S = A + B
③ S = A − B
④ S = A × B

사칙 연산 중 덧셈 연산은 중간 연산 과정이 필요하지 않으므로 연산 속도가 가장 빠름

04 2진수 (10001010)를 2의 보수로 옳게 표현한 것은?

① 01110101
② 01110110
③ 10001011
④ 10000110

- 2의 보수 = 1의 보수 + 1
- 10001010 → 01110101(1의 보수) + 1 → 01110110

05 10진수 0.1875를 8진수로 변환하면?

① 0.17_8
② 0.15_8
③ 0.14_8
④ 0.16_8

10진수에 8을 곱한 값의 나머지가 없을 때까지 계산하여 정수 부분만을 차례대로 표시

0.1875 × 8 = 1.5000 → 0.5 × 8 = 4.0

06 2진수 $(101010101010)_2$을 10진수로 변환하면?

① $(2730)_{10}$
② $(2630)_{10}$
③ $(2740)_{10}$
④ $(2640)_{10}$

$1\times2^{11}+0\times2^{10}+1\times2^9+0\times2^8+1\times2^7+0\times2^6+1\times2^5+0\times2^4+1\times2^3+0\times2^{2+1}\times2^1+0\times2^0$
2048+0+512+0+128+0+32+0+8+0+2+0=2730

07 16진수 2C를 10진수로 변환한 것으로 옳은 것은?

① 41 ② 42
③ 43 ④ 44

16진수 2C를 10진수로 변환
$=2\times16^1+C(12)\times16^0$
= 32+12 = 44

08 2진수 101111110을 8진수로 변환하면?

① $576_{(8)}$
② $567_{(8)}$
③ $557_{(8)}$
④ $558_{(8)}$

3자리씩 묶어서 8진수로 표현
101 | 111 | 110
5 | 7 | 6

정답 01 ① 02 ② 03 ② 04 ② 05 ③ 06 ① 07 ④ 08 ①

SECTION 02

자료 구성 및 표현 방식

합격 강의

출제빈도 (상) 중 하

반복학습 1 2 3

빈출 태그 자료 구조 • 팩 10진 • 부동 소수점 표현 • 외부적 표현 방식 • 가중치 코드 • 에러 검출 코드 • 자기 보수 코드 • 8421 코드 • Excess-3 코드 • 패리티 비트 • 해밍 코드 • 그레이 코드

기적의 TIP

자료 처리 단위의 특징에 대해 혼돈하지 않도록 숙지하시고 워드의 경우 크기가 중요하며, 바이트의 경우 표현 가능한 수를 알아야 합니다.

01 자료 구조 20년 2회/3회, 17년 상시, 16년 상시, 11년 4월, 09년 1월, …

비트(Bit)	• Binary Digit의 약자 • 정보 표현의 최소 단위 • 2진수 0 또는 1을 나타냄
바이트(Byte)	• 8개의 Bit로 구성 • 문자를 표현하는 기본 단위 • 영문, 숫자는 1Byte로 표현 • 한글, 한문, 특수 문자는 2Byte로 표현 • 2^8(=256)개의 정보를 표현할 수 있음
워드(Word)	• 컴퓨터 내부의 명령 처리 단위 • 한 번에 처리할 수 있는 데이터의 양을 가리킴 • Half Word : 2Byte • Full Word : 4Byte(= 1Word) • Double Word : 8Byte
필드(Field)	• 파일 구성의 최소 단위 • 항목(Item)이라고도 함 • 데이터베이스에서 열을 나타냄
레코드(Record)	• 하나 이상의 필드들이 모여서 구성된 자료 처리 단위 • 논리 레코드는 프로그램을 처리하는 단위로 사용됨 • 논리 레코드를 블록킹하면 물리 레코드(= 블록)가 됨 • 물리 레코드는 입출력 단위로 사용되며, 블록(Block)이라고도 함 • 데이터베이스를 구성하는 행을 나타냄
파일(File)	• 여러 개의 레코드가 모여 구성 • 디스크의 저장 단위로 사용
데이터베이스(Database)	• 파일들의 집합 • 중복을 배제하고 통합된, 상호 관련있는 데이터의 집합

바이트(Byte): 'Binary Term'이 축약된 것으로 캐릭터(Character)라고도 함

암기 TIP

Half의 a가 2와 비슷해서 2바이트이며, 영어로 4는 Four이므로 Full은 4바이트, Double은 D와 0가 누워 있는 8과 유사해서 8바이트랍니다.

암기 TIP

물리 레코드는 블록과 같은 의미입니다. 그건 물을 많이 마시면 배가 볼록해지기 때문이랍니다.

더 알기 TIP

1KByte의 길이

1KByte = 2^{10} = 1,024Byte

(∴ 64KByte = 64×1KByte = 64×1,024Byte = 65,536Byte)

더 알기 TIP

자료 처리 단위(작은 순 → 큰 순)

비트 → 니블★ → 바이트 → 워드 → 필드(항목) → 논리 레코드 → 물리 레코드(= 블록) → 파일 → 데이터베이스

★ 니블(Nibble)
4비트로 구성된 값으로, 통신에서 쿼드비트(Quadbit)로 사용되기도 함

02 자료 표현 방식

내부적 표현	10진 연산	• 언팩 10진 형식 • 팩 10진 형식	정수 연산
	고정 소수점 표현	• 부호화 절대치 • 부호화 1의 보수 • 부호화 2의 보수	
	부동 소수점 표현(부호, 지수부, 가수부로 구성)		실수 연산
외부적 표현	BCD 코드 : 6비트로 구성		
	ASCII 코드 : 7비트로 구성		
	EBCDIC 코드 : 8비트로 구성		

1) 내부적 표현 방식

① 팩 10진(Packed Decimal) 형식

'꽉찬'의 의미대로 1바이트에 숫자 2자리씩 꽉 채워서 표현함

- 1Byte에 숫자 2자리씩 표현
- 연산은 가능하나 출력은 불가능
- 출력 시에는 언팩 10진(Unpacked Decimal)으로 변경하여 수행
- Sign은 부호 비트로 양수(+)는 C(1100), 음수(−)는 D(1101), 부호 없는 양수는 F(1111)로 표기
- Pack은 압축의 의미이므로 1바이트에 2자리씩 압축해서 넣음

더 알기 TIP

Digit	Digit부	Digit	Sign

←1 바이트→

예 +129

1	2	9	C
0001	0010	1001	1100

예 −129

1	2	9	D
0001	0010	1001	1101

② 언팩 10진(Unpacked Decimal, Zoned Decimal) 형식

- 1Byte에 숫자 1자리씩 표현
- 숫자 표현시 Zone 부분을 'F'로 채움
- 출력은 가능하나 연산은 불가능
- 연산시에는 팩 10진(Packed Decimal)으로 변경하여 수행
- Sign은 부호 비트로 양수(+)는 C(1100), 음수(−)는 D(1101), 부호 없는 양수는 F(1111)로 표기

암기 TIP

양수(+)는 C입니다.
즉, 더하기는 C, 우리가 더울 때 "아이, 더워 씨(C)"라고 하시죠!
그래서 더하기는 C랍니다.

기적의 TIP

팩 10진 형식의 경우 1바이트에 숫자 2자리씩 표현되는 점에 유의하셔야 합니다. 아울러 팩 10진으로 표현할 줄 아셔야 합니다.

개념 체크

1 정보 표현의 최소 단위는 (   )이다.

2 파일 구성의 최소 단위는 워드이다. (O, X)

1 비트 2 ×

더 알기 TIP

Zone	Digit	Zone	Digit	Zone	Digit	Sign	Digit

←1 바이트→

예 +2007

F	2	F	0	F	0	C	7
1111	0010	1111	0000	1111	0000	1100	0111

예 −2007

F	2	F	0	F	0	D	7
1111	0010	1111	0000	1111	0000	1101	0111

기적의 TIP

고정 소수점 형식의 음수 표현법인 부호화 절대치, 부호화 1의 보수, 부호화 2의 보수 표현을 구현하는 형식으로 출제되며, 각 표현 범위에 대해서도 숙지해 놓으셔야 합니다.

③ 고정 소수점(Fixed Point) 형식 19년 상시, 17년 상시, 14년 상시, 08년 7월, 06년 1월, …

- 2진 정수 데이터를 표현
- 부호 비트와 수로 표현
- 표현 범위는 작으나 연산 속도는 빠름
- 양수값은 세 가지 표현 방법이 모두 같음

더 알기 TIP

부호	수

양수(+) : 0
음수(−) : 1

암기 TIP

음수(−)는 1입니다.
1이 피곤해서 누웠네요.

- 음수 표현 10년 10월

부호화 절대치	최상위 1비트를 양수는 0, 음수는 1로 표현하고 나머지 비트는 절대치로 표현
부호화 1의 보수	부호화 절대치의 부호 비트를 제외하고 나머지 비트를 0은 1로, 1은 0으로 변환
부호화 2의 보수★	부호화 1의 보수로 바꾼 다음 부호 비트를 제외한 오른쪽 끝자리에 1을 더함

★ 2의 보수
절대치 표현의 뒷자리부터 시작해서 최초의 1이 나타날 때까지는 그대로, 나머지는 반전(보수)시키는 방법으로 구할 수도 있음

– 예 1 : 10진수 −9를 8비트로 표시하는 경우

형식	부호	정수부						
① 부호화 절대치	1	0	0	0	1	0	0	1
부호 비트는 1이 되며 정수부는 9의 이진수로 나타냄								
② 부호화 1의 보수	1	1	1	1	0	1	1	0
부호 비트는 1이 되며 정수부는 부호화 절대치 결과에서 0은 1로, 1은 0으로 바꿈								
③ 부호화 2의 보수	1	1	1	1	0	1	1	1
부호 비트는 1이 되며 정수부는 부호화 1의 보수에 +1을 함								

– 예 2 : 10진수 –9를 8비트로 표시하는 경우

표현법	+13	–13	방법
부호화 절대치	0000 1101	1000 1101	+13의 부호화 절대치에서 부호 비트만 변경
부호화 1의 보수	0000 1101	1111 0010	부호 비트를 제외한 나머지 비트를 0→1, 1→0으로 변환
부호화 2의 보수	0000 1101	1111 0011	부호화 1의 보수+1(부호 비트 제외)

※ 양수인 경우 모든 표현이 동일함

• 표현 범위

표현법	표현 범위	8비트(n=8)	0 표현
부호화 절대치	$-(2^{n-1}-1) \sim (2^{n-1}-1)$	–127 ~ +127	–0, +0
부호화 1의 보수			
부호화 2의 보수	$-(2^{n-1}) \sim (2^{n-1}-1)$	–128 ~ +127	+0만 표현

④ 부동 소수점(Floating Point Number) 표현

• 소수점이 있는 2진 실수 연산에 사용
• 대단히 큰 수나 작은 수의 표현이 가능하며, 속도가 느림
• 소수점은 자릿수에 포함되지 않으며, 묵시적으로 지수부와 가수부 사이에 있는 것으로 간주
• 지수부와 가수부를 분리시키는 정규화 작업이 필요함

기적의 TIP
부동 소수점 표현의 형식을 묻는 문제가 자주 출제됩니다. 또한 소수점이 포함된 아주 큰 수나 작은 수를 표현하는 데 적합하다는 것을 꼭 기억하세요.

더 알기 TIP

0	1 ～ 7	8 ～ n–1
부호	지수부	소수부(가수부)

• 부동 소수점 형식에서 정규화의 필요성
  – 지수부를 이용함으로써 표현할 수 있는 유효 숫자의 표현 범위가 넓어짐
  – 정규화 과정 : 소수 이하 첫째 자리값이 0이 아닌 유효 숫자가 오도록 함
    예 0.000025를 정규화시키면 0.25×10^{-4}

2) 외부적 표현 방식

① BCD 코드(Binary Coded Decimal : 2진화 10진 코드)

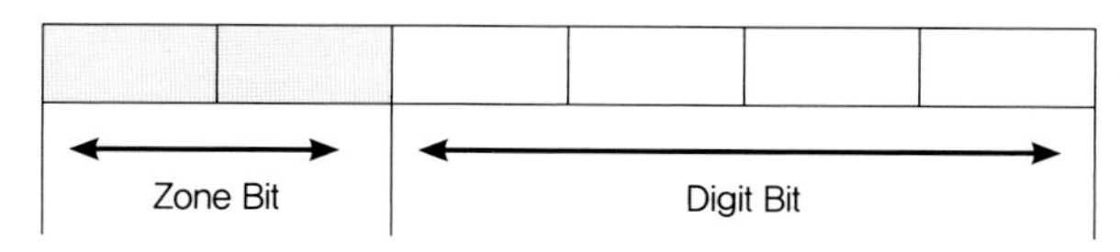

• Zone은 2비트, Digit는 4비트로 구성
• 6비트로 2^6(=64)가지의 문자 표현이 가능
• 영문자의 대 · 소문자를 구별하지 못함

기적의 TIP
• 외부적 표현 방식에서 각 코드의 크기와 특징에 대한 문제가 출제되므로 혼동하지 않게 숙지해 놓으면 됩니다.
• 10진수를 BCD 코드로 변환하는 방법을 알아두세요.

개념 체크
1 (　　　)은 부호 비트와 수로 표현되며, 표현 범위는 작으나 연산 속도가 빠르다.

1 고정 소수점 형식

11년 10월

② ASCII 코드(American Standard Code for Information Interchange : 미국 표준 코드)

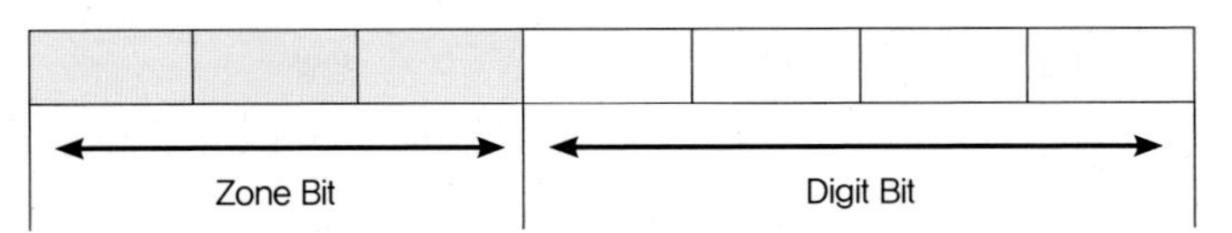

- Zone은 3비트, Digit는 4비트로 구성
- 7비트로 2^7(=128)가지의 문자 표현이 가능
- 개인용 PC 및 데이터 통신용 코드
- 대 · 소문자 구별이 가능

20년 4회, 19년 상시, 17년 상시, 16년 상시, 13년 상시, …

③ EBCDIC 코드(Extended BCD Interchange Code : 확장 2진화 10진 코드)

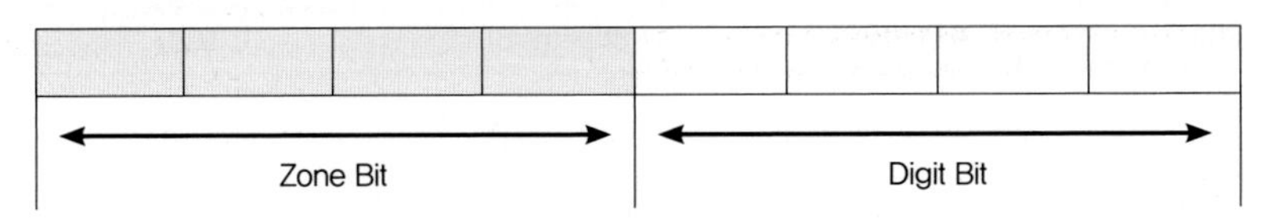

- Zone은 4비트, Digit는 4비트로 구성
- 8비트로 2^8(=256)가지의 문자 표현이 가능
- 확장된 BCD 코드로 대형 컴퓨터에서 사용되는 범용 코드

03 코드의 분류

> **기적의 TIP**
>
> 가중치, 비가중치 코드, 에러 검출 코드, 자기 보수 코드의 개념 파악이 중요하며 각 코드의 종류를 구분할 줄 아셔야 합니다.

① 가중치 코드(Weighted Code)

- 각 자릿수에 고유한 값을 가지고 있는 코드로, 연산 가능
- 종류 : 8421 코드, 2421 코드, Biquinary 코드, Ring Counter 코드

② 비가중치 코드(Nonweighted Code)

- 각 자릿수에 고유한 값이 없는 코드로, 연산 불가능
- 종류 : Excess−3 코드, 그레이(Gray) 코드, 5중 2 코드, 5중 3 코드

③ 에러 검출 코드(Error Check Code) 10년 3월

- 에러 검출이 가능한 코드로, 특정 코드(해밍 코드)는 에러 교정까지 가능
- 종류 : 해밍(Hamming) 코드, 패리티(Parity) 비트, Biquinary 코드, Ring Counter 코드, 5중 2 코드, 5중 3 코드

> **암기 TIP**
>
> **자기 보수(월급)가 얼마에요?**
> **8억이(2)오(5)**
> 자기 보수 코드의 종류는
> 84−2−1(팔)
> 액세스−3 코드(억)
> 2421(이)
> 51111(오)

④ 자기 보수 코드(Self Complement Code)

- 어떤 코드에 대한 1의 보수가 해당 10진수의 9의 보수로 되는 코드
- 종류 : 84−2−1 코드, Excess−3 코드, 2421 코드, 51111 코드

04 주요 코드별 특징

① 8421 코드(BCD 코드의 대표적인 코드)

- 대표적인 가중치 코드(Weighted Code)로 0부터 9까지의 10진수를 4비트 2진수로 표현
- 각 숫자를 오른쪽부터 8, 4, 2, 1과 같이 가중치 값에 의해 표현

  예 10진수 : 8 3 1 → 8421 코드 : 1000 0011 0001

② Excess－3 코드(3초과 코드)

- 대표적인 자기 보수 코드(Self Complement Code)이며 비가중치 코드
- 8421 코드값에 10진수 3을 더해서 만든 코드
- 10진수 3의 0011이 Excess－3 코드의 0이 됨

③ **패리티 비트(Parity Bit)** 21년 1회, 18년 상시, 16년 상시, 10년 1월

- 기존 코드값에 1비트를 추가하여 에러 발생 여부를 검사하는 체크 비트
- 종류
  - 홀수 체크법(Odd Check : 기수 검사)은 1의 개수가 홀수 개인지 체크
  - 짝수 체크법(Even Check : 우수 검사)은 1의 개수가 짝수 개인지 체크
- 특징
  - 에러 검출만 가능하고 교정은 불가능
  - 짝수 개의 에러가 동시에 발생하면 검출이 불가능

  예 숫자 11에 패리티 비트 추가하기

홀수 패리티 비트 :	0	0	0	1	0	1	1	0
짝수 패리티 비트 :	0	0	0	1	0	1	1	1

← 패리티 비트

④ **해밍 코드(Hamming Code)** 20년 4회, 18년 상시, 16년 상시, 10년 7월, 05년 1월, …

- 1비트의 에러 검출과 에러 교정이 가능한 코드
- 일반적으로 8421 코드에 3비트의 짝수 패리티를 추가해서 구성

⑤ **그레이 코드(Gray Code)** 21년 1회, 20년 2회/4회, 19년 상시, 18년 상시, 16년 상시, …

- 비가중치 코드 중 하나임
- 아날로그/디지털 코드 변환기나 입출력 장치 코드로 많이 사용
- 연산에는 적당하지 않으며, 한 숫자에서 다음 숫자로 증가할 때 한 비트만 변함
- 입력 코드로 사용하면 오차가 적음

기적의 TIP

패리티 비트의 에러 검출 방법과 해밍 코드의 개념을 묻는 문제가 출제되므로 이해를 통한 숙지가 필요합니다.

개념 체크

1 EBCDIC 코드는 확장된 BCD 코드로 대형 컴퓨터에서 사용되는 범용 코드이다. (O, X)

2 (　　　)는 기존 코드값에 1비트를 추가하여 에러 발생 여부를 검사하는 체크 비트이다.

3 (　　　)는 비트의 에러 검출과 에러 교정이 가능한 코드이다.

1 ○ 2 패리티 비트 3 해밍 코드

• 2진수를 그레이 코드로 변환

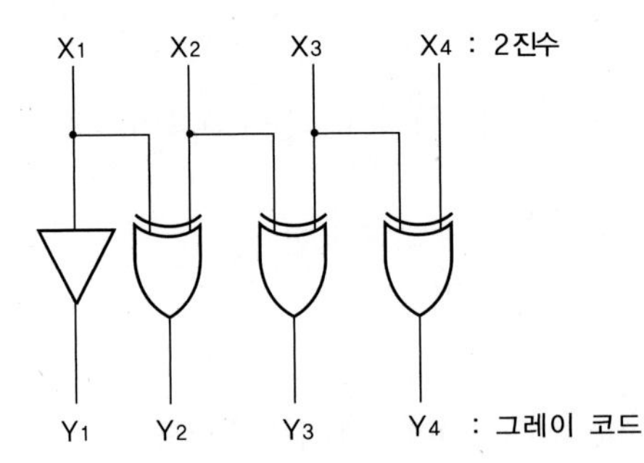

– 최상위 비트값은 변화없이 그대로 내려씀
– 두 번째부터는 인접한 값끼리 XOR(eXclusive–OR) 연산한 값을 내려씀

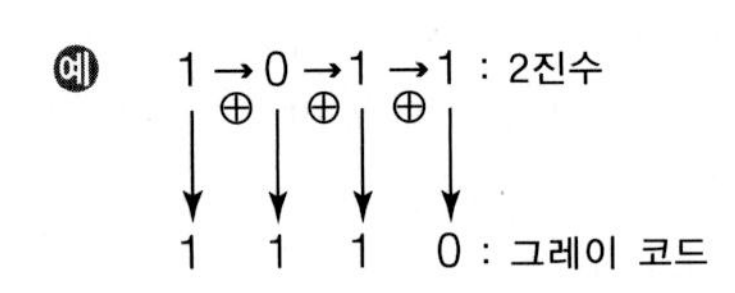

• 그레이 코드를 2진수 코드로 변환

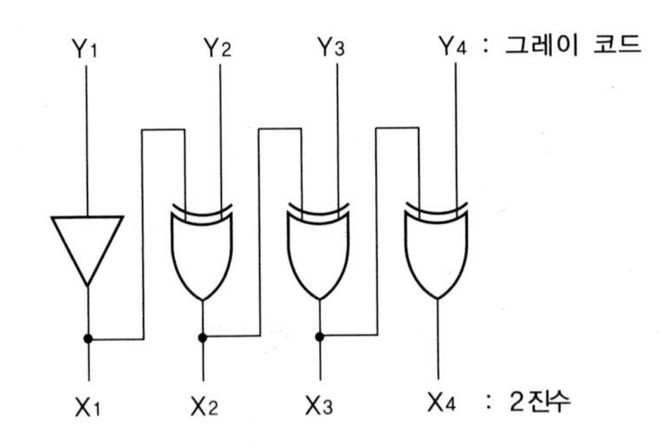

– 최상위 비트값은 변화없이 그대로 내려씀
– 두 번째부터는 내려쓴 결과값과 다음에 있는 수와 XOR(eXclusive–OR) 연산한 값을 내려씀

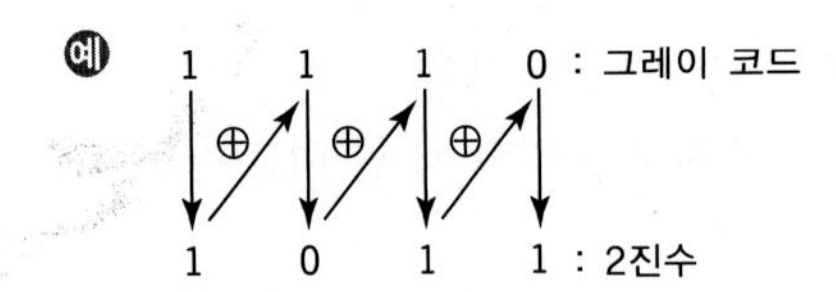

기적의 TIP

2진수를 그레이 코드로 변환하거나 그레이 코드를 2진수로 변환하는 형식으로 출제됩니다. 여러 문제를 통해 정확히 익혀두시면 됩니다.

암기 TIP

그 이(2) 이빨은 뾰족뾰족해!
그레이에서 2진으로 변환할 때는 /|/|/|/ 처럼 한답니다.

이론을 확인하는 기출문제

01 EBCDIC 코드는 몇 개의 Zone Bit를 갖는가?

① 1 ② 2
③ 3 ④ 4

EBCDIC 코드(Extended BCD Interchange Code : 확장 2진화 10진 코드) : Zone, Digit 각각 4비트, 모두 8비트로 구성되어 2^8(=256)가지의 표현이 가능함

02 8비트 컴퓨터에서 10진수 −13을 부호화 절대치 방식으로 표현한 것은?

① 10001101 ② 10001110
③ 11111110 ④ 01111101

부호화 절대치 : 최상위 1비트를 양수는 0, 음수는 1로 표현(1000)하고 나머지 비트는 절대치로 표현(13 → 1101)

03 2진수 0110을 그레이 코드로 변환하면?

① 0010
② 0111
③ 0101
④ 1110

2진수를 그레이 코드로 변환
최상위 비트값은 변화 없이 그대로 내려씀, 두 번째부터는 인접한 값끼리 XOR(eXclusive-OR) 연산한 값을 내려씀

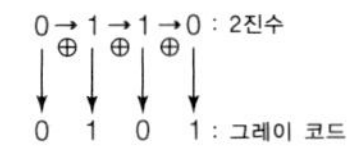

04 에러를 검출하고 검출된 에러를 교정하기 위하여 사용되는 코드는?

① ASCII 코드
② BCD 코드
③ 8421 코드
④ Hamming 코드

해밍 코드(Hamming Code) : 에러 검출과 에러 교정이 가능하며, 일반적으로 8421 코드에 3비트의 짝수 패리티를 추가하여 구성

05 연속되는 2개의 숫자를 표현한 코드에서 한 개의 비트를 변경하면 새로운 코드가 되기 때문에 아날로그-디지털 변환, 데이터 전송 등에 주로 사용되는 코드는?

① EBCDIC Code ② Hamming Code
③ ASCII Code ④ Gray Code

그레이 코드(Gray Code) : 비가중치 코드 중의 하나, 아날로그/디지털 코드 변환기나 입출력 장치 코드로 많이 사용

오답 피하기

- 해밍코드(Hamming Code) : 에러 검출과 에러 교정이 가능하며 일반적으로 8421 코드에 3비트의 짝수 패리티를 추가하여 구성
- EBCDIC 코드 : 8비트 코드로, 2^8(256)개의 서로 다른 정보 표현
- ASCII 코드 : 7비트 코드로, 2^7(128)개의 서로 다른 정보 표현

06 주기억 장치에서 자료 표현의 최소 단위는?

① 블록(Block) ② 바이트(Byte)
③ 셀(Cell) ④ 레코드(Record)

바이트(Byte) : 주기억 장치의 자료 표현 최소 단위

07 패리티 검사(Parity Check)에 대한 설명으로 옳은 것은?

① 기수 패리티체크는 1bit의 수가 짝수가 되도록 한다.
② 두 bit가 동시에 에러를 발생해도 검출이 가능하다.
③ 우수 패리티체크는 1bit의 개수가 홀수가 되도록 한다.
④ 코드에 여분의 비트를 검사 비트로 첨가하여 착오를 검출하는 방법이다.

- 패리티 코드(Parity Code) : 정보코드에 1Bit를 추가하여 오류를 판별하는 코드로, 오류의 검출만 가능하고 2개의 비트가 동시에 오류를 발생하면, 검출 자체가 불가능
- 기수(홀수) 검사 : 정보(데이터)코드+패리티 값의 '1'의 개수가 홀수가 되게 하는 방식
- 우수(짝수) 검사 : 정보(데이터)코드+패리티 값의 '1'의 개수가 짝수가 되게 하는 방식

정답 01 ④ 02 ① 03 ③ 04 ④ 05 ④ 06 ② 07 ④

SECTION 03

연산

출제빈도 상 (중) 하
반복학습 1 2 3

빈출 태그 이항 연산 • 단항 연산 • 비수치적 연산

01 연산 18년 상시, 12년 상시, 10년 3월/7월, 09년 9월, 08년 2월, …

① 자료의 항에 따른 구분

단항(Unary) 연산	• 하나의 입력에 하나의 출력이 있는 연산 • 종류 : 시프트(Shift), 로테이트(Rotate), 이동(Move), 논리 부정
이항(Binary) 연산	• 두 개의 입력에 하나의 출력이 있는 연산 • 종류 : AND, OR, 사칙 연산(+, −, *, /)★ 등

> 기적의 TIP
> 단항 연산과 이항 연산의 종류에 대해 숙지하시고 선별 가능하도록 알고 계시면 됩니다.

★ 사칙 연산
• + : Add
• − : Subtract
• * : Multiply
• / : Divide

② 자료의 성격에 따른 구분 10년 10월, 04년 2월

수치적 연산	• 수치적 연산에 사용되는 연산 • 종류 : 사칙 연산, 산술적 Shift 등
비수치적 연산	• 논리적 연산에 사용되는 연산 • 종류 : Shift, Rotate, Move★, AND, OR, NOT 등

★ Move
하나의 레지스터에 기억된 자료를 다른 레지스터로 옮길 때 사용

02 수치적 연산

> 기적의 TIP
> 산술적 Shift는 곱셈과 나눗셈 연산에 이용됩니다.

① 왼쪽 시프트

• 왼쪽으로 한 비트씩 이동
• n비트 왼쪽 시프트는 2^n을 곱한 것을 의미(n은 시프트 비트 수)
• 범람(Overflow) : 밀려나간 비트가 1일 경우 발생

예 2의 보수 11100111에 대해서 왼쪽으로 1Bit 시프트

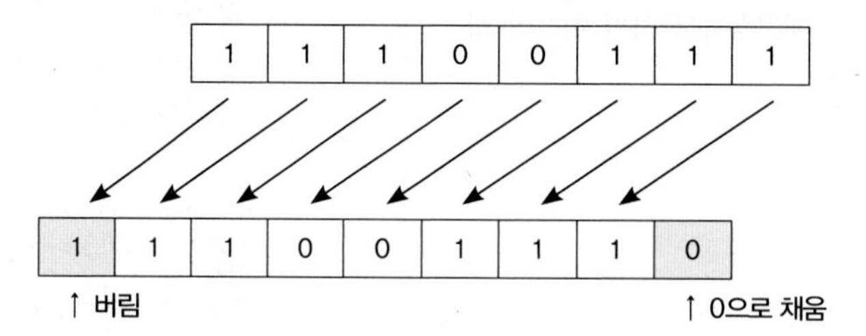

∴ 결과값 : 11001110

② 오른쪽 시프트

• n비트 오른쪽 시프트는 2^n으로 나눈 것을 의미
• 오른쪽으로 한 비트씩 이동
• 절단(Truncation) : 밀려나간 비트가 1일 경우 발생

예 2의 보수 11100111에 대해서 오른쪽으로 1Bit 시프트

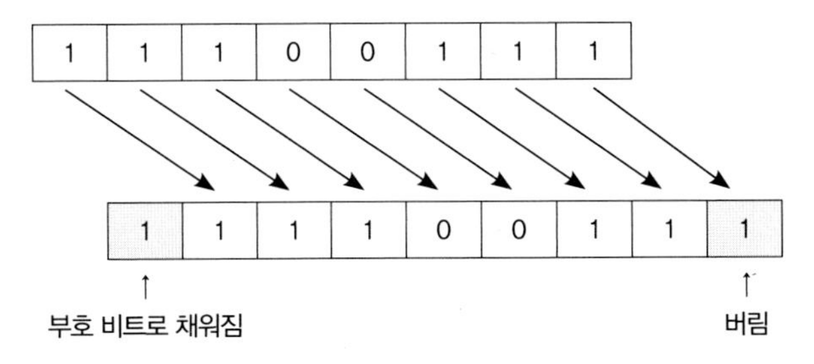

∴ 결과값 : 11110011

03 비수치적(논리) 연산

① AND 연산(문자 삭제 기능) 02년 1회/2회, 21년 1회/2회, 20년 4회, 18년 상시, 17년 상시, …

- 두 수가 모두 참(1)일 때만 전체 값이 참(1)이 됨
- 특정 문자의 일부분을 삭제하는 기능(= Mask Bit 기능)

예 A = 1100 1011과 B = 0000 1111일 때 AND 연산값 구하기

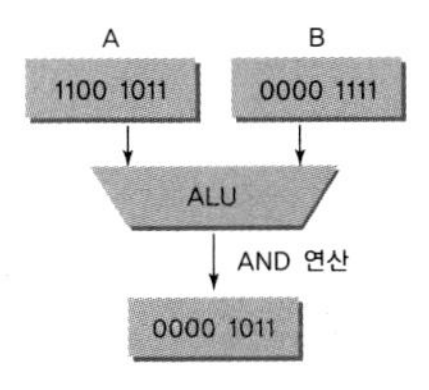

∴ 결과값 : 0000 1011 (삭제할 부분을 0000으로 대입하면 해당 4비트 부분이 삭제됨)

② OR 연산(문자 추가 기능)

- 두 수 중 하나 이상만 참(1)이면 전체 값이 참(1)이 됨
- 필요한 문자를 추가하는 기능을 함

예 A = 0000 1011과 B = 1010 0000일 때 OR 연산값 구하기

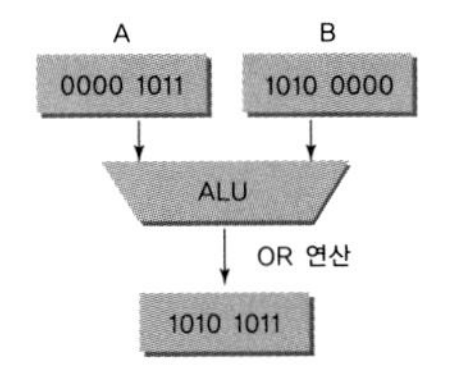

∴ 결과값 : 1010 1011(왼쪽 4비트 부분이 추가됨)

③ NOT 연산

입력된 값의 반대값을 출력

예 A = 0000 1111

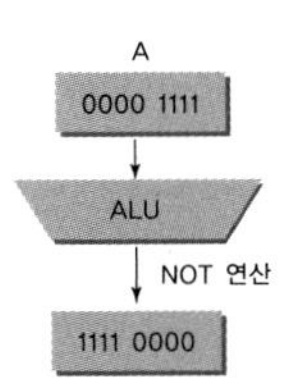

∴ 결과값 : 1111 0000

기적의 TIP

비수치적 연산의 기능을 묻는 문제와 결과값을 산출하는 형식의 문제가 출제됩니다.

개념 체크

1 1. 하나의 입력에 하나의 출력이 있는 연산을 (   ) 이라고 한다.

2 두 수가 모두 참(1)일 때만 전체 값이 참(1)이 되는 연산은?

1 단항 연산 2 AND 연산

이론을 확인하는 기출문제

01 특정 비트 또는 특정 문자를 삭제하기 위해 사용하는 연산은?

① AND 연산
② OR 연산
③ MOVE 연산
④ Complement 연산

AND 연산(문자 삭제 가능) : 불필요한 문자의 일부분을 삭제하는 기능(= Mask Bit 기능)

오답 피하기

OR 연산(문자 추가 기능) : 필요한 문자를 추가하는 기능

02 다음 보기의 연산은?

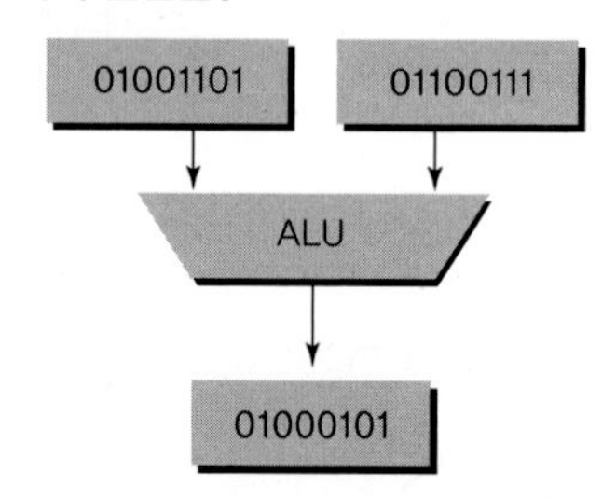

① AND 연산　② OR 연산
③ MOVE 연산　④ Complement 연산

AND : 두 개의 입력값이 모두 1일 때만 출력값이 1이 됨

0	1	0	0	1	1	0	1	
0	1	1	0	0	1	1	1	
0	1	0	0	0	1	0	1	AND 연산

03 이항(Binary) 연산에 해당하는 것은?

① Rotate　② Shift
③ Complement　④ OR

- 이항(Binary) 연산 : 두 개의 입력에 하나의 출력이 있는 연산
- 종류 : AND, OR, 사칙연산(+, −, *, /) 등

오답 피하기

- 단항 연산(Unary) : 하나의 입력에 하나의 출력이 있는 연산
- 종류 : 시프트(Shift), 로테이트(Rotate), 이동(Move), 논리 부정(Not)

04 하나의 레지스터에 기억된 자료를 모두 다른 레지스터로 옮길 때 사용하는 논리 연산은?

① Rotate
② Shift
③ Move
④ Complement

연산의 종류
- Rotate : 되돌리기 연산
- Shift : 곱셈, 나눗셈에 이용되는 밀치기 연산
- Move : 자료의 이동
- Complement : 보수

05 연산을 자료의 성격에 따라 나눌 때, 논리적 연산에 해당하지 않는 것은?

① ROTATE　② AND
③ MULTIPLY　④ COMPLEMENT

비수치적 연산 : 논리적 연산에 사용되는 연산으로 그 종류는 Shift, Rotate, Move, AND, OR, NOT(COMPLEMENT) 등이 있음

오답 피하기

수치적 연산 : 수치적 연산에 사용되는 연산으로 그 종류는 사칙연산, 산술적 Shift 등이 있음

06 8비트짜리 레지스터 A와 B에 각각 '11010101'과 '11110000'이 들어있다. 레지스터 A의 내용이 '00100101'로 바뀌었다면 두 레지스터 A, B 사이에 수행된 논리 연산은?

① eXclusive-OR 연산
② AND 연산
③ OR 연산
④ NOR 연산

XOR 연산 : 두 수가 서로 다른 경우 결괏값이 1이 됨

	11010101
XOR	11110000
	00100101

오답 피하기

- AND 연산 : 특정한 비트를 삭제하는 연산
- OR 연산 : 일부 데이터를 추가할 때 사용하는 연산

정답 01 ① 02 ① 03 ④ 04 ③ 05 ③ 06 ①

합격을 다지는 예상문제

01 일반적으로 Full Word는 몇 Bit인가?

① 16 ② 32
③ 8 ④ 64

02 2진수 $(10110)_2$의 2의 보수는?

① 01100 ② 01011
③ 01010 ④ 01001

03 다음 중 착오 검출 코드에 해당하지 않는 것은?

① EBCDIC Code
② Biquinary Code
③ Ring Counter Code
④ Hamming Code

04 10진수 550에 대한 9의 보수는?

① 448 ② 449
③ 450 ④ 451

05 다음 중 의미가 같은 것끼리 짝지어진 것은?

① 파일 – 물리 레코드
② 블록 – 기본 파일
③ 물리 레코드 – 블록
④ 논리 레코드 – 물리 레코드

06 16진수 $(5F)_{16}$를 10진수로 변환하면?

① 85 ② 95
③ 100 ④ 96

07 ASCII 코드의 존(Zone)은 몇 비트로 구성되어 있는가?

① 1 ② 2
③ 3 ④ 4

08 2진수 1011을 그레이 코드(Gray Code)로 변환하면 그 결과는 어떻게 되는가?

① 1010 ② 0100
③ 0111 ④ 1110

09 컴퓨터 내에서의 감산(뺄셈)의 원리는?

① 보수의 가산
② 비교
③ 자리 이동(Shift)
④ 논리곱

10 다음 그림은 Byte Machine의 데이터 형식을 나타낸 것이다. 어떠한 데이터 형식인가?

부호	지수 부분	소수 부분

① 부동 소수점 수의 데이터
② 고정 소수점 수의 데이터
③ pack 형식의 10진수
④ unpack 형식의 10진수

11 10진수 14.625를 2진수로 표현한 값은?

① 1111.011
② 1110.110
③ 1110.011
④ 1110.101

12 다음 그림의 연산 결과는?

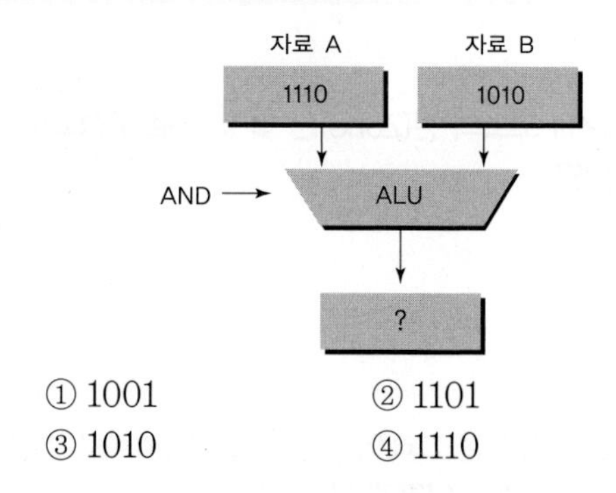

① 1001　② 1101
③ 1010　④ 1110

13 2진수 $(101101)_2+(101101)_2$의 값은?

① 1101010_2　② 1010010_2
③ 1110001_2　④ 1011010_2

14 8bit 컴퓨터에서 부호화 절대치 방식으로 수치 자료를 표현했을 때, 기억된 값은 얼마인가?

1	0	0	0	1	0	1	1

① −11　② −12
③ 11　④ 12

15 BCD 코드로 한 문자를 표현할 때 몇 비트가 필요한가? (단, 패리티 비트 제외)

① 4비트　② 6비트
③ 7비트　④ 8비트

16 표준 2진화 10진 코드가 표현할 수 있는 최대 문자수는?

① 32　② 256
③ 128　④ 64

17 다음 중 십진수 956을 BCD 코드(Binary Coded Decimal)로 바르게 표현한 것은?

① 1110 0101 1001　② 1101 0101 0110
③ 1000 0101 0110　④ 1001 0101 0110

18 2진수 0.1101을 10진수로 변환하면?

① $(0.8125)_{10}$　② $(0.875)_{10}$
③ $(0.9375)_{10}$　④ $(0.975)_{10}$

19 다음 중 자료 표현 방식에서 내부적 표현 방식의 종류가 아닌 것은?

① 언팩 10진 형식　② 부호화 절대치
③ 팩 10진 형식　④ ASCII 코드

20 10진수 0.625를 2진수로 변환할 경우 올바른 값은?

① $(0.011)_2$　② $(0.101)_2$
③ $(0.100)_2$　④ $(0.111)_2$

21 다음 중 수의 연산에서 보수를 사용하는 이유는?

① 감산을 가산으로 계산하기 위하여
② 감산기를 효율적으로 사용하기 위하여
③ 연산 속도를 빠르게 하기 위하여
④ 기계어로 전환하기 위하여

22 컴퓨터의 연산 장치에서 수행하는 논리 연산과 무관한 것은?

① ADD　② AND
③ OR　④ NOT

23 가장 대표적인 웨이티드 코드(Weighted Code)는?

① 8421 코드
② 그레이 코드
③ 시프트 카운터 코드
④ 엑세스 3코드

합격을 다지는 예상문제 정답 & 해설

CHAPTER 03

01 ②	02 ③	03 ①	04 ②	05 ③
06 ②	07 ③	08 ④	09 ①	10 ①
11 ④	12 ③	13 ④	14 ①	15 ②
16 ④	17 ④	18 ①	19 ④	20 ②
21 ①	22 ①	23 ①		

01 ②

Full Word : 4Byte(=32Bit)

오답 피하기

- Half Word : 2Byte(=16Bit)
- Double Word : 8Byte(=64Bit)

02 ③

보수(Complement) 계산

- $(10110)_2$의 1의 보수 : $(01001)_2$
- $(10110)_2$의 2의 보수 : 1의 보수 + 1이므로 $(01010)_2$

03 ①

EBCDIC Code : 확장 2진화 10진 코드로 Zone 4비트, Digit 4비트, 총 8비트로 2^8(=256)가지의 표현이 가능

오답 피하기

에러 검출 코드(Error Check Code) : 해밍(Hamming) 코드, 패리티(Parity) 비트, Biquinary 코드, Ring Counter 코드, 5중 2 코드, 5중 3 코드

04 ②

550 + ? = 999 ⇒ ? = 449

오답 피하기

9의 보수는 999가 되기 위해서 550에 어떤 수가 보충되어야 하는가를 의미함

05 ③

물리 레코드(= 블록) : 입출력 단위로서 하나 이상의 논리 레코드가 모여서 구성

오답 피하기

논리 레코드 : 자료 처리의 기본 단위로서 하나 이상의 필드들이 모여서 구성

06 ②

$5 \times 16^1 + F(15) \times 16^0 = 80 + 15 = 95$

오답 피하기

16진수 F : 10진수 15

07 ③

ASCII 코드 : Zone 3비트, Digit 4비트

08 ④

2진수를 그레이 코드로 변환

- 최상위 비트값은 변화 없이 그대로 내려씀
- 두 번째부터는 인접한 값끼리 XOR(eXclusive-OR) 연산한 값을 내려씀

```
1 → 0 → 1 → 1   : 2진수
|  ⊕ |  ⊕ |  ⊕ |
↓    ↓    ↓    ↓
1    1    1    0   : 그레이코드
```

09 ①

보수를 사용하지 않으면 가산기 이외에 감산기를 따로 두어야 하는데, 보수를 사용하면 감산 과정을 가산으로 계산할 수 있음

10 ①

부동 소수점(Floating Point Number) 형식

0	1 2	7 8	n-1
부호	지수부	가수부(소수부)	

- 소수점이 있는 2진 실수 연산에 사용
- 대단히 큰 수나 작은 수의 표현이 가능하나 속도가 느림
- 소수점은 자릿수에 포함되지 않으며, 묵시적으로 지수부와 가수부 사이에 있는 것으로 간주
- 지수부와 가수부를 분리시키는 정규화 작업이 필요함

11 ④

실수 형태의 10진수를 2진수로 변환

(소수점 이상) $(14)_{10} = (1110)_2$

(소수점 이하)

```
0.625      0.25      0.5
× 2   →   × 2   →   × 2
1.250      0.50      1.0
```

오답 피하기

소수점 앞에 있는 수는 나누어서 역순으로, 소수점 뒤에 있는 수는 곱해서 정수 부분만 취해서 계산

12 ③

AND 연산 : 입력 모두가 참(1)일 때만 참(1)이 됨

```
     1110
AND | 1010
     1010
```

13 ④

2진수의 합은 0+0=0, 0+1=1, 1+0=1, 1+1=0(자리올림 1)이므로 $101101_2 + 101101_2$은 1011010_2이 됨

```
 101101
+101101
1011010
```

14 ①

부호 비트가 1이므로 음수(-)이며 1011은 10진수 11이므로 -11이 됨

15 ②

BCD 코드 : 6비트로 2^6(=64)가지의 문자 표현이 가능

오답 피하기

BCD 코드 6비트에 패리티 비트가 포함되면 7비트가 됨

16 ④

BCD 코드 : 표준 2진화 10진 코드이며, 6비트 코드이므로 2^6(=64)가지의 문자 표현이 가능

17 ④

9	5	6
1001	0101	0110

오답 피하기

BCD 코드(Binary Coded Decimal : 2진화 10진 코드)

- Zone은 2비트, Digit는 4비트로 구성
- 총 6비트로 2^6(=64)가지의 문자 표현이 가능

18 ①

$$1\times2^{-1}+1\times2^{-2}+0\times2^{-3}+1\times2^{-4}=0.5+0.25+0+0.0625$$
$$=0.8125$$

19 ④

자료 표현 방식 중 내부적 표현 방식에는 언팩 10진 형식, 팩 10진 형식, 부호화 절대치, 부호화 1의 보수, 부호화 2의 보수, 부동 소수점 표현이 사용

오답 피하기

ASCII 코드는 외부적 표현 방식에 속함

20 ②

0.625×2=1.25, 0.25×2=0.5, 0.5×2=1.0의 자리올림수를 나열하면 $(0.101)_2$이 됨

21 ①

감산을 위해서는 감산기를 별도로 두어야 하는데, 보수를 사용하면 가산으로 감산 계산이 가능함

22 ①

논리 연산자 : AND(논리곱), OR(논리합), NOT(논리 부정) 등

오답 피하기

산술 연산자 : +(Add), −(Subtract),' * (Multiply), /(Divide) 등

23 ①

가중치 코드(Weighted Code) : 8421, 2421, 51111, Biquinary 코드, Ring Counter 코드

오답 피하기

비가중치 코드(Nonweighted Code) : Excess-3 코드, 그레이 코드, 5중 2코드, 5중 3코드

CHAPTER 04

명령어 및 제어

학습 방향

주소 부분의 구성 요소, 0 주소, 명령어 인출 절차, 명령어의 구성, OP 코드, 즉시 주소 지정, 절대 주소, 간접 주소, 명령 사이클, 인출 단계 등이 출제되었습니다. 명령어는 명령 코드부(OP–Code)와 주소부(Operand)로 구성되어 있다는 점과 연산자의 기능에 대한 문제가 출제됩니다. 따라서 각 명령어 형식의 특징에 대해 유념하여 공부하도록 하시고 주소 지정 방식의 이해와 인출 단계에 대한 숙지가 필요합니다.

출제빈도

SECTION 01	상	49%
SECTION 02	상	40%
SECTION 03	중	11%

SECTION 01

명령어

출제빈도 ㊤ 중 하
반복학습 1 2 3

빈출 태그 명령어 구성 • 연산자 기능 • 0-주소 • 1-주소 형식

01 명령어(Instruction) 구성 21년 2회, 20년 2회, 18년 상시, 17년 상시, 16년 상시, …

명령어는 명령 코드부(OP-Code)와 주소부(Operand)로 구성됨

OP-Code(명령 코드부)	Operand(주소부)		
	Mode	Register	Address

Operation(동작, 작업)을 의미함

① 명령 코드부(OP-Code)★

- 연산자부라고도 하며, 수행해야 할 동작을 명시
- 명령어 형식에서 첫 번째 바이트부터 저장
- 연산자부의 크기는 표현할 수 있는 명령어의 종류를 나타내는 것
  - 예 연산자부가 4Bit일 경우 몇 개의 명령어를 사용할 수 있는가?
    → 2^4 = 16개의 명령어(연산자)를 사용
- 명령어 형식, 동작 코드, 데이터 종류 등을 표현

② 주소부(Operand)

- 번지부 또는 자료부라고도 하며, 찾아갈 메모리의 번지 부분이나 레지스터를 지정
- 실제 데이터의 주소 자체이거나 주소를 구하는 데 필요한 정보 또는 명령어의 순서를 나타냄
- 모드(Mode) : 오퍼랜드나 유효 주소가 결정되는 방법을 표기(1비트로 구성, 간접 주소 : 1, 직접 주소 : 0)
- 레지스터(Register) : 사용할 레지스터를 선택

기적의 TIP

명령어의 구성 형태와 연산자의 기능은 시험에 자주 출제되는 내용이니 반드시 숙지해 두시기 바랍니다.

★ 명령 코드부(OP-Code)
명령 코드가 n비트이면 총 2^n개의 명령어를 만들 수 있음. 만약 연산자부가 3bit일 경우 2^3=8이므로 최대 동작은 8가지임

명령어 설계 시 고려사항
- 메모리 접근 빈도 감소
- 컴파일러 기술 사용
- 다수의 범용 레지스터 사용

02 연산자(OP-Code)의 기능 21년 2회, 17년 상시, 10년 3월/10월, 09년 7월, 08년 2월, …

연산자의 기능에는 함수 연산 기능, 전달 기능, 제어 기능, 입출력 기능이 있음

① 함수 연산 기능

산술 및 논리 연산을 담당

산술 연산(수치적)	ADD, SUB, MUL, DIV, 산술 Shift
논리 연산(비수치적)	AND, NOT, OR, XOR, 논리 Shift, Rotate, Complement, Clear 등

암기 TIP

전함대는 제복을 입어라.
전달 기능, **함**수 연산 기능, **제**어 기능, **입**출력 기능

② 전달 기능

중앙 처리 장치와 주기억 장치 간의 정보 이동을 담당

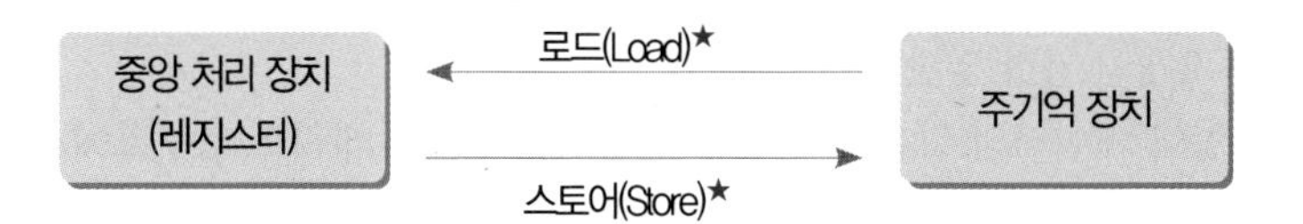

★ 로드(Load)
기억 장치에 기억되어 있는 정보를 중앙 처리 장치로 읽어오는 명령

★ 스토어(Store)
중앙 처리 장치에 있는 정보를 기억 장치에 저장 시키는 명령

암기 TIP

쓰레기
스(쓰)토어는 **레지스터에서** 기억 장소로 정보가 전달되는 것입니다.

③ 제어 기능

프로그램 순서의 분기 명령을 담당

무조건적 분기	GOTO문, JUMP문 등
조건적 분기	IF문, ON GOTO문 등

④ 입출력 기능

입출력 포트를 통한 입력이나 출력을 담당

예 INPUT 또는 IN(입력), OUTPUT 또는 OUT(출력) 등

03 명령어 형식 03년 3월

① 0-주소 형식(= 스택 구조) 24년 1회, 21년 4회, 20년 4회, 13년 상시, 03년 1월/7월/10월

연산자(OP-Code)

- 명령어에 주소부(오퍼랜드부) 없이 데이터가 명령어 자체에 있는 방식
- 스택(Stack) 구조의 컴퓨터에서 사용(번지가 묵시적으로 지정)
- 연산 속도가 가장 빠름

암기 TIP

스(수)영(0)장에서 놀자!
스택은 0-주소 형식
ACC의 A는 알파벳에서 **첫(1)번째**이므로 ACC 구조는 1-주소 형식

더 알기 TIP

스택(Stack)
- 삽입과 삭제가 한 쪽 끝에서만 이루어지는 선형 구조
- LIFO(Last In First Out) 구조로, 나중에 입력된 데이터가 가장 먼저 출력되는 구조

C
B
A

Stack 구조

- 삽입(Push) : A → B → C
- 삭제(Pop) : C → B → A

② 1-주소 형식(= ACC(누산기) 구조) 06년 10월

연산자(OP-Code)	주소(Operand)

- 주소부가 하나 존재
- 데이터의 처리를 위해 누산기(Accumulator) 구조의 컴퓨터에서 사용

기적의 TIP

명령어 형식 중 0주소와 1주소 형식은 매우 자주 출제됩니다. 이해를 통한 숙지가 필수입니다.

기적의 TIP

2-주소 형식은 연산 결과가 주소 1에 기억되므로 이전에 기억되어 있는 내용은 삭제된다는 것을 꼭 기억하세요.

③ 2-주소 형식(= 범용 레지스터 구조) 16년 상시, 04년 10월

연산자(OP-Code)	주소(Operand)	주소 2

- 주소부가 2개인 가장 일반적인 형식
- 연산 후 입력 데이터의 값은 보존이 되지 않으며, 범용 레지스터 구조에서 사용
- 원래 결과는 주소 1에 기억되므로 이전에 기억되어 있던 내용은 연산 후에 지워짐

④ 3-주소 형식(= 범용 레지스터 구조) 20년 2회, 19년 상시, 09년 9월, 06년 4월, 04년 10월

연산자(OP-Code)	주소(Operand)	주소 2	주소 3(결과)

- 명령어에 주소부가 3개 존재하므로 원래의 값이 보존됨
- 이해하기는 쉬우나 기억 장소를 많이 차지함

04 명령어의 종류

산술, 논리, 시프트 명령	ADD, INC, AND, CLA, SHR, SHL 등
프로그램 제어 명령	BR, JMP, SKP, CALL, RET 등
정보 이동 명령	LDA, STA 등
상황 설정을 위한 정보 상태를 검사하는 명령	BUN, BSA, ISZ, SKIP 등
입출력 명령	IN, OUT 등
정지 명령	HLT 등

개념 체크

1 연산 후 입력 자료가 변하지 않고 보존되는 특징을 가지고 있는 명령어 형식은?

1 3-주소 형식

이론을 확인하는 기출문제

01 다음 중 명령어 형식(Instruction Format)에서 첫 번째 바이트에 기억되는 것은?

① Operand
② Length
③ Question Mark
④ OP–Code

명령어(Instruction) : 명령 코드부(OP–Code)와 번지부(Operand)로 구성

OP–Code (연산자부)	Operand(주소부)		
	Mode	Register	Address

02 명령어(Instruction)의 구성을 가장 바르게 표현한 것은?

① 명령 코드부와 번지부로 구성
② 오류 검색 코드 형식
③ 자료의 표현과 주소 지정 방식
④ 주프로그램과 부프로그램

명령어의 구성 : 명령 코드부(OP–Code)와 번지부(Operand)로 구성

03 명령어(Instruction) 설계 시 고려할 사항으로 옳지 않은 것은?

① 컴파일러 기술의 사용
② 메모리 접근 횟수 감소
③ 많은 범용 레지스터의 사용
④ 제한적이고 복잡한 명령어 세트

명령어 설계 시 복잡한 명령어 세트에 대한 부분은 고려 대상에 해당되지 않음

04 명령어 형식(Instruction Format) 에서 첫 번째 바이트에 기억되는 것은?

① Operand ② Length
③ Question Mark ④ OP–Code

명령어의 형식 : 명령 코드부(OP–Code)와 번지부(Operand)로 구성

05 기억 장치에 액세스(Access)할 필요 없이 스택(Stack)을 이용하여 연산을 행하는 명령어 형식은?

① 0–주소 명령어
② 1–주소 명령어
③ 2–주소 명령어
④ 3–주소 명령어

0–주소 형식(= 스택 구조) : 명령어에 오퍼랜드부가 없이 데이터가 명령어 자체에 있는 방식으로 스택(Stack) 구조의 컴퓨터에서 사용(번지가 묵시적으로 지정)

오답 피하기

- 1–주소 형식(= ACC(누산기) 구조) : 주소(오퍼랜드부)가 하나 존재
- 2–주소 형식(= 범용 레지스터 구조) : 주소부가 2개인 가장 일반적인 형식
- 3–주소 형식(= 범용 레지스터 구조) : 명령어에 오퍼랜드부가 3개 존재하므로 원래의 값이 보존됨

06 연산 후 입력 자료가 변하지 않고 보존되는 특징의 장점을 갖는 인스트럭션 형식은?

① 0–주소 인스트럭션 형식
② 1–주소 인스트럭션 형식
③ 2–주소 인스트럭션 형식
④ 3–주소 인스트럭션 형식

3–주소 인스트럭션 형식 : 명령어에 오퍼랜드부가 3개 존재하므로 원래의 값이 보존됨

오답 피하기

- 0–주소 인스트럭션 형식 : 명령어에 오퍼랜드부가 없이 데이터가 명령어 자체에 있는 방식
- 1–주소 인스트럭션 형식 : 주소(오퍼랜드부)가 하나 존재
- 2–주소 인스트럭션 형식 : 주소부가 2개인 가장 일반적인 형식

07 명령어 구성에서 연산자의 기능에 해당하지 않는 것은?

① 입출력 기능
② 주소 지정 기능
③ 제어 기능
④ 함수 연산 기능

연산자(OP–Code)의 기능 : 함수 연산 기능, 전달 기능, 제어 기능, 입출력 기능

정답 01 ④ 02 ① 03 ④ 04 ④ 05 ① 06 ④ 07 ②

SECTION 02

주소 지정 방식

출제빈도 상 중 하
반복학습 1 2 3

빈출 태그 즉시 주소 지정 • 직접 주소 지정 • 간접 주소 지정 • 절대 번지

01 입력 장치 23년 2회, 21년 3회, 20년 2회/3회/4회, 19년 상시, 18년 상시, …

> 기적의 TIP
> 접근 방식에 의한 주소 지정 방식은 이해를 통한 암기가 필요합니다. 각 주소 지정 방식의 특징에 대해 정확하게 알고 계셔야 합니다.

데이터 접근 방식에 따라 묵시적(Implied), 즉시(Immediate), 직접(Direct), 간접(Indirect) 주소 지정 방식으로 나뉨

명령어의 길이(짧은 순 → 긴 순)	즉시 주소 → 직접 주소 → 간접 주소
메모리 참조 횟수(적은 순 → 많은 순)	즉시 주소 → 직접 주소 → 간접 주소
처리 속도(느린 순 → 빠른 순)	간접 주소 → 직접 주소 → 즉시 주소

① 묵시적 주소 지정(Implied Addressing) 11년 7월/10월

연산자(OP-Code)

• 주소 부분이 묵시적(암시적)으로 정해져 있는 방식으로 주로 누산기(Accumulator)를 사용하여 연산을 수행
• 스택(Stack) 구조의 0-주소 방식
• 메모리 참조 횟수 : 0회

② 즉시 주소 지정(Immediate Addressing)

연산자(OP-Code)	실제 데이터

• 명령어 주소 부분에 있는 값 자체가 실제의 데이터가 되는 구조
• 주기억 장치의 참조가 없으므로 속도가 빠름
• 주소부 길이의 제약으로 인해 모든 데이터의 표현이 어려움
• 메모리 참조 횟수 : 0회

③ 직접 주소 지정(Direct Addressing)

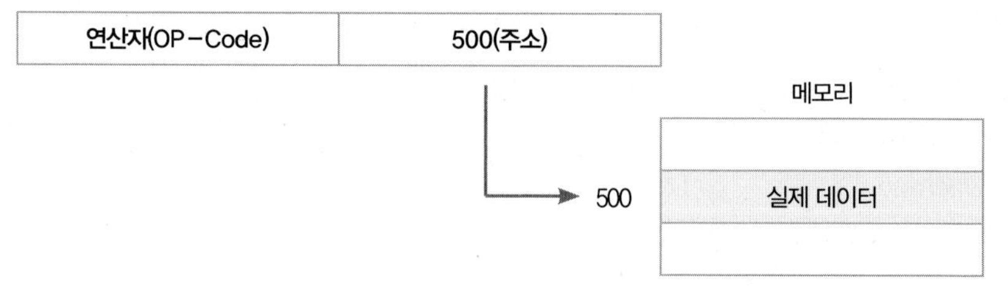

• 주소 부분에 있는 값이 실제 데이터가 있는 주기억 장치 내의 주소를 나타냄
• 메모리 참조 횟수 : 1회

④ 간접 주소 지정(Indirect Addressing) 20년 4회, 18년 상시

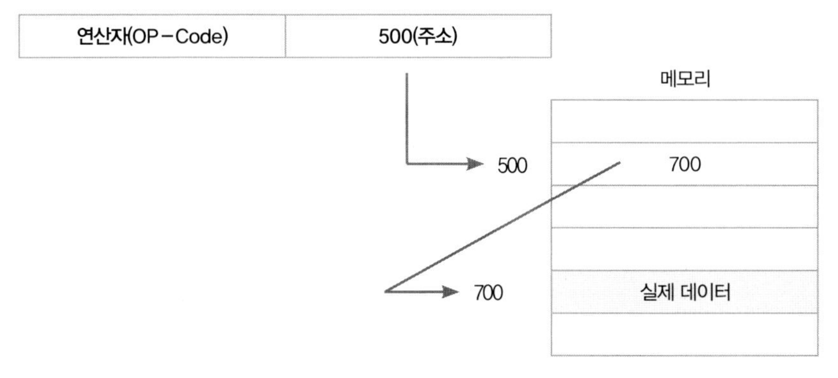

- 명령어의 주소 부분으로 지정한 기억 장소의 내용이 실제 데이터가 있는 곳의 주소로 사용됨
- 메모리 참조 횟수 : 2회 이상

02 계산에 의한 주소 지정 방식 23년 3회, 19년 상시, 18년 상시, 14년 상시, 11년 4월, 10년 1월, …

약식 주소 표현 방식

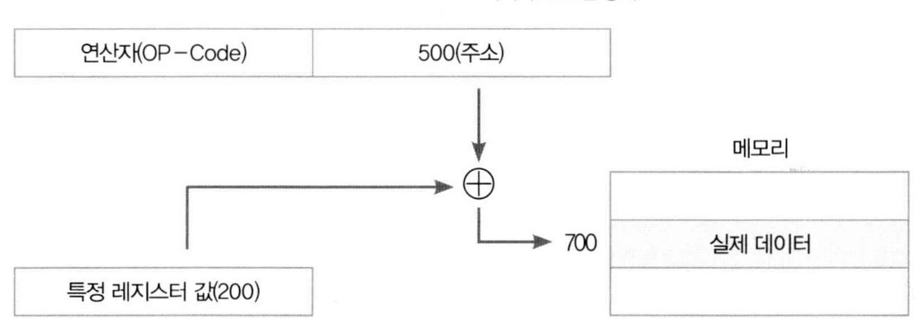

- 데이터가 기억될 위치를 명령어의 주소 부분에 있는 값과 특정 레지스터에 기억된 값을 더해서 지정하는 방식
- 종류 11년 4월/7월, 09년 9월

상대 주소 지정 (Relative Addressing)	프로그램 카운터(PC)와 주소 부분의 값을 더해서 주소를 지정하는 방식
인덱스 주소 지정 (Index Addressing)	인덱스 레지스터 값과 주소 부분의 값을 더해서 주소를 지정하는 방식
베이스 주소 지정 (Base Addressing)	베이스 레지스터 값과 주소 부분의 값을 더해서 주소를 지정하는 방식

더 알기 TIP

특정 레지스터 종류

프로그램 카운터(PC), 인덱스(Index) 레지스터, 베이스(Base) 레지스터★ 등

약식 주소
주소 일부를 접속하거나 계산하여 기억 장치에 접근시킬 수 있는 주소의 일부분을 생략한 주소 표현 방식

★ 베이스 레지스터
상대 번지를 구하기 위한 기준 번지 또는 명령이 시작되는 최초의 번지를 기억

개념 체크

1 명령어의 주소 부분으로 지정한 기억 장소의 내용이 실제 데이터가 있는 곳의 주소로 사용되는 주소 지정 방식은?

2 주소 지정 방법 중 처리 속도가 가장 빠른 것은?

1 간접 주소 지정
2 즉시 주소 지정

03 실제 기억 장소와 연관성이 있는 주소 지정 방식 19년 상시, 18년 상시, …

① 절대 번지(Absolute Address)

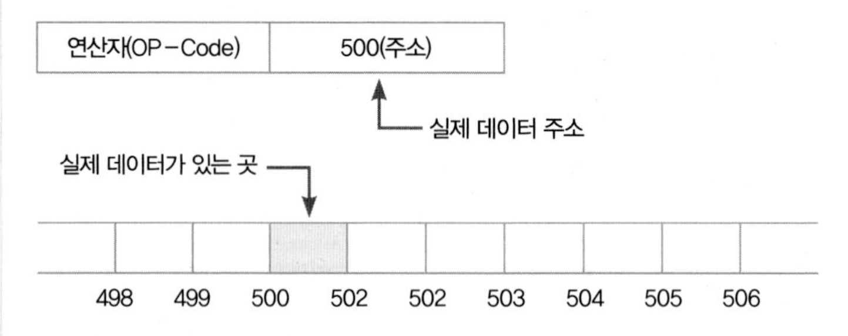

- 기억 장치 고유의 번지로서 0, 1, 2, 3, …과 같이 16진수로 약속하여 순서대로 정해 놓은 번지
- 기억 장소를 직접 숫자로 지정하는 주소로서 기계어 정보가 기억되어 있는 곳
- 장점 : 이해하기 쉽고 간편함
- 단점 : 기억 공간의 효율성이 떨어짐(실제 기억 장치의 크기가 커질 때)

② 상대 번지(Relative Address)

연산자(OP－Code)	x+3

주소	데이터
498	
499	
500	
501	
502	
503	실제 데이터

X (500)

X에서 3 떨어진 곳 (503)

- 별도로 지정된 번지를 기준으로 하여 상대적으로 나타내는 번지
- 상대 번지를 기준 번지에 더하면 해당 위치의 절대 번지를 구할 수 있음
- 장점 : 주소 지정이 용이하므로 기억 공간의 효율이 좋음
- 단점 : 자료 접근에 따른 계산 과정으로 절차가 복잡함

기적의 TIP

절대 번지에 대한 문제가 교재의 내용 그대로 출제되고 있습니다. 절대 잊지 마세요.

개념 체크

1 계산에 의한 주소 지정 방식에는 상대 주소 지정, 인덱스 주소 지정, (　　　) 방식이 있다.

2 기억 장치 고유의 번지로서 0, 1, 2, 3, ...과 같이 16진수로 약속하여 순서대로 정해 놓은 번지는?

1 베이스 주소 지정 2 절대 번지

이론을 확인하는 기출문제

01 기억 장치 고유의 번지로서 0, 1, 2, 3, …과 같이 16진수로 약속하여 순서대로 정해 놓은 번지, 즉 기억 장치 중의 기억 장소를 직접 숫자로 지정하는 주소로서 기계어 정보가 기억되어 있는 곳은?

① 메모리 주소(Memory Address)
② 베이스 주소(Base Address)
③ 상대 주소(Relative Address)
④ 절대 주소(Absolute Address)

절대 주소(Absolute Address) : 기억 장치 고유의 번지로 16진수 0, 1, 2, 3, … 과 같이 순서대로 정해 놓은 번지

02 다음과 같은 계산에 의해 주소를 지정하는 방식은?

유효번지 = 프로그램 카운터(PC) + 주소 부분(Operand)

① 색인 주소 지정 ② 상대 주소 지정
③ 베이스 주소 지정 ④ 절대 주소 지정

상대 주소 지정(Relative Addressing) : 프로그램 카운터(PC)와 주소 부분의 값을 더해서 주소를 지정하는 방식

오답 피하기

- 인덱스 주소 지정(Index Addressing) : 인덱스 레지스터 값과 주소 부분의 값을 더해서 주소를 지정하는 방식
- 베이스 주소 지정(Base Addressing) : 베이스 레지스터값과 주소 부분의 값을 더해서 주소를 지정하는 방식
- 절대 주소 지정 : 기억 장치 고유의 번지로서 0, 1, 2, 3과 같이 16진수로 약속하여 순서대로 정해 놓은 번지

03 주소 부분에 있는 값이 실제 데이터가 있는 실제 기억 장치 내의 주소를 나타내며, 단순한 변수 등을 액세스하는 데 사용되는 주소 지정 방식은?

① 상대 Address ② 절대 Address
③ 간접 Address ④ 직접 Address

직접 주소(Direct Address) : 주소 부분에 있는 값이 실제 데이터가 있는 주기억 장치 내의 주소를 나타냄, 메모리 참조 횟수 : 1회

오답 피하기

- 상대 주소(Relative Address) : 별도로 지정된 번지를 기준으로 하여 상대적으로 나타내는 번지
- 절대 주소(Absolute Address) : 기억 장치 고유의 번지로서 0, 1, 2, 3과 같이 16진수로 약속하여 순서대로 정해 놓은 번지
- 간접 주소(Indirect Address) : 명령어의 주소 부분으로 지정한 기억 장소의 내용이 실제 데이터가 있는 곳의 주소로 사용됨

04 명령어 내의 오퍼랜드 부분의 주소가 실제 데이터의 주소를 가지고 있는 포인터의 주소를 나타내는 방식으로, 데이터 처리에 대한 유연성이 좋으나 주소 참조 횟수가 많다는 단점이 있는 주소 지정 방식은?

① 즉시 주소 지정
② 간접 주소 지정
③ 직접 주소 지정
④ 계산에 의한 주소 지정

간접 주소 지정(Indirect Addressing) : 명령어의 주소 부분으로 지정한 기억 장소의 내용이 실제 데이터가 있는 곳의 주소로 사용되며, 메모리 참조 횟수는 2회 이상임

오답 피하기

- 직접 주소 지정(Direct Addressing) : 주소 부분에 있는 값이 실제 데이터가 있는 주기억 장치 내의 주소를 나타내며 메모리 참조 횟수는 1회임
- 즉시 주소 지정(Immediate Addressing) : 명령어 주소 부분에 있는 값이 실제 데이터인 구조
- 계산에 의한 주소 지정 : 데이터가 기억될 위치를 명령어의 주소 부분에 있는 값과 특정 레지스터에 기억된 값을 더해서 주소를 지정

05 다음 주소 지정 방법 중 처리 속도가 가장 빠른 것은?

① Direct Address
② Indirect Address
③ Calculated Address
④ Immediate Address

즉시 주소 지정 방식 : 명령어 주소 부분에 있는 값 자체가 실제의 데이터가 되는 구조로 처리 속도가 빠름

06 번지(Address)로 지정된 저장위치(Storage Location)의 내용이 실제의 번지가 되는 주소 지정 번지는?

① 간접 지정 번지
② 완전 지정 번지
③ 절대 지정 번지
④ 상대 지정 번지

간접 주소 지정 번지 : 명령의 주소 부분으로 지정한 기억 장소의 내용이 실제 데이터가 있는 곳의 주소로 사용됨

정답 01 ④ 02 ② 03 ④ 04 ② 05 ④ 06 ①

SECTION

03 제어 장치의 제어 방식

출제빈도 상 (중) 하

반복학습 1 2 3

빈출 태그 메이저 스테이트 • 기계 사이클 • 명령 사이클 • 명령어 인출 절차

01 제어 장치의 기능

- 입출력 장치 제어(입출력 플래그 체크)
- 명령어 해독(디코더를 통하여 해독)
- 명령어 처리 순서 제어(프로그램 카운터와 명령 레지스터 이용)
- 연산 장치와 기억 장치 제어
- 제어 신호★에 의한 제어 방식

동기 방식	일정한 간격으로 펄스를 만들어 각 장치에 분배
비동기 방식	하나의 장치에서 동작이 완료된 신호를 제어 장치에 보내 연속적인 제어 신호를 발생

★ **제어 신호**
중앙 처리 장치에서 명령 처리가 순서적으로 이루어지게 하기 위해 제어 신호(펄스) 발생

02 메이저 스테이트(Major State) 20년 4회, 18년 상시, 15년 상시, 11년 7월, 10년 1월/7월/10월, …

- CPU의 상태를 표시, 즉 CPU가 무엇을 하고 있는지 나타냄
- 기계 사이클(Machine Cycle) : 하나의 명령을 CPU가 기억 장치로부터 인출하거나 실행하는 데 걸리는 시간을 의미하며, 인출 사이클과 실행 사이클로 이루어진 사이클(Cycle)
- 명령 사이클(Instruction Cycle) : 한 명령의 실행 과정이 하나 이상의 머신 사이클(Machine Cycle)로 이루어지는 사이클(Cycle)
- 종류

인출 사이클(Fetch Cycle)	주기억 장치로부터 CPU로 명령어를 가져오는 사이클(= Load)
간접 사이클(Indirect Cycle)	명령어를 가져오면 피연산자를 옮겨와야 되는데, 간접 주소 지정이 허용되는 경우에 유효 번지를 읽기 위해 기억 장치를 한 번 더 접근하는 사이클
실행 사이클(Execute Cycle)	인출된 명령어를 이용하여 직접 명령을 실행하는 사이클
인터럽트 사이클(Interrupt Cycle)	인터럽트가 발생했을 때 처리하는 사이클

기적의 TIP

메이저 스테이트의 종류를 묻는 문제와 실행 순서가 시험에 출제됩니다.

암기 TIP

인도에서 사이클 타는 인간이 실(쉴)타 인간이 싫어!
인출 → 간접 → 실행 → 인터럽트 사이클

더 알기 TIP

명령어 인출 절차 21년 1회, 20년 2회, 17년 상시, 09년 1월, 07년 9월, …

① 명령 계수기의 값 → 번지 레지스터로 이동
② 주기억 장치에서 명령어 인출
③ 명령 계수기 증가
④ 명령 코드 → 명령 레지스터로 이동

03 마이크로 오퍼레이션(Micro Operation)

- 레지스터(Register)에 저장되어 있는 데이터로 실행되는 동작
- 한 번의 클록 펄스(Clock Pulse) 동안에 실행되는 동작
- 종류

하드 와이어드(Hard-Wired) 방식	논리 회로를 이용하고 하드웨어적으로 구현되며, 마이크로프로그램 방식보다 속도가 빠름
마이크로프로그램(Microprogram) 방식	마이크로 명령어를 이용하고 소프트웨어적으로 구현되며, ROM에 저장

개념 체크

1 메이저 스테이트 사이클 중 (   )은 한 명령의 실행 과정이 하나 이상의 머신 사이클로 이루어지는 사이클이다.

2 명령어 인출 절차 중 명령 계수기의 값은 명령 레지스터로 이동한다. (O, X)

1 명령 사이클 2 ×

이론을 확인하는 기출문제

01 다음은 명령어 인출 절차를 보인 것이다. 순서가 바르게 나열된 것은?

> (1) 명령 계수기를 증가시킨다.
> (2) 명령어를 주기억 장치에서 인출한다.
> (3) 명령 코드를 명령 레지스터에 옮긴다.
> (4) 명령 계수기의 값을 번지 레지스터에 옮긴다.

① (1) → (2) → (3) → (4)
② (1) → (3) → (4) → (2)
③ (4) → (2) → (1) → (3)
④ (3) → (2) → (1) → (4)

- 인출 사이클(Fetch Cycle) : 하나의 명령어 수행을 위해 기억 장치로부터 하나의 명령을 CPU 내의 명령 레지스터로 가지고 오는 사이클
- 명령어 인출 순서
  ① 명령 계수기의 값 → 번지 레지스터로 이동
  ② 주기억 장치에서 명령어 인출
  ③ (명령 계수기 증가
  ④ 명령 코드 → 명령 레지스터로 이동

02 하나의 명령어를 중앙 처리 장치에서 처리하는데 포함된 일련의 동작들을 총칭하여 명령어 주기(Instruction Cycle)라 하는데 명령어 주기에 속하지 않는 것은?

① Branch Cycle ② Fetch Cycle
③ Indirect Cycle ④ Interrupt cycle

메이저 스테이트에서 명령 사이클 : 인출 사이클(Fetch Cycle), 간접 사이클(Indirect Cycle), 실행 사이클(Execute Cycle), 인터럽트 사이클(Interrupt Cycle)

03 한 명령의 Execute Cycle 중 Interrupt 요청이 있어 Interrupt를 처리한 다음의 사이클은?

① Fetch Cycle
② Indirect Cycle
③ Execute Cycle
④ Direct Cycle

명령 사이클의 주기
인출(Fetch) → 간접(Indirect) → 실행(Execute) → 인터럽트(Interrupt)

오답 피하기
- 간접 사이클(Indirect Cycle) : 간접 주소 지정이 허용되는 경우에는 실행 사이클에 앞서 간접 사이클이 진행됨
- 실행 사이클(Execute Cycle) : 인출된 명령어를 이용하여 직접 명령을 실행하는 사이클
- 인터럽트 사이클(Interrupt Cycle) : 인터럽트가 발생했을 때 처리하는 사이클

정답 01 ③ 02 ① 03 ①

합격을 다지는 예상문제

01 다음 보기에서 설명하는 것은?

> • 레지스터의 데이터로 실행되는 동작
> • 하드웨어적인 구현 방법으로 논리 회로를 이용
> • 한 번의 틀록 펄스(Clock Pulse) 동안 실행되는 일련의 동작

① 마이크로 오퍼레이션(Micro Operation)
② 메이저 스테이트(Major State)
③ 명령어(Instruction)
④ 플립플롭(Flip-Flop)

02 컴퓨터 시스템에서 명령어를 실행하기 위하여 CPU에서 이루어지는 동작 단계의 하나로서, 기억 장치로부터 명령어를 읽어 들이는 단계는?

① 재기록(Write Back) 단계
② 해독(Decoding) 단계
③ 인출(Fetch) 단계
④ 실행(Execute) 단계

03 한 곳의 내용이 연산 결과 저장으로 소멸되어 원래의 값이 보존되지 않는 명령어 형식은?

① 1-주소 명령어 형식
② 0-주소 명령어 형식
③ 3-주소 명령어 형식
④ 2-주소 명령어 형식

04 하나의 명령어가 두 개의 오퍼랜드를 가지고 있으며 처리할 데이터를 제1, 제2 오퍼랜드에 기억시키고 그 처리 결과를 제1 오퍼랜드에 기억시킴으로써 제1 오퍼랜드로 표시된 장소에 기억되어 있던 내용은 처리 후에 지워지게 되는 명령의 형식은?

① 1 어드레스(Address) 방식
② 2 어드레스(Address) 방식
③ 3 어드레스(Address) 방식
④ 2 메모리(Memory) 방식

05 명령어 내에서 자료의 주소를 지정할 필요가 없는 것은?

① 0-주소 명령어 형식
② 1-주소 명령어 형식
③ 2-주소 명령어 형식
④ 3-주소 명령어 형식

06 기억 장치의 주소 부여 방식 중 1byte마다 연속된 16진수의 번호를 부여하는 번지는?

① Symbolic address
② Absolute address
③ Relative address
④ Index address

07 한 명령의 실행 과정이 하나 이상의 머신 사이클(Machine Cycle)로 이루어지는 사이클은?

① 명령(Instruction) 사이클
② 머신(Machine) 사이클
③ 인출(Fetch) 사이클
④ 실행(Execute) 사이클

08 명령어(Instruction) 형식에서 첫 번째 바이트의 기능이 아닌 것은?

① 자료의 주소 지정 기능
② 제어 기능
③ 자료 전달 기능
④ 함수 연산 기능

09 기계어의 Operand에는 주로 어떤 내용이 들어 있는가?

① Register 번호 ② Address
③ Data ④ OP-Code

10 컴퓨터의 CPU에서 하나의 명령어를 실행하기 위하여 이루어지는 동작 단계를 바르게 나열한 것은?

① Fetch Cycle → Instruction Decoding Cycle → 명령어 실행 단계 → Write–Back 작업
② Instruction Decoding Cycle → Fetch Cycle → 명령어 실행 단계 → Write–Back 작업
③ Fetch Cycle → Instruction Decoding Cycle → Write–Back 작업 → 명령어 실행 단계
④ Fetch Cycle → Write–Back 작업 → 명령어 실행 단계 → Instruction Decoding Cycle

11 다음 중 누산기가 사용되는 주소 지정 방식은?

① 0–주소 지정 방식
② 1–주소 지정 방식
③ 2–주소 지정 방식
④ 3–주소 지정 방식

12 기억 장치에 대한 메모리 참조 횟수(레벨 수)가 가장 많이 필요한 주소 지정 방식은?

① 간접 주소 지정 방식
② 직접 주소 지정 방식
③ 상대 주소 지정 방식
④ 인덱스 주소 지정 방식

13 명령어의 구성 중 연산자 부분(Operation Code)의 구성 요소에 해당되지 않는 것은?

① 동작 코드
② 데이터 종류
③ 인스트럭션 형식
④ 명령어 순서

14 제어 장치가 앞의 명령 실행을 완료한 후, 다음에 실행할 명령을 기억 장치로부터 가져오는 동작을 완료할 때까지의 주기를 무엇이라고 하는가?

① Fetch Cycle
② Transfer Cycle
③ Search Time
④ Run Time

15 다음 보기는 무엇에 대한 내용인가?

- 명령 코드부(OP–Code)와 번지부(Operand)로 구성
- 명령 코드부(OP–Code)는 연산자부라고도 하며, 수행해야 할 동작을 명시
- 번지부(Operand)는 주소부라고도 하며, 찾아갈 메모리의 번지 부분이나 레지스터를 지정

① 반가산기(Half Adder)
② 명령어(Instruction)
③ 버스 시스템(Bus System)
④ 컴파일러(Compiler)

16 자료가 기억된 장소에 직접 사상(Mapping)이 이루어지는 주소는?

① 직접 주소
② 간접 주소
③ 계산에 의한 주소
④ 자료 자신

17 명령어의 주소 지정 방식 중 프로그램 카운터(Program Counter)에 명령어의 주소 부분을 더하여 실제 주소를 산출하는 방법은?

① Index Address Mode
② Base Register Address Mode
③ Relative Address Mode
④ Implied Address Mode

18 직접 번지 형식에 대한 설명으로 가장 적당한 것은?

① 번지부에 표현된 값을 특정값과 계산한 결과로 데이터를 지정하는 방법이다.
② 번지부의 비트 수에 의하여 기억 용량에 제한을 받지 않는다.
③ 번지부에 표현된 값이 연산할 실제 데이터이다.
④ 지정하려는 위치를 번지부에서 직접 표현한 형식이다.

19 제어 장치에서 명령어 실행 사이클에 해당하지 않는 것은?

① 간접 주기(Indirect Cycle)
② 직접 주기(Direct Cycle)
③ 실행 주기(Execute Cycle)
④ 인출 주기(Fetch Cycle)

20 스택 구조의 컴퓨터에서 필요한 것으로 연산 명령에서는 번지 필드가 필요 없고 명령어만 존재하며, PUSH, POP 명령을 수행하는 하나의 번지 필드가 필요한 명령 형식은?

① 0-번지 명령 형식
② 1-번지 명령 형식
③ 2-번지 명령 형식
④ 3-번지 명령 형식

21 명령어 내의 오퍼랜드가 지정한 곳에 실제 데이터 값이 기억된 장소를 지정하는 방식으로, 피연산자를 구하기 위하여 두 번의 기억 장소 접근을 해야 하는 방식은?

① 직접 주소
② 간접 주소
③ 기본 주소
④ 상대 주소

22 다음 중 명령어의 종류가 잘못 짝지어진 것은?

① 산술, 논리, 시프트 명령 : ADD, INC, AND, CLA, SHR, SHL
② 정보 이동 명령 : LDA, STA
③ 입출력 명령 : IN, OUT
④ 프로그램 제어 명령 : HLT

23 다음의 내용은 무엇에 대한 방식인가?

- 특징 : 기억 장치 고유의 번지를 16진수를 사용, 0, 1, 2, 3, …과 같이 사용한다.
- 장점 : 이해하고 쉽고 간편하다.
- 단점 : 실제 기억 장치의 크기가 커질 때 기억 공간의 효율성이 떨어진다.

① 절대 주소
② 상대 주소
③ 간접 주소
④ 직접 주소

24 다음 중 접근 방식에 의한 주소 지정 방식에서 메모리 참조 횟수가 0인 것은?

① 즉시 주소 지정 방식
② 직접 주소 지정 방식
③ 간접 주소 지정 방식
④ 상대 주소 지정 방식

합격을 다지는 예상문제 / 정답 & 해설

CHAPTER 04

01 ①	02 ③	03 ④	04 ②	05 ①
06 ②	07 ①	08 ①	09 ②	10 ①
11 ②	12 ①	13 ④	14 ①	15 ②
16 ①	17 ③	18 ④	19 ②	20 ①
21 ②	22 ④	23 ①	24 ①	

01 ①

마이크로 오퍼레이션(Micro Operation)
- 한 번의 클록 펄스 동안에 실행되는 동작으로, 하드 와이어드 방식과 마이크로 프로그램 방식이 있음
- 하드 와이어드 방식 : 논리 회로를 이용하며, 하드웨어적으로 구현되어 속도가 빠름
- 마이크로 프로그램 방식 : ROM에 저장되며, 마이크로 명령을 이용한 소프트웨어적 방법임

02 ③

인출 사이클(Fetch Cycle) : 주기억 장치로부터 CPU로 명령어를 가져오는 사이클(= Load)

오답 피하기

실행 사이클(Execute Cycle) : 인출된 명령어를 이용하여 직접 명령을 실행하는 사이클

03 ④

2-주소 명령어 형식(= 범용 레지스터 구조)
- 주소부가 2개인 가장 일반적인 형식
- 원래 결과는 주소 1에 기억되므로 이전에 기억되어 있던 내용은 연산 후에 지워짐

04 ②

2 어드레스(Address) 방식

2 주소 형식(=범용 레지스터 구조)으로 주소부가 2개인 가장 일반적인 형식이고 원래의 값은 보존이 되지 않으며 범용 레지스터 구조에 사용됨. 결과는 주소 1에 기억되므로 이전에 기억되어 있던 내용은 연산 후에 지워짐

연산자(OP-Code)	주소 1(결과)	주소 2

05 ①

0-주소 명령어 형식 : 명령어에 오퍼랜드부가 없이 데이터가 명령어 자체에 있는 방식

오답 피하기

- 1-주소 명령어 형식 : 주소(오퍼랜드부)가 하나 존재
- 2-주소 명령어 형식 : 주소부가 2개인 가장 일반적인 형식
- 3-주소 명령어 형식 : 명령어에 오퍼랜드부가 3개 존재하므로 원래의 값이 보존됨

06 ②

절대 주소(Absolute Address) : 기억 장치 고유의 번지로 16진수 0, 1, 2, 3, … 과 같이 순서대로 정해 놓은 번지

오답 피하기

상대 주소(Relative Address) : 별도로 지정된 번지를 기준으로 하여 상대적으로 나타내는 번지

07 ①

명령(Instruction) 사이클 : 한 명령의 실행 과정이 하나 이상의 머신 사이클로 이루어짐

오답 피하기

- 인출 사이클(Fetch Cycle) : 주기억 장치로부터 해당 명령어를 중앙 처리 장치(CPU)로 읽어들이는 과정
- 실행 사이클(Execute Cycle) : 인출된 명령어를 이용하여 직접 명령을 실행하는 사이클
- 인터럽트 사이클(Interrupt Cycle) : 인터럽트가 발생했을 때 처리하는 사이클

08 ①

연산자(OP-Code)의 기능 : 함수 연산 기능, 전달 기능, 제어 기능, 입출력 기능

09 ②

번지부(Operand) : 주소부라고도 하며, 찾아갈 메모리의 번지 부분이나 레지스터를 지정, 실제 데이터의 주소 자체이거나 주소를 구하는데 필요한 정보 또는 명령어의 순서를 나타냄

오답 피하기

명령 코드부(OP-Code) : 연산자부라고 하며, 명령어의 종류를 나타냄으로써 수행해야 할 동작을 명시

10 ①

마이크로 오퍼레이션(Micro Operation) : 레지스터에 저장된 데이터를 가지고 명령을 수행하기 위해 CPU 내부에서 실행하는 동작으로, 하나의 연산 코드는 마이크로 오퍼레이션의 집합이 되며 그 동작 단계는 Fetch Cycle → Instruction Decoding Cycle → 명령어 실행 단계 → Write-Back 작업으로 이루어짐

11 ②

1-주소 지정 방식 : ACC(누산기) 구조

오답 피하기

- 0-주소 지정 방식 : 스택(Stack) 구조
- 2-주소 지정 방식 : 범용 레지스터 구조
- 3-주소 지정 방식 : 범용 레지스터 구조

12 ①

간접 주소 지정(Indirect Addressing) 방식 : 명령어의 주소 부분으로 지정한 기억 장소의 내용이 실제 데이터가 있는 곳의 주소로 사용되며 메모리 참조 횟수가 2회 이상임

13 ④

명령 코드부(OP-Code)는 연산자부라고 하며 수행해야 할 동작과 형식, 데이터 종류를 명시하며 명령어 형식에서 첫 번째 바이트부터 저장됨

14 ①

인출 사이클(Fetch Cycle) : 메모리로부터 CPU로 다음 명령어를 가져오는 사이클

오답 피하기

- 회전 지연 시간(Search Time) : 해당 데이터가 있는 섹터에 헤드를 위치시키는 데 걸리는 시간
- 실행 시간(Run Time) : 원시 프로그램이 컴파일된 후 그 목적 프로그램이 실제로 기계에 의해 실행되는데 걸리는 시간

15 ②

명령어(Instruction) : 명령 코드부(OP-Code)와 번지부(Operand)로 구성

오답 피하기

- 반가산기(Half Adder) : 두 개의 비트를 더하여 1비트의 합과 1비트의 자리올림수를 구하는 회로
- 버스 시스템(Bus System) : 연산 장치와 제어 장치 사이에 자료를 주고받는 지시 신호의 전달이 가능한 통로
- 컴파일러(Compiler) : 고급 언어를 기계어로 번역해 주는 언어 번역기

16 ①

직접 주소 방식 : 주소 부분에 있는 값이 실제 데이터가 저장되어 있는 주기억 장치 내의 주소를 나타내는 방식

오답 피하기

간접 주소 방식 : 명령어의 주소 부분으로 지정한 기억 장소의 내용이 실제 데이터가 있는 곳의 주소로 사용되는 방식

17 ③

상대 주소 지정 방식(Relative Address Mode) : 프로그램 카운터(PC)와 주소 부분의 값을 더해서 주소를 지정하는 방식

오답 피하기

- 인덱스 주소 지정 방식(Index Address Mode) : 유효 번지 = 오퍼랜드 번지값 + 인덱스 레지스터의 내용
- 베이스 주소 지정 방식(Base Register Address Mode) : 유효 번지 = 오퍼랜드 번지값 + 베이스 레지스터의 내용
- 묵시적 주소 지정 방식(Implied Address Mode) : 주소 부분이 묵시적으로 정해져 있는 방식

18 ④

직접 주소 지정(Direct Addressing) : 주소 부분에 있는 값이 실제 데이터가 있는 주기억 장치 내의 주소를 나타냄

오답 피하기

간접 주소 지정(Indirect Addressing) : 명령어의 주소 부분으로 지정한 기억 장소의 내용이 실제 데이터가 있는 곳의 주소로 사용되는 방식

19 ②

직접 주기(Direct Cycle)는 명령어의 실행 사이클에 해당되지 않음

오답 피하기

- 간접 주기(Indirect Cycle) : 오퍼랜드가 간접 주소일 때 오퍼랜드가 지정하는 곳으로부터 유효 주소를 읽기 위해 기억 장치에 접근하는 주기
- 실행 주기(Execute Cycle) : 실제 연산을 수행하는 주기
- 인출 주기(Fetch Cycle) : 주기억 장치로부터 명령을 읽어 CPU로 가져오는 주기

20 ①

0-번지 명령 형식 : 명령어에 오퍼랜드부가 없이 데이터가 명령어 자체에 있는 방식으로, 스택(Stack) 구조의 컴퓨터에서 사용됨

21 ②

간접 주소 지정(Indirect Addressing) : 명령어의 오퍼랜드로 지정한 기억 장소의 내용이 실제 데이터가 있는 곳을 가리키는 주소로 사용(자료 접근 2단계)

오답 피하기

직접 주소 지정(Direct Addressing) : 주소 부분에 있는 값이 실제 데이터가 있는 주기억 장치 내의 주소를 나타내며, 메모리 참조 횟수가 1회임

22 ④

- 프로그램 제어 명령 : BR, JMP, SKP, CALL, RET 등
- 정지 명령 : HLT

23 ①

절대 번지 : 기억 장치 고유의 번지를 사용, 이해하기 쉽고 간편한 장점이 있으나 기억 공간의 효율이 떨어질 수도 있음

24 ①

즉시 주소 지정 방식은 명령어 주소 부분에 있는 값 자체가 실제의 데이터가 되는 구조이므로 메모리 참조 횟수가 0이 됨

오답 피하기

- 직접 주소 지정 방식 : 1회
- 간접 주소 지정 방식 : 2회 이상

입출력 및 기억 장치

학습 방향

멀티플렉서 채널, 입출력 채널, 디스크 팩, EPROM, 가상 기억 장치, 트랙, 인터럽트 등이 출제되었습니다. 입출력 장치의 종류에 대해 혼돈하지 않도록 숙지해야 하며, 채널의 종류와 DMA의 개념 파악이 중요합니다.

출제빈도

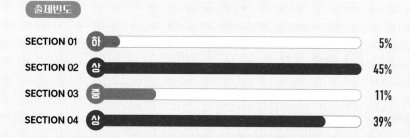

SECTION 01

입출력 기능

출제빈도 상 중 (하)
반복학습 1 2 3

빈출 태그 턴어라운드 시스템 • 콘솔 • DPI

01 입력 장치 20년 3회, 18년 상시, 13년 상시, 10년 10월

문자나 기호 같은 데이터를 컴퓨터가 이해할 수 있도록 전기적인 신호로 변환시켜 컴퓨터 내부의 주기억 장치에 기억시켜 주는 장치

키보드	표준 입력 장치로, 문자나 숫자를 손으로 눌러 주기억 장치에 저장하는 가장 기본적인 입력 장치
마우스	정해진 표면 위에서 움직여 원하는 위치에 커서(Cursor)를 위치시키는 장치
OMR	광학 마크 판독기(Optical Mark Reader)★로, 시험 답안지용, 설문지 등에 이용
OCR	광학 문자 판독기(Optical Character Reader)로, 공공 요금 청구서 등에 이용
MICR	자기 잉크 문자 판독 장치(Magnetic Ink Character Reader)로, 은행의 자기앞 수표 등에 이용
디지타이저	평면 위에 그림 도형을 읽어들이는 장치
스캐너	도형이나 이미지(Image)를 입력하기 위해 사용
CIM	마이크로필름 입력 장치(Computer Input Microfilm)로, COM에 의해 마이크로필름에 기록된 정보를 판독하는 장치

기적의 TIP

입력, 출력, 입출력 장치의 종류를 구분할 줄 아셔야 합니다. 아울러 각 장치별 특징은 혼돈하지 않을 정도로 학습해 두시면 무난합니다.

★ 빛(광학)을 이용한 입력 장치
OMR, OCR, 광마우스, 스캐너 등

더 알기 TIP

턴어라운드 시스템(Turnaround System)

- 하나의 작업이 컴퓨터 내에 입력되어 처리한 결과를 다시 재입력시켜 처리하는 시스템
- 턴어라운드★ 시스템의 입출력 매체 : OMR, OCR, MICR 등

★ 턴어라운드(Turnaround)
처리 결과가 회송되는 데 걸리는 시간

02 출력 장치

컴퓨터 내부에 비트 형태로 기억되어 있는 정보를 문자나 기호, 도형, 소리 등으로 변환해서 출력하도록 만든 장치

영상 표시 장치	표준 출력 장치로 결과 등을 영상으로 표시함(CRT, 모니터)
X-Y **플로터**	데이터의 처리 결과를 그래프나 도형으로 인쇄 용지에 출력할 때 사용
COM	마이크로필름 출력 장치(Computer Output Microfilm)로, 컴퓨터로 처리된 결과를 마이크로필름에 출력하는 장치
프린터	특정 용지에 내용을 출력하는 장치로 충격식과 비충격식이 있음 • 충격식 : 도트 매트릭스, 활자식 • 비충격식 : 잉크젯, 레이저, 열전사, 감열 방식 등

DPI(Dots Per Inch)
프린터의 인쇄 품질 단위

프린터의 인쇄 속도 단위와 사용되는 프린터
- CPS(Characters Per Second) : 초당 인쇄되는 문자 수(저속 프린터)
- LPM(Lines Per Minute) : 분당 인쇄되는 라인 수(중속 프린터)
- PPM(Pages Per Minute) : 분당 인쇄되는 페이지 수(고속 프린터)

03 입출력 장치

① 콘솔(Console)

- 대형 컴퓨터에서 컴퓨터와 오퍼레이터가 의사 전달을 할 수 있는 장치
- 오퍼레이터는 콘솔을 통해서 프로그램과 주변 장치를 총괄함
- 기능 : 컴퓨터 동작의 개시와 정지, 입출력 장치의 선택, 기억 장치 내의 정보의 입출력, 컴퓨터와 사용자 사이에서 메시지로 의사 전달

단말 장치
원격지에 설치되어 입출력 기능을 수행하는 장치

② 특수 입출력 방식

키 투 디스크(Key-To-Disk)	키보드에서 직접 자기 디스크에 정보를 기록하는 방식
키 투 테이프(Key-To-Tape)	키보드에서 직접 자기 테이프에 입력 정보를 기록하는 방식
테이프 투 디스크(Tape-To-Disk)	테이프에 입력되어 있던 정보를 디스크에 기록하는 방식

이론을 확인하는 기출문제

01 원격지에 설치된 입출력 장치를 무엇이라 하는가?

① 변복조 장치(MODEM)
② 콘솔(Console)
③ 단말 장치
④ X-Y 플로터

단말 장치 : 원격지에 설치되어 입력과 출력을 담당하는 입출력 장치

오답 피하기

- 콘솔(Console) : 대형 컴퓨터에서 컴퓨터와 오퍼레이터가 의사 전달을 할 수 있는 장치
- 변복조 장치(MODEM) : 디지털 신호를 아날로그 신호로 변조하는 기능과 반대로 아날로그 신호를 디지털 신호로 복조해 주는 기능을 하는 장치
- X-Y 플로터 : 데이터의 처리 결과를 그래프나 도형으로 인쇄 용지에 출력하는 장치

02 입력 장치로만 나열된 것은?

① 키보드, OCR, OMR, 라인프린터
② 키보드, OCR, OMR, 플로터
③ 키보드, 라인프린터, OMR, 플로터
④ 키보드, OCR, OMR, MICR

입력 장치 : 키보드, OCR, OMR, MICR, 마우스 등

03 마이크로필름 입력 장치로, COM에 의해 마이크로필름에 기록된 정보를 판독하는 장치로 알맞은 것은?

① 키보드
② OCR
③ MICR
④ CIM

CIM : 마이크로필름 입력 장치(Computer Input Microfilm)로, COM에 의해 마이크로필름에 기록된 정보를 판독하는 장치

오답 피하기

- 키보드 : 표준 입력 장치로, 가장 기본적인 입력 장치
- OCR : 광학 문자 판독기(Optical Character Reader)
- MICR : 자기 잉크 문자 판독 장치(Magnetic Ink Character Reader)

04 빛(광학)을 이용한 입력 장치가 아닌 것은?

① 디지타이저
② OCR
③ 광마우스
④ OMR

디지타이저는 스마트폰이나 태블릿PC 등 IT 장치에서 펜 등 도구의 움직임을 디지털 신호로 변환하여 주는 입력 장치

정답 01 ③ 02 ④ 03 ④ 04 ①

SECTION 02

입출력 채널과 DMA

출제빈도 상 중 하
반복학습 1 2 3

빈출 태그 채널 • 셀렉터 채널 • 멀티플렉서 채널 • DMA

01 입출력 채널(I/O Channel) 23년 1회, 21년 4회, 20년 1회/2회, 18년 상시, 16년 상시, …

1) 채널의 정의

- CPU의 처리 효율을 높이고 데이터의 입출력을 빠르게 할 수 있게 만든 입출력 전용 처리기
- 입출력 장치와 주기억 장치 사이의 속도 차이를 해결하기 위한 장치(자체 메모리 없음)
- CPU의 간섭 없이 입출력을 수행하며, 작업 완료 시 인터럽트로 알림

> 기적의 TIP
> 채널의 종류와 기능에 대한 문제가 출제됩니다. 특히 멀티플렉서 채널은 시험 단골손님이므로 절대 잊으시면 안 됩니다.

2) 채널의 종류

① 셀렉터 채널(Selector Channel)

- 고속의 입출력 장치(자기 테이프, 자기 디스크 등)에 사용되는 채널
- 한 번에 한 개의 장치를 선택하여 동작
- 데이터 전송 : 블록 단위

② 멀티플렉서 채널(Multiplexer Channel)

- 저속의 입출력 장치(카드 리더, 프린터 등)에 사용되는 채널
- 동시에 여러 개의 장치를 선택하여 동작
- 바이트 멀티플렉서 채널(Byte Multiplexer Channel)이라고도 함
- 데이터 전송 : 바이트 단위

③ 블록 멀티플렉서 채널(Block Multiplexer Channel)

- 셀렉터 채널과 멀티플렉서 채널의 장점만을 조합하여 만든 채널
- 데이터 전송 : 블록 단위

3) 채널의 기능

- 입력과 출력에 관한 명령 해독
- 각 입출력 장치에 해독된 명령의 실행 지시
- 제어 장치에서 명령 지시

02 DMA(Direct Memory Access) 24년 1회, 20년 4회, 17년 상시, 15년 상시, 11년 2월, …

- CPU의 간섭 없이 주기억 장치와 입출력 장치 사이에서 직접 전송이 이루어지는 방법
- CPU와 주변 장치 간의 속도 차이를 줄일 수 있음
- 고속으로 대량의 데이터를 전송
- 사이클 스틸링(Cycle Stealing)★ 방식 사용

기적의 TIP

DMA의 개념과 특징, 스풀링과 버퍼링의 차이점을 묻는 문제가 자주 출제됩니다.

★ **사이클 스틸링(Cycle Stealing)**
CPU가 주기억 장치를 사용하고 있을 때 우선순위가 높은 입출력 채널이 데이터 전송을 위해 인터럽트를 발생시켜 주기억 장치를 사용하는 것

이론을 확인하는 기출문제

01 동시에 여러 개의 입출력 장치를 제어할 수 있는 채널은?

① Duplex Channel
② Multiplexer Channel
③ Register Channel
④ Selector Channel

멀티플렉서 채널(Multiplexer Channel)
- 여러 개의 서브 채널이 있어서 저속의 여러 입출력 장치(프린터, 카드)를 동시에 조작할 수 있는 채널
- 바이트 단위로 전송되므로 Byte Multiplexer Channel이라고도 함

02 CPU를 경유하지 않고 고속의 입출력 장치와 기억 장치가 직접 데이터를 주고받는 방식은?

① DMA(Direct Memory Access)
② 프로그램에 의한 입출력(Programmed I/O)
③ 인터럽트에 의한 입출력(Interrupt Driven I/O)
④ 채널 제어기에 의한 입출력

DMA(Direct Memory Access) : CPU의 간섭 없이 주기억 장치와 입출력 장치 사이에서 직접 전송이 이루어지는 방법으로 DMA 방식에 의한 입출력은 CPU의 레지스터를 경유하지 않고 전송, 고속으로 대량의 데이터를 전송함

03 컴퓨터의 채널(channel) 부분이 위치하는 곳은?

① 주기억 장치와 입출력 장치의 중간에 위치한다.
② 연산 장치와 레지스터의 중간에 위치한다.
③ 주기억 장치와 보조 기억 장치의 양쪽에 위치한다.
④ 주기억 장치와 CPU의 중간에 위치한다.

입출력 채널(I/O Channel) : CPU의 처리 효율을 높이고 데이터의 입출력을 빠르게 할 수 있게 만든 입출력 전용 처리기, 입출력 장치와 주기억 장치 사이의 속도 차이를 해결하기 위한 장치(자체 메모리 없음)

04 입출력 장치와 주기억 장치 사이에 위치하여 데이터 처리 속도의 차이를 줄이는 데 도움이 되는 장치는?

① 입출력 채널
② 명령 해독기
③ 연산 장치
④ 인덱스 레지스터

입출력 채널(I/O Channel) : CPU의 처리 효율을 높이고 데이터의 입출력을 빠르게 할 수 있게 만든 입출력 전용 처리기로, 입출력 장치와 주기억 장치 사이의 속도 차이를 해결하기 위한 장치(자체 메모리 없음)

오답 피하기
- 명령 해독기(Instruction Decoder) : IR에 기억된 명령들을 해독해서 각 장치에 제어 신호를 보냄
- 연산 장치(Arithmetic & Logic Unit) : 프로그램의 사칙 연산(+, −, *, /), 비교 및 판단, 데이터의 이동, 편집 등의 논리 연산을 수행하고 가산기, 누산기, 감산기, 보수기 등이 있음
- 인덱스 레지스터(Index Register) : 인덱스 주소 지정 시 사용되는 레지스터

정답 01 ② 02 ① 03 ① 04 ①

SECTION 03

인터럽트

출제빈도 상 (중) 하
반복학습 1 2 3

빈출 태그 인터럽트 정의 • 정전 인터럽트 • 기계 고장 인터럽트 • 외부 인터럽트 • 프로그램 인터럽트 • SVC 인터럽트 • 폴링

01 인터럽트(Interrupt)의 정의 18년 상시, 12년 상시, 09년 9월, 06년 1월, 05년 4월, …

컴퓨터에서 정상적인 프로그램을 처리하고 있는 도중 특수한 상태가 발생했을 때 현재 실행하고 있는 프로그램을 일시 중지하고, 그 특수한 상태를 처리한 후 다시 원래의 프로그램으로 복귀하여 정상적으로 처리하는 것을 의미

> 기적의 TIP
> 인터럽트의 정의, 동작 순서, 종류 모두 중요하며 시험 출제 빈도가 높으므로 반드시 숙지하셔야 합니다.

02 인터럽트 동작 순서 10년 1월

① CPU에게 인터럽트를 요청
② CPU는 현재 수행 중인 프로그램을 저장(스택이나 기억 장치 0번지에 저장)
③ 어느 장치에서 인터럽트 요청이 왔는지를 식별(인터럽트 처리 루틴)
④ 실질적인 인터럽트 조치(인터럽트 취급 루틴)
⑤ 정상적인 프로그램으로 복귀

03 인터럽트의 종류 21년 1회, 20년 3회, 18년 상시, 07년 7월, 06년 4월, …

종류	원인	구분
정전(Power Failure) 인터럽트	정전 시 발생	하드웨어 인터럽트
기계 고장(Machine Check) 인터럽트	기계 고장 시 발생	
외부(External) 인터럽트	타이머(Timer) 종료, 오퍼레이터의 콘솔 버튼 조작	
입출력(Input/Output) 인터럽트	데이터의 I/O 종료, 오류	
프로그램(Program) 인터럽트	무한 루프나 0으로 나누는 연산 등 프로그램 명령 시 사용법이나 지정법에 잘못이 있을 때	소프트웨어 인터럽트
슈퍼바이저 콜★ 인터럽트	감시자의 호출, SVC 명령 실행	

★ 슈퍼바이저 콜
(SVC; Super Visor Call)
감시 프로그램 호출(처리 프로그램이 필요에 따라 호출하는 것)로, 예를 들어 엑셀 프로그램을 종료하기 위해 종료 명령어를 선택하면 운영체제의 감시 프로그램을 호출하는 SVC 인터럽트가 발생

04 인터럽트의 우선순위

정전 인터럽트 → 기계 고장 인터럽트 → 외부 인터럽트 →
입출력 인터럽트 → 프로그램 인터럽트 → SVC 인터럽트

구분	소프트웨어 우선순위	하드웨어 우선순위	
종류	폴링(Polling) 방식	데이지 체인(Daisy Chain) 방식	병렬 우선순위
처리	프로그램에 의해서 우선순위를 검사	모든 장치를 우선순위에 따라 직렬로 연결	각 장치의 인터럽트 요청에 의해서 개별적으로 지정되는 레지스터 사용

이론을 확인하는 기출문제

01 인터럽트 발생 시 인터럽트를 처리하고 원래 수행하고 있었던 프로그램으로 되돌아가는 데 사용되는 레지스터는?

① Stack ② PC
③ MBR ④ PSW

Stack : 삽입과 삭제가 한쪽 끝으로만 수행되며 가장 마지막에 입력된 자료가 가장 먼저 제거되는 구조임. LIFO(Last In First Out) 구조, 0 주소 지정 방식, 인터럽트 처리, 부프로그램 분기, 컴파일러 등에 사용

오답 피하기

- 프로그램 카운터(PC; Program Counter) : 다음에 수행할 명령어의 번지를 기억
- 기억 레지스터(MBR; Memory Buffer Register) : 주기억 장치에서 연산에 필요한 자료를 호출하여 저장
- PSW(Program Status Word) : CPU의 작동을 제어하기 위한 기본적인 제어 정보

02 컴퓨터 시스템에서 예기치 못한 일이 일어났을 때, 그것을 제어 프로그램에 알려 CPU가 하던 일을 멈추고 다른 작업을 처리하도록 하는 방법을 무엇이라 하는가?

① 로테이트(rotate) ② 인터럽트(interrupt)
③ 교착 상태(deadlock) ④ 모듈(module)

인터럽트(Interrupt) : 작업 수행중 예기치 못한 돌발적인 사태가 발생했을 때 잠시 작업 수행을 멈추고 상황에 맞는 처리를 한 후, 다시 프로그램을 실행해 나가는 것

03 인터럽트(Interrupt)의 종류에 해당되지 않는 것은?

① Supervisor Call Interrupt
② I/O Interrupt
③ External Interrupt
④ Function Interrupt

인터럽트(Interrupt)의 종류 : 정전, 기계 고장, 외부, 입출력, 프로그램, SVC 인터럽트 등

04 소프트웨어에 의하여 우선순위를 판별하는 방법은?

① 인터럽트 벡터
② 데이지 체인
③ 폴링
④ 핸드 쉐이킹

폴링(Polling) : 여러 주변 장치에 대해 프로세서가 연속적으로 감시하는 방식으로 소프트웨어적인 우선순위 인터럽트 처리 방법임

오답 피하기

- 인터럽트 벡터(Interrupt Vector) : 인터럽트 처리를 위한 처리 루틴(Routine)이 시작되는 주소
- 데이지체인(Daisy Chain) : 하드웨어적인 우선순위 인터럽트 처리 방법
- 핸드 쉐이킹(Handshaking) : 비동기 데이터 전송 시 사용되는 제어 신호 교환 방법으로 데이터의 수신 확인이 가능한 방식

정답 01 ① 02 ② 03 ④ 04 ③

SECTION 04

기억 장치

합격 강의

출제빈도 상 중 하
반복학습 1 2 3

빈출 태그 입력 장치 • ROM • 펌웨어 • RAM • SRAM • DRAM • 실린더 • 물리 레코드 • 블록화 인수 • 캐시 기억 장치 • 연상 기억 장치 • 가상 기억 장치 • 플래시 메모리

기적의 TIP

주기억 장치의 개념과 ROM, RAM의 역할과 차이를 정확하게 이해하고 숙지하셔야 합니다.

01 주기억 장치(Main Memory Unit) 11년 2월, 05년 4월

두뇌 속에 기억하는 역할을 담당하는 장치로 기억 장치의 지정은 주소로 이루어짐

- 컴퓨터 내부에 위치하는 기억 장치로 프로그램이나 데이터를 기억
- 메인 메모리(Main Memory) 또는 인터널 메모리(Internal Memory)라고도 함
- 처리 속도는 빠르나 기억 용량은 제한적임

1) ROM(Read Only Memory) 19년 상시, 17년 상시, 13년 상시, 10년 3월, 08년 10월, …

두뇌 속 기억 중 절대 잊으면 안 되는 내용을 저장하는 역할을 담당함

- 기억된 내용의 읽기만 가능한 장치
- 전원의 공급이 끊어져도 그 내용을 기억하는 비휘발성 기억 장치
- 롬 바이오스(ROM BIOS)★ 등을 내장
- ROM의 종류 및 특성

Mask ROM	제조 회사에서 제작할 때 기록하는 기억 장치로, 내용 변경이 불가능
PROM(Programmable ROM)	한 번에 한해서 사용자가 직접 원하는 정보를 기록할 수 있으나, 한 번 정보가 기록되면 변경이 불가능
EPROM(Erasable PROM)	기억된 자료를 자외선을 이용하여 삭제 가능하고 재기록도 가능
EEPROM(Electrically EPROM)	전기적인 방법으로 내용을 지우고 기록할 수 있는 ROM

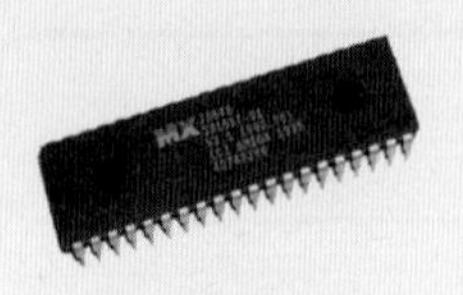
▲ ROM

★ 롬 바이오스(ROM BIOS)
ROM Basic Input/Output System
운영체제(OS)에서 주변 입출력 기기를 구동하기 위하여 사용되는 루틴들로 구성됨

펌웨어(Firmware)
- 소프트웨어이지만 하드웨어에 저장되어 반영구적으로 사용
- 하드웨어의 일부분이라고 볼 수도 있는 중간적 성격을 가지고 있음
- BIOS와 같은 프로그램을 ROM에 고정시켜 하드웨어화한 것을 의미함
- 최근에는 플래시 메모리 등을 사용하여 간단히 펌웨어를 업그레이드할 수 있음

2) RAM(Random Access Memory) 03년 10월

두뇌 속 기억 중 시간이 흐르면 잊혀지는 내용을 저장하는 역할을 담당함

- 읽기/쓰기가 가능한 기억 장치
- 전원의 공급이 끊어지면 그 내용을 잃어버리는 휘발성 메모리
- 일반 패키지 프로그램이나 사용자가 작성한 프로그램 또는 데이터를 저장
- RAM의 종류 및 특성

SRAM(Static RAM)	• 전원이 공급되는 한 내용이 그대로 유지 • 1비트당 소비 전력이 많고 속도가 빠름 • 캐시 메모리(Cache Memory)로 사용
DRAM(Dynamic RAM)	• 주기억 장치로 사용 • 일정 시간이 지나면 전하가 방전 • 재충전(Refresh)이 필요 • SRAM보다 속도가 느림

▲ RAM

암기 TIP

DRAM의 D가 앞쪽으로 배가 불뚝 나온 이유는 재충전을 자주 하기 때문입니다. 즉, DRAM은 재충전이 필요합니다.

02 보조 기억 장치(Auxiliary Storage Unit)

└ 두꺼운 공책이나 얇은 공책, 메모지 같은 역할을 담당함

- 주기억 장치를 보조해 주는 기억 장치로 처리 속도는 느리지만 대용량의 기억 장치
- 전원이 중단되어도 데이터는 그대로 보존
- 외부 기억 장치라는 의미에서 익스터널 메모리(External Memory)라고도 함
- 종류 : 자기 디스크, 자기 테이프, 자기 드럼, 광 디스크 등이 있음

더 알기 TIP

주기억 장치와 보조 기억 장치의 차이점

구분	주기억 장치	보조 기억 장치
속도	고속	저속
가격	고가	저가
용량	소용량	대용량
밀도	고밀도	저밀도
액세스 단위	바이트, 워드	블록

1) 자기 디스크(Magnetic Disk) 23년 3회, 16년 상시, 12년 상시, 11년 10월, 08년 3월/7월/10월, 07년 1월, …

- 금속 원판에 자성 물질을 입힌 저장 장치로, 보조 기억 장치로 많이 사용
- 기억 용량이 크고, 처리 속도가 빠르며 비순차적으로도 접근이 가능
- 직접 접근 기억 장치(DASD)★로 순차 · 비순차 처리가 모두 가능
- 데이터의 위치는 실린더 번호와 트랙 번호에 의해 결정
- 자기 디스크의 윗면과 밑면은 정보를 기억하지 않는 보호면으로 사용
- 실제 사용면 : 총 디스크 장 수×2면 − (가장 윗면+가장 밑면)
  예 10장의 디스크인 경우 = 10장×2면 − 2면(가장 윗면+가장 밑면) = 18면 사용 가능
- 자기 디스크 관련 용어

트랙(Track)	회전축을 중심으로 구성된 여러 개의 동심원
섹터(Sector)	트랙을 여러 구역으로 나누어 놓은 것
실린더(Cylinder)	동일한 수직선 상의 트랙들의 집합(트랙 수와 동일)
디스크 팩(Disk Pack)	여러 장의 디스크를 하나의 축에 고정시켜 사용하는 것
탐색 시간(Seek Time)	원하는 데이터가 있는 트랙까지 읽기/쓰기(Read/Write) 헤드를 이동하는 데 걸리는 시간
회전 지연 시간(Rotational Delay Time)	해당 트랙 내에서 데이터가 있는 섹터에 헤드를 위치시키는 데 걸리는 시간(=Search Time, Latency Time)
접근 시간(Access Time)	Seek Time + Search Time + Transfer Time

- 자기 디스크의 3대 요소 : 디스크(Disk), 액세스 암(Access Arm), 읽기/쓰기 헤드(Read/Write Head) 03월 1월
- 트랙 수 = 실린더 수
- 자기 디스크의 입출력 시간 = 탐색 시간 + Read/Write Head의 선택 시간 + 회전 대기 시간 + 데이터 전송 시간

기적의 TIP

보조 기억 장치 부분은 자기 디스크를 중점적으로 공부하시고, 자기 테이프의 경우 블록화 인수 부분이 자주 출제되므로 이해를 통한 숙지가 필수입니다.

★ **직접 접근 기억 장치(DASD)**
- Direct Access Storage Device로, 데이터의 저장 위치와 관계없이 직접 접근이 가능한 기억 장치
- RAM이나 자기 디스크, 자기 드럼 기억 장치가 이에 속함

디스크에 저장 가능한 Word 수 구하는 방법

트랙 수×트랙당 섹터 수×섹터당 워드 수×면 수

개념 체크

1 비휘발성 기억 장치로 기억된 내용의 읽기만 가능한 장치는?

2 직접 접근 기억 장치로 기억 용량이 크고, 처리 속도가 빠르며 비순차적으로도 접근이 가능한 기억 장치는?

1 ROM 2 자기 디스크

+ 더 알기 TIP

자기 디스크의 단면과 디스크 팩

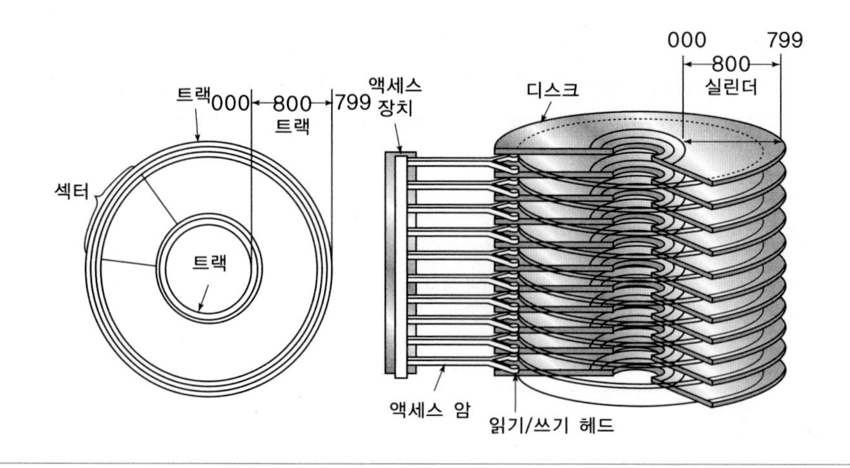

2) 자기 테이프(Magnetic Tape) 20년 2회, 18년 상시, 16년 상시, 12년 상시, 11월 2월, …

★ 순차 접근 기억 장치(SASD)
- Sequential Access Storage Device로, 순차 접근만 가능한 기억 장치
- 자기 테이프 등

- 순차 접근 기억 장치(SASD)★로 순차 처리만 가능
- 대량의 데이터를 한꺼번에 모아서 처리하는 일괄 처리(Batch Processing) 방식을 사용
- 서로 다른 컴퓨터 간에도 데이터 이동이 용이
- 미니급이나 대형 컴퓨터 등에서 데이터 보존용으로 사용
- 프로그램이나 데이터의 백업(Backup)용으로 많이 사용

① 자기 테이프의 구성 요소

- 트랙(Track) : 7~9트랙으로 구성
- BOT(Beginning Of Tape) : 테이프의 시작 지점
- EOT(End Of Tape) : 테이프의 끝 지점
- TM(Tape Mark) : 레이블과 파일을 구분
- 논리 레코드(Logical Record) : 데이터를 기록하는 기본 단위
- 물리 레코드(Physical Record) : 실제로 데이터를 입출력하는 기본 단위
- IRG(Inter Record Gap) : 논리 레코드와 논리 레코드 사이의 공백(Gap)
- IBG(Inter Block Gap) : 블록과 블록 사이의 공백(Gap)
- 입출력 단위 : 물리 레코드 = 블록
- 블록화 인수(BF; Blocking Factor) : 물리 레코드(블록) 안에 포함된 논리 레코드의 수
- BPI(Bytes Per Inch) : 기록 밀도로, 단위 1인치(Inch)당 기록할 수 있는 바이트 수
- IPS(Inches Per Second) : 전송 속도로 1초당 전송되는 인치 수
- 블록킹(Blocking)의 목적 : 블록은 데이터의 입출력 단위가 되며, 공백(Gap)으로 인한 기억 공간의 낭비를 줄일 수 있어 보다 많은 데이터를 경제적으로 기억할 수 있고 처리 속도가 빨라짐

더 알기 TIP

논리 레코드의 블록화(Blocking)

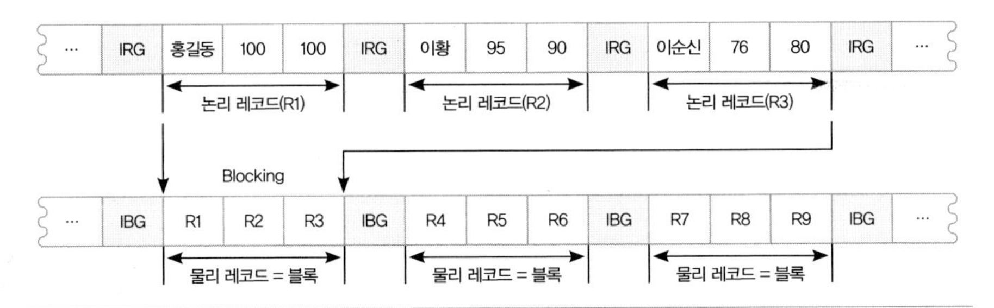

② 자기 테이프의 레코드 형식

- 고정 길이 레코드(Fixed Length Record) : 레코드의 길이가 고정되어 일정함

고정 길이 레코드 블록화	블록화되어 있는 형식으로 레코드의 길이가 고정되어 일정함
고정 길이 레코드 비블록화	블록화되어 있지 않은 형식으로 레코드의 길이가 고정되어 일정함

- 가변 길이 레코드(Variable Length Record) : 레코드의 길이가 가변적이므로 일정하지 않음

가변 길이 레코드 블록화	블록화되어 있는 형식으로 각 레코드가 가변적이므로 길이가 다름
가변 길이 레코드 비블록화	블록화되어 있지 않은 형식으로 각 레코드가 가변적이므로 길이가 다름

- 부정형 레코드 형식(Undefined Record) : 레코드의 길이를 정의하지 않으므로 표시 항목이 없음

3) 자기 드럼(Magnetic Drum)

- 자기 드럼은 고속으로 판독 및 기록이 가능
- 부피에 비해 기억 용량이 작기 때문에 현재는 거의 사용되지 않음
- 원통 표면에 자성 물질을 바른 후 회전시키면서 비순차적(Random)으로 데이터의 읽기/쓰기(Read/Write)가 가능
- 순차 · 비순차 처리가 모두 가능한 직접 접근 기억 장치(DASD)
- 읽기/쓰기 헤드(Head)가 고정되어 있어 탐색 시간(Seek Time)이 없으므로 처리 속도가 빠름

4) 하드 디스크(HDD; Hard Disk Drive)

- 디스크 표면을 전자기적으로 변화시켜 대량의 데이터를 저장하고 비교적 빠르게 접근할 수 있는 보조 기억 매체로 일련의 '디스크'들이 레코드판처럼 겹쳐져 있는 것이며, 디스크 위에는 '트랙'이라 불리는 동심원들이 있으며 그 안에 데이터가 전자기적으로 기록되어 있음
- 기억 용량이 크고 값이 저렴하기 때문에 개인용 컴퓨터에서 많이 사용
- 고정 디스크라고도 하며, 플로피 디스크보다 수백 배 이상의 기억 용량을 가짐
- 처리 속도가 빠르기 때문에 많이 사용

기적의 TIP

자기 드럼, 하드 디스크, CD-ROM, 광 자기 디스크 등은 시험에 거의 출제되지는 않으니 어떤 장치인지 한 번씩 읽고만 넘어가세요.

▲ 하드 디스크

개념 체크

1 순차 접근 기억 장치로 대량의 데이터를 한꺼번에 모아서 처리하는 일괄 처리 방식을 사용하는 기억 장치는?

2 자기 테이프의 구성 요소 중 데이터를 기록하는 기본 단위는?

1 자기 테이프 2 논리 레코드

• 연결 방식(Interface)에 따라 IDE, EIDE, SCSI 등이 있음

IDE (Intelligent Drive Electronics)	• 저가이며, 안정적이지만 연결할 수 있는 주변 장치의 수가 2개로 한정됨 • 528MB 용량까지만 사용할 수 있음
EIDE (Enhanced IDE)	• IDE의 확장판으로, 종전의 단점을 보완하여 주변 기기를 4개까지 연결할 수 있음 • LBA 모드를 지원해서 8.4GB 용량의 하드 디스크를 사용할 수 있음
SCSI (Small Computer System Interface)	• 시스템 구분 없이 주변 장치를 7개에서 최대 15개까지 연결할 수 있음 • 빠른 전송 속도로 주변 장치의 데이터를 컴퓨터로 전달할 수 있음 • 별도의 컨트롤러가 필요하며, 컨트롤러 자체에 프로세서가 장치되어 있어 CPU에 무리를 주지 않고 데이터를 처리할 수 있음

5) CD-ROM(Compact Disc Read Only Memory)

• 대용량의 데이터를 기억할 수 있는 저장 매체로, 한 번 기록된 데이터는 읽기만 가능
• 650MB 이상의 정보 저장이 가능한 저장 매체
• 하드 디스크보다 처리 속도가 느림

▲ CD-ROM

CD-R(CD-Recordable)	데이터를 한 번만 기록할 수 있는 CD
CD-RW (CD-ReWritable)	여러 번에 걸쳐 기록과 삭제를 할 수 있는 CD로, 데이터를 담기 위해서는 CD-RW 드라이브가 필요
DVD (Digital Versatile Disc)	DVD는 기존의 다른 매체와는 달리 4.7GB의 기본 용량(최대 17GB)을 가지며, 1배속은 초당 1,200KB의 전송 속도를 가짐

6) 광 자기 디스크(Optical Magnetic Disk)

• CD-ROM의 1배속 = 150KB/Sec
• 하드 디스크와 플로피 디스크의 장점을 모아 만든 저장 매체
• 플로피 디스크와 같이 개별 디스크를 교환할 수 있고 이동이 편리
• 하드 디스크처럼 수백 MB의 내용을 저장
• 중요한 데이터를 백업할 때 많이 사용

▲ 광 자기 디스크

자기 디스크 관련 용어

• 액세스 타임(Access Time) : 컴퓨터의 기억 장치나 디스크 등에서 정보를 꺼내는 데 걸리는 시간
• 아이들 타임(Idle Time) : 컴퓨터 시스템에서 CPU나 주변 장치가 작업을 하지 않고 다음 명령을 기다리고 있는 시간
• 사이클 타임(Cycle Time) : 액세스 시간 + 재저장 시간
• 대역폭(Bandwidth) : 1초 동안 전송되는 정보(비트)량
• 전송 시간(Transfer Time) : 주기억 장치에서 자료를 읽거나 쓸 때 해당 데이터를 기억 장치로 전송하는 데 걸리는 시간

7) SSD(Solid-State Drive)

- 하드 디스크를 대체할 무소음, 저전력, 소형화, 경량화, 고효율의 속도를 지원하는 차세대 반도체 보조 기억 장치이다.
- 기억 매체로 플래시 메모리나 DRAM을 사용하나 DRAM은 제품 규격이나 휘발성, 가격 등의 문제로 많이 쓰이지는 않는다.
- HDD보다 외부로부터의 충격에 강하며, 기계적인 디스크가 아닌 반도체 메모리에 데이터를 저장하므로 배드 섹터(Bad Sector)가 생기지 않는다.
- HDD에 비해 저장 용량당 가격 면에서 SSD가 더 비싸다.

처리 속도에 따른 분류 (고속 → 저속)
주기억 장치(반도체 > 자기 코어) → 보조 기억 장치(자기 드럼 > 자기 디스크 > 자기 테이프)

저장 용량에 따른 분류 (대용량 → 소용량)
자기 테이프 > 자기 디스크 > 자기 드럼 > 반도체

03 기타 기억 장치

1) 캐시 기억 장치(Cache Memory) 20년 2회/3회, 17년 상시, 16년 상시, 11년 2월/10월, 07년 7월, …

- CPU와 주기억 장치 사이에 있는 고속의 버퍼 메모리
- 자주 참조되는 데이터나 프로그램을 캐시 기억 장치에 저장
- 주기억 장치 접근 시간을 감소시키기 위한 목적

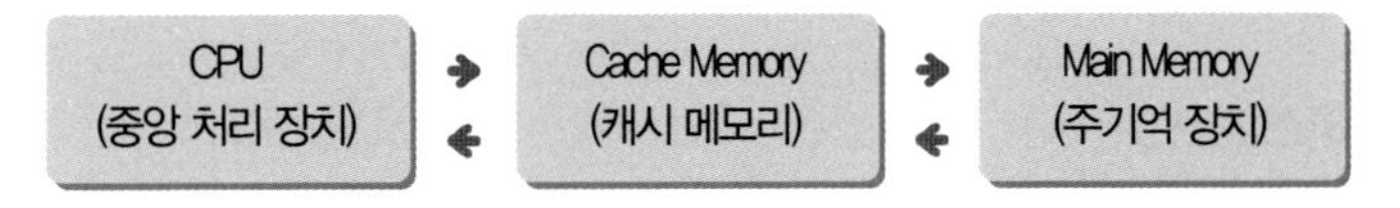

기적의 TIP
캐시 기억 장치의 역할과 위치, 연상 기억 장치, 가상 기억 장치의 목적에 대한 숙지가 필요합니다.

2) 연상 기억 장치(Associative Memory) 11년 4월

- 연관 메모리 또는 CAM(Content Addressable Memory)이라고도 함
- 메모리에 기억된 정보를 찾을 때 저장된 내용에 의하여 접근함(병렬 탐색 가능)
- 구성 요소 : 검색 자료 레지스터, 마스크 레지스터, 일치 지시기 등

주소 바인딩(Address Binding)
논리적 주소를 실행시키기 위해서 다른 논리적 주소나 물리적 주소로 사상시키는 것

더 알기 TIP

캐시 메모리와 연상 메모리와의 관계

캐시 메모리는 자주 참조되는 프로그램이나 데이터를 속도가 빠른 메모리에 저장해서 메모리 접근 시간을 감소시키기 위해 사용되며, 메모리에 저장된 내용으로 직접 검색하여 접근 시간을 줄일 수 있는 연상 메모리를 많이 사용함

3) 가상 기억 장치(Virtual Memory) 21년 1회, 12년 상시, 11년 7월, 08년 7월

- 기억 장소를 주기억 장치의 용량으로 제한하지 않고 보조 기억 장치까지 확대하여 사용
- 기억 공간의 확대에 목적이 있음(처리 속도가 향상되는 것은 아님)
- 가상 기억 장치로는 임의 접근이 가능한 자기 디스크를 많이 사용
- 프로그램 전체가 동시에 주기억 장치에 없어도 됨
- 프로그램을 크기가 일정하지 않은 세그먼트(Segment)나 일정한 크기의 페이지(Page) 단위로 분할해서 사용하는 페이징(Paging) 기법을 사용함
- CPU가 접근하는 각 주소는 가상 주소를 주기억 장치의 실제적인 주소로 매핑(Mapping)하는 방법을 통해서 구현

개념 체크

1. CPU와 주기억 장치 사이에 있는 고속의 버퍼 메모리는?
2. 기억 장소를 주기억 장치의 용량으로 제한하지 않고, 보조 기억 장치까지 확대하여 사용하는 기억 장치는?

1 캐시 기억 장치 2 가상 기억 장치

4) 자기 코어(Magnetic Core)

- 도넛 모양의 기억 소자로 페라이트(Ferrite)라는 자성 물질로 만들어짐
- 과거에 주기억 장치로 사용됨
- 파괴성 메모리이고 비휘발성 기억 소자
- 반도체 기억 소자보다 기록 밀도가 낮고 전력 소모가 많음
- 내용을 읽고 쓸 수 있음

5) 플래시 메모리(Flash Memory) 10년 1월

- ROM과 RAM의 장점을 혼합한 형태로, 기억된 내용은 전원이 나가도 지워지지 않고 쉽게 쓰기가 가능함
- 읽기/쓰기가 수만 번 가능한 메모리
- 외부 기억 장치인 하드 디스크(Hard Disk)를 대체하는 데 많이 사용
- EEPROM으로 PROM 플래시라고도 하며, 전기적으로 내용을 변경하거나 일괄 소거도 가능
- 크기가 작아서 MP3 플레이어, 디지털 카메라 등 휴대용 기기의 저장 장치로 많이 사용

6) 집 드라이브(ZIP Drive)

- 주로 PC 파일들의 백업이나 파일 보관 등에 사용되는 휴대용 디스크 드라이브
- 플로피 디스크 약 70장에 분량에 해당하는 크기인 100MB 크기의 데이터를 담을 수 있음

+ 더 알기 TIP

기억 장치의 접근 속도와 용량 순서

- 기억 장치 접근 속도(빠름 → 느림) : 레지스터 → 캐시 메모리 → 주기억 장치 → 보조 기억 장치(자기 디스크 〉 자기 테이프)
- 기억 장치 용량 순서(대용량 → 소용량) : 보조 기억 장치(자기 테이프 〉 자기 디스크) → 주기억 장치 → 캐시 메모리 → 레지스터

이론을 확인하는 기출문제

01 기억된 내용을 읽을 수만 있고, 전원이 차단되어도 기억된 내용이 소멸되지 않는 것은?

① RAM ② ROM
③ DAM ④ DOM

ROM(Read Only Memory) : 기억된 내용을 읽기만 가능한 장치. 전원의 공급이 끊어져도 그 내용을 기억하는 비휘발성 기억 장치. 롬 바이오스(ROM BIOS) 등을 내장

오답 피하기

RAM(Random Access Memory) : 읽기/쓰기가 가능한 기억 장치. 전원의 공급이 끊어지면 그 내용을 잃어버리는 휘발성 메모리

02 캐시 메모리(Cache Memory)의 설명으로 옳은 것은?

① 대용량 기억 장치용으로 주로 사용된다.
② 전원이 꺼져도 내용은 그대로 유지된다.
③ 컴퓨터의 주기억 장치로 주로 이용된다.
④ CPU와 주기억 장치 사이의 속도 차이를 해결하기 위한 고속 메모리로 이용된다.

캐시 메모리(Cache Memory) : CPU와 주기억 장치 사이에 있는 고속의 버퍼 메모리로 자주 참조되는 데이터나 프로그램을 메모리에 저장. 메모리 접근 시간을 감소시키기 위한 목적으로 사용됨

03 주기억 장치의 용량을 실제보다 크게 활용할 수 있도록 하기 위하여 실제 자료를 보조 기억 장치에 두고 주기억 장치에 있는 것과 같이 처리시킬 수 있는 기억 장치는?

① 가상 기억 장치
② 확장 기억 장치
③ 캐시 기억 장치
④ 기본 기억 장치

가상 기억 장치(Virtual Memory) : 주기억 장치의 용량이 부족하여 보조 기억 장치의 일부를 마치 주기억 장치인 것처럼 이용하는 메모리 관리 기법

오답 피하기

캐시 기억 장치(Cache Memory) : 중앙 처리 장치와 주기억 장치 사이의 속도 차이를 해결하기 위한 고속의 버퍼 메모리

04 전원이 꺼져도 내용이 그대로 저장되어 있는 메모리는?

① Flash Memory
② SRAM
③ DDR RAM
④ SDRAM

플래시 메모리(Flash Memory) : RAM같은 ROM으로 기억된 내용은 전원이 나가도 지워지지 않고 쉽게 쓰기가 가능함. 읽고/쓰기가 수만 번 가능한 메모리

오답 피하기

- SRAM(Static RAM) : 전원이 공급되는 한 내용이 그대로 유지되며 1비트당 소비 전력이 많고 속도가 빠름. 캐시 메모리(Cache Memory)로 사용
- DDR RAM : DDR SDRAM이라고도 하며 SDRAM보다 2배 정도의 데이터 처리가 가능한 기억 장치
- SDRAM : 중앙 처리 장치가 사용하는 주 클럭을 직접 받아서 동작하는 기억 장치

05 연관 기억 장치의 구성요소에 해당하지 않는 것은?

① 검색 자료 레지스터
② 마스크 레지스터
③ 일치 지시기
④ 인덱스 레지스터

연관 기억 장치는 메모리에 기억된 정보를 찾는데 저장된 내용에 의하여 접근(병렬 탐색 가능)하는 기억 장치로 검색 자료, 마스크 레지스터 및 일치 지시기 등이 필요함

06 다음 블록화 레코드에서 블록화 인수는?

IBG	논리 레코드	논리 레코드	논리 레코드	IBG	논리 레코드	논리 레코드	논리 레코드	IBG

① 1 ② 2
③ 3 ④ 4

- 블록화 인수(Blocking Factor) : Block(= 물리 레코드) 안에 포함된 논리 레코드의 개수
- IBG(Inter Block Gap) : 블록과 블록 사이의 간격

정답 01 ② 02 ④ 03 ① 04 ① 05 ④ 06 ③

합격을 다지는 예상문제

01 전자계산기의 입력 장치만으로 구성된 것은?

① X–Y Plotter, OMR, Line Printer
② Console Keyboard, Card Reader, X–Y Plotter
③ OMR, OCR, Console Keyboard
④ Magnetic Disk, Line Printer, OMR

02 입출력 장치와 주기억 장치 간의 데이터 전송을 담당하는 프로세서로서, 중앙 처리 장치의 작동과 분리시켜 주변 장치의 입출력을 제어하며, 입출력 명령 해독, 입출력 명령 실행 지시 및 지시된 명령의 실행 상황 설정 등의 기능을 갖는 것은?

① DMA ② Channel
③ PSW ④ Polling

03 가상 기억 장치 시스템에서 주소 공간의 가상 주소에서 기억 장치 공간의 물리 주소로의 변환은 어떤 작업에 의하여 이루어지는가?

① Shading 작업 ② Buffering 작업
③ Switching 작업 ④ Mapping 작업

04 오퍼레이터(Operator)의 수동 작동이 필요한 경우, 오퍼레이터가 인터럽트(Interrupt) 키를 조작함으로써 인터럽트를 발생시킬 수 있다. 이처럼 외부로부터의 신호에 의하여 발생하는 인터럽트를 무엇이라 하는가?

① 외부 인터럽트
② 프로그램 인터럽트
③ 기계 고장 인터럽트
④ 입출력 인터럽트

05 다음 중 채널의 종류에 해당되지 않는 것은?

① I/O Byte Multiplexer Channel
② I/O Sort Multiplexer Channel
③ I/O Block Multiplexer Channel
④ I/O Selector Channel

06 주기억 장치에서 주소 표현의 최소 단위는?

① 블록(Block)
② 바이트(Byte)
③ 셀(Cell)
④ 레코드(Record)

07 4매로 이루어진 디스크 팩에서 1면에 200개의 트랙을 사용할 수 있다고 할 때, 이 디스크 팩의 사용 가능한 실린더는 모두 몇 개인가?

① 100 ② 200
③ 400 ④ 800

08 원하는 데이터가 있는 트랙까지 읽기/쓰기 헤드를 이동하는 데 걸리는 시간은?

① Run time
② Seek time
③ Cycle time
④ Operating time

09 자기 디스크(Magnetic Disk) 장치의 주요 구성 요소가 아닌 것은?

① IRG(Inter Record Gap)
② 디스크(Disk)
③ 읽고 쓰기 헤드(R/W Head)
④ 액세스 암(Access Arm)

10 컴퓨터 시스템에서 실제로 정보를 기억 또는 읽기 시작할 때까지 소요되는 시간은?

① 런 타임(Run Time)
② 아이들 타임(Idle Time)
③ 액세스 타임(Access Time)
④ 프로세싱 타임(Processing Time)

11 가장 대표적인 Sequential Access 매체는?

① 자기 코어(Magnetic Core)
② 자기 테이프(Magnetic Tape)
③ 자기 드럼(Magnetic Drum)
④ 자기 디스크(Magnetic Disk)

12 입출력 제어 방식 중 DMA(Direct Memory Access) 방식의 설명으로 옳은 것은?

① 중앙 처리 장치의 많은 간섭을 받는다.
② 프로그램에 의한 방법과 인터럽트에 의한 방법을 갖고 있다.
③ 입출력 장치와 기억 장치 간에 직접 데이터를 주고받는다.
④ 입출력을 제어하는 방식에서 가장 원시적인 방법이다.

13 플립플롭 회로가 전하를 축적시키는 방법으로 기억하였다가 자연 방전으로 인하여 일정한 시간 간격마다 다시 충전시켜 주어야 하는 소자는?

① DRAM ② PROM
③ SRAM ④ EPROM

14 논리적 주소에서 물리적 주소 또는 다른 논리적 주소로 번역하는 것은?

① 매핑
② 적재
③ 재배치
④ 주소 바인딩

15 다음 그림과 관련된 장치에 대한 설명으로 옳지 않은 것은?

IBG	논리 레코드	IBG	논리 레코드	IBG

① 블록화 인수(Blocking Factor)는 2이다.
② 데이터의 기록은 BOT와 EOT 마크 사이에서 이루어진다.
③ 대용량의 백업이나 데이터를 일시적으로 보존하는데 사용한다.
④ BCD, EBCDIC, ASCII 코드를 7트랙, 9트랙 테이프를 사용하여 기록한다.

16 원판형의 자기 디스크 장치에서 하나의 원으로 구성된 기억 공간으로, 원판형을 따라 동심원으로 나눈 것은?

① 헤드(Head)
② 릴(Reel)
③ 실린더(Cylinder)
④ 트랙(Track)

17 다음 인터럽트 중 우선순위가 가장 높은 것은?

① 기계 고장
② 프로그램 인터럽트
③ 외부 인터럽트
④ 정전 인터럽트

18 문자나 기호 같은 데이터를 컴퓨터가 이해할 수 있도록 전기적인 신호로 변환시켜 컴퓨터 내부의 주기억 장치에 기억시켜주는 입력 장치가 아닌 것은?

① OMR
② MICR
③ 스캐너
④ COM

19 **입력과 출력에 관한 명령을 해독하고 각 입출력 장치에 해독된 명령의 실행을 지시하는 채널 중에서 바이트 단위로 저속의 입출력 장치에 사용되는 채널은?**

① 셀렉터 채널
② 블록 멀티플렉서 채널
③ 멀티플렉서 채널
④ 명령 채널

20 **다음 중 인터럽트의 우선순위로 옳은 것은?**

① 정전 인터럽트 → 기계 고장 인터럽트 → 외부 인터럽트 → 입출력 인터럽트 → 프로그램 인터럽트 → SVC 인터럽트
② 기계 고장 인터럽트 → 입출력 인터럽트 → SVC 인터럽트 → 정전 인터럽트 → 프로그램 인터럽트 → 외부 인터럽트
③ 외부 인터럽트 → 정전 인터럽트 → 기계 고장 인터럽트 → 입출력 인터럽트 → 프로그램 인터럽트 → SVC 인터럽트
④ 정전 인터럽트 → 기계 고장 인터럽트 → 외부 인터럽트 → SVC 인터럽트 → 프로그램 인터럽트 → 입출력 인터럽트

합격을 다지는 예상문제 정답 & 해설

CHAPTER 05

01 ③	02 ②	03 ④	04 ①	05 ②
06 ②	07 ②	08 ②	09 ①	10 ③
11 ②	12 ③	13 ①	14 ④	15 ①
16 ④	17 ④	18 ④	19 ③	20 ①

01 ③

입력 장치 : 키보드, 마우스, OMR, OCR, MICR, 디지타이저, 스캐너, CIM 등

오답 피하기

출력 장치 : 영상 표시 장치, X-Y 플로터, COM, 프린터 등

02 ②

채널(Channel) : 입출력 장치와 주기억 장치 사이의 속도 차이를 줄이기 위한 입출력 제어 장치

오답 피하기

- DMA(Direct Memory Access) : 데이터의 입출력 전송이 메모리와 주변 장치 사이에서 직접 이루어지는 인터페이스(Interface)
- PSW(Program Status Word) : 프로그램의 실행에 필요한 정보 및 시스템의 상태를 의미
- Polling : 하나의 전송 매체를 통해 컴퓨터에 연결된 여러 개의 장치에 대하여 컴퓨터에서 호출하는 것으로, 호스트 컴퓨터 측에서 단말기에 대해 데이터 송신의 유무를 인식하는 방식

03 ④

Mapping(사상) 작업 : 가상 기억 장치 시스템에서, 가상 기억 공간에서의 가상 주소를 실제 기억 공간의 물리적 주소로 변환시키는 작업

오답 피하기

캐시에서의 매핑(Mapping) : 캐시 기억 장치에서 주기억 장치에 접근할 때 블록 단위로 이루어지지만, 캐시 내에서 적중이 실패한 경우는 페이지 단위로 이루어짐. 주기억 장치로부터 캐시 기억 장치로 데이터를 전송하는 것을 매핑 프로세스라고 함

04 ①

외부(External) 인터럽트 : Timer의 종료나 오퍼레이터의 콘솔 버튼 조작에 의한 인터럽트

오답 피하기

- 프로그램 인터럽트 : 프로그램 명령 사용법이나 지정법에 잘못이 있을 때 발생
- 기계 고장 인터럽트 : 기계에 고장이 생겼을 때 발생
- 입출력 인터럽트 : 입출력이 완료되었거나 에러가 발생했을 때 또는 기기가 대기 상태에 있을 때 발생

05 ②

채널의 종류 : 셀렉터 채널(Selector Channel), 바이트 멀티플렉서 채널(Byte Multiplexer Channel), 블록 멀티플렉서 채널(Block Multiplexer Channel)

06 ②

주기억 장치의 주소는 번지(Address)로 결정되며, 그 단위는 바이트(Byte)임

오답 피하기

- 블록(Block) : 물리 레코드라고도 하며, 논리 레코드가 모여서 구성됨
- 셀(Cell) : 표 계산 소프트웨어에서 워크시트의 칸을 의미
- 레코드(Record) : 필드(Field)가 모여서 구성됨

07 ②

실린더(Cylinder) : 동일한 수직선 상의 트랙들의 집합(트랙 수 = 실린더 수)

오답 피하기

- 트랙(Track) : 회전축을 중심으로 구성된 여러 개의 동심원
- 섹터(Sector) : 트랙을 여러 구역으로 나누어 놓은 것
- 디스크 팩(Disk Pack) : 여러 장의 디스크를 하나의 축에 고정시켜 사용하는 것

08 ②

탐색 시간(Seek Time) : 읽기/쓰기(Read/Write) 헤드가 원하는 데이터가 있는 트랙까지 이동하는데 걸리는 시간

오답 피하기

회전 지연 시간(Rotational Delay Time) : 해당 데이터가 있는 섹터에 헤드를 위치시키는데 걸리는 시간(=Search Time)

09 ①

자기 디스크의 3대 요소 : 디스크(Disk), 액세스 암(Access Arm), 판독/기록 헤드(Read/Write Head)

10 ③

액세스 타임(Access Time) : 컴퓨터의 기억 장치나 디스크 등에서 정보를 꺼내는 데 걸리는 시간

오답 피하기

- 런 타임(Run Time) : 원시 프로그램이 컴파일되어 만들어진 목적 프로그램이 실제로 기계에 의해 실행되는 데 걸리는 시간
- 아이들 타임(Idle Time) : 컴퓨터 시스템에서 CPU나 주변 장치가 작업을 하지 않고 다음 명령을 기다리고 있는 시간

11 ②

순차 접근 기억 장치(SASD)

- Sequential Access Storage Device로, 순차 접근만 가능한 기억 장치
- 자기 테이프가 속함

오답 피하기

직접 접근 기억 장치(DASD)

- Direct Access Storage Device로, 데이터의 저장 위치와 관계 없이 직접 접근이 가능한 기억 장치
- RAM이나 자기 디스크, 자기 드럼 기억 장치가 속함

12 ③

DMA(Direct Memory Access) : 데이터의 입 · 출력 전송이 직접 메모리와 주변 장치 사이에서 이루어지는 인터페이스(Interface)

13 ①

DRAM(Dynamic RAM) : 주기억 장치로 사용하며, 일정 시간이 지나면 전하가 방전되므로 재충전(Refresh)이 필요

오답 피하기

SRAM(Static RAM) : 전원이 공급되는 한 내용이 그대로 유지되며 1비트당 소비 전력이 많고 속도가 빠르며, 캐시 메모리(Cache Memory)로 사용

14 ④

주소 바인딩(Address Binding) : 논리적 주소를 실행시키기 위해서 다른 논리적 주소나 물리적 주소로 사상시키는 것

오답 피하기

- 매핑(Mapping) : 가상 기억 장치 시스템에서 가상 기억 공간에서의 가상 주소를 실제 기억 공간의 물리적 주소로 변환시키는 작업
- 적재(Load) : 보조 기억 장치에 있는 내용을 주기억 장치로 가져오는 것
- 재배치(Relocation) : 로더에 의해 프로그램의 위치를 조정하는 것

15 ①

블록화 인수(BF; Blocking Factor)는 물리 레코드(블록) 안에 포함된 논리 레코드의 수를 의미하므로, 10이 됨

오답 피하기

자기 테이프(Magnetic Tape)

- 트랙(Track) : 7~9 트랙으로 구성
- BOT(Begin Of Tape) : 테이프의 시작 지점
- EOT(End Of Tape) : 테이프의 끝 지점
- IBG(Inter Block Gap) : 블록과 블록 사이의 공백(Gap)

16 ④

트랙(Track) : 회전축을 중심으로 구성된 여러 개의 동심원

오답 피하기

실린더(Cylinder) : 동일한 수직선 상의 트랙들의 집합(트랙 수=실린더 수)

17 ④

정전 인터럽트가 우선순위가 가장 높음

18 ④

입력장치의 종류 : 키보드, 마우스, OMR, OCR, MICR, 디지타이저, 스캐너, CIM

19 ③

멀티플렉서 채널(Multiplexer Channel)

- 여러 개의 서브 채널이 있어서 저속의 여러 입출력 장치(프린터, 카드 리더)를 동시에 조작할 수 있는 채널
- 바이트 단위로 전송

20 ①

인터럽트(Interrupt)

- 컴퓨터에서 정상적인 프로그램을 처리하고 있는 도중 특수한 상태가 발생했을 때 실행하고 있는 프로그램을 일시 중지하고 그 특수한 상태를 처리한 후 다시 원래의 프로그램으로 복귀하여 정상적으로 처리하는 방법
- 인터럽트의 우선순위 : 정전 인터럽트 → 기계 고장 인터럽트 → 외부 인터럽트 → 입출력 인터럽트 → 프로그램 인터럽트 → SVC 인터럽트

연산 장치와 마이크로프로세서

학습 방향

시프트 레지스터, 버퍼 레지스터, 플래그 레지스터, 연산 장치, 마이크로프로세서 등이 출제되었습니다. 연산 속도의 향상을 위한 CPU 내부의 임시 기억 장소로 레지스터가 이용되며, 산술 및 논리 연산은 연산 장치(ALU)가 수행합니다. 연산에 이용되는 각종 장치들 및 마이크로프로세서에 대해 익혀두어야 합니다.

출제빈도

SECTION 01	상	50%
SECTION 02	상	50%

SECTION 01

연산 장치와 레지스터

출제빈도 상 중 하
반복학습 1 2 3

빈출 태그 누산기 • 레지스터 • 시프트 레지스터 • 버퍼 레지스터

01 연산 장치(ALU; Arithmetic & Logic Unit) 20년 3회, 17년 상시, 11년 7월, 10년 10월

- 산술적인 연산★과 논리적인 연산★을 담당하는 장치
- 연산 장치는 누산기, 감산기, 가산기, 데이터 레지스터, 상태 레지스터, 보수기 등으로 구성

누산기(ACCumulator)	산술 및 논리 연산의 결과를 일시적으로 기억
가산기(Adder)	누산기와 데이터 레지스터의 값을 더하여 누산기에 저장
데이터 레지스터(Data Register)	연산에 사용되는 데이터의 일시적인 저장을 위해 사용
상태 레지스터(Status Register)	현재 상태를 나타내는 레지스터(PSW)로, 연산 결과에 대한 부호 저장
보수기(Complementer)	뺄셈이나 나눗셈 연산을 위해 보수로 바꾸어 주는 장치

★ 산술 연산
10진 연산(사칙 연산), 고정 소수점 연산, 부동 소수점 연산 등

★ 논리 연산
AND 연산(일부 데이터 삭제), OR 연산(일부 데이터 추가), NOT 연산(보수) 등

02 레지스터(Register) 20년 2회, 16년 상시, 11년 7월

- 플립플롭의 집합으로 중앙 처리 장치 내부의 임시 기억 장소(연산 속도의 향상을 위함)
- 연산에 필요한 자료나 연산의 결과를 저장
- 레지스터의 개수가 많을수록 처리 속도가 빨라짐
- 레지스터에 새로운 데이터가 전송될 경우 이전 내용은 지워지고 새로운 데이터가 기억됨
- 제어 장치의 레지스터

메모리 번지 레지스터 (MAR; Memory Address Register)	주기억 장치의 번지를 기억
메모리 기억 레지스터 (MBR; Memory Buffer Register)	주기억 장치에서 연산에 필요한 자료를 호출하여 저장
명령 레지스터(IR; Instruction Register)	현재 수행중인 명령어의 내용을 기억
프로그램 카운터(PC; Program Counter)	다음에 수행할 명령어의 번지를 기억
명령 해독기(Instruction Decoder)	IR에 기억된 명령들을 해독해서 각 장치에 제어 신호를 보냄
부호기(Encoder)	중앙 처리 장치에서 실행하기 위한 전기 신호로 변환하여 각 장치에 보내는 기능
플래그 레지스터(Flag Register)	제어 논리 장치(CLU)와 산술 논리 연산 장치(ALU)의 실행 순서를 제어하기 위해 사용되는 레지스터

기적의 TIP
연산 장치의 레지스터 종류를 조심하시고 각 레지스터의 종류별 기능에 대해 숙지하시면 됩니다. 아울러 시프트, 버퍼 레지스터에 대해 반드시 신경 쓰시기 바랍니다.

더 알기 TIP

레지스터의 종류 23년 3회, 22년 4회, 21년 1회, 20년 4회, 19년 상시, 18년 상시, …

- 시프트 레지스터(Shift Register) : 클록 펄스(Clock Pulse)에 의해서 기억된 내용을 한 자리씩 우측이나 좌측으로 이동시켜 곱셈과 나눗셈을 연산하는 레지스터
- 범용 레지스터(General Purpose Register) : 다목적으로 사용되는 레지스터
- 인덱스 레지스터(Index Register) : 유효 번지를 상대적으로 계산할 때 사용
- 베이스 레지스터(Base Register) : 유효 번지를 절대적으로 계산할 때 사용
- 버퍼 레지스터(Buffer Register) : 읽거나 기록한 데이터를 일시적으로 기억할 수 있는 레지스터로, 장치와 장치 간의 시간과 흐름의 차이를 위해 사용되는 임시 기억을 위한 레지스터

이론을 확인하는 기출문제

01 컴퓨터 시스템의 중앙 처리 장치를 구성하는 하나의 회로로서, 컴퓨터 안에서 산술 연산 및 논리 연산을 수행하는 장치는?

① Arithmetic Logic Unit
② Memory Unit
③ Associative Memory Unit
④ Punch Card System

Arithmetic Logic Unit(연산 장치) : 프로그램 연산 명령의 수행, 비교, 판단 및 데이터의 이동, 편집 등의 기능을 수행

02 클록 펄스(Clock Pulse)에 의해서 기억 내용을 한 자리씩 이동하는 레지스터는?

① 시프트 레지스터
② B 레지스터
③ 누산기
④ D 레지스터

시프트 레지스터(Shift Register) : 레지스터에 저장된 내용을 비트 단위로 좌우로 이동시켜 곱셈과 나눗셈을 연산하는데 사용되는 레지스터

03 레지스터에 새로운 데이터를 전송하면 먼저 있던 내용은 어떻게 되는가?

① 먼저 내용은 다른 곳으로 전송되고 새로운 내용만 기억된다.
② 기억된 내용에 아무런 변화가 없다.
③ 먼저 내용은 지워지고 새로운 내용만 기억된다.
④ 누산기(Accumulator)에서는 덧셈이 이루어진다.

레지스터(Register) : 연산의 결과나 처리할 명령을 기억하는 고속의 임시 기억 장치로, 새로운 데이터가 전송되면 이전 내용은 지워지고 새로 전송된 내용만 기억함

04 입출력 장치의 동작 속도와 전자계산기 내부의 동작 속도를 맞추는 데 사용되는 레지스터는?

① 시프트 레지스터(Shift Register)
② 시퀀스 레지스터(Sequence Register)
③ 어드레스 레지스터(Address Register)
④ 버퍼 레지스터(Buffer Register)

버퍼 레지스터(Buffer Register) : 각 장치 간의 속도 차를 해결하기 위해 데이터를 일시적으로 기억하는 레지스터

정답 01 ① 02 ① 03 ③ 04 ④

SECTION 02

마이크로프로세서

출제빈도 (상) 중 하
반복학습 1 2 3

빈출 태그 CISC • RISC

01 마이크로프로세서(Microprocessor)의 개념 19년 상시, 18년 상시, 13년 상시, …

- CPU(중앙 처리 장치)의 기능을 수행하기 위하여 만든 고밀도 집적 회로(LSI)로 개인용 컴퓨터에 주로 사용되며 연산 장치, 제어 장치, 레지스터로 구성
- 적용 분야 : 자료 처리(Data Processing), 공정 제어(Process Control), 시스템 제어(System Control) 등
- 특징 : 컴퓨터 시스템 크기의 소형화, 비교적 전력 소비가 적고 비용이 저렴, 고속의 동작 속도 효과, 높은 신뢰도 및 효율화
- 기능

기억 기능	정보 기억
제어 기능	명령 해독
연산 기능	산술, 논리 연산 수행
전달 기능	버스(BUS)를 통한 전달

다중 처리 방식
다중 처리기에 의한 처리 방식으로 하나의 컴퓨터에 2개 이상의 CPU가 입출력 장치 및 기타 메모리 장치와 공유하여 프로그램을 처리하므로 MIMD(Multiple Instruction Multiple Data : 다중 명령, 다중 데이터) 구조를 가짐

02 설계 방식에 따른 분류

구분	CISC	RISC
명령어	많음	적음
명령어 길이	가변 길이	고정
프로그래밍	간단	복잡
전력 소모	많음	적음
생산 가격	비쌈	저렴
실행 사이클	다중	단일
주소 지정	복잡	간단
레지스터	적음	많음
처리 속도	느림	빠름

처리 용량에 따른 분류
80286, 80386, 80486, 펜티엄(Pentium), Pentium II, Celeron, Pentium III, Pentium 4 등

1) CISC(Complex Instruction Set Computer) 19년 상시, 16년 상시, 12년 상시, 11년 4월, 10년 3월/7월

- 명령어가 많으며, 여러 주소 지정 모드 및 가변 길이 명령어 형식 지원
- 프로그래밍이 용이하나, 적은 수의 레지스터로 처리 속도가 느림
- 전력 소모가 많고 생산 가격이 비싸며, 설계와 구현시 많은 시간이 필요
- 80486, Pentium CPU 등의 일반 PC 프로세서로 사용

2) RISC(Reduced Instruction Set Computer) 20년 2회, 17년 상시, 16년 상시, 11년 2월/4월

- 명령어 축약형 CPU
- 주소 지정 모드와 명령어의 종류가 적음
- 프로그래밍이 어려우나 많은 수의 레지스터로 처리 속도가 빠름
- 고성능의 워크스테이션이나 그래픽용 컴퓨터에서 사용
- LOAD, STORE 명령으로 메모리에 접근
- 하드웨어나 마이크로 코드 방식으로 구현
- 모든 명령어를 1 사이클에 실행
- 단순한 파이프 라인 구조임

03 버스(BUS) 11년 2월/4월, 10년 1월

컴퓨터 내에서 중앙 처리 장치(CPU)와 주기억 장치, 입출력 장치 간에 정보를 전송하는 데 사용되는 전기적 공통 선로

내부 버스	CPU 내부에서 레지스터 사이에 데이터 및 제어 신호가 이동되는 통로
외부(시스템) 버스	CPU와 기억 장치, CPU와 주변 장치 사이에 데이터 및 제어 신호가 이동되는 통로

더 알기 TIP

외부(시스템) 버스의 종류

데이터 버스 (Data Bus)	중앙 처리 장치(CPU)에서 메모리나 입출력 기기에 데이터를 송출하거나, 반대로 메모리나 입출력 기기에서 CPU로 데이터를 읽어들일 때 필요한 전송로
주소 버스 (Address Bus)	• 중앙 처리 장치(CPU)가 메모리나 입출력 기기의 주소를 지정할 때 사용되는 전송로 • 중앙 처리 장치(CPU)에서만 주소를 지정할 수 있기 때문에 단방향 버스라 함
제어 (Control Bus)	중앙 처리 장치(CPU)가 기억 장치나 입출력 장치와 데이터 전송을 할 때 또는 자신의 상태를 다른 장치에 알리기 위해 사용하는 신호를 전달

더 알기 TIP

버스의 설계 방식에 따른 구분

- ISA : 한 번에 16비트 이동, 병목 현상 발생, IBM 초기 PC
- IEISA : ISA를 개선하여 한 번에 32비트 이동
- VESA : 한 번에 32비트 이동, 병목 현상 개선, 32비트 버스, 486 PC
- PCI : 최대 64비트 이동 가능, Pentium PC
- AGP : 디지털 영상 데이터를 출력하고 편집하는 데 이용

합격을 다지는 예상문제

01 Instruction Register에 기억된 명령들을 해독해서 각 장치에 제어 신호를 보내는 장치는?

① MAR ② MBR
③ PC ④ Decoder

02 1~2개의 대규모 집적회로의 칩을 중앙 처리 장치에 해당하는 부분에 내장시켜 기능을 수행하게 하는 것은?

① 레지스터 ② 컴파일러
③ 소프트웨어 ④ 마이크로프로세서

03 연산 장치의 논리 연산 중 일부 자료를 삭제하기 위해 사용하는 연산은?

① AND ② OR
③ NOT ④ XOR

04 PCI를 기반으로 하고 있지만 그래픽 데이터를 전송할 때는 PCI 버스를 이용하지 않고, 그래픽 컨트롤러가 메모리를 직접 액세스하기 때문에 빠른 처리 속도를 낼 수 있으며, PC에서 3차원 그래픽 표현을 빠르게 구현할 수 있게 해 주는 버스 규격은?

① AGP ② ISA
③ VESA ④ EISA

05 다음 중 연산 장치와 관련있는 것으로 옳은 것은?

> ⓐ 누산기(ACCumulator)
> ⓑ 가산기(Adder)
> ⓒ 번지 레지스터(MAR; Memory Address Register)
> ⓓ 명령 레지스터(IR; Instruction Register)
> ⓔ 프로그램 카운터(PC; Program Counter)

① ⓐ, ⓑ, ⓒ ② ⓐ, ⓑ, ⓒ, ⓓ, ⓔ
③ ⓒ, ⓓ ④ ⓐ, ⓑ

06 다음 중 Binary 연산이 아닌 것은?

① AND ② OR
③ 사칙 연산 ④ Shift

07 CISC(Complex Instruction Set Computer)의 특징으로 옳지 않은 것은?

① 명령어의 개수가 보통 100~250개로 많다.
② RISC에 비해 빠른 처리 속도를 제공한다.
③ 명령어의 길이가 가변적이다.
④ 명령어는 기억 장치 내의 오퍼랜드를 처리(Manipulate)한다.

08 CPU 내의 레지스터 중 산술 연산 후의 오버플로, 캐리, 부호, 인터럽트 발생 등의 정보를 포함하는 레지스터는?

① PSW
② 플래그 레지스터
③ 명령 레지스터(IR)
④ 프로그램 카운터(PC)

09 다음 중 차기 인스트럭션(Next Instruction)의 번지를 보유하는 것은?

① Data Register
② MAR
③ Program Counter
④ ACC

10 컴퓨터는 많은 수의 레지스터 간 정보 전송을 위한 경로를 가지고 있다. 이런 전송 선로를 모두 독립시켜 결선시키면 결선 수가 많아져 제작의 어려움과 전력 소모가 많아지므로 이를 위해 공통 선로를 이용한다. 이를 무엇이라 하는가?

① MAR ② MBR
③ BUS ④ RAM

11 중앙 처리 장치에서 실행하기 위한 전기 신호로 변환하여 각 장치에 보내는 기능을 하는 장치는?

① 부호기(Encoder) ② 해독기(Decoder)
③ 누산기(ACC) ④ MAR

12 마이크로프로세서의 구성에 해당하지 않는 것은?

① 출력 장치 ② 레지스터
③ 제어 장치 ④ 연산 장치

13 다음 중 MIMD(Multiple Instruction Multiple Data) 구조를 갖는 것으로 올바른 것은?

① 파이프라인 처리기 ② 배열 처리기
③ 벡터 처리기 ④ 다중 처리기

14 다음 중 시프트 마이크로 동작의 종류와 관련 없는 것은?

① 로테이트 시프트(Rotate Shift)
② 순환 시프트(Circulate Shift)
③ 산술 시프트(Arithmetic Shift)
④ 논리 시프트(Logical Shift)

15 다음 설명 중 옳지 않은 것은?

① ALU는 산술 연산 장치이다.
② 연산 장치는 산술 연산과 논리 연산을 수행한다.
③ 연산 장치는 부동 소수점 연산과 고정 소수점 연산, 10진 연산이 가능하다.
④ 연산 장치에 사용되는 레지스터는 MAR, MBR, PC, ACC 등이 있다.

16 컴퓨터의 연산기가 수행할 수 있는 연산 중 논리 연산이 아닌 것은?

① MOVE ② AND
③ Complement ④ Multiply

17 산술적인 연산과 논리적인 연산을 담당하는 연산 장치 중에서 누산기와 데이터 레지스터의 값을 더하여 누산기에 저장하는 장치는?

① 누산기 ② 데이터 레지스터
③ 상태 레지스터 ④ 가산기

18 다음 중 레지스터에 대한 설명으로 잘못 연결된 것은?

① 범용 레지스터 – 다목적용
② 인덱스 레지스터 – 유효번지의 상대적 계산
③ 버퍼 레지스터 – 좌우 이동으로 인한 곱셈과 나눗셈 계산
④ 베이스 레지스터 – 유효번지의 절대적 계산

19 마이크로프로세서의 설계 방식에 따른 분류에서 CISC(Complex Instruction Set Computer)에 대한 설명으로 옳지 않은 것은?

① 주소 지정 모드와 명령어의 종류가 적다.
② 프로그래밍이 용이하다.
③ 적은 수의 레지스터로 처리 속도가 느리다.
④ 전력 소모가 많다.

20 CPU에서 명령이 실행되는 순서를 제어하거나 특정 프로그램에 관련된 컴퓨터 시스템의 상태를 나타내고 유지하기 위한 제어 워드로서, 실행 중인 CPU의 상황을 나타내는 것은?

① PSW ② MBR
③ MAR ④ PC

21 컴퓨터에 의하여 다음에 수행될 명령어의 주소가 저장되어 있는 기억 장소는?

① 프로그램 카운터(Program Counter)
② 메모리 레지스터(Memory Register)
③ 명령어 레지스터(Instruction Register)
④ 인덱스 레지스터(Index Register)

합격을 다지는 예상문제 정답 & 해설

CHAPTER 06

01 ④	02 ④	03 ①	04 ①	05 ④
06 ④	07 ②	08 ①	09 ③	10 ③
11 ①	12 ①	13 ④	14 ①	15 ④
16 ④	17 ④	18 ③	19 ①	20 ①
21 ①				

01 ④

명령 해독기(Instruction Decoder) : IR에 기억된 명령들을 해독해서 각 장치에 제어 신호를 보냄

오답 피하기

- 번지 레지스터(MAR; Memory Address Register) : 주기억 장치의 번지를 기억
- 기억 레지스터(MBR; Memory Buffer Register) : 주기억 장치에서 연산에 필요한 자료를 호출하여 저장
- 프로그램 카운터(PC; Program Counter) : 다음에 수행할 명령어의 번지를 기억

02 ④

마이크로프로세서(Microprocessor) : CPU(중앙 처리 장치)의 기능을 수행하기 위하여 만든 고밀도 집적 회로(LSI)로 연산 장치, 제어 장치, 레지스터로 구성

03 ①

AND 연산 : 일부 자료를 삭제하기 위해 사용하는 연산

오답 피하기

- OR 연산 : 일부 데이터 추가
- NOT 연산 : 보수

04 ①

AGP(Accelerated Graphics Port bus) : 디지털 영상 데이터를 출력하고 편집하는데 이용되는 차세대 버스 규격

오답 피하기

- ISA : 한 번에 16비트 이동, 병목 현상 발생
- EISA : ISA를 개선하여 한 번에 32비트 이동
- VESA : 한 번에 32비트 이동, 병목 현상 개선
- PCI : 최대 64비트 이동 가능

05 ④

연산 장치 : 누산기, 가산기, 데이터 레지스터, 상태 레지스터, 보수기 등

오답 피하기

제어 장치 : MAR, MBR, PC, IR, Decoder, Encoder 등

06 ④

이항 연산(Binary) : AND, OR, 사칙 연산(+, −, *, /) 등

오답 피하기

단항 연산(Unary) : 시프트(Shift), 로테이트(Rotate), 이동(Move), 논리 부정(Not) 등

07 ②

CISC(Complex Instruction Set Computer)

- 명령어가 많으며 여러 주소 지정 모드를 지원
- 프로그래밍이 용이하나 처리 속도가 느림
- 전력 소모가 많고 생산 가격이 비싸며 설계와 구현시 많은 시간이 필요
- 80286, 80386, 80486, Pentium CPU 등의 일반 PC 프로세서

오답 피하기

RISC(Reduced Instruction Set Computer) : 명령어 축약형 CPU로 주소 지정 모드와 명령어의 종류가 적고, 프로그래밍이 어려우나 처리 속도가 빠르며 고성능의 워크스테이션이나 그래픽용 컴퓨터에서 사용

08 ①

PSW(Program Status Word) : CPU의 현재 상태와 작동을 제어하기 위한 기본적인 제어 정보를 포함

09 ③

프로그램 카운터(PC; Program Counter) : 다음에 수행할 명령어의 번지를 기억

오답 피하기

- Data Register : 연산에 사용되는 데이터의 일시적인 저장을 위해 사용
- MAR(Memory Address Register) : 주기억 장치의 번지를 기억
- ACC : 산술 및 논리 연산의 결과를 일시적으로 기억

10 ③

BUS : 컴퓨터 내에서 중앙 처리 장치(CPU)와 주기억 장치, 입출력 장치 간에 정보를 전송하는데 사용되는 전기적 공통 선로

오답 피하기

- 버스의 종류 : 데이터 버스(Data Bus), 주소 버스(Address Bus), 제어 버스(Control Bus)
- 번지 레지스터(MAR; Memory Address Register) : 주기억 장치의 번지를 기억
- 기억 레지스터(MBR; Memory Buffer Register) : 주기억 장치에서 연산에 필요한 자료를 호출하여 저장

11 ①

부호기(Encoder) : 명령 해독기로부터 보내온 명령을 중앙 처리 장치에서 실행하기 위한 전기 신호로 변환해서 각 장치에 보내는 기능을 수행

오답 피하기

- 해독기(Decoder) : IR에 기억된 명령들을 해독해서 각 장치에 제어 신호를 보냄
- 누산기(ACCumulator) : 산술 및 논리 연산의 결과를 일시적으로 기억
- 번지 레지스터(MAR; Memory Address Register) : 주기억 장치의 번지를 기억

12 ①

마이크로프로세서(Microprocessor)의 구성 : 연산 장치, 제어 장치, 레지스터

13 ④

다중 처리 방식 : 다중 처리기에 의한 처리 방식으로 하나의 컴퓨터에 2개 이상의 CPU가 입출력 장치 및 기타 메모리 장치와 공유하여 프로그램을 처리하므로 MIMD(Multiple Instruction Multiple Data : 다중 명령, 다중 데이터) 구조를 갖음

14 ①

시프트 마이크로 동작의 종류 : 논리, 순환, 산술, 직렬 전송 등

15 ④

연산 장치는 가산기, 보수기, 누산기, 기억 레지스터, 데이터 레지스터 등으로 구성

16 ④

비수치적 연산(논리 연산) : Shift, Rotate, Move, AND, OR, Complement 등

오답 피하기

수치적 연산 : 사칙 연산, 산술적 Shift 등

17 ④

가산기는 누산기와 데이터 레지스터의 값을 더하여 누산기에 저장하는 장치

오답 피하기

- 누산기 : 산술 및 논리 연산의 결과를 일시적으로 기억
- 데이터 레지스터 : 연산에 사용되는 데이터의 일시적인 저장을 위해 사용
- 상태 레지스터 : 현재 상태를 나타내는 레지스터로 각 비트별로 조건을 할당

18 ③

버퍼 레지스터 : 입출력 장치의 동작 속도와 전자계산기 내부의 동작 속도를 맞추는데 사용되는 레지스터

오답 피하기

시프트 레지스터 : 클록 펄스(Clock Pukse)에 의해서 기억된 내용을 한 자리씩 좌측이나 우측으로 이동시켜 곱셈과 나눗셈을 연산하는 레지스터

19 ①

CISC(Complex Instruction Set Computer)
- 명령어가 많으며, 여러 주소 지정 모드를 지원
- 프로그래밍이 용이하나, 적은 수의 레지스터로 처리 속도가 느림
- 전력 소모가 많고 생산 가격이 비싸며, 설계와 구현 시 많은 시간이 필요
- 80486, Pentium CPU 등의 일반 PC 프로세서로 사용

오답 피하기

RISC(Reduced Instruction Set Computer) : 명령어 축약형 CPU로 주소 지정 모드와 명령어의 종류가 적고, 프로그래밍이 어려우나 많은 수의 레지스터로 처리 속도가 빠름. 고성능의 워크스테이션이나 그래픽용 컴퓨터에서 사용

20 ①

PSW : 프로그램 상태 워드로 현재 상태를 나타내고 유지하기 위한 제어 워드

21 ①

프로그램 카운터 : 다음에 수행할 명령어의 내용을 기억

PART

02

패키지 활용

파트 소개

10문제가 출제되는 파트로서 주요 내용은 데이터베이스의 활용과 SQL의 활용, 스프레드시트 및 프레젠테이션이며 데이터베이스 관리에 대한 부분에서 자주 출제됩니다. SQL에 대한 개념 및 명령 형식과 기능, 패키지의 사용 분야 및 기능, 용어 등에서 높은 출제율을 보이고 있습니다.

데이터베이스 활용

학습 방향

데이터베이스 설계 순서, 도메인, 스키마, 기본키, DBMS 필수 기능, DBA, 정의, 조작, 제어 기능 등이 출제되었습니다. 방대한 양의 데이터를 정리할 때 데이터베이스(DataBase)를 활용하면 효율적인 관리가 가능합니다. 데이터베이스의 기본 개념을 충실히 익혀두어야 하며 각 모델 및 데이터베이스 시스템 구성 부분의 스키마와 릴레이션에 대한 완벽한 학습이 요구됩니다.

출제빈도

섹션	빈도	비율
SECTION 01	하	8%
SECTION 02	상	92%

SECTION 01

데이터베이스 개념

출제빈도 상 중 (하)
반복학습 1 2 3

빈출 태그 데이터베이스의 장 · 단점 • 데이터베이스의 디자인 단계 순서

01 데이터베이스(DataBase)의 정의

'자료의 기초가 되는'이라는 의미로 데이터의 집합체를 뜻하며 통합, 저장, 운영, 공용 데이터임

- 서로 관련있는 데이터(파일)의 집합체
- 데이터 처리를 위해 중복을 최소화하여 공동으로 사용할 수 있도록 한 데이터의 연관 관계 모임
- 컴퓨터 처리를 위한 데이터베이스 관리 시스템
- 방대한 양의 자료 처리를 위한 소프트웨어
- 데이터의 독립성 보장을 위한 종합 시스템

02 데이터베이스의 특징

★ 질의(Query)
질문, 의문, 물음표(?)의 의미로 하나 이상의 테이블에서 필요한 조건을 주어 자료를 추출하거나 검색하는 기능임. 반면에 폼(Form)은 그래픽 화면을 사용한 입출력 틀을 의미함

실시간 접근 처리	질의(Query)★에 대해 실시간 접근 처리 및 응답 처리 지원
자원의 동시 공유	여러 사용자(User)가 자원을 동시에 공유 가능
내용에 의한 참조	주소가 아닌 데이터의 내용(Contents)에 의한 참조
계속적인 변화	삽입(Insert), 삭제(Delete), 갱신(Update) 등을 통한 동적 데이터의 유지

03 데이터베이스의 장 · 단점 20년 3회/4회, 17년 상시, 11년 10월, 05년 1월/4월, 04년 7월

기적의 TIP
우리가 친구네 집 주소는 몰라도 잘 찾아가듯이 데이터베이스 역시 주소가 아닌 내용에 의해서 데이터를 찾아간답니다. 그래서 내용에 의한 참조입니다.

1) 장점

- 중복을 최소화하여 자료의 일치를 기함
- 데이터의 물리적, 논리적 독립성을 유지
- 단말기를 통해 요구된 내용을 즉시 처리하는 실시간 접근
- 데이터의 보안을 유지하여 데이터의 손실을 방지
- 최신 데이터를 유지하므로 데이터의 계속적인 변화에 적응
- 데이터의 내용에 의한 액세스
- 일관성, 무결성의 유지 및 데이터의 공유 및 표준화가 가능

2) 단점

- 자료 처리 방법이 복잡해짐
- 운영 비용면에서 부담이 크며, 전산 비용이 증가되고 복잡함
- 예비(Backup)와 회복(Recovery) 기법이 어려워짐
- 시스템의 취약성이 존재함

04 데이터베이스 설계 단계

21년 3회, 20년 2회/4회, 16년 상시, 11년 7월/10월, 10년 1월, …

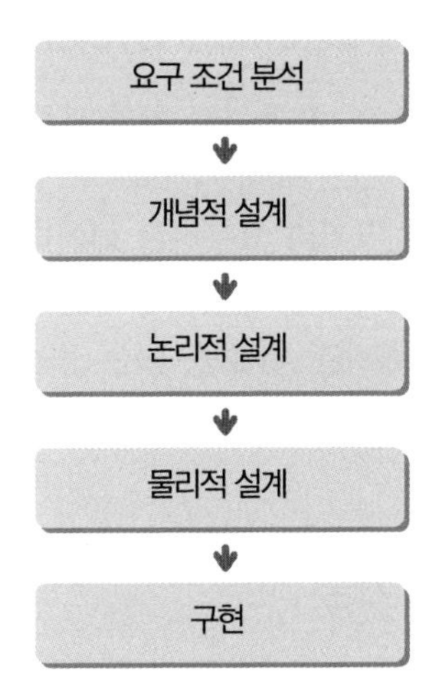

05 데이터베이스 디자인 단계 순서

23년 3회, 21년 1회, 19년 상시, 17년 상시, 05년 1월, 04년 2월/7월, …

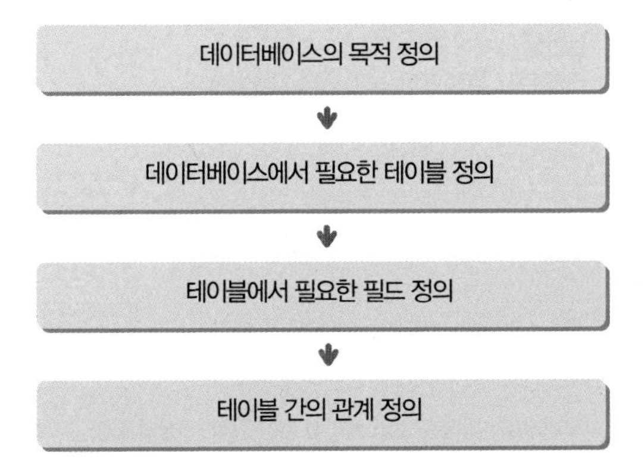

06 데이터베이스를 활용하는 업무 처리 프로그램의 개발 순서

05년 4월

기적의 TIP

데이터베이스 디자인 단계 순서와 프로그램의 개발 순서에 대해 혼돈하지 않도록 정리해 두시면 됩니다.

SECTION 02

데이터베이스 관리

출제빈도 상 중 하

반복학습 1 2 3

빈출 태그 데이터베이스 필수 기능 • 스키마 • DBA • 관계형 데이터베이스 • 튜플 • 속성 • 도메인 • 차수 • 기수 • 기본키 • 외래키 • 개체 무결성 • 참조 무결성

01 DBMS(DataBase Management System) 20년 4회, 17년 상시, 08년 2월, 03년 10월

- 데이터베이스 관리 시스템으로, 종래 자료 처리 시스템의 문제점인 자료의 종속성과 중복성을 해결하기 위한 소프트웨어 시스템
- 데이터베이스를 관리하고 사용자가 요구하는 데이터를 데이터베이스에서 찾아내어 제공하는 역할을 수행하는 소프트웨어의 총칭
- 응용 프로그램과 데이터의 중재자 역할로, 모든 응용 프로그램들이 데이터베이스를 공유할 수 있도록 함

기적의 TIP

DBMS의 개념 및 기능을 묻는 문제가 자주 출제됩니다. 각 기능에 대해 파악해 두세요.

02 데이터베이스의 필수 기능 20년 2회, 19년 상시, 17년 상시, 16년 상시, 14년 상시, …

정의 기능	물리적 저장 장치에 데이터베이스가 저장될 수 있게 물리적인 구조를 정의
조작 기능	• 데이터베이스와 사용자 간의 상호 작용 수단(데이터 요청, 변경 등)을 제공 • 데이터의 처리를 위한 데이터의 삽입, 삭제, 검색, 갱신 등을 지원
제어 기능	• 데이터 간의 모순성이 발생하지 않도록 함 • 데이터베이스의 내용을 항상 정확하게 유지하여 데이터의 무결성(데이터의 정확성과 보안성 유지)이 파괴되지 않도록 함 • 권한 검사, 병행 제어, 보안 등의 기능을 제어

암기 TIP

데이터베이스의 필수 기능을 만든 왕은 정조 맞제?
정의, 조작, 제어

03 데이터베이스의 목적 16년 상시, 03년 3월

데이터의 중복성 최소	공유가 가능하도록 데이터의 중복을 최소화
데이터의 공유	다른 사용자와 데이터를 공유하여 사용
데이터의 독립성	데이터의 논리적 구조와 물리적 저장 형식, 구성의 독립
데이터의 무결성	데이터에 대한 효율적인 검증으로 데이터의 정확성을 유지하는 것
데이터의 보안성	효율적인 통제로 인한 데이터의 보안을 보장
데이터의 일관성	임의의 사항에 대한 여러 데이터들의 일괄적인 변환

데이터의 중복성으로 인한 문제점
- 데이터의 보안 유지가 어려움
- 데이터의 일관성 유지가 어려움
- 데이터의 무결성 유지가 어려움
- 데이터의 갱신(Update) 비용이 증가함

04 데이터베이스 시스템의 구성 23년 1회, 21년 1회, 18년 상시, 16년 상시, 15년 상시, …

1) 스키마(Schema)★ 14년 상시, 11년 10월, 10년 1월/3월/7월, 06년 1월/7월/10월, 05년 4월/7월, …

- 데이터베이스를 구성하는 개체, 속성, 관계의 형식과 상호 관계 전체를 정의하는 것
- 종류 : 외부 스키마, 개념 스키마, 내부 스키마

뷰(View)라고도 함

외부 스키마	• 서브 스키마(Sub Schema)라고도 함 • 스키마 전체를 이용자의 관점에 따라 부분적으로 분할한 스키마의 부분 집합 • 사용자나 응용 프로그래머가 직접 필요로 하는 데이터 구조를 의미 • 여러 개의 외부 스키마가 존재할 수 있음
개념 스키마	• 일반적으로 스키마라고도 함 • 논리적(Logical) 입장에서의 데이터베이스 전체 구조 • 데이터의 모양을 나타내는 도표로, 스키마로 불리어짐 • 각각의 응용 시스템이 필요로 하는 데이터 구조를 의미 • 접근 권한, 보안 정책, 무결성 규칙을 명세함
내부 스키마	• 물리적 스키마(Physical Schema)라고도 함 • 물리적 입장에서 액세스하는 데이터베이스 구조를 의미 • 기억 장치 내에 실질적으로 구성된 구조를 의미

★스키마
'개요'라는 사전적 의미가 있으며, 전체적인 도식의 개념이 있음

기적의 TIP

스키마의 종류와 종류별 특징에 대한 숙지가 필수입니다. 시험에 자주 등장합니다.

암기 TIP

시키지도 않았는데 이부자리를 왜개나? → 외개내?
스키마의 종류는 외부, 개념, 내부

2) 데이터베이스 언어(DBL)★

데이터 정의어(DDL, Data Definition Language)	• 데이터베이스 구조와 관계, 데이터베이스 이름 정의 및 변경 또는 삭제 • 데이터 액세스 방법 등을 규정
데이터 조작어(DML, Data Manipulation Language)	• 주 프로그램에 내장하여 데이터베이스를 실질적으로 운영 및 조작 • 데이터의 삽입, 삭제, 검색, 변경 연산 등의 처리를 위한 연산 집합
데이터 제어어(DCL, Data Control Language)	• 데이터베이스를 공용하기 위해 데이터 제어 정의 및 기술 • 데이터 보안, 무결성, 회복, 병행 수행 등을 제어

★ DBL(DataBase Language)
데이터베이스에서 사용하는 언어를 총칭

기적의 TIP

데이터베이스 언어에 대한 내용은 SQL 활용에서 자세하게 다루고 있습니다.

DBM(DataBase Machine)
데이터베이스를 사용하는 기계(컴퓨터)

더 알기 TIP

언어의 종류

- SQL(Structured Query Language) : 관계형 모델에서 사용하는 데이터 조작 언어
- IMS(Information Management System) : 계층형 모델에서 사용하는 데이터베이스 언어
- DBTG(DataBase Task Group) : 네트워크형 모델에서 사용, 데이터베이스 언어 협회(CODASYL)에서 개발
- TOTAL : 미국에서 개발한 네트워크형 모델에서 사용하는 언어

3) 데이터베이스 사용자

일반 사용자	단말기를 이용하여 질의어로 데이터베이스에 접근
응용 프로그래머	• 데이터 부속어와 호스트 프로그래밍 언어를 이용하여 프로그램을 작성 • DML(데이터 조작어)을 이용하여 데이터베이스에 접근
데이터베이스 관리자(DBA)	• 데이터베이스 시스템의 전체적인 관리 및 운영을 책임 • DDL(데이터 정의어)과 DCL(데이터 제어어)을 이용하여 데이터베이스를 정의 및 제어

개념 체크

1 데이터베이스의 필수 기능에는 정의 기능, 조작 기능, (　　　)이 있다.
2 데이터 무결성은 데이터에 대한 효율적인 검증으로 데이터의 정확성을 유지하는 것이다. (O, X)
3 스키마의 종류에는 개념 스키마, (　　　), 내부 스키마가 있다.

1 제어 기능 2 ○ 3 외부 스키마

기적의 TIP

DBA의 역할과 데이터베이스 모델별 특징에 대한 이해가 필수입니다.

더 알기 TIP

데이터베이스 관리자(DBA; DataBase Administrator)의 권한과 임무 21년 1회, 18년 상시, 16년 상시, …

- 데이터베이스를 구성하는 정보 내용 정의
- 데이터의 저장 구조와 접근 방법 결정
- 시스템의 보안성과 무결성 책임
- 백업과 회복을 위한 정책 결정
- 스키마의 정의
- 데이터베이스를 사용자 요구에 맞도록 재구성
- 시스템 성능 감지와 사용자의 요구 및 불편 해소
- 시스템 문서화의 표준 설정 및 데이터의 사용 추세, 통계 등의 종합적인 분석
- 데이터 사전 및 카탈로그의 유지 관리

암기 TIP

그 모델과 무슨 관계네
데이터베이스 모델의 종류는 관계형, 계층형, 네트워크형

05 데이터베이스 모델

1) 계층적 데이터베이스

- 트리(Tree) 데이터베이스(=Hierarchical 데이터베이스)
- 하나의 부노드가 다수 개의 자노드를 가짐

장점	단점
• 간단하여 이해하기 쉬움 • 구현, 수정, 탐색이 용이	• 데이터 상호 간의 유연성이 부족함 • 검색 경로가 한정되어 있으므로 비효율적

2) 네트워크 데이터베이스

- 망(Plex) 구조 데이터베이스(=Network 데이터베이스)
- 일종의 그래프 형태로서 계층 데이터베이스 모델이 확장된 형태
- 하나의 자노드가 다수 개의 부노드를 가질 수 있음

장점	단점
• 데이터 상호 간의 유연성이 좋음 • 다양한 형태의 구조를 제공하며, m:n의 관계 표현이 가능함	• 복잡하여 이해하기 어려움 • 변경이 어려워 확장성이 거의 없음

기적의 TIP

관계형 데이터베이스 모델은 릴레이션의 개념과 테이블 작성 시 고려해야 할 요소, 키의 종류, 참조, 개체 무결성 등에 대한 철저한 공부가 필요한 부분입니다.

3) 관계형 데이터베이스 05년 4월, 04년 10월

- Relational 데이터베이스, 표(Table) 데이터베이스라고 함
- 테이블(Table)을 이용하여 데이터 상호 관계를 정의함
- 계층적 데이터베이스와 네트워크 데이터베이스의 복잡한 구조를 단순화함

장점	단점
• 다른 데이터베이스로 변환이 쉬움 • 간결하고 보기가 편리함	성능이 다소 떨어짐

① 릴레이션(Relation) = 테이블(Table)의 개념 23년 2회, 21년 1회/3회, 18년 상시, 16년 상시, 13년 상시, …

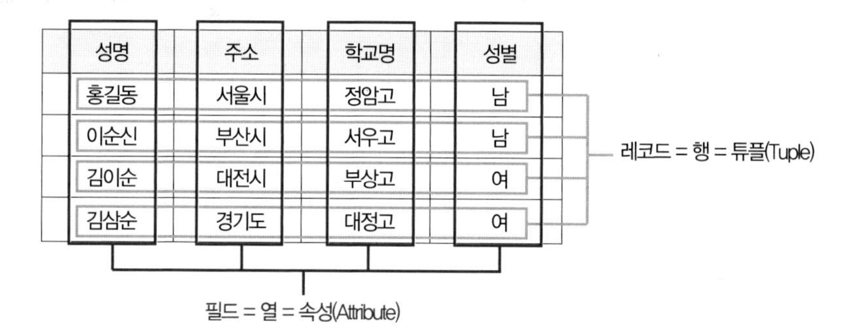

- 테이블(Table) : 관계형 데이터베이스에서 2차원 형태의 가로, 세로, 즉 행과 열의 형태로 나타내는 저장소를 의미하며, 릴레이션(Relation)이라고도 함
- 튜플(Tuple) : 테이블에서 행을 나타내는 용어로, 레코드와 같은 의미임
- 속성(Attribute) : 테이블에서 열을 나타내는 용어로, 필드★와 같은 의미임
- 도메인(Domain) : 하나의 속성이 취할 수 있는 값의 집합 예 성별의 경우 남, 여가 해당됨
- 차수(Degree) : 한 릴레이션(테이블)에서 속성(필드=열)의 개수 예 4개(성명, 주소, 학교명, 성별)
- 기수(Cardinality) : 카디널리티라고도 하며 한 릴레이션(테이블)에서의 튜플의 개수 예 4개(제목 행 제외)

② 테이블 작성 시 고려해야 할 요소
- 필드명
- 데이터 형식
- 필드의 크기
- 제약 조건 (단, 레코드의 수는 고려할 필요 없음)

릴레이션 스킴 + 릴레이션 인스턴스

③ 릴레이션의 특징
- 튜플의 유일성 : 한 릴레이션에 포함된 튜플들은 모두 다름
- 튜플의 무순서 : 한 릴레이션에 포함된 튜플 사이에는 순서가 없음
- 속성의 무순서 : 한 릴레이션을 구성하는 속성(애트리뷰트) 사이에는 순서가 없음
- 속성의 원자값 : 모든 속성(애트리뷰트) 값은 원자값(Atomic Value)임

④ 키(Key)의 개념
- 테이블에서 다른 데이터와 구분하기 위한 유일한 값을 가지는 필드 또는 필드의 집합
- 키는 각각의 튜플을 유일하게 식별할 수 있는 것으로, 한 테이블(릴레이션)에서 적어도 한 개의 키는 존재해야 함

★ 필드(Field)
데이터베이스에서 처리되는 최소 단위로 의미를 가진 정보의 기본 단위

데이터의 크기(작은 것 → 큰 것)
데이터 → 필드 → 레코드 → 파일

개념 체크

1 데이터베이스 시스템의 모든 관리와 운영에 대한 책임을 지고 있는 사람을 무엇이라고 하는가?

2 데이터베이스 개체의 속성 중 하나의 속성이 가질 수 있는 모든 값의 집합을 무엇이라고 하는가?

3 데이터베이스 개체의 속성 중 튜플은 테이블에서 행을 나타내는 용어로 레코드와 같은 개념이다.(O, X)

1 데이터베이스 관리자(DBA) 2 도메인 3 ○

⑤ 키(Key)의 종류 24년 1회

사원번호	성명	주민등록번호	직급	부서코드
111	구승원	780627-1234567	부장	C
222	이상영	700810-2345678	부장	S
333	지유환	801128-4567892	과장	H
444	이선훈	700305-1112223	차장	I

- 후보키(Candidate Key)
  - 한 테이블에서 유일성과 최소성을 만족하는 키
    - 예 사원번호, 주민등록번호
  - 유일성 : 키로 하나의 튜플만을 식별 가능함
    - 예 사원번호 및 주민등록번호로 튜플 식별 가능
  - 최소성 : 유일한 식별을 하기 위해 꼭 있어야 하는 속성으로만 구성
    - 예 사원번호와 주민등록번호 각각의 속성만으로 식별이 가능
- 기본키(PK; Primary Key) 09년 1월, 06년 1월, 03년 10월
  - 후보키 중에서 선정되어 사용되는 키 예 사원번호
  - 기본키는 널(Null)★이 될 수 없으며, 중복될 수 없음
- 대체키(Alternate Key)
  - 후보키 중 기본키로 선택되지 않은 나머지 키
    - 예 사원번호가 기본키일 때 주민등록번호
- 슈퍼키(Super Key)
  - 복합키(Composite Key) 또는 연결키라고도 함
  - 유일성은 만족하나 최소성은 만족하지 않음
  - 한 릴레이션에서 어떠한 열도 후보키가 없을 때 두 개 이상의 열을 복합(연결)할 경우 유일성을 만족하여 후보키가 되는 키를 의미
- 외래키(FK; Foreign Key)

  어떤 키가 다른 참조 테이블(릴레이션)의 기본키(PK)일 때 그 속성키를 외래키(Foreign Key)라고 함

★널(Null)
정보 부재를 명시적으로 표시하기 위해 사용하는 특수한 데이터 값으로 아무것도 없다는 의미, 값 자체가 존재하지 않음

+ 더 알기 TIP

개체 무결성

기본키는 널(Null) 값이 될 수 없음

참조 무결성

외래키 값은 널(Null)이거나 참조 테이블에 있는 기본키 값과 동일해야 함

이론을 확인하는 기출문제

01 데이터베이스 시스템의 전체적인 관리 및 운영을 책임지는 사람을 의미하는 것은?

① DEGREE
② SCHEMA
③ DBA
④ DBM

DBA(Data Base Administrator) : 시스템의 보안성과 무결성 책임, 시스템 성능 감지와 사용자의 요구 및 불편 해소 등 시스템에 대한 전반적인 책임을 지는 데이터베이스 관리자

오답 피하기
- DEGREE : 한 릴레이션(테이블)에서 속성(필드=열)의 개수로 차수라고도 함
- 스키마(Schema) : 데이터베이스를 구성하는 파일, 레코드, 항목의 형식과 상호 관계 전체를 정의한 것으로 외부 스키마, 개념 스키마, 내부 스키마가 있음
- DBM : Data Base Machine으로, 데이터 베이스를 사용하는 기계(컴퓨터)

02 데이터베이스 개체(Entity)의 속성 중 하나의 속성이 가질 수 있는 모든 값의 집합을 무엇이라고 하는가?

① 객체(Object)
② 속성(Attribute)
③ 도메인(Domain)
④ 카디널리티(Cardinality)

도메인 : 하나의 속성이 취할 수 있는 모든 값의 집합

03 데이터베이스 시스템의 구성 요소로 가장 적절한 것은?

① 개념 스키마, 핵심 스키마, 구체적 스키마
② 외부 스키마, 핵심 스키마, 내부 스키마
③ 개념 스키마, 구체적 스키마, 응용 스키마
④ 외부 스키마, 개념 스키마, 내부 스키마

데이터베이스 시스템의 구성 요소
- 외부 스키마
- 개념 스키마
- 내부 스키마

04 관계 데이터베이스에서 속성(Attribute)의 수를 의미하는 것은?

① 카디널리티(Cardinality)
② 도메인(Domain)
③ 차수(Degree)
④ 릴레이션(Relation)

차수(Degree) : 한 릴레이션(테이블)에서 속성(필드=열)의 개수 예) 4개(성명, 주소, 학교명, 성별)

오답 피하기
- 카디널리티(Cardinality) : 기수라고도 하며 한 릴레이션(테이블)에서의 튜플의 개수를 의미함
- 릴레이션(Relation) : 관계형 데이터베이스에서 2차원 형태의 가로, 세로 즉 행과 열의 형태로 나타내는 저장소를 의미하며 테이블(Table)이라고도 함

05 데이터베이스 관리 시스템(DBMS)의 필수 기능에 해당되지 않는 것은?

① 연산 기능
② 제어 기능
③ 조작 기능
④ 정의 기능

DBMS의 필수 기능 : 정의 기능, 조작 기능, 제어 기능

06 DBMS에 대한 설명으로 틀린 것은?

① 데이터 보안성 보장
② 데이터 공유
③ 데이터 중복성 최대화
④ 데이터 무결성 유지

데이터베이스의 목적은 데이터 중복의 최소화임

정답 01 ③ 02 ③ 03 ④ 04 ③ 05 ① 06 ③

합격을 다지는

예상문제

01 데이터베이스에서 사용되는 용어 중 데이터의 크기가 작은 것에서부터 큰 순서로 이루어진 것은?

① 데이터 → 필드 → 레코드 → 파일
② 데이터 → 레코드 → 필드 → 파일
③ 데이터 → 레코드 → 파일 → 필드
④ 데이터 → 필드 → 파일 → 레코드

02 데이터베이스와 관련된 용어에 대한 설명으로 옳지 않은 것은?

① 테이블(Table) : 서로 다른 종류의 데이터로 저장된 필드를 가진 레코드로 구성된다.
② 질의(Query) : 하나 이상의 테이블로부터 일정한 기준에 따라 데이터를 선택, 추출하는 방법을 제공한다.
③ 관계(Relation) : 각 개체들의 속성값이 유일한 값을 가지는 경우로서, 내림차순 또는 오름차순으로 설정할 수 있다.
④ 매크로(Macro) : 반복되거나 복잡한 단계를 수행하는 작업을 자동화시켜 일괄적으로 처리하는 방법을 제공한다.

03 데이터베이스에서 정보 부재를 명시적으로 표시하기 위해 사용하는 특수한 데이터 값은?

① 공백(Blank) ② 영(Zero)
③ 널(Null) ④ 샵(#)

04 다음 중 사용자나 응용 프로그래머가 접근할 수 있는 데이터베이스를 정의하는 스키마는 무엇인가?

① 외부 스키마
② 개념 스키마
③ 논리 스키마
④ 내부 스키마

05 DBMS의 필수 기능으로 거리가 먼 것은?

① 정의 기능
② 조작 기능
③ 제어 기능
④ 연산 기능

06 데이터베이스 관리시 데이터 사전이나 카탈로그를 유지 관리할 수 있는 사람은?

① 단말기 사용자
② 응용 프로그래머
③ 데이터베이스 일반 사용자
④ 데이터베이스 관리자

07 테이블을 작성할 때 고려해야 할 요소가 아닌 것은?

① 데이터 형식
② 필드명
③ 필드의 크기
④ 레코드의 수

08 다음 중 데이터베이스의 기능을 설명한 것으로 옳지 않은 것은?

① 보고서를 만들어 데이터를 분석하거나 인쇄할 때 특정한 방식으로 데이터를 나타낼 수 있다.
② 데이터를 저장하려면 찾고자 하는 각각의 정보 유형에 맞도록 테이블을 하나씩 만든다.
③ 지정한 조건을 충족시키는 데이터를 찾고 검색하려면 폼을 만든다.
④ 폼을 만들면 테이블에서 데이터를 직접 볼 수 있으며, 쉽게 입력하고 변경할 수 있다.

09 **관계 데이터베이스에서 하나의 애트리뷰트가 취할 수 있는 같은 타입의 모든 원자값들의 집합을 무엇이라고 하는가?**

① 인스턴스(Instance)
② 튜플(Tuple)
③ 도메인(Domain)
④ 스키마(Schema)

10 **윈도용 PC 데이터베이스의 테이블에서 기본키로 사용하기에 가장 부적당한 항목은?**

① 학번
② 계좌번호
③ 제품가격
④ 주민등록번호

11 **데이터베이스 필드 구성시, 필드의 type(타입) 연결이 적절하지 않은 것은?**

① 상품명 필드 – 문자 타입
② 판매 수량 필드 – 숫자 타입
③ 참(T), 거짓(F)의 구분 필드 – 논리 타입
④ 상품 금액 필드 – 문자 타입

12 **데이터베이스 구성 요소들의 상호 관계를 논리적으로 정한 것으로, 데이터의 구조와 제약 조건에 대해 기술한 것은?**

① 질의어
② 트랜잭션
③ 스키마
④ 검색어

13 **의미를 가진 정보의 기본 단위로, 데이터베이스 관리 시스템에서 처리되는 최소 단위는?**

① 파일 ② 필드
③ 테이블 ④ 레코드

14 **데이터베이스에 관련된 용어에 대한 설명으로 옳지 않은 것은?**

① 일관된 주제를 가진 데이터의 집합을 테이블이라 한다.
② 사원 테이블에서 사원번호, 사원이름, 봉급과 같은 것을 속성이라 한다.
③ 한 개의 테이블 내에서 단 한 개의 데이터를 찾아낼 수 있는 속성을 레코드라 한다.
④ 두 개의 테이블에 속하는 원소들을 서로 연관시키기 위하여 하나의 쌍으로 연결하는 방법을 관계라 한다.

15 **관계형 데이터 모델의 한 릴레이션(Relation)에 있는 튜플(Tuple)의 수를 무엇이라 하는가?**

① 테이블(Table)
② 속성(Attribute)
③ 차수(Degree)
④ 카디널리티(Cardinality)

16 **DBMS에 대한 설명으로 틀린 것은?**

① 데이터 보안성 보장
② 데이터 공유
③ 데이터 중복성 최대화
④ 데이터 무결성 유지

17 **도메인에 대한 설명으로 가장 적합한 것은?**

① 릴레이션을 표현하는 기본 단위
② 튜플들의 관계를 표현하는 범위
③ 튜플들의 구분할 수 있는 범위
④ 표현되는 속성 값의 범위

18 데이터 처리를 위해 중복을 최소화하여 공동으로 사용할 수 있도록 한 데이터의 연속 관계 모임인 데이터베이스의 특징으로 옳지 않은 것은?

① 실시간 접근 처리
② 자원의 동시 공유
③ 주소에 의한 참조
④ 계속적인 변화

19 다음 설명에 해당하는 스키마는?

- 물리적 스키마(Physical Schema)라고도 함
- 물리적 입장에서 액세스하는 데이터베이스 구조를 의미
- 기억 장치 내에 실질적으로 구성된 구조를 의미

① 내부 스키마
② 외부 스키마
③ 개념 스키마
④ 공유 스키마

20 데이터베이스에 사용되는 용어와 설명이 맞지 않는 것은?

① 차수 – 한 릴레이션에서 속성의 개수를 의미한다.
② 슈퍼키 – 후보키 중 기본키로 선택되지 않은 나머지 키이다.
③ 튜플 – 테이블에서 행을 나타내는 용어이다.
④ 기수 – 카디널리티라고도 하며 한 릴레이션에서의 튜플의 개수를 말한다.

21 데이터베이스 디자인 단계의 순서가 옳은 것은?

㉠ 데이터베이스의 목적을 정의
㉡ 데이터베이스에서 필요한 테이블을 정의
㉢ 테이블에서 필요한 필드를 정의
㉣ 테이블 간의 관계를 정의

① ㉠–㉣–㉡–㉢
② ㉠–㉢–㉡–㉣
③ ㉠–㉡–㉣–㉢
④ ㉠–㉡–㉢–㉣

22 데이터베이스 설계 단계를 순서대로 기술한 것은?

① 개념적 설계 → 물리적 설계 → 논리적 설계
② 개념적 설계 → 논리적 설계 → 물리적 설계
③ 논리적 설계 → 개념적 설계 → 물리적 설계
④ 논리적 설계 → 물리적 설계 → 개념적 설계

합격을 다지는 예상문제 정답 & 해설

CHAPTER 01

01 ①	02 ③	03 ③	04 ①	05 ④
06 ④	07 ④	08 ③	09 ③	10 ③
11 ④	12 ③	13 ②	14 ③	15 ④
16 ③	17 ④	18 ③	19 ①	20 ②
21 ④	22 ②			

01 ①

비트(Bit) → 니블(Nibble) → 바이트(Byte) → 워드(Word) → 필드(Field) → 레코드(Record) → 파일(File) → 데이터베이스(DataBase)

오답 피하기

데이터(Data)는 문자나 숫자로 이루어진 자료를 의미하며, 바이트나 워드의 개념으로 볼 수 있음

02 ③

관계(Relation) : 두 개 이상의 테이블에서 필드명이 같은 항목에 의해 설정된 연결 상태를 의미함

03 ③

널(Null) : 아무것도 없다는 의미, 값 자체가 존재하지 않음

04 ①

외부 스키마 : 전체 데이터베이스의 논리적인 부분을 볼 수 있으며, 서브 스키마라고도 함

오답 피하기

- 개념 스키마 : 논리적 입장에서 본 데이터베이스의 정의를 기술
- 내부 스키마 : 물리적 입장에서 액세스하는 데이터베이스의 구조 명세

05 ④

DBMS의 필수 기능

- 정의 기능 : 물리적 저장 장치에 데이터베이스가 저장될 수 있게 물리적인 구조를 정의
- 조작 기능 : 데이터베이스와 사용자 간의 상호 작용 수단(데이터 요청, 변경 등)을 제공
- 제어 기능 : 데이터베이스의 내용을 항상 정확하게 유지하여 데이터의 무결성이 파괴되지 않도록 함

06 ④

데이터베이스 관리자(DBA) : 데이터베이스 시스템의 관리 운영에 대한 모든 책임을 지며 데이터의 설계와 운영, 데이터 사전이나 카탈로그 유지 관리 등을 수행함

오답 피하기

- 단말기 사용자 : 단말기를 이용하여 질의어로 데이터베이스에 접근하는 사람
- 응용 프로그래머 : 데이터 부속어와 호스트 프로그래밍 언어를 이용하여 프로그램을 작성하는 사람

07 ④

테이블 작성 시 데이터의 형식과 필드의 이름, 그 크기에 대해 고려해야 하며 레코드의 수는 고려할 필요 없음

08 ③

지정한 조건을 충족하는 데이터를 찾기 위해서는 질의(Query)를 사용함

오답 피하기

폼(Form) : 테이블에 있는 자료를 입출력하거나 자료를 검색하는 등의 화면을 구성하는 것

09 ③

도메인(Domain) : 애트리뷰트가 취할 수 있는 값(Value)들의 집합

오답 피하기

- 인스턴스(Instance) : 객체 지향에서 클래스의 연산과 추상 자료에 특정한 객체를 만들 때 대입되는 값
- 튜플(Tuple) : 테이블에서 행을 나타내는 것으로, 레코드와 같은 의미임
- 스키마(Schema) : 데이터베이스를 구성하는 파일, 레코드, 항목의 형식과 상호 관계 전체를 정의한 것으로 외부 스키마, 개념 스키마, 내부 스키마가 있음

10 ③

기본키는 테이블에서 다른 데이터와 구분하기 위한 유일한 값을 가지는 필드 또는 필드의 집합으로 학번, 계좌번호, 주민등록번호 등이 있음

오답 피하기

제품가격으로는 그 개체들을 유일하게 구별할 수 없으며, 입력되는 값이 중복되거나 Null인 값은 기본키가 될 수 없음

11 ④

상품 금액 필드 같은 경우 계산에 사용되기 때문에 숫자 타입으로 설정해야 함

12 ③

스키마(Schema) : 데이터베이스를 구성하는 파일, 레코드, 항목의 형식과 상호 관계 전체를 정의하는 것

13 ②

필드(Field) : 의미를 가진 정보의 기본 단위로, 테이블의 열을 의미하며 속성이라고도 함

오답 피하기

- 파일(File) : 레코드가 모여 파일이 되며, 그 파일이 모여 데이터베이스가 됨
- 테이블(Table) : 관계형 데이터베이스에서 2차원 형태의 가로, 세로, 즉 행과 열의 형태로 나타내는 저장소를 의미하며 릴레이션(Relation)이라고도 함
- 레코드(Record) : 테이블에서 행을 나타내는 말로, 튜플(Tuple)과 같은 의미임

14 ③

테이블에서 다른 데이터와 구분하기 위한 유일한 값을 가지는 필드 또는 필드의 집합을 기본키라고 함

15 ④

- 카디널리티(Cardinality) : 기수라고도 하며, 한 릴레이션(테이블)에서의 튜플의 개수를 의미함
- 튜플(Tuple) : 테이블에서 행을 나타내는 말로, 레코드와 같은 의미임

오답 피하기

- 테이블(Table) : 관계형 데이터베이스에서 2차원 형태의 가로, 세로, 즉 행과 열의 형태로 나타내는 저장소를 의미하며 릴레이션(Relation)이라고도 함
- 속성(Attribute) : 테이블에서 열을 나타내는 말로, 필드와 같은 의미임
- 차수(Degree) : 한 릴레이션(테이블)에서 속성(필드 = 열)의 개수

16 ③

DBMS(Data Base Management System) : 데이터 처리를 위해 중복을 최소화하여 공동으로 사용할 수 있도록 한 데이터의 연관 관계 모임

17 ④

도메인(Domain) : 애트리뷰트가 취할 수 있는 값(Value)들의 집합

18 ③

데이터베이스의 특징 : 실시간 접근 처리, 자원의 동시 공유, 내용에 의한 참조, 계속적인 변화

19 ①

내부 스키마 : 물리적 스키마라고도 하며 실질적으로 데이터가 저장되는 구조를 의미함

오답 피하기

- 외부 스키마 : 스키마 전체를 이용자의 관점에 따라 부분적으로 분할한 스키마의 부분 집합으로 서브 스키마(Sub Schema)라고도 함
- 개념 스키마 : 논리적(Logical) 입장에서의 데이터베이스 전체 구조로 스키마라고도 함

20 ②

대체키 : 후보키 중 기본키로 선택되지 않은 나머지 키

21 ④

데이터베이스 디자인 단계

㉠ 데이터베이스의 목적을 정의
㉡ 데이터베이스에서 필요한 테이블을 정의
㉢ 테이블에서 필요한 필드를 정의
㉣ 테이블 간의 관계를 정의

22 ②

데이터베이스 설계 단계

요구 분석 단계 → 개념적 설계 → 논리적 설계 → 물리적 설계 → 구현

CHAPTER 02

SQL 활용

학습 방향

SQL 구문 형식, SELECT, DELETE, DDL, ALTER, DROP, CASCADE, CREATE, DISTINCT, UPDATE, RESTRICT 등이 출제되었습니다. 데이터 정의 언어(DDL)와 조작 언어(DML)에 대한 종류의 구분과 각 명령의 형식과 기능에 대한 정확한 학습이 필수입니다.

출제빈도

섹션	빈도	비율
SECTION 01	상	97%
SECTION 02	하	1%
SECTION 03	하	1%
SECTION 04	하	1%

SECTION 01

SQL의 개념 및 명령어

출제빈도 상 중 하

반복학습 1 2 3

빈출 태그 SQL • 데이터 정의 언어 • 데이터 조작 언어 • 데이터 제어 언어

01 SQL(Structured Query Language)의 개념 20년 3회, 05년 7월

- 데이터베이스를 조작하기 위한 언어로, 구조화된 질의 언어임
- 관계형 데이터베이스(Relational DataBase)를 조작하는 프로그래밍 언어
- 관계 대수나 관계 해석을 기초로 하는 고급 데이터베이스 언어
- ANSI★와 ISO★에서 관계형 데이터베이스 표준 언어로 채택함
- 비절차적 언어 : 프로그램에 처리 방법을 기술하지 않아도 되며, 대상이 되는 데이터가 무엇인지만을 지정할 뿐 데이터를 가져오는 방법까지는 기술하지 않음

★ ANSI(American National Standards Institute)
미국 표준화 규격 협회

★ ISO
(International Organization for Standardization)
국제 표준화 기구

더 알기 TIP

트랜잭션(Transaction) 20년 3회, 11년 4월, 07년 4월, 06년 4월

SQL에서 DataBase에 대한 일련의 처리를 하나로 모은 작업 단위

암기 TIP

S비S
SQL은 비절차적 언어

기적의 TIP

SQL은 매우 중요한 부분임을 알고 있으리라 생각됩니다. 명령어의 영어 단어 의미가 그 명령의 기능이 됩니다.

02 SQL 명령어의 종류

1) 데이터 정의 언어(DDL; Data Definition Language) 21년 1회, 20년 2회/3회/4회, …

데이터를 입력하기 위한 테이블 또는 정보를 참조하기 위한 뷰★를 정의하기 위한 언어

CREATE	데이터베이스, 테이블, 뷰 등의 작성
ALTER	데이터베이스, 테이블의 구조 변경
DROP	데이터베이스, 테이블, 뷰 등의 삭제

★ 뷰(View)
하나 이상의 기본 테이블에서 유도하여 만든 가상 테이블

① 데이터베이스의 작성(CREATE DATABASE)

구문	CREATE DATABASE 〈데이터베이스 이름〉;
사용 예	CREATE DATABASE SCHOOL ;
의미	"SCHOOL"이라고 하는 이름의 데이터베이스를 작성

암기 TIP

- CREATE → 그리 작성하고 싶으세요?
- ALTER → 변경시켜도 잘 알터
- DROP → 드러워, 버려!

② 데이터베이스의 삭제(DROP DATABASE)

구문	DROP DATABASE 〈데이터베이스 이름〉;
사용 예	DROP DATABASE SCHOOL ;
의미	"SCHOOL"이라고 하는 이름의 데이터베이스를 삭제

기적의 TIP

데이터 정의 언어(DDL)의 종류와 기능에 대한 정확한 숙지가 중요합니다.

③ 테이블의 생성(CREATE TABLE) 04년 2월, 06년 4월, 07년 9월

구문	CREATE TABLE 〈테이블 이름〉 (〈열 이름1〉 〈데이터 형식〉, 〈열 이름2〉 〈데이터 형식〉, 〈열 이름3〉 〈데이터 형식〉, ……);

사용 예	CREATE TABLE 학급 (번호 INT, 성명 CHAR(10), 출석 CHAR(2));
의미	• "학급"이라고 하는 이름의 테이블을 작성하며 세 개의 열을 가짐 • INT형(정수형)인 "번호" 열과 CHAR형(문자형)인 "성명"과 "출석" 열이 작성됨

• 값이 반드시 필요한 열을 만드는 경우 – NOT NULL

사용 예	CREATE TABLE 학급 (번호 INT NOT NULL, 성명 CHAR(10) NOT NULL, 출석 CHAR(2));
의미	"번호" 열과 "성명" 열에 NOT NULL을 지정하였으므로 데이터의 삽입이나 갱신 시 반드시 값을 넣어야 하며, 만약 NULL을 넣으려고 하면 에러가 발생함

• 유일한 값의 열을 만드는 경우 – UNIQUE

사용 예	CREATE TABLE 학급 (번호 INT NOT NULL UNIQUE, 성명 CHAR(10) NOT NULL, 출석 CHAR(2));
의미	"번호" 열에는 중복되는 데이터를 넣을 수 없으며, 데이터의 삽입 및 갱신 등에 그 열에 중복되는 데이터를 넣으려고 하면 에러가 발생함

• 초기값을 설정하려는 경우 – DEFAULT

사용 예	CREATE TABLE 학급 (번호 INT DEFAULT 3 성명 CHAR(10) NOT NULL, 출석 CHAR(2));
의미	"번호" 열에 초기값으로 3을 지정함

④ 테이블의 삭제(DROP TABLE) 23년 2회, 22년 4회, 21년 2회, 17년 상시, 16년 상시, …

구문	DROP TABLE 〈테이블 이름〉;

사용 예	DROP TABLE 학급;
의미	"학급"이라고 하는 이름의 테이블을 삭제

개념 체크

1 SQL 명령어의 종류에는 (   ), 데이터 조작 언어, 데이터 제어 언어가 있다.

2 데이터 정의 언어에서 CREATE는 데이터베이스, 테이블의 구조 변경 시 사용하는 명령어이다.(O, X)

1 데이터 정의 언어 2 X

★ RESTRICT
'금지하다'의 뜻으로, 참조하는 데이터 객체가 있으면 제거를 금지함

★ CASCADE
'폭포'라는 뜻으로, 폭포처럼 내려가면서 모두 제거함

• DROP의 옵션

RESTRICT★	제거 또는 삭제 대상으로 지정된 테이블, 뷰, 행 등에 대해 이를 참조하는 데이터 객체가 존재하면 제거하지 않음
CASCADE★	제거 대상의 제거와 함께 이를 참조하는 다른 데이터 객체에 대해서도 제거 작업이 실시됨

기적의 TIP

데이터 조작 언어(DML)의 종류별 역할, SELECT문의 완벽한 이해가 필요합니다.

2) 데이터 조작 언어(DML; Data Manipulation Language) 21년 1회, 18년 상시, …

테이블 내의 레코드를 검색(SELECT), 삽입(INSERT), 갱신(UPDATE), 삭제(DELETE)하고자 할 때 사용하는 데이터 조작 언어

SELECT	검색문으로 테이블에서 데이터를 검색
INSERT	삽입문으로 테이블에 새로운 데이터(행)를 삽입
UPDATE	갱신문으로 테이블에 저장되어 있는 데이터를 갱신
DELETE	삭제문으로 테이블에 저장되어 있는 행을 삭제

① SELECT(검색문) 23년 1회, 21년 2회/3회/4회, 20년 2회, 16년 상시, 13년 상시, …

테이블에서 데이터를 검색하며 SELECT-FROM-WHERE의 유형을 가짐

구문	SELECT [ALL | DISTINCT] 열 리스트 FROM 테이블 리스트 [WHERE 조건] [GROUP BY 열 리스트 [HAVING 조건]] [ORDER BY 열 리스트 [ASC | DESC]];

★ DISTINCT
'뚜렷한, 뚜렷이 다른, 별개의'라는 의미처럼 중복되는 값은 제거함

의미	• SELECT : 검색하고자 하는 열 리스트를 선택 • ALL : 검색 결과값의 모든 레코드를 검색 • DISTINCT★ : 검색 결과값 중 중복된 결과값(레코드) 제거 • FROM : 대상 테이블명 • WHERE : 검색 조건을 기술할 때 사용 • GROUP BY : 그룹에 대한 질의 시 사용 • HAVING : 그룹에 대한 조건을 기술(반드시 GROUP BY와 함께 사용) • ORDER BY : 검색 결과에 대한 정렬을 수행 • ASC : 오름차순을 의미하며, 생략하면 기본적으로 오름차순임 • DESC : 내림차순을 의미

• 기본 검색 24년 1회, 20년 4회, 09년 3월/7월/9월, 05년 10월, 04년 4월/10월, 03년 10월

사용 예 ①	SELECT 성명, 주소, 전화번호 FROM 학급;
의미	학급 테이블에서 성명과 주소, 전화번호를 검색

사용 예 ②	SELECT * FROM 학급;
의미	• 학급 테이블에서 모든 열을 검색(모든 열 불러내기) • 모든 열 이름을 SELECT구에 기술하는 번거로움을 덜기 위해 *(애스터리스크)를 사용

사용 예 ③	SELECT COUNT(*) FROM 학급;
의미	• 학급 테이블의 행(튜플)의 개수를 계산 • 테이블의 행의 개수를 구할 때는 집계 함수 COUNT를 사용

개념 체크

1 데이터 정의어 중 생성된 테이블을 삭제할 때 사용하는 SQL 명령은?

2 테이블 내의 레코드를 검색(SELECT), 삽입(INSERT), 갱신(UPDATE), 삭제(DELETE)하고자 할 때 사용하는 것은 (   )이다.

1 DROP 2 데이터 조작어

• 중복되는 데이터 값을 제거하여 검색 23년 3회, 19년 상시, 16년 상시, 10년 1월, 09년 9월, 08년 3월, …

사용 예	SELECT DISTINCT 입학년도 FROM 입학;
의미	• 입학 테이블로부터 입학년도의 중복된 값이 없이 검색 • 검색 결과값 중 중복된 결과값(레코드)을 제거하여 검색

• 조건에 의한 검색 16년 상시, 07년 1월, 05년 1월/4월, 04년 7월/10월

사용 예 ①	SELECT * FROM 인사 WHERE 부서명 ='전산부';
의미	• 인사 테이블로부터 부서명이 전산부인 모든 데이터를 검색 • WHERE구는 검색 조건을 기술할 때 사용

사용 예 ②	SELECT 상품명, 단가, 수량 FROM 재고 WHERE 수량 >= 1000;
의미	• 재고 테이블에서 수량이 1000 이상인 데이터의 상품명, 단가, 수량을 검색 • WHERE구는 검색 조건을 기술할 때 사용하며, '>='는 '이상'을 의미

• 순서를 명세하는 검색 12년 상시, 11년 10월, 10년 1월/10월, 09년 9월, 07년 1월/4월, …

사용 예 ①	SELECT * FROM 인사 ORDER BY 입사년도 ASC;
의미	• 인사 테이블에서 입사년도 열을 오름차순으로 정렬하여 모든 데이터를 검색 • ORDER BY는 순서를 명세할 때 사용 • ASC는 오름차순을 의미하며 생략 가능, DESC는 내림차순을 의미하며 생략 불가능

사용 예 ②	SELECT 성명 FROM 인사 WHERE 월급 >= 300 ORDER BY 입사년도 DESC, 나이 ASC;
의미	• 인사 테이블에서 월급이 300 이상인 직원에 대해 입사년도의 내림차순으로, 같은 입사년도에 대해서는 나이의 오름차순으로 직원의 성명을 검색 • WHERE구에 의해 조건을 주어 ORDER BY를 사용할 수 있음

② INSERT(삽입문) 21년 1회, 16년 상시, 05년 1월, 03년 1월/7월

테이블에 새로운 데이터(행)을 삽입하며, INSERT-INTO-VALUES의 유형을 가짐

구문 ①	INSERT INTO 테이블명(열 이름1, 열 이름2, …) VALUES(값1, 값2, …);

사용 예	INSERT INTO 인사(사번, 성명, 나이, 월급, 부서명) VALUES(2416, '홍유경', 23, 100, '홍보부');
의미	• 인사 테이블에 사번이 2416, 성명이 홍유경, 나이가 23, 월급이 100, 부서명이 홍보부인 직원을 삽입 • 열 이름과 값을 기술하는 순서가 똑같고 대응하는 열과 값의 데이터 형식이 일치해야 함 • 만약 열의 이름을 기술하지 않으면 이 테이블 정의문에 명세된 모든 열이 기술된 것으로 취급

구문 ②	INSERT INTO 테이블명(열 이름1, 열 이름2, …) SELECT 열 리스트 FROM 테이블명 WHERE 검색 조건;

사용 예	INSERT INTO 홍보부직원(사번, 성명, 월급) SELECT 사번, 성명, 월급 FROM 인사 WHERE 부서명='홍보부';
의미	• 인사 테이블에서 부서명이 홍보부인 사원의 사번, 성명, 월급을 검색해 홍보부직원 테이블에 삽입 • 부속 질의문인 SELECT문을 실행하여 그 결과를 지정된 테이블에 삽입하는 경우에 사용

③ UPDATE(갱신문) 07년 4월

테이블에 저장되어 있는 데이터를 갱신하며, UPDATE-SET-WHERE의 유형을 가짐

구문	UPDATE 테이블명 SET 열 이름1= 값1, 열 이름2=값2, … WHERE 조건;

사용 예 ①	UPDATE 인사 SET 월급=200 WHERE 사번=1004;
의미	인사 테이블의 사번이 1004인 직원의 월급을 200으로 변경

사용 예 ②	UPDATE 인사 SET 월급=월급*1.1 WHERE 부서명='전산부';
의미	인사 테이블의 전산부 부서의 월급을 10% 인상★

★ 월급을 10% 인상
월급을 10% 더 주는 것이기 때문에
월급 = 월급 + (월급×0.1)
= (월급×1) + (월급×0.1)
= 월급×(1 + 0.1)
= 월급×1.1

④ DELETE(삭제문) 18년 상시, 16년 상시, 15년 상시, 12년 상시, 11년 10월, …

테이블에 저장되어 있는 행을 삭제하며, DELETE-FROM-WHERE의 유형을 가짐

구문	DELETE FROM 테이블명 [WHERE 조건];

사용 예 ①	DELETE FROM 인사;
의미	인사 테이블을 모두 삭제(모든 행을 삭제)

사용 예 ②	DELETE FROM 인사 WHERE 사번=1234;
의미	인사 테이블에서 사번이 1234인 사원을 삭제

3) 데이터 제어 언어(DCL; Data Control Language) 20년 2회/3회, 14년 상시, 11년 7월, …

데이터베이스 보안과 데이터의 연속성을 유지하기 위하여 데이터베이스를 제어하는 기능을 지원하는 제어 언어

GRANT	데이터를 조작하는 권한을 사용자에게 부여
REVOKE	데이터를 조작하는 권한의 부여 해제
COMMIT	데이터의 변경을 확정(성공적 연산 완료)
ROLLBACK	데이터의 변경을 취소(연산 실패)

이론을 확인하는 기출문제

01 하나 이상의 기본 테이블로부터 유도되어 만들어지는 가상 테이블은?

① 뷰(VIEW)
② 유리창(WINDOW)
③ 테이블(TABLE)
④ 도메인(DOMAIN)

뷰(VIEW) : 외부스키마는 서브 스키마 또는 뷰라고도 하며 뷰는 하나 이상의 가상 테이블에서 유도하여 만든 가상 테이블을 의미함

02 SQL의 기본 검색문 형식으로 괄호 (㉠) ~ (㉣)의 내용이 옳게 짝지어진 것은?

```
SELECT ( ㉠ )
FROM ( ㉡ )
WHERE ( ㉢ )
GROUP BY ( ㉣ )
```

① (㉠) 열 이름 (㉡) 속성 (㉢) 테이블 (㉣) 조건
② (㉠) 열 이름 (㉡) 속성 (㉢) 조건 (㉣) 테이블
③ (㉠) 열 이름 (㉡) 테이블 (㉢) 조건 (㉣) 그룹
④ (㉠) 릴레이션 (㉡) 열 이름 (㉢) 조건 (㉣) 그룹

SELECT (열 이름)
FROM (테이블)
WHERE (조건)
GROUP BY (그룹)

03 SQL문의 형식 중 옳지 않은 것은?

① INSERT – SET – WHERE
② UPDATE – SET – WHERE
③ DELETE – FROM – WHERE
④ SELECT – FROM – WHERE

INSERT(삽입문) : 테이블에 새로운 데이터(행)을 삽입하며, INSERT–INTO–VALUES의 유형을 가짐

04 데이터 정의어(DDL)에 해당하는 SQL 명령은?

① UPDATE
② CREATE
③ INSERT
④ SELECT

데이터 정의 언어(DDL) : 데이터를 입력하기 위한 테이블의 정의나 정보를 참조하기 위한 뷰를 정의하기 위한 언어

- CREATE : 데이터베이스, 테이블, 뷰 등의 작성
- ALTER : 데이터베이스, 테이블의 구조 변경
- DROP : 데이터베이스, 테이블, 뷰 등의 삭제

정답 01 ① 02 ③ 03 ① 04 ②

05 SQL의 DML에 해당하지 않는 것은?

① INSERT
② SELECT
③ CREATE
④ UPDATE

데이터 조작 언어(DML)로 테이블 내의 레코드를 검색(SELECT), 삽입(INSERT), 갱신(UPDATE), 삭제(DELETE) 하고자 할 때 사용

06 다음 SQL 명령문의 의미로 가장 적절한 것은?

```
DROP TABLE 학과 CASCADE;
```

① 학과 테이블을 제거하시오.
② 학과 필드를 제거하시오.
③ 학과 테이블과 이 테이블을 참조하는 다른 테이블도 함께 제거하시오.
④ 학과 테이블이 다른 테이블에 참조 중이면 제거하지 마시오.

CASCADE : 제거 대상의 제거와 함께 이를 참조하는 다른 데이터 객체에 대해서도 제거 작업이 실시됨

07 다음의 SQL 명령에서 DISTINCT의 의미를 가장 잘 설명한 것은?

```
SELECT DISTINCT 학과명 FROM 학생 WHERE 총점>80
```

① 학과명이 중복되지 않게 검색한다.
② 중복된 학과명만 검색한다.
③ 중복된 학과명은 모두 삭제한다.
④ 학과명만 제외하고 검색한다.

DISTINCT : 검색 결과값 중 중복된 결과값(레코드)를 제거

08 SQL에서 데이터베이스에 대한 일련의 처리를 하나로 모은 작업 단위로 관리할 수 있는데, 이 작업 단위는?

① 페이지(Page)
② 세그먼테이션(Segmentation)
③ 디스패치(Dispatch)
④ 트랜잭션(Transaction)

트랜잭션(Transaction) : SQL에서 DataBase에 대한 일련의 처리를 하나로 모은 작업 단위

오답 피하기

- 페이지(Page) : 주기억 장치에서 사용되는 크기가 일정한 데이터 단위
- 세그먼테이션(Segmentation) : 세그먼트 기법으로써 가상 기억 장치 관리 기법에 속함
- 디스패치(Dispatch) : 대기 중인 프로세스들 중 CPU의 사용권한을 부여하는 것

정답 05 ③ 06 ③ 07 ① 08 ④

SECTION 02

식, 조건, 연산자

출제빈도 상 중 (하)
반복학습 1 2 3

빈출 태그 연산자의 종류 • 문자 연산자

01 연산의 개념

연산자는 식(결과값을 얻기 위한 변수와 연산자의 결합) 안에서 사용되고, WHERE 구와 같이 사용함으로써 복잡한 검색 조건을 간단하게 설정 가능함

02 연산자의 종류

연산자	종류	내용
산술 연산자	+, −, *, /, %	숫자가 들어있는 열의 값을 이용하여 계산하고자 할 때 사용하는 연산자
연결 연산자	||, &, +	문자열을 하나로 연결하기 위하여 사용하는 연산자
비교 연산자	>, <, >=, <=, =, <>	열의 값을 어떤 값이나 다른 열의 값과 비교할 때 사용
논리 연산자	AND, OR , NOT	2개 이상의 조건을 연결할 때 사용하는 연산자
문자 연산자	BETWEEN ~ AND ~, IN, LIKE	영어 표현으로 조건을 지정할 수 있는 연산자
집합 연산자	UNION	2개의 테이블 내용을 합쳐서 데이터를 검색하는 연산자

기적의 TIP

연산자의 종류는 혼동하지 않을 정도로 학습하면 무난합니다.

1) 산술 연산자

연산자	의미	사용 예
+	더하기(가산 연산자)	SELECT 품명, 단가+100 FROM 매출; ◎ 매출 테이블의 단가에 100을 더하여 결과를 검색 SELECT 품명, 단가+100 AS 신단가 FROM 매출; ◎ 신단가라는 별명(AS)을 이용하여 구할 수도 있음
−	빼기(감산 연산자)	SELECT 품명, 단가-70 FROM 매출; ◎ 매출 테이블의 단가에서 70을 빼고 결과를 검색
*	곱하기(승산 연산자)	SELECT 품명, 단가*1.5 FROM 매출; ◎ 매출 테이블의 단가에 1.5를 곱하여 결과를 검색
/	나누기(제산 연산자)	SELECT 품명, 단가/2 FROM 매출; ◎ 매출 테이블의 단가를 2로 나누어 결과를 검색
%	나머지(잉여 연산자)	SELECT 품명, 단가%2 FROM 매출; ◎ 매출 테이블의 단가를 2로 나눈 나머지 결과를 검색

2) 연결 연산자

<table>
<tr><th>연산자</th><th>의미</th><th>사용 예</th></tr>
<tr><td>||, &, +</td><td>문자 연결 연산자</td><td>SELECT 품명, 단가, 모델명 || 규격 FROM 매출;
SELECT 품명, 단가, 모델명&규격 FROM 매출;
SELECT 품명, 단가, 모델명+규격 FROM 매출;
◎ 매출 테이블의 모델명과 규격 문자열을 연결한 결과를 검색
(제품마다 사용하는 기호가 다름)</td></tr>
</table>

3) 비교 연산자

연산자	의미	사용 예
>	크다	SELECT * FROM 매출 WHERE 단가>150; ◎ 단가가 150보다 큰 조건을 만족하는 결과를 검색
<	작다	SELECT * FROM 매출 WHERE 단가<150; ◎ 단가가 150보다 작은 조건을 만족하는 결과를 검색
>=	크거나 같다(이상)	SELECT * FROM 매출 WHERE 단가>=150; ◎ 단가가 150보다 크거나 같은 조건을 만족하는 결과를 검색
<=	작거나 같다(이하)	SELECT * FROM 매출 WHERE 단가<=150; ◎ 단가가 150보다 작거나 같은 조건을 만족하는 결과를 검색
=	같다	SELECT * FROM 매출 WHERE 단가=100; ◎ 단가가 100인 조건을 만족하는 결과를 검색
<>	같지 않다	SELECT * FROM 매출 WHERE 단가<>150; ◎ 단가가 150이 아닌 조건을 만족하는 결과를 검색

4) 논리 연산자

연산자	의미	사용 예
AND	'그리고'의 조건	SELECT * FROM 매출 WHERE 단가>1000 AND 모델명='HTS'; ◎ 단가가 1000보다 크고 모델명이 HTS인 조건을 만족하는 결과를 검색
OR	'또는'의 조건	SELECT * FROM 매출 WHERE 모델명='PJY' OR 모델명='HTS'; ◎ 모델명이 PJY이거나 HTS인 조건을 만족하는 결과를 검색
NOT	'부정'의 조건	SELECT * FROM 매출 WHERE NOT 모델명='PJY'; ★ ◎ 모델명이 PJY가 아닌 조건을 만족하는 결과를 검색

★ SELECT * FROM 매출 WHERE 모델명<>'PJY'와 같은 의미임

5) 문자 연산자

연산자	의미	사용 예
+	더하기(가산 연산자)	SELECT 품명, 단가+100 FROM 매출; ⊙ 매출 테이블의 단가에 100을 더하여 결과를 검색 SELECT 품명, 단가+100 AS 신단가 FROM 매출; ⊙ 신단가라는 별명(AS)을 이용하여 구할 수도 있음
−	빼기(감산 연산자)	SELECT 품명, 단가-70 FROM 매출; ⊙ 매출 테이블의 단가에서 70을 빼고 결과를 검색
*	곱하기(승산 연산자)	SELECT 품명, 단가*1.5 FROM 매출; ⊙ 매출 테이블의 단가에 1.5를 곱하여 결과를 검색

6) 집합 연산자

연산자	의미	사용 예
UNION	합집합	SELECT * FROM 품명A UNION SELECT * FROM 품명B; ⊙ 품명A와 품명B 테이블로부터 모든 데이터의 중복을 제거한 합집합 검색

기적의 TIP

문자 연산자는 의미와 사용 예를 이해하시는 정도의 학습이면 무난합니다.

SECTION 03

함수

출제빈도 상 중 (하)
반복학습 1 2 3

빈출 태그 집계 함수

01 함수의 개념

- 함수란 주어진 데이터를 처리하고, 그 결과를 반환하는 기능을 가진 것을 의미함
- SQL에서는 괄호(( ))에 열 이름이나 값을 지정하여 함수로 내보냄
- 괄호 안에 지정해서 함수로 보내는 데이터를 인수라 함

02 함수의 종류

> 기적의 TIP
> 집계 함수의 종류별 의미에 대하여 신경 쓰시면 됩니다.

1) 집계 함수(집단 함수 = 그룹 함수)

집계 함수는 대상이 되는 행을 모은 '그룹' 개념으로 사용되는 함수로 다음과 같은 것이 있음

종류	의미	사용 예
SUM( )	합계값을 구함	SELECT SUM(컴퓨터) FROM 성적; ◎ 성적 테이블에서 컴퓨터 점수의 합을 구함
AVG( )	평균값을 구함	SELECT AVG(컴퓨터) FROM 성적; ◎ 성적 테이블에서 컴퓨터 점수의 평균을 구함
COUNT(*)	행을 카운트함	SELECT COUNT(*) FROM 성적; ◎ 성적 테이블에서 학생 수를 검색
MAX( )	최댓값을 구함	SELECT MAX(컴퓨터) FROM 성적; ◎ 성적 테이블에서 컴퓨터 점수의 최댓값을 검색
MIN( )	최솟값을 구함	SELECT MIN(컴퓨터) FROM 성적; ◎ 성적 테이블에서 컴퓨터 점수의 최솟값을 검색

> 더 알기 TIP
>
> COUNT( )
> 열(속성)의 개수 구하기
>
> COUNT(*)
> 행(튜플)의 개수 구하기

2) 문자열 함수

종류	의미
ASCII	문자 코드를 돌려줌
CHAR	문자를 돌려줌
CONCAT	문자열을 연결함
INSTR	문자열을 검색함
LEFT	문자열의 왼쪽에서 지정된 수의 문자를 돌려줌
LEN	문자열의 길이를 돌려줌
RIGHT	문자열의 오른쪽에서 지정된 수의 문자를 돌려줌
STR	수치 형식에서 문자열 형식으로 변환함
UPPER	대문자로 변환함(Access의 경우 : UCASE)
LOWER	소문자로 변환함(Access의 경우 : LCASE)

3) 산술 함수

종류	의미	종류	의미
ABS	절댓값을 구함	CEIL	올림하여 정수를 구함
COS	코사인을 구함	FLOOR	내림하여 정수를 구함
LOG	대수를 구함	MOD	나머지를 구함
PI	원주율을 구함	POWER	거듭 제곱을 구함
SIN	사인을 구함	TAN	탄젠트를 구함
SIGN	부호를 구함	RAND	난수를 생성함
SQRT	제곱근을 구함	TRUNC	버림
ROUND	반올림한 값을 구함	LN	자연 로그를 구함

4) 날짜 함수

종류	의미	종류	의미
ADD_MONTH	월(月)을 더함	DATEADD	날짜에 지정한 기간을 더함
DATEDIFF	날짜의 차를 구함	DATENAME	날짜 요소를 문자열로 구함
DATEPART	날짜 요소를 문자열로 구함	DAY	일(日)을 구함
GETDATE	현재 날짜를 구함	MONTH	월(月)을 구함
SYSDATE	현재 시각을 구함	YEAR	연도(年)를 구함

SECTION 04

조인

출제빈도 상 중 (하)
반복학습 1 2 3

빈출 태그 교차 조인, 자연 조인

01 조인의 개념

- 두 개 이상의 테이블을 연결하여 처리하는 것을 조인(Join) 또는 결합이라 함
- 두 테이블 모두 존재하는 필드명을 참조할 때의 형식은 '테이블명.필드명'으로 함

02 조인의 종류

1) 교차 조인(Cross Join)

- 두 개의 테이블을 직교에 의해 조인하는 것으로 가장 단순한 조인임
- CROSS JOIN 키워드를 사용하기도 하며, 쉼표로 테이블 이름을 나열하는 것만으로도 조인이 가능

2) 자연 조인(Natural Join)

① 내부 조인(Inner Join)

- 한 쪽 테이블에 있는 열의 값과 또 다른 한 쪽 테이블에 있는 열의 값이 똑같은 행을 연결하는 결합으로, 동등결합이라고도 하여 가장 자주 사용됨
- 어느 한쪽 테이블밖에 존재하지 않는 값을 가진 행은 결합되지 않음
- INNER JOIN, ON 키워드를 사용하기도 하며, 제품에 따라서 그 키워드를 사용하지 않고 WHERE구에 의해서도 가능함

② 외부 조인(Outer Join)

- 조인의 목적에 따라 어느 한 테이블만 남겨야 되는 경우 사용
- 결합의 방향에 따라 좌외부 조인★과 우외부 조인★으로 나눔

★ 좌외부 조인
왼쪽의 테이블을 우선해서 왼쪽의 테이블에 관해서는 모든 행을 결과로 남기는 조인

★ 우외부 조인
오른쪽 테이블을 우선해서 오른쪽의 테이블에 관해서는 모든 행을 결과로 남기는 조인

더 알기 TIP

조인(Join)의 예시

교차 조인	SELECT * FROM 테이블명1 CROSS JOIN 테이블명2;
내부 조인	SELECT * FROM 테이블명1 INNER JOIN 테이블명2; ON 테이블명1.열이름 = 테이블명2.열이름;
좌외부 조인	SELECT * FROM 테이블명1 LEFT OUTER JOIN 테이블명2; WHERE 테이블명1.열이름 = 테이블명2.열이름;
우외부 조인	SELECT * FROM 테이블명1 RIGHT OUTER JOIN 테이블명2; WHERE 테이블명1.열이름 = 테이블명2.열이름;

합격을 다지는 예상문제

01 SQL의 SELECT문에서 특정 열의 값을 기준으로 정렬할 때 사용하는 절은?

① ORDER TO절
② ORDER BY절
③ SORT BY절
④ SORT절

02 학생 테이블에 데이터를 입력한 후, 주소 필드가 누락되어 이를 추가하려고 할 때의 적합한 SQL 명령은?

① CREATE TABLE
② ADD TABLE
③ ALTER TABLE
④ MODIFY TABLE

03 SQL에서 기본 테이블을 생성하는 명령은?

① CREATE
② SELECT
③ DROP
④ UPDATE

04 SQL은 무엇의 약자인가?

① Stored Quick Language
② Strict Query Language
③ Structured Quick Language
④ Structured Query Language

05 다음은 SQL 데이터 조작에서 테이블의 열 전체를 검색하는 방법이다. 빈 칸의 내용으로 알맞게 짝지어진 것은?

```
SELECT [1] FROM STUDENT [2] DEPT = "컴퓨터";
```

① [1] – TABLE, [2] – CONDITION
② [1] – ALL, [2] – WHEN
③ [1] – *, [2] – WHERE
④ [1] – *, [2] – CONDITION

06 INSA(SNO, NAME) 테이블에서 SNO가 100인 튜플을 삭제하는 SQL문은?

① DELETE FROM INSA WHERE SNO = 100;
② REMOVE FROM INSA WHERE SNO = 100;
③ DROP TABLE INSA WHERE SNO = 100;
④ DESTROY INSA WHERE SNO = 100;

07 다음 SQL 질의어의 의미로 가장 적절한 것은?

```
DROP TABLE 상품;
```

① 상품 테이블을 삭제하라.
② 상품 필드를 제거하라.
③ 상품 필드가 키인 인덱스를 제거하라.
④ 상품 테이블의 인덱스만을 제거하라.

08 SQL에서 데이터 검색을 할 경우 검색된 결과값의 중복 레코드를 제거하기 위해 사용되는 옵션은?

① DISTINCT
② *
③ ALL
④ CASCADE

09 테이블 구조를 변경하는 데 사용하는 SQL 명령은?

① ALTER TABLE
② CREATE TABLE
③ DROP TABLE
④ CREATE INDEX

10 SQL문 "SELECT * FROM INSA;"에서 "*"의 의미는?

① INSA 테이블의 모든 열을 검색하라.
② INSA 테이블의 기본키 열을 검색하라.
③ 특수 문자 "*"을 포함한 필드명을 검색하라.
④ INSA 테이블을 삭제하라.

11 다음 SQL문을 실행한 결과, 검색되지 않는 주문 수량은 얼마인가?

```
SELECT 종목명, 주문수량 FROM 주문내역
WHERE 주문수량 >= 150 AND 주문수량 < 300;
```

① 150
② 200
③ 250
④ 300

12 SQL에서 변경된 내용을 데이터베이스에 저장할 때 사용되는 처리문은?

① ROLLBACK　② COMMIT
③ CROSS　④ CASCADE

13 SQL 언어의 특징이 아닌 것은?

① 집합 수준 언어(Set Level Language)
② 사용자 인터페이스 제공
③ 절차적 언어
④ 추상화가 높은 언어

14 SQL의 데이터 조작문(DML)에 해당하지 않는 것은?

① UPDATE
② DROP
③ INSERT
④ SELECT

15 SQL에서 테이블 구조를 정의, 변경, 제거하는 명령이 순서대로 나열된 것은?

① CREATE – MODIFY – DELETE
② MAKE – MODIFY – DELETE
③ MAKE – ALTER – DROP
④ CREATE – ALTER – DROP

16 다음 SQL문에서 COUNT(*)의 기능은?

```
SELECT COUNT (*) FROM 영업부;
```

① 열들의 개수를 계산한다.
② 행들의 개수를 계산한다.
③ 영업부 테이블을 삭제한다.
④ 영업부 테이블을 생성한다.

17 테이블을 삭제하기 위한 SQL 명령은?

① DELETE
② DROP
③ DBA
④ DBM

18 사원(사원번호, 이름) 테이블에서 사원번호가 200인 튜플을 삭제하는 SQL문은?

① REMOVE TABLE 사원 WHERE 사원번호 = 200;
② DELETE 사원번호, 이름 FROM 사원 WHERE 사원번호 = 200;
③ DELETE FROM 사원 WHERE 사원번호 = 200;
④ DROP TABLE 사원 WHERE 사원번호 = 200;

19 다음 SQL문의 의미로 적합한 것은?

```
SELECT * FROM 사원;
```

① 사원 테이블을 삭제한다.
② 사원 테이블에서 전체 레코드의 모든 필드를 검색한다.
③ 사원 테이블에서 "*" 값이 포함된 모든 필드를 검색한다.
④ 사원 테이블의 모든 필드에서 "*" 값을 추가한다.

20 관계 데이터베이스에서 MAIN TABLE의 데이터 삭제 시 각 외래키에 대한 부합되는 모든 데이터를 삭제하는 참조 무결성의 법칙은?

① RESTRICT
② CASCADE
③ SET NULL
④ CUSTOMIZED

합격을 다지는 예상문제 / 정답 & 해설

CHAPTER 02

01 ②	02 ③	03 ①	04 ④	05 ③
06 ①	07 ①	08 ①	09 ①	10 ①
11 ④	12 ②	13 ③	14 ②	15 ④
16 ②	17 ②	18 ③	19 ②	20 ②

01 ②

ORDER BY : 검색 결과에 대한 순서를 명세할 때 이용

02 ③

ALTER TABLE : 테이블의 구조 변경(기존 테이블에 새로운 열 첨가)

오답 피하기

CREATE TABLE : 테이블의 생성

03 ①

CREATE : 테이블을 생성하는 명령

오답 피하기

- SELECT : 테이블을 구성하는 튜플들 중에서 조건에 만족하는 튜플을 검색하는 명령
- DROP : 테이블을 삭제하는 명령
- UPDATE : 갱신문으로 테이블에 저장되어 있는 데이터를 갱신하며, UPDATE-SET-WHERE의 유형을 가짐

04 ④

SQL(Structured Query Language) : 구조화된 질의 언어로, 관계형 데이터베이스를 조작하는 프로그래밍 언어

05 ③

* : 열 전체를 검색 / WHERE : 조건

06 ①

DELETE(삭제문) : 테이블에 저장되어 있는 행을 삭제하며, DELETE FROM 테이블명 WHERE 조건의 유형을 가짐

07 ①

DROP : 테이블을 삭제하는 명령

08 ①

DISTINCT : 중복되는 데이터 값을 제거하여 검색

오답 피하기

CASCADE : 제거 대상의 제거와 함께 이를 참조하는 다른 데이터 객체에 대해서도 제거

09 ①

- CREATE : 데이터베이스, 테이블, 뷰 등의 작성
- DROP : 데이터베이스, 테이블, 뷰 등의 삭제

10 ①

* : 전체 레코드의 모든 필드(열)를 검색

11 ④

WHERE 주문수량 >= 150 And 주문수량 < 300;이므로 주문수량이 150 이상 300 미만임

12 ②

COMMIT : 데이터의 변경을 확정(연산 완료)

오답 피하기

ROLLBACK : 데이터의 변경을 취소(연산 실패)

13 ③

SQL 언어는 비절차적 언어임

14 ②

데이터 조작 언어(DML) : 테이블 내의 레코드를 검색(SELECT), 삽입(INSERT), 갱신(UPDATE), 삭제(DELETE)하고자 할 때 사용하는 데이터 조작 언어

15 ④

- 테이블 구조의 정의 : CREATE
- 테이블 구조의 변경 : ALTER
- 테이블 구조의 제거 : DROP

16 ②

- COUNT(*) : 행을 카운트함
- COUNT( ) : 열을 카운트함

17 ②

테이블을 삭제하는 SQL 구문 : DROP TABLE

오답 피하기

DELETE(삭제문) : 삭제문으로 테이블에 저장되어 있는 행을 삭제하며 DELETE-FROM-WHERE의 유형을 가짐

18 ③

DELETE(삭제문) : 테이블에 지정되어 있는 행을 삭제하며, DELETE – FROM – WHERE의 유형을 가짐

19 ②

- 검색문으로 테이블에서 데이터를 검색하며 SELECT-FROM-WHERE의 유형을 가짐
- 모든 열 이름을 SELECT구에 기술하는 번거로움을 덜기 위해 *(애스터리스크)를 사용함

20 ②

CASCADE : SQL의 외래키 구문에서 연쇄 삭제가 이루어짐

오답 피하기

RESTRICT : 외래키에 의해 참조되는 값은 MAIN TABLE에서 삭제할 수 없음

CHAPTER 03

스프레드시트 및 프레젠테이션

학습 방향

셀, 매크로, 스프레드시트, 프레젠테이션, 프레젠테이션의 용도, 슬라이드, 시나리오 등이 출제되었습니다. 기능과 사용 용도에 대해 구분할 줄 알아야 하며 중요 기능에 대해서도 숙지해 두어야 합니다.

출제빈도

SECTION 01 상 47%

SECTION 02 상 53%

SECTION 01

스프레드시트

합격 강의

출제빈도 (상) 중 하

반복학습 1 2 3

빈출 태그 스프레드시트 개념 • 셀 • 필터 • 매크로

기적의 TIP

스프레드시트의 개념 파악이 중요하며 기능과 용도, 셀의 정의에 대해 이해하시고 숙지하시면 됩니다.

01 스프레드시트(Spreadsheet)의 개념 19년 상시, 16년 상시, 14년 상시, 11년 10월, 10년 3월, …

- 컴퓨터를 이용하여 각종 계산 관련 업무를 처리하는 전자 계산장을 의미
- 수학적 함수나 통계 처리와 같은 수치 자료 계산을 행과 열이 만나 생기는 사각형 모양의 셀에 입력하여 계산, 검색 등을 빠르고 쉽게 처리하는 소프트웨어
- 종류 : MS-EXCEL, 훈민시트, 로터스, 쿼트로프로, 멀티플랜, 비지칼크 등

02 스프레드시트의 기능 21년 4회, 20년 2회/3회, 19년 상시, 17년 상시, 11년 4월, …

- 데이터의 입력과 수치 데이터의 계산 기능 및 데이터가 변경되면 자동으로 재계산하는 기능
- 차트 작성 기능과 문서 작성 기능 ─ 워드프로세서 기능도 있음
- 입력 데이터를 이용한 데이터 검색, 정렬, 추출, 분석 등의 데이터베이스 관리 기능
- 그림, 클립아트, 지도와 같은 다양한 개체 삽입 기능
- 반복적인 작업을 간단히 처리할 수 있는 매크로 기능
- 각종 수학식 및 통계 관련 함수 제공
- 스프레드시트에 슬라이드 쇼 기능은 지원되지 않음

03 스프레드시트의 용도 07년 4월, 03년 3월

- 급여 계산, 판매 계획표, 성적 관리, 가계 분석, 재고 관리 등이 가능
- 수치 자료를 이용한 계산과 분석, 통계가 필요한 업무에 활용
- 차트와 그래프를 이용한 재무 분석 관리 가능
- 데이터베이스를 이용한 통계 분석 가능
- 주소록 및 견적서 작성 기능

04 스프레드시트의 화면 구성

① 통합 문서

- 저장되는 엑셀 파일로, 최대 255개의 워크시트를 가질 수 있음
- 확장자는 *.xls임

② 워크시트(Worksheet)

- 작업지로서 사용자가 데이터를 입력하는 공간
- 행 번호 : 행 머리글로 65,536개의 행이 있음(1~65,536)
- 열 문자 : 열 머리글로 256개의 열이 있음(A~Ⅳ)

③ 셀(Cell) 21년 1회, 19년 상시, 13년 상시, 12년 상시, 11년 2월/4월/7월, …

행과 열이 만나서 이루는 사각형으로, 데이터가 입력되는 기본 단위

기적의 TIP

화면 구성 중 가장 많은 문제가 출제되는 내용은 셀(Cell)입니다. 의미를 꼭 알아두세요.

05 데이터의 입력

① 문자 데이터

- 문자, 기호, 숫자 등을 조합하여 만든 데이터를 말하며, 셀의 왼쪽에 맞추어 입력
  예 EXCEL, 100M, Park&Hong, 30+8, '700
- 숫자로만 된 데이터를 문자 데이터로 입력하려면 데이터 앞에 작은 따옴표(')를 먼저 입력 예 '010

더 알기 TIP

기타 데이터의 입력

한자 입력	한글+[한자]
특수 문자 입력	한글 자음(ㄱ, ㄴ, …)+[한자]
한 셀에 두 줄 이상 입력	한 줄 입력 후 [Alt]+[Enter]

② 숫자 데이터

- 숫자(0~9), +, −, ( ), 쉼표(,), /, $, %, 소수점(.), 지수 기호(E, e) 등으로만 이루어진 데이터를 말하며, 오른쪽에 맞추어 입력됨
- 음수는 음수 기호(−)로 시작하여 입력하거나 괄호로 둘러싸서 입력함
- 분수는 숫자와 공백으로 시작하여 입력 예 0 2/3

③ 날짜/시간 데이터

- 날짜 : 하이픈(−), 슬래시(/) 등으로 연, 월, 일을 구분하여 입력함
- 시간 : 콜론(:)으로 시, 분, 초를 구분하여 입력하며, 12시간제로 입력하려면 데이터 뒤에 공백을 하나 입력하고 'AM' 또는 'PM'을 입력함('A' 또는 'P'로 입력해도 됨)

더 알기 TIP

현재 날짜와 시간 입력

- [Ctrl]+[;] : 현재 시스템의 날짜를 입력
- [Ctrl]+[Shift]+[;](=[Ctrl]+[:]) : 현재 시스템의 시간을 입력

개념 체크

1 스프레드시트에서 기본 입력 단위를 무엇이라고 하는가?

2 전자회계장부라고 불리는 표 계산 프로그램을 의미하는 것은?

1 셀 2 스프레드시트

★ 연결 연산자의 예
=100&"점" → 100점

④ 수식 데이터

- 다른 셀에 입력된 데이터나 상수로 계산을 수행하는 데이터를 말하며, 반드시 등호(=) 또는 더하기(+) 기호로 시작해야 함. 더하기(+) 기호는 등호(=)로 자동 변환됨
- 수식 데이터가 입력된 셀에는 수식의 결과가 표시되며, 수식 입력줄에 입력한 수식 데이터의 원래 내용이 나타남
- 계산에 사용된 다른 셀의 입력 데이터가 바뀌게 되면 수식의 결과도 자동으로 재계산됨

⑤ 연산자

- 산술 연산자

연산자	의미
+	더하기
−	빼기
*	곱하기
/	나누기
%	백분율
^	거듭제곱

- 비교 연산자

연산자	의미
>	크다(초과)
<	작다(미만)
>=	크거나 같다(이상)
<=	작거나 같다(이하)
=	같다
<>	같지 않다

- 연결 연산자★

연산자	의미
&	데이터 연결

기적의 TIP

함수에 대한 문제는 거의 출제되지 않습니다. 간단히 확인만 하고 넘어가세요.

06 주요 함수 23년 3회

SUM( )	인수의 합계
AVERAGE( )	인수의 평균
MAX( )	인수들 중 최댓값
MIN( )	인수들 중 최솟값
COUNT( )	인수 중 숫자의 개수
ABS( )	수치의 절댓값
RANK(수, 범위, 방법)	수를 기준으로 범위의 순위를 구함
IF(조건, 참, 거짓)	조건에 맞으면 참, 그렇지 않으면 거짓
LEFT(데이터, 개수)	데이터의 왼쪽에서부터 개수만큼 추출
RIGHT(데이터, 개수)	데이터의 오른쪽에서부터 개수만큼 추출
MID(데이터, 시작 위치, 개수)	데이터의 시작 위치에서 개수만큼 추출
ROUND(숫자, 자릿수)	숫자를 지정한 자릿수로 반올림함

07 주소 및 주소 변경

상대 주소	수식이 있는 셀의 위치를 기준으로 주소 지정
절대 주소	조건에 특정 셀을 고정시키고자 할 경우 $ 기호를 붙임
혼합 주소	임의의 열이나 행을 고정시키고자 할 경우

더 알기 TIP

상대, 절대, 혼합 참조의 지정은 수식 입력 시 셀 번지를 지정한 후 F4를 누른 횟수에 따라 다음과 같이 지정할 수 있음

F4의 횟수	변환 형태	의미
1회	A1	A열과 1행 모두 절대 지정
2회	A$1	A열은 상대, 1행은 절대 지정
3회	$A1	A열은 절대, 1행은 상대 지정
4회	A1	A열, 1행 모두 상대 지정

08 셀 영역 지정

셀 하나 선택	원하는 셀을 Click
연속적인 범위의 셀 선택	• 대상 영역을 Drag & Drop • Shift+Click
불연속적인 범위의 셀 선택	Ctrl+Click
행 또는 열 전체	행 또는 열 머리글 Click
시트 전체	행 머리글과 열 머리글이 교차되는 모두 선택 단추 Click

더 알기 TIP

시트 및 범위 선택

시트 선택	Click	연속적인 범위 선택	Shift
시트 전체 선택	Ctrl+A, Ctrl+Shift+Space Bar	떨어져 있는 범위 선택	Ctrl
연속적인 여러 시트 선택	Shift	현재 열 전체 선택	Ctrl+Space Bar
비연속적인 여러 시트 선택	Ctrl	현재 행 전체 선택	Shift+Space Bar

09 엑셀의 주요 기능

① 정렬(Sort)

- 문자 목록의 데이터를 특정 필드의 크기 순서에 따라 재배열하는 기능
- 정렬에는 오름차순과 그 반대로 정렬하는 내림차순이 있음
- 정렬을 위한 키 값은 반드시 하나 이상 있어야 하고 필요에 따라 3개까지 지정 가능함
- 셀의 표시 형식, 글꼴 등의 서식은 정렬 순서에 영향을 미치지 않음

기적의 TIP

엑셀의 주요 기능에 대한 이해가 필요합니다. 특히 매크로에 대해 반드시 숙지해 두세요.

② 필터(Filter)★ 24년 1회, 19년 상시, 18년 상시, 16년 상시, 12년 상시, 11년 2월/7월, …

- 사용자가 설정하는 특정 조건을 만족하는 자료만 검색, 추출하는 기능
- 단순한 조건 검색은 자동 필터를 사용하고, 보다 복잡한 조건으로 검색하거나 검색 결과를 다른 데이터로 활용하려면 고급 필터를 사용함

★ 필터(Filter)
'거르다, 여과하다'의 의미로 자료를 검색하여 추출해 줌

③ 부분합★

- 워크시트에 있는 데이터를 일정한 기준으로 요약하여 통계 처리를 수행하는 기능
- 부분합을 구하기 위한 그룹화할 항목은 부분합을 계산할 기준 필드로, 미리 오름차순 또는 내림차순으로 정렬되어야 함
- 합계, 평균, 수치의 개수, 항목의 개수, 최댓값, 최솟값, 곱, 표본 표준 편차, 표준 편차, 분산 등을 구할 수 있음

★ 부분합
부분에 해당하는 것을 미리 정렬해 주어야 함

④ 레코드 관리

- 데이터베이스에 신규 데이터 추가, 삭제, 검색, 변경 등 수행
- 처음이나 중간에는 새 레코드를 추가할 수 없으며, 마지막에만 추가 가능함
- 레코드 관리로 한 번에 32개의 필드까지 표기 가능함
- 레코드 관리로 삭제된 레코드는 다시 복구할 수 없음

⑤ 차트

- 데이터를 시각적으로 표현해서 데이터의 연관성과 상황을 쉽게 파악하는 기능
- 차트의 종류에 따라 2차원뿐만 아니라 3차원 차트로도 표현 가능함
- 차트에 사용되었던 데이터를 변경하면 자동으로 차트 내용도 변경됨
- 연속된 데이터를 이용해서 차트를 작성할 수 있지만 연속되지 않은 데이터에 대한 차트도 작성 가능

원형 차트
전체 합계에 대한 각 항목의 구성 비율을 표시하며, 하나의 계열 표현이 가능함

⑥ 피벗 테이블

- 특정 데이터를 중심으로 데이터를 요약해 쉽고 빠르게 분석★할 수 있게 해주는 기능
- 엑셀의 레코드 목록, 외부 데이터, 다중 통합 범위, 다른 피벗 테이블을 바탕으로 한 새로운 형태의 통계 분석표를 작성함

★ 피벗(Pivot)
'중심, 요점'의 의미로 방대한 양의 자료를 요약, 정리해 주는 기능이 있음

⑦ 데이터 통합

- 하나 이상의 원본 영역을 지정하여 하나의 표로 데이터를 요약하는 기능
- 원본 영역의 데이터 변경시 통합 영역의 데이터도 자동으로 변경됨

⑧ 매크로(Macro)★ 23년 2회, 21년 1회, 20년 2회, 15년 상시, 11년 10월, …

- 자주 사용하는 명령, 반복적인 작업 등을 매크로로 기록하여 해당 작업이 필요할 때마다 바로 가기 키나 실행 단추를 눌러 쉽고 빠르게 작업을 수행하는 기능
- 매크로는 VBA(Visual Basic for Application) 언어를 기반으로 하여 모듈 시트에 기록되며, Sub로 시작하고 End Sub로 끝남

★ 매크로(Macro)
Macro는 '거대한'의 의미가 있듯이 작은 여러 작업이 모여 큰 작업이 된다는 의미임

기적의 TIP

자주 출제되는 부분입니다. '반복'이나 '자동 처리'라는 단어가 나오면 '매크로'라는 것을 기억하세요.

개념 체크

1 엑셀의 주요 기능 중 사용자가 설정하는 특정 조건을 만족하는 자료만 검색, 추출하는 기능은 필터이다.(O, X)

2 엑셀의 주요 기능 중 워크시트에 있는 데이터를 일정한 기준으로 요약하여 통계 처리를 수행하는 기능은?

1 ○ 2 부분합

⑨ 시나리오(Scenario)

변경 요소가 많은 작업표에서 가상으로 수식이 참조하고 있는 셀의 값을 변화시켜 작업표의 결과를 예측하는 기능

⑩ 데이터 표

워크시트에서 특정 데이터를 변화시켜 수식의 결과가 어떻게 변하는지 보여주는 기능으로 행 입력 셀과 열 입력 셀을 지정하여 작성함

⑪ 목표값 찾기

수식에서 얻으려는 값을 알고 있는 경우 그 결과값을 얻기 위해 필요한 입력값을 알아내기 위한 기능

⑫ 해 찾기

여러 셀의 값을 변화시키고 다양한 제한 조건을 사용하여 원하는 값을 찾을 때 사용하는 기능

개념 체크

1 스프레드시트 작업에서 반복되거나 복잡한 단계를 수행하는 작업을 일괄적으로 자동화시켜 처리하는 방법은 (   )이다.

1 매크로

이론을 확인하는 기출문제

01 수치 계산과 관련된 업무에서 계산의 어려움과 비효율성을 개선하여 전표의 작성, 처리, 관리를 쉽게 할 수 있도록 한 것은?

① 스프레드시트
② 데이터베이스
③ 프레젠테이션
④ 워드프로세서

스프레드시트(Spreadsheet) : 수학적 함수나 통계 처리와 같은 수치 자료 계산을 행과 열이 만나 생기는 사각형 모양의 셀을 통해 빠르고 쉽게 처리하는 소프트웨어

오답 피하기

- 데이터베이스(DataBase) : 대량의 자료를 관리하기 위한 자료 관리 프로그램
- 프레젠테이션(Presentation) : 기업의 제품 소개나 연구 발표, 회의 내용 요약 등을 각종 그림이나 도표, 그래프 등을 이용하여 많은 사람에게 효과적으로 의미를 전달할 때 사용되는 응용 프로그램
- 워드프로세서(Wordprocessor) : 문서 작성을 위한 응용 프로그램

02 스프레드시트에서 특정 열과 행이 교차하면서 만들어진 사각형 영역은?

① 레이블
② 매크로
③ 셀
④ 필터

셀(Cell) : 스프레드시트의 기본 입력 단위

03 스프레드시트의 주요 기능과 거리가 먼 것은?

① 자동 계산 기능 ② 데이터베이스의 기능
③ 문서 작성 기능 ④ 프레젠테이션 기능

스프레드시트의 주요 기능

- 데이터의 입력과 수치 데이터의 계산 기능 및 데이터가 변경되면 자동으로 재계산하는 기능
- 차트 작성 기능과 문서 작성 기능이 있음
- 입력 데이터를 이용한 데이터 검색, 정렬, 추출, 분석 등의 데이터베이스 관리 기능

04 스프레드시트 작업에서 반복되거나 복잡한 단계를 수행하는 작업을 일괄적으로 자동화시켜 처리하는 방법에 해당하는 것은?

① 매크로 ② 정렬
③ 검색 ④ 필터

매크로(Macro) : 자주 사용하는 명령, 반복적인 작업 등을 매크로로 기록하여 해당 작업이 필요할 때마다 바로 가기 키나 실행 단추를 눌러 쉽고 빠르게 작업을 수행하는 기능

오답 피하기

- 정렬(Sort) : 데이터를 특정 필드의 크기 순서에 따라 재배열하는 기능
- 필터(Filter) : 사용자가 설정하는 특정 조건을 만족하는 자료만 검색, 추출하는 기능

정답 01 ① 02 ③ 03 ④ 04 ①

SECTION 02

프레젠테이션

출제빈도 (상) 중 하
반복학습 1 2 3

빈출 태그 프레젠테이션의 개념 • 개체 • 슬라이드 • 시나리오 • 개요 • 작성 순서

기적의 TIP
프레젠테이션의 개념과 쓰임새에 대해 이해하시고 정리하시면 됩니다.

01 프레젠테이션(Presentation)의 개념 22년 3회, 21년 2회, 20년 3회/4회, 16년 상시, 12년 상시, …

- 신제품 발표회, 회사 설명회, 세미나, 연구 발표, 교육 자료 제작 등에서 상대방에게 보다 효과적으로 의사를 전달하고자 할 때 사용하는 프로그램
- 프레젠테이션 프로그램은 텍스트뿐만 아니라 그림이나 소리 및 동영상, 애니메이션 등 다양한 멀티미디어 효과를 부가하여 회의 자료나 기타 발표 자료를 슬라이드처럼 단계별로 표시해 주는 기능이 있음
- 다양한 도표와 그림 및 소리까지 곁들여 표현할 수 있으므로 쉽고 빠르게 내용을 전달할 수 있음
- 종류 : MS-Powerpoint, 프리랜스, 훈민 프레젠테이션 등

파워포인트의 확장자
*.PPT

02 프레젠테이션의 기본 기능

슬라이드 제작/편집	일반 텍스트 문자 입력 및 편집 기능
그림 그리기	그리기 도구를 활용하여 새로운 형태의 그림을 만들 수 있음
개체 삽입	차트 표현 및 각종 그림, 클립아트, 소리 파일과 같이 다양한 멀티미디어 삽입 기능
동영상	애니메이션 및 동영상 처리 기능
슬라이드 쇼 진행	자동이나 수동으로 슬라이드 쇼 진행 기능
유인물, 설명문, 개요 작성	화면 프레젠테이션을 설명문, OHP, 인화지, 35mm 슬라이드 등으로 제작
OLE★ 기능	외부 자료를 손쉽게 연결할 수 있는 기능

★ 개체 연결(OLE; Object Linking & Embedding)
현재 편집 중인 응용 소프트웨어로 다른 응용 소프트웨어에서 작성한 그림이나 표, 차트, 비디오 등과 같은 데이터를 곧바로 끌어오는 기능

03 슬라이드 보기 표시 형식

① 기본( )
- 슬라이드 작성 시 가장 많이 사용하는 편집 모드임
- 축소판 슬라이드, 현재 슬라이드, 슬라이드 노트가 화면에 표시됨

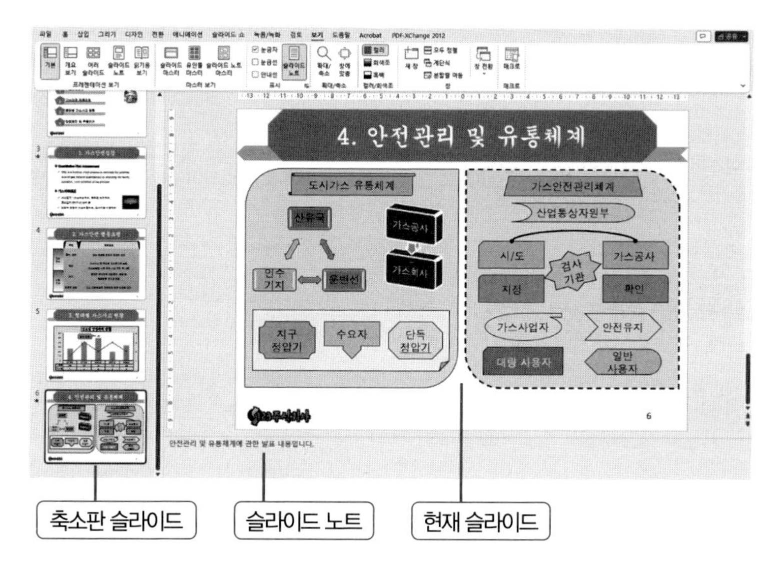

② 개요 보기( )
- 모든 슬라이드에 대한 문자열 작업을 수행하며, 프레젠테이션의 전체적인 흐름과 논리적인 구성 등을 확인
- 슬라이드 단위의 이동, 복사, 삭제, 재배치 작업이 가능함

③ 여러 슬라이드( )
- 화면에 작게 표시된 프레젠테이션의 모든 슬라이드를 동시에 볼 수 있음
- 여러 슬라이드 보기를 사용하여 슬라이드를 쉽게 추가, 삭제, 이동하고 슬라이드에서 슬라이드로 이동할 때 애니메이션 화면 전환을 선택할 수 있음

④ 슬라이드 노트 보기( )
- 노트와 함께 인쇄되는 프레젠테이션의 모양을 확인할 수 있음
- 각 페이지에는 슬라이드 하나와 슬라이드 노트가 포함됨

⑤ 읽기용 보기( )
- 파워포인트 창에서 슬라이드 쇼를 재생함
- 전체 화면 슬라이드 쇼로 전환하지 않으면서 애니메이션과 전환을 표시함

⑥ 슬라이드 쇼( )
- 각 개체에 애니메이션 효과를 설정한 후 실제 프레젠테이션을 실행하는 보기 형식
- 슬라이드 선택
  - 여러 개의 슬라이드 선택 : Shift★+슬라이드 클릭(Click)
  - 슬라이드 복사 : Ctrl★+드래그(Drag)

★ Shift
한 개의 도형을 선택한 상태에서 다른 도형을 연속으로 선택할 때 사용

★ Ctrl
도형 등의 개체를 복사할 때 사용

개념 체크

1 기업의 제품 소개나 연구 발표, 회의 내용 요약 등 각종 그림이나 도표, 그래프 등을 이용하여 많은 사람에게 효과적으로 의미를 전달할 때 사용되는 응용 프로그램은?

2 프레젠테이션에서 사용하는 하나의 화면을 무엇이라 하는가?

1 프레젠테이션 2 슬라이드

기적의 TIP

프레젠테이션의 구성 요소에 대한 숙지가 중요하며 작성 순서도 출제되므로 암기 Tip을 이용해서 반드시 암기해 두세요.

암기 TIP

채점의 **기준**은 **원**에서 **실시**한 **결과**입니다.
기획 – **준**비 – **원**고 작성 – **실**시 – **결**과 분석

04 프레젠테이션의 구성 요소

24년 1회, 21년 1회/3회, 20년 3회, 18년 상시, 16년 상시, 15년 상시, …

개체(Object)	• 프레젠테이션의 한 화면을 구성하는 개개의 요소(그림이나 도형 등) • 각 페이지의 기본 단위
슬라이드(쪽)	• 프레젠테이션에서 화면 전체를 전환하는 단위 • 프레젠테이션을 구성하는 내용을 하나의 화면 단위로 나타낸 것
시나리오	프레젠테이션의 흐름을 기획한 것
개요	시나리오에 의한 프레젠테이션의 줄거리로 전체 슬라이드의 문자열 내용을 의미함
슬라이드 마스터	모든 슬라이드에 공통적으로 포함될 내용과 서식을 갖고 있는 특별한 슬라이드로, 회사 로고나 슬라이드 번호 등을 지정하여 모든 슬라이드에 적용 가능한 기능

기적의 TIP

프레젠테이션 준비물
OHP(Over Head Projector), 프로젝터(Projector), 슬라이드 영사기, 모니터(Monitor), 스크린(Screen) 등

05 프레젠테이션 작성 순서

20년 3회/4회, 17년 상시, 00년 10월

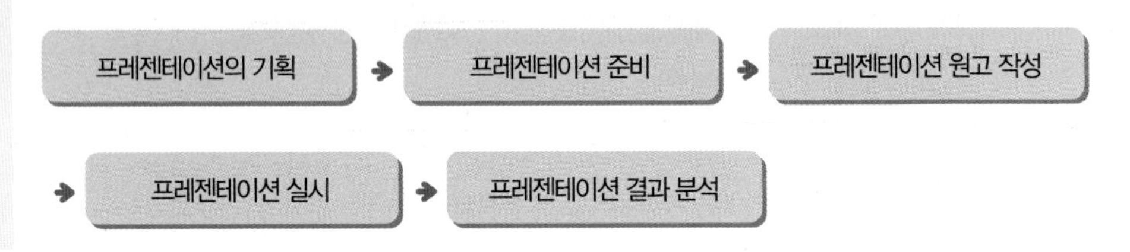

이론을 확인하는 기출문제

01 프레젠테이션을 작성하기 위한 순서로 옳은 것은?

> ㉠ 프레젠테이션 기획
> ㉡ 프레젠테이션 원고 작성
> ㉢ 프레젠테이션 준비
> ㉣ 프레젠테이션 실시
> ㉤ 프레젠테이션 결과 분석

① ㉠ – ㉡ – ㉢ – ㉣ – ㉤
② ㉢ – ㉡ – ㉠ – ㉣ – ㉤
③ ㉡ – ㉢ – ㉣ – ㉤ – ㉠
④ ㉠ – ㉢ – ㉡ – ㉣ – ㉤

프레젠테이션 작성 순서
① 프레젠테이션 기획
② 프레젠테이션 준비
③ 프레젠테이션 원고 작성
④ 프레젠테이션 실시
⑤ 프레젠테이션 결과 분석

02 기업체의 발표회나 각종 회의 등에서 빔 프로젝트 등을 이용하여 제품에 대한 소개나 회의 내용을 요약 정리하여 청중에게 효과적으로 전달하기 위한 도구를 의미하는 것은?

① 데이터베이스
② 프레젠테이션
③ 스프레드시트
④ 워드프로세서

프레젠테이션(Presentation) : 기업의 제품 소개나 연구 발표, 회의 내용 요약 등 각종 그림이나 도표, 그래프 등을 이용하여 많은 사람에게 효과적으로 의미를 전달할 때 사용되는 응용 프로그램

오답 피하기
• 데이터베이스(DataBase) : 자료 관리를 위한 응용 프로그램으로 재고 관리, 인사 관리, 고객 관리 등이 가능함
• 스프레드시트(Spreadsheet) : 수치 계산과 관련된 업무에서 계산의 어려움과 비효율성을 개선하여 전표의 작성, 처리, 관리를 쉽게 할 수 있도록 한 응용 프로그램
• 워드프로세서(Wordprocessor) : 문서 작성을 위한 문서 작성기 프로그램

정답 01 ④ 02 ②

합격을 다지는 예상문제

01 엑셀에서 연속되지 않는 여러 개의 셀을 선택할 때 사용하는 키는?

① Ctrl
② Shift
③ Insert
④ Alt

02 스프레드시트에서 기본 입력 단위를 무엇이라고 하는가?

① 툴 바
② 셀
③ 블록
④ 탭

03 입력 데이터에 대한 수치 계산과 처리 기능, 문서 작성 기능, 그래프 작성 기능, 데이터 관리 업무 등을 효율적으로 수행할 수 있도록 지원하는 응용 프로그램을 무엇이라 하는가?

① 워드프로세서
② 데이터베이스
③ 프레젠테이션
④ 스프레드시트

04 스프레드시트를 이용하여 처리하기 어려운 작업은?

① 성적 처리 및 회계 장부 작성
② 차트와 그래프를 이용한 재무 분석
③ 데이터베이스를 이용한 통계 분석
④ 전자 출판

05 스프레드시트의 기능에 대한 설명으로 옳지 않은 것은?

① 자동 계산 기능 – 스프레드시트의 대표적인 기능으로, 입력된 자료나 데이터를 편집하여 원하는 계산을 자동으로 처리하는 기능
② 분석 기능 – 반복되고 규칙적인 작업을 쉬운 언어로 프로그래밍하여 일괄 자동 처리하는 기능
③ 데이터베이스 기능 – 대량으로 작성된 자료를 정렬하거나 원하는 자료를 검색하여 관리할 수 있는 기능
④ 차트 작성 기능 – 워크시트 상의 데이터들을 지정한 영역에 따라 그래프로 그려주며, 이 그래프를 수치나 자료가 변함에 따라 자동으로 수정해 주는 기능

06 스프레드시트에서 행과 열이 만나서 이루는 사각형으로 데이터가 입력되는 기본 단위는?

① 피치(Pitch)
② 셀(Cell)
③ 도트(Dot)
④ 포인트(Point)

07 스프레드시트의 기능으로 거리가 먼 것은?

① 그래프 기능
② 슬라이드 쇼 기능
③ 문서 작성 기능
④ 수치 계산 기능

08 엑셀의 범위명으로 적절하지 않은 것은?

① AA11:AA22
② $AX1:$AY1
③ BB$11:CC$22
④ C10$:D20$

09 스프레드시트에서 사용자가 설정하는 특정 조건을 만족하는 자료만 검색, 추출하는 기능은?

① 정렬(Sort)
② 필터(Filter)
③ 매크로(Macro)
④ 차트(Chart)

10 윈도우즈용 스프레드시트에서 단일 항목으로 된 설문조사 결과를 표시하는데 가장 적합한 차트의 종류는?

① 원형
② 분산형
③ 막대형
④ 꺾은선형

11 윈도우즈용 프레젠테이션의 기능과 거리가 가장 먼 것은?

① OLE 기능
② 자료 정렬 기능
③ 동영상 처리 기능
④ 소리 파일 삽입 기능

12 윈도우즈용 프레젠테이션에서 화면 전체를 전환하는 단위를 의미하는 것은?

① 개요
② 개체
③ 스크린 팁
④ 쪽(슬라이드)

13 프레젠테이션의 용도로 거리가 먼 것은?

① 기업체의 설명회 또는 신제품 발표회
② 기업체 내의 부서별 세미나 자료 작성
③ 기업체 내의 통계 자료 계산
④ 학습용 교육 자료 작성

14 일반적으로 프레젠테이션 프로그램에 포함되어 있지 않은 기능은?

① 차트 표시 기능
② 슬라이드 쇼 기능
③ 클립보드 삽입 기능
④ 데이터베이스 기능

15 파워포인트로 작성한 파일의 기본 확장자는?

① MDB　② HWP
③ PPT　④ XLS

16 다음 중 강연회나 세미나, 연구 발표, 교육안 등을 상대방에게 보다 효과적으로 의사 전달을 하고자 할 때 사용되는 프로그램은 무엇인가?

① Access
② Excel
③ Database
④ PowerPoint

17 프레젠테이션에 대한 설명으로 옳지 않은 것은?

① 정보 전달 및 의사 결정 도구
② 컴퓨터를 이용해 계산과 관련된 작업을 쉽게 처리 분석하여 활용할 수 있도록 개발된 응용 프로그램
③ 전달하고자 하는 정보를 빠르고, 쉽고, 효과적으로 전달 가능
④ 정확한 데이터와 설득력 있는 논리를 통하여 정보 전달

18 파워포인트에서 한 개의 도형이 선택된 상태에서 연속적으로 다른 도형을 선택하려면 어느 키를 누르고 선택해야 하는가?

① Caps Lock　② Shift
③ Ctrl　④ Alt

19 프레젠테이션 프로그램을 사용하는 용도 중 가장 거리가 먼 것은?

① 회사의 제품 선전용
② 통계 자료 작성
③ 신제품 설명회
④ 강연회 준비

20 다음 중 엑셀의 함수의 기능으로 옳지 않은 것은?

① SUM : 인수의 합계를 구해준다.
② ABS : 수치의 절댓값을 구해준다.
③ RANK : 순위를 구해준다.
④ ROUND : 숫자를 지정한 자릿수로 내림한다.

21 프레젠테이션을 작성하기 위한 첫 번째 작업과 마지막 작업으로 옳게 짝지어진 것은?

① 기획, 결과 분석
② 원고 작성, 실시
③ 준비, 실시
④ 결과 분석, 회의

22 다음 중 스프레드시트의 종류에 속하지 않는 것은?

① MS-EXCEL ② 훈민시트
③ 로터스 ④ 프리랜스

23 다음 중 스프레드시트에서 문자 데이터에 해당하는 것은?

① 30+8 ② 5
③ 2/3 ④ 15:30

24 워크시트에서 주소 지정이 셀 번지를 상대, 절대, 혼합 참조 주소로 변경하는 단축키는?

① F1 ② F3
③ F4 ④ F5

25 엑셀의 주요 기능 중 특정 데이터를 중심으로 데이터를 요약해 쉽고 빠르게 분석할 수 있게 해주는 기능은 무엇인가?

① 레코드 관리 ② 차트
③ 데이터 통합 ④ 피벗 테이블

26 프레젠테이션 프로그램을 사용하는 용도 중 가장 거리가 먼 것은?

① 회사의 제품 선전용
② 통계 자료 작성
③ 신제품 설명회
④ 강연회 준비

27 프레젠테이션의 한 화면을 나타내는 용어는 무엇인가?

① 개체 ② 서식 파일
③ 슬라이드 ④ 마스터

28 프레젠테이션에서 프레젠테이션의 흐름을 기획한 것을 무엇이라 하는가?

① 셀 ② 개체
③ 슬라이드 ④ 시나리오

합격을 다지는 예상문제 정답 & 해설

CHAPTER 03

01 ①	02 ②	03 ④	04 ④	05 ②
06 ②	07 ②	08 ④	09 ②	10 ①
11 ②	12 ④	13 ③	14 ④	15 ③
16 ④	17 ②	18 ②	19 ②	20 ④
21 ①	22 ④	23 ①	24 ③	25 ④
26 ②	27 ③	28 ④		

01 ①

떨어져 있는 범위 선택 : Ctrl

오답 피하기

연속적인 범위 선택 : Shift

02 ②

셀(Cell) : 스프레드시트의 기본 입력 단위로, 행과 열이 만나서 이루는 사각형이며 총 16,777,216개의 셀(65,536행×256열)이 있음

03 ④

스프레드시트(Spreadsheet) : 수학적 함수나 통계 처리와 같은 수치 자료 계산을 행과 열이 만나 생기는 사각형 모양의 셀을 통해 빠르고 쉽게 처리하는 소프트웨어

오답 피하기

- 워드프로세서(Wordprocessor) : 문서 작성을 위한 응용 프로그램
- 데이터베이스(DataBase) : 대량의 자료를 관리하기 위한 자료 관리 프로그램
- 프레젠테이션(Presentation) : 기업의 제품 소개나 연구 발표, 회의 내용 요약 등 각종 그림이나 도표, 그래프 등을 이용하여 많은 사람에게 효과적으로 의미를 전달할 때 사용되는 응용 프로그램

04 ④

DTP(DeskTop Publishing) : 전자 출판으로, 문자판의 조정이나 레이아웃의 편집 등 상업 인쇄물의 작성 작업을 PC에서 할 수 있게 지원하는 소프트웨어

오답 피하기

스프레드시트(Spreadsheet)를 통해 성적 처리 및 회계 장부 작성, 차트와 그래프를 이용한 재무 분석, 데이터베이스를 이용한 통계 분석 등이 가능함

05 ②

분석 기능 : 스프레드시트 프로그램인 엑셀에서 수식과 셀 사이의 관계를 추적해 주는 기능

오답 피하기

매크로(Macro) : 자주 사용하는 명령, 반복적인 작업 등을 매크로로 기록하여 해당 작업이 필요할 때마다 바로 가기 키나 실행 단추를 눌러 쉽고 빠르게 작업을 수행하는 기능

06 ②

셀(Cell) : 행과 열이 만나서 이루는 사각형으로 데이터가 입력되는 기본 단위

07 ②

스프레드시트의 경우 슬라이드 쇼 기능은 포함되어 있지 않음

08 ④

절대 참조나 혼합 참조에서 사용하는 "$"는 행이나 열 주소 앞에 붙여야 함

09 ②

필터(Filter) : 사용자가 설정한 특정 조건을 만족하는 자료만 검색, 추출하는 기능

10 ①

원형 차트 : 전체 합계에 대한 각 항목의 구성 배율을 표시하며 하나의 계열 표현이 가능함

오답 피하기

- 분산형 : 데이터의 불규칙한 간격이나 묶음을 표시할 때, 여러 데이터 계열 간의 관계를 표시할 때 사용
- 막대형 : 일정 기간 동안의 데이터 변화 정도를 표시하거나 항목 간의 값 크기를 비교할 때 사용
- 꺾은선형 : 시간이나 항목에 따라 일정한 간격으로 데이터의 추세나 변화를 표시

11 ②

자료 정렬 기능 : 목록의 데이터를 특정 필드의 크기 순서에 따라 재배열하는 기능으로, 스프레드시트나 데이터베이스에서 지원되는 기능임

12 ④

슬라이드 : 프레젠테이션을 구성하는 한 페이지 단위를 의미

오답 피하기

- 개요 : 시나리오에 의한 프레젠테이션의 줄거리로, 전체 슬라이드의 문자열 내용을 의미함
- 개체(Object) : 슬라이드를 구성하는 그림이나 도형 등 개개의 요소를 의미함
- 스크린 팁(Screen Tip) : 도구 단추에 마우스 포인터를 대면 나타나는 도구 설명(Tool Tip)

13 ③

기업체 내의 통계 자료 계산은 스프레드시트나 SAS나 SPSS같은 통계 소프트웨어가 적합함

14 ④

프레젠테이션 프로그램에 데이터베이스 기능은 포함되어 있지 않음

15 ③

PPT : 파워포인트의 기본 확장자

오답 피하기

- MDB : 데이터베이스 프로그램인 액세스의 기본 확장자
- HWP : 워드프로세서 프로그램인 한글의 기본 확장자
- XLS : 스프레드시트 프로그램인 엑셀의 기본 확장자

16 ④

PowerPoint : 프레젠테이션 프로그램

오답 피하기

- Access : 데이터베이스 프로그램
- Excel : 스프레드시트 프로그램

17 ②

컴퓨터를 이용해 계산과 관련된 작업을 쉽게 처리 분석하여 활용할 수 있도록 개발된 응용 프로그램은 스프레드시트 프로그램임

오답 피하기

프레젠테이션(Presentation) : 정보의 전달과 의사 결정 도구로 사용되며 전달하고자 하는 정보를 빠르고, 쉽게, 효과적으로 전달할 수 있으며 정확한 데이터와 설득력 있는 논리를 통하여 정보를 전달할 수 있음

18 ②

Shift : 한 개의 도형을 선택한 상태에서 다른 도형을 연속적으로 선택할 때 사용

오답 피하기

Ctrl : 도형 등의 개체를 복사할 때 사용

19 ②

통계 자료 작성은 스프레드시트 프로그램으로 작업하는 것이 효율적임

오답 피하기

프레젠테이션 프로그램은 회사의 제품 선전용, 신제품 설명회, 강연회 준비 등에 적합함

20 ④

ROUND : 숫자를 지정한 자릿수로 반올림함

21 ①

기획 – 준비 – 원고 작성 – 실시 – 결과 분석

22 ④

스프레드시트의 종류 : MS-EXCEL, 훈민시트, 로터스, 쿼트로 프로, 멀티플랜, 비지칼크

오답 피하기

프레젠테이션의 종류 : MS-POWERPOINT, 프리랜스, 훈민 프레젠테이션 등

23 ①

스프레드시트에서 앞에 등호 없이 부호가 숫자 사이에 들어가면 문자 데이터로 취급

오답 피하기

- 5 : 숫자 데이터
- 2/3 : 날짜 데이터
- 15:30 : 시간 데이터

24 ③

F4 : 상대, 절대, 혼합 참조의 지정은 수식 입력 시 셀 번지를 지정한 후 F4를 누른 횟수에 따라 정해짐

25 ④

피벗 테이블 : 특정 데이터를 중심으로 데이터를 요약해 쉽고 빠르게 분석할 수 있게 해 주며 엑셀의 레코드 목록, 외부 데이터, 다중 통합 범위, 다른 피벗 테이블을 바탕으로 새로운 형태의 통계 분석표를 작성함

26 ②

통계 자료 작성은 스프레드시트 프로그램으로 작업하는 것이 효율적임

오답 피하기

프레젠테이션 프로그램은 회사의 제품 선전용, 신제품 설명회, 강연회 준비 등에 적합함

27 ③

슬라이드(쪽) : 프레젠테이션에서 화면 전체를 전환하는 단위로, 프레젠테이션을 구성하는 내용을 하나의 화면 단위로 나타낸 것

오답 피하기

개체(Object) : 프레젠테이션의 한 화면을 구성하는 개개의 요소(그림이나 도형 등)

28 ④

시나리오 : 프레젠테이션에서 프레젠테이션의 흐름을 기획한 것

오답 피하기

- 개체(Object) : 프레젠테이션의 한 화면을 구성하는 개개의 요소(그림이나 도형 등)
- 슬라이드(쪽) : 프레젠테이션을 구성하는 내용을 하나의 화면 단위로 나타낸 것

PART

03

PC 운영체제

파트 소개

20문제가 출제되는 파트로서 주요 내용은 운영체제의 개요, DOS, Windows, UNIX, 전산 영어이며 운영체제의 개념과 기능, DOS 명령어의 기능, Windows의 개요 및 기능, 파일 및 폴더 관리, UNIX 명령의 기능에서 많이 출제되고 있습니다. 전산 영어는 매 시험에서 2문제씩 출제되고 있습니다.

CHAPTER 01

운영체제의 개요

학습 방향

운영체제의 목적, 처리 프로그램, 특징, 기능, 턴어라운드 시간, 성능 평가, 제어 프로그램, 프로세스, LRU, FIFO, 교착 상태, RR 등이 출제되었습니다. 운영체제의 목적과 제어 프로그램의 종류에 대해 정확히 알아야 합니다. 발전 과정 및 운영 방식에 대한 이해와 교착 상태, 스케줄링 기법의 종류에 대한 숙지가 필요합니다.

출제빈도

섹션	빈도	비율
SECTION 01	상	48%
SECTION 02	하	12%
SECTION 03	중	40%

SECTION 01

운영체제의 개념

출제빈도 상 중 하
반복학습 1 2 3

빈출 태그 운영체제 정의 • 성능 평가 요소 • 제어 프로그램 • 처리 프로그램 • 연계 편집 • 로더

01 운영체제(OS; Operating System)의 정의 20년 2회/3회, 17년 상시, 13년 상시, …

- 컴퓨터의 성능을 효율적으로 운영, 관리, 감독하기 위한 시스템 프로그램
- 컴퓨터 시스템의 각종 자원을 효율적으로 관리함으로써 사용자에게 최대한의 편리성을 제공
- 컴퓨터 하드웨어와 사용자 간의 인터페이스★ 를 담당하는 시스템 프로그램
- 계층적인 구조상 하드웨어와 유틸리티★ 사이에 존재
- 운영체제의 종류 : MS-DOS, ZENIX, OS/2, UNIX, LINUX, Windows 등

★ 인터페이스(Interface)
서로 종류가 다른 두 개의 장치 사이에서 정보를 주고받을 수 있도록 중계 역할을 하는 기능이나 장치

★ 유틸리티(Utility)
사용자의 편의를 도모하기 위한 프로그램으로 텍스트 편집기, 디버거 등을 포함하고 있음

운영체제의 특성
효율성, 용이성, 신뢰성

더 알기 TIP

운영체제의 계층적 위치 구조

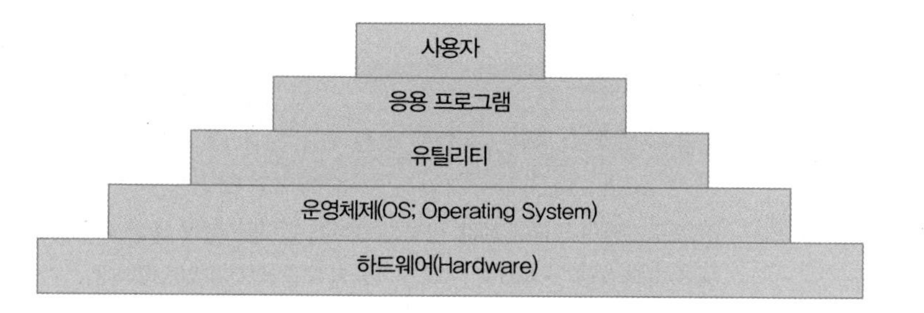

02 운영체제의 기능 23년 3회, 19년 상시, 14년 상시, 12년 상시, 11년 10월, 10년 3월, …

- 초기 작업 환경 설정 기능
- 프로세스 관리
- 주기억 장치, 처리기, 주변 장치 등의 자원 관리 기능
- 입출력 관리 및 파일 관리 기능
- 사용자에게 편의성 제공
- CPU 스케줄링
- 기억 장치의 할당 및 회수
- 하드웨어 장치와 프로그램 수행 제어

03 운영체제의 성능 평가 요소(운영체제의 목적) 21년 1회, 20년 2회, 16년 상시, …

처리 능력(Throughput) 향상	시스템의 생산성을 나타내는 단위로, 일정 시간 동안 처리하는 일의 양
응답 시간(Turnaround Time) 단축	작업 의뢰 후 시스템에서 결과가 얻어질 때까지의 시간
사용 가능도(Availability) 증대	시스템을 얼마나 빠르게 사용할 수 있는가의 정도
신뢰도(Reliability) 향상	주어진 문제를 얼마나 정확하게 처리하는가의 정도

04 운영체제의 구성

1) 제어 프로그램(Control Program) 23년 3회, 22년 4회, 20년 4회, 18년 상시, 16년 상시, 10년 10월, …

감시 프로그램 (Supervisor Program)	시스템 전체의 동작 상태를 감독하고 지원하며 제어 프로그램의 중추적 역할을 담당
작업 관리 프로그램 (Job Management Program)	어떤 작업을 처리하고 다른 작업으로의 자동적 이행을 위한 준비와 처리를 수행
데이터 관리 프로그램 (Data Management Program)	주기억 장치와 보조 기억 장치 사이의 데이터 전송, 입출력 데이터와 프로그램의 논리적 연결, 파일 조작 및 처리 등을 담당

2) 처리 프로그램(Process Program) 20년 2회/3회, 10년 1월/7월, 08년 2월, 07년 7월, 06년 4월

언어 번역 프로그램 (Language Translator Program)	원시 프로그램을 컴퓨터가 알 수 있는 기계어로 변환시키는 프로그램 예 컴파일러(Compiler), 어셈블러(Assembler), 인터프리터(Interpreter) 등
서비스 프로그램 (Service program)	시스템에서 사용 빈도가 높은 프로그램을 미리 개발하여 놓은 프로그램 예 연계 편집 프로그램, 로더(Loader), 디버깅 프로그램, 정렬/병합 프로그램, 라이브러리 등
문제 처리 프로그램 (Problem Processing Program)	컴퓨터 사용자가 필요한 업무에 맞게 개발한 프로그램 예 급여 관리, 인사 관리, 회계 관리 등

암기 TIP

사람을 대할 때에는 신사처럼 응해라. → 신뢰도, 사용 가능도, 처리 능력, 응답 시간

기적의 TIP

제어 프로그램과 처리 프로그램의 종류는 반드시 암기해 두셔야 합니다. 시험에 자주 출제되고 있습니다.

암기 TIP

감작데 → 과일 중에 감은 작대
제어 프로그램은 감시 프로그램, 작업 관리 프로그램, 데이터 관리 프로그램으로 구성됨

암기 TIP

언서문 → 어서 문을 열어라!
처리 프로그램은 언어 번역 프로그램, 서비스 프로그램, 문제 처리 프로그램으로 구성됨

05 언어 번역 과정 21년 2회, 18년 상시, 13년 상시, 10년 1월, 03년 1월

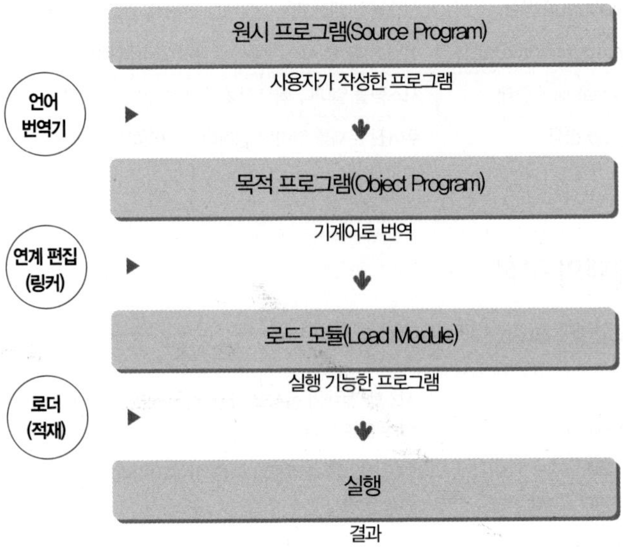

원시 프로그램(Source Program)
사용자가 작성한 프로그램
↓ (언어 번역기)
목적 프로그램(Object Program)
기계어로 번역
↓ (연계 편집(링커))
로드 모듈(Load Module)
실행 가능한 프로그램
↓ (로더(적재))
실행
결과

- 원시 프로그램(Source Program) : 사용자가 프로그래밍 언어(고급 언어, 어셈블리어)로 작성한 프로그램
- 언어 번역기(Language Translator) : 특정 프로그래밍 언어로 작성된 내용을 컴퓨터가 이해할 수 있는 기계어로 바꾸어 주는 프로그램(Compiler, Assembler, Interpreter)
- 목적 프로그램(Object Program) : 컴파일러에 의해 기계어로 번역된 프로그램
- 연계 편집(Linkage Editor) : 목적 프로그램을 실행 가능한 프로그램으로 만드는 과정
- 로드 모듈(Load Module) : 실행 가능한 상태의 프로그램
- 로더(Loader) : 로드 모듈 프로그램을 주기억 장치 내로 옮겨서 실행해 주는 소프트웨어

더 알기 TIP

컴파일러 VS 인터프리터

구분	컴파일러	인터프리터
변환 단위	전체 단위로 변환	한 줄(Line) 단위로 변환
목적 프로그램	생성함	생성하지 않음
분석 시간	긴 편	짧은 편
실행 시간	비교적 빠름	비교적 느림
디버깅 측면	디버깅이 어려움	디버깅이 쉬움
사용하는 언어	C, C++	파이썬, 루비

기적의 TIP

프로그램 실행 순서
컴파일 → 링킹 → 로딩 → 실행

기적의 TIP

로더의 기능
할당(Allocation), 연결(Linking), 재배치(Relocation), 적재(Loading)

암기 TIP

할(할)을 **연**속 쓰면서 **제(재)**대로 **적**중시킨다.
로더의 기능은 **할당**, **연결**, **재배치**, **적재**

개념 체크

1 언어 번역 과정의 빈칸에 알맞은 것은?
원시 프로그램 → (   ) → 로드 모듈 → 실행

2 로더의 기능에는 할당, (   ), 재배치, 적재 등이 있다.

1 목적 프로그램 2 연결

이론을 확인하는 기출문제

01 **사용자와 하드웨어 사이에서 중재자 역할을 수행하며, 하드웨어 자원을 관리하고 시스템 및 응용 프로그램의 실행에 도움을 제공하는 것은?**

① 컴파일러　② 운영체제
③ 인터프리터　④ 어셈블러

운영체제(OS; Operating System) : 컴퓨터와 응용 프로그램, 컴퓨터와 사용자 간의 인터페이스 역할을 담당

오답 피하기

- 컴파일러 : 원시 프로그램을 기계어로 번역하는 고급 언어 번역기
- 인터프리터(Interpreter) : 대화식 언어로 작성된 프로그램을 필요할 때 마다 매번 기계어로 번역하여 실행하는 프로그램(BASIC, LISP, SNOBOL, APL 등)으로 행 단위로 번역
- 어셈블러(Assembler) : 어셈블리(Assembly) 언어를 기계어로 번역하는 프로그램

02 **운영체제의 특성으로 거리가 먼 것은?**

① 효율성　② 신뢰성
③ 복잡성　④ 용이성

운영체제의 특성 : 효율성, 신뢰성, 용이성 등

03 **컴퓨터 시스템의 성능을 최적화하기 위하여 사용되는 운영체제의 기능과 거리가 먼 것은?**

① 기능 초기 설정 기능　② 인터페이스 기능
③ 이식성　④ 시스템 비보호 기능

운영체제의 기능 : 사용자와 컴퓨터의 인터페이스 제공, 자원 관리 기능, 자원의 공유, 시스템의 오류 처리, 초기 설정, 이식성 기능 등

04 **운영체제를 제어 프로그램(Control Program)과 처리 프로그램(Processing Program)으로 분류했을 때, 제어 프로그램에 해당하지 않는 것은?**

① 감시 프로그램(Supervisor Program)
② 데이터 프로그램(Data Management Program)
③ 문제 프로그램(Problem Program)
④ 작업 제어 프로그램(Job Control Program)

처리 프로그램 : 언어 번역, 서비스, 문제 처리 프로그램

오답 피하기

제어 프로그램 : 감시 프로그램, 작업 관리 프로그램, 데이터 관리 프로그램

05 **다음 중 운영체제의 기능이 아닌 것은?**

① 사용자 편의 제공
② 프로세스의 작성
③ 프로세스의 자원 독점
④ 프로세스의 제공

운영체제의 기능 중 프로세스의 자원을 독점하는 기능은 제공되지 않음

06 **컴퓨터 시스템의 성능 평가 기준으로 거리가 먼 것은?**

① 처리 능력(Throughput)
② 응답 시간(Turnaround Time)
③ 비용(Cost)
④ 신뢰도(Reliability)

비용은 컴퓨터 시스템의 성능 평가 기준 요소에 포함되지 않음

오답 피하기

컴퓨터의 성능 평가 기준 : 처리 능력(Throughput), 응답 시간(Turnaround Time), 신뢰도(Reliability), 사용 가능도(Availability)

07 **시스템의 성능을 극대화하기 위한 운영체제의 목적으로 옳지 않은 것은?**

① 응답 시간 지연　② 처리 능력 증대
③ 신뢰도 향상　④ 사용 가능도 증대

운영체제의 목적 : 처리 능력의 향상, 응답 시간 단축, 신뢰도 향상, 사용 가능도 증대

08 **운영체제(OS)에 대한 설명으로 틀린 것은?**

① OS는 컴퓨터와 사용자 간의 중간자 역할을 한다.
② OS는 H/W 및 주변 장치를 관리하는 역할을 한다.
③ 하나의 컴퓨터 내의 모든 소프트웨어는 각각 자신의 OS를 따로 가지고 있어야 한다.
④ 일반적으로 OS는 사용자가 컴퓨터를 제어하기 쉽게 할 수 있는 인터페이스를 제공한다.

하나의 컴퓨터 내의 모든 소프트웨어는 각각 자신의 OS를 따로 가지고 있을 필요가 없음

정답 01 ② 02 ③ 03 ④ 04 ③ 05 ③ 06 ③ 07 ① 08 ③

SECTION 02

운영체제의 발전

출제빈도 상 중 (하)
반복학습 1 2 3

빈출 태그 실시간 처리 시스템 • 시분할 처리 시스템

01 운영체제의 발전 과정 17년 상시, 11년 10월

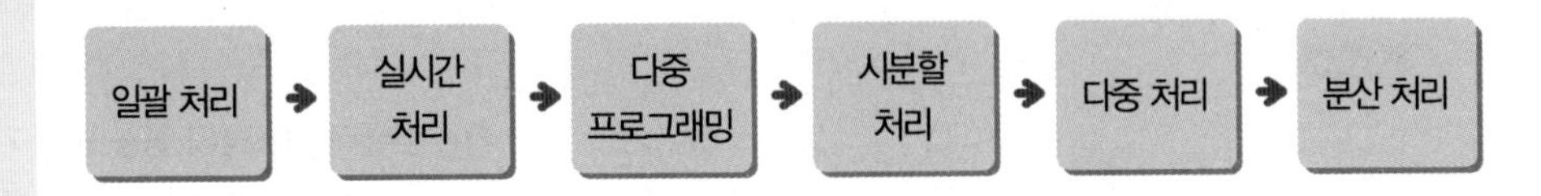

02 운영체제의 운영 방식

> **기적의 TIP**
> 운영체제의 발전 과정과 운영 방식에 대한 문제가 출제되므로 방식별 특징을 중점적으로 학습하시면 됩니다.

① 일괄 처리 시스템(Batch Processing System) 20년 2회, 11년 10월, 07년 9월

- 처리할 데이터를 한꺼번에 모아 일정한 시간이 경과되거나 일정한 양이 되었을 때 처리하는 방식
- 운영체제의 형태 중 시대적으로 가장 먼저 생겨난 형태의 시스템
- 월 급여 처리, 연말 정산 처리 등

② 실시간 처리 시스템(Real Time Processing System) 23년 1회, 21년 3회, 13년 상시, …

- 데이터가 발생되는 즉시 처리하는 방식으로, 바로 응답을 받아볼 수 있는 시스템이며 항상 온라인 상태를 유지해야 함
- 항공 및 철도 승차권 예약, 좌석 예약, 은행 온라인 업무, 로봇 제어 등

③ 다중 프로그래밍 시스템(Multi–Programming System) ≠ uni–programming (CPU가 한 개)

- 한 대의 컴퓨터 메모리에 여러 개의 프로그램을 동시에 적재(Load)한 후 실행하는 방식
- CPU와 I/O(입출력) 장치의 유휴 시간(Idle Time)★을 줄여 시스템의 사용 효율을 높임
- 여러 개의 프로그램이 운영체제의 작업 스케줄링에 의해 시분할적으로 실행됨

> ★ 유휴 시간(Idle Time)
> 장치가 대기하고 있는 시간으로, 특히 CPU가 디스크나 프린터, 키보드 등 입출력 장치의 처리를 기다리는 시간

④ 시분할 처리 시스템(TSS; Time Sharing Processing System) 16년 상시, 07년 1월, 03년 1월

- 한 대의 컴퓨터를 동시에 여러 명의 사용자가 대화식의 방식으로 사용하는 시스템
- 다중 프로그래밍 방식으로, 모든 사용자들에게 CPU가 일정한 시간대(Time Slice)로 나누어서 하나의 작업(Job)에게만 자신의 권한을 할당해 주는 방식
- 사용자들의 프로그램을 번갈아가며 처리해 줌으로써 각 사용자가 각자 독립된 컴퓨터를 사용하는 느낌을 주는 시스템
- 예 라운드 로빈 스케줄링(Round– Robin Scheduling)

CPU가 여러 개

⑤ 다중 처리 시스템(Multi–Processing System)

- 한 대의 컴퓨터에 중앙 처리 장치(CPU)가 두 개 이상 설치되어 여러 작업을 병행 처리하는 방식
- 여러 작업을 동시에 처리하게 함으로써 CPU와 I/O(입출력) 장치를 최대한 활용하여 시스템의 처리 능력을 향상시킴

⑥ 분산 처리 시스템(Distributed Processing System)

- 분산된 여러 컴퓨터를 네트워크로 연결하여 처리하는 방식
- 데이터가 발생한 지역에서 처리가 가능하므로 중앙 컴퓨터(Host Computer)의 부담이 감소함

멀티태스킹(Multi–tasking)
하나의 컴퓨터가 동시에 여러 개의 작업을 수행하는 것으로, 다중 프로그래밍과 비슷하지만 프로그램이나 프로세스와는 조금 다른 의미로, 컴퓨터 쪽에서 볼 때의 작업 단위임

기적의 TIP

다중 프로그래밍과 다중 처리를 헷갈려 하는 수험생들이 많습니다. 다중 프로그래밍은 프로그램이 여러 개, 다중 처리는 처리기(CPU)가 여러 개라고 기억하면 됩니다.

이론을 확인하는 기출문제

01 운영체제의 발전 단계로 가장 적합한 것은?

① 배치 처리 → 다중 프로그래밍 → 시분할 시스템
② 다중 프로그래밍 → 시분할 시스템 → 배치 처리
③ 시분할 시스템 → 다중 프로그래밍 → 배치 처리
④ 시분할 시스템 → 배치 처리 → 다중 프로그래밍

배치 처리 → 실시간 처리 → 다중 프로그래밍 → 시분할 처리 → 다중 처리 → 분산 처리

02 다음 중 온라인 실시간 시스템의 조회 방식에 가장 적합한 업무는?

① 객관식 채점 업무　② 좌석 예약 업무
③ 봉급 계산 업무　④ 성적 처리 업무

실시간 처리 시스템(Real Time Processing System) : 데이터가 발생되는 즉시 처리하는 방식으로 바로 응답을 받아볼 수 있는 시스템이며 항상 온라인을 유지해야 함. 항공 및 철도 승차권 예약, 좌석 예약, 은행 온라인 업무, 로봇 제어 등

03 단말 장치 사용자가 일정한 시간 간격(Time Slice) 동안 CPU를 사용함으로써 단독으로 중앙 처리 장치를 이용하는 것과 같은 효과를 가지는 시스템은?

① 시분할 시스템
② 다중 프로그래밍 시스템
③ 일괄 처리 시스템
④ 분산 처리 시스템

시분할 시스템(TSS; Time Sharing System)
- 한 대의 컴퓨터를 동시에 여러 명의 User(사용자)가 대화식의 방식으로 사용하는 시스템
- 다중 프로그램 방식으로 모든 사용자에게 CPU가 일정한 시간대(Time Slice)로 나누어서 하나의 작업(Job)에게만 자신의 권한을 할당해 주는 방식(예 라운드 로빈 스케줄링(Round Robin Scheduling))

정답 01 ① 02 ② 03 ①

SECTION 03

운영체제의 기능

출제빈도 상 (중) 하
반복학습 1 2 3

빈출 태그 교착 상태 • 스케줄링 • 페이지 교체 기법

01 프로세스(Process) 관리

기적의 TIP

프로세스의 정의에 유념하셔서 정리해 두시면 됩니다.

① 프로세스(Process)의 정의 19년 상시, 14년 상시, 11년 10월, 09년 3월/9월, 08년 2월, …

- 실행 중인 프로그램
- 프로그램을 실행하는 처리 단위
- 프로세서가 할당되는 개체
- 입력된 데이터를 처리하여 결과를 얻는 것
- 운영체제의 PCB(Process Control Block) 내에 존재

② 프로세스(Process)의 상태

★ 디스패치(Dispatch)
실행을 기다리는 여러 개의 프로세스 중 한 프로세스에게 CPU의 선점 권한을 부여하는 작업으로, 준비 상태에서 실행 상태로 전이시키는 것

★ 블록(Block)
실행 상태의 프로세스가 종료되기 전에 입출력이나 기타 다른 작업을 필요로 할 경우 CPU를 반납하고 작업의 완료를 기다리기 위해 대기 상태로 전환시키는 것

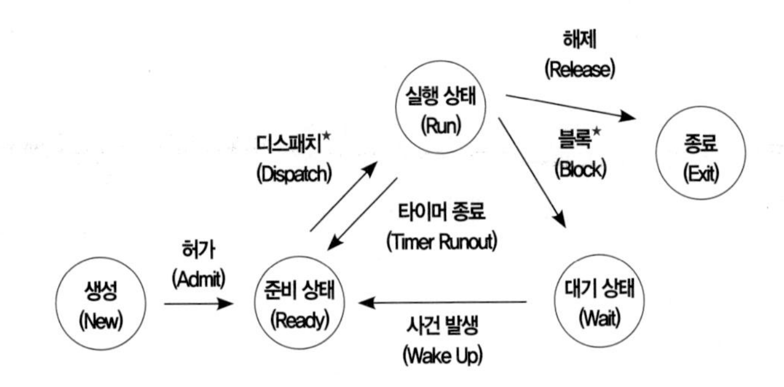

생성(New)	프로세스가 생성은 되었으나 아직 프로세스의 대열에 들어가지 못한 상태
준비(Ready)	프로세스가 CPU를 사용할 수 있는 상태로, CPU가 할당되는 경우 프로세스는 실행(Run) 상태로 전이됨
실행(Run)	현재 프로세스가 프로세서(Processor)를 할당 받은 상태로, 실행 중인 상태
대기(Wait)	프로세스가 어떤 사건이 일어나기를 기다리는 상태로, 정지(Halted) 상태, 블록(Block) 상태 등이 있음
종료(Exit)	프로세스가 실행 가능한 관리 상태에서 해제된 상태

★ 프로세스 제어 블록
프로세스의 중요한 정보를 가지고 있는 자료 구조

③ 프로세스 제어 블록(PCB; Process Control Block)★의 정보

- 프로세스의 고유 이름, 현재 상태, 우선순위, 고유한 식별자
- 프로그램 카운터(Program Counter)
- 할당된 자원에 대한 포인터
- 주기억 장치 영역 및 기억 장치 관리 정보
- CPU의 각종 레지스터
- 부모 및 자식 프로세스에 대한 포인터
- 입출력에 대한 정보

02 교착 상태(Deadlock) 21년 1회, 17년 상시, 16년 상시, 12년 상시, 11년 7월, …

① 개념

- '막다른 상태, 교착'의 의미로 이러지도 저러지도 못하는 상태를 의미함
- 자원은 한정되어 있으나 각 프로세스들이 서로 자원을 차지하려고 무한정 대기하는 상태로, 해당 프로세스의 진행이 중단됨

② 교착 상태가 일어나기 위한 4가지 조건 03년 1월

상호 배제(Mutual Exclusion)	필요한 자원에 대해 각각의 프로세스가 배타적 통제권을 요구할 때
점유와 대기(Hold and Wait)	프로세스가 자원을 할당받아 점유하면서 다른 자원을 요구할 때
비선점(Non-Preemption)	프로세스에 할당된 자원을 사용이 끝날 때까지 강제로 빼앗을 수 없을 때
환형 대기(Circular Wait)	각각 다른 프로세스 간 자원의 요구가 연속적으로 순환되는 원형과 같은 사슬 형태로 존재할 때

기적의 TIP
교착 상태의 개념을 이해하고, 교착 상태가 일어나기 위한 4가지 조건을 반드시 암기해 두세요.

③ 교착 상태 해결 방안

예방(Prevention)	교착 상태의 필요 조건을 사전에 예방하여 교착 상태가 발생하지 않도록 하는 방법
회피(Avoidance)	교착 상태의 발생 가능성을 배제하지 않고 이를 적절하게 피하도록 운영하는 방법
탐지(Detection)	교착 상태의 발생을 수시로 탐지하여 적절한 조치를 취하도록 하는 방법
복구(Recovery)	교착 상태의 프로세스를 중단시키거나 자원을 강제로 회수하여 교착 상태 이전의 상태로 복구시키는 방법

암기 TIP
상점에 비가 오면 환기시켜라.
상호 배제, **점**유와 대기, **비**선점, **환**형 대기

03 스케줄링(Scheduling) 20년 3회/4회, 19년 상시, 15년 상시, 10년 1월, 07년 7월, …

- 컴퓨터의 자원을 보다 효율적으로 이용하기 위해 작업 순서와 시간을 할당하는 것으로, 프로세스들이 자원을 사용하는 순서를 결정하는 일
- 스케줄링 작업을 수행하는 프로그램을 스케줄러(Scheduler)★라고 함
- 스케줄링 기법 : 선점형 기법, 비선점형 기법

★ **스케줄러(Scheduler)**
프로세스를 생성, 실행, 중단 및 소멸시킴

① 선점형(Preemptive) 기법 11년 4월, 08년 7월, 06년 10월, 05년 10월, 04년 4월

- 하나의 프로세스가 CPU를 점유하고 있을 때 다른 프로세스가 CPU를 빼앗아 차지할 수 있는 방법
- 대화식 시분할 시스템, 실시간 시스템에서 사용됨
- 오버헤드가 많이 걸리는 단점이 있음
- 종류

RR 스케줄링 (Round Robin)	각 프로세스에게 차례대로 일정한 시간 할당량(Time slice) 동안 처리기를 차지하도록 하는 기법으로, 시분할 시스템에서 주로 사용됨
SRT 스케줄링 (Shortest Remaining Time)	남은 처리 시간이 가장 짧은 프로세스에게 CPU를 할당하여 작업을 처리하도록 하는 방법
MFQ 스케줄링 (Multilevel Feedback Queue)	작업을 여러 단계로 나누어 처리하는 방식으로 높은 단계는 시간 할당량을 적게, 낮은 단계는 많게 할당해 주는 방법

효율적인 스케줄링
CPU 사용률 및 처리량은 증가, 대기 및 지연 시간, 반환 시간은 감소시킴

기적의 TIP
스케줄링 기법의 종류와 특징에 대해 혼돈하지 않도록 정리해 두시기 바랍니다.

② 비선점형(Non-Preemptive) 기법 17년 상시, 10년 10월, 09년 7월, 07년 4월, 06년 1월, …

- 특정한 프로세스의 작업이 끝날 때까지 CPU를 독점하는 방법
- 응답 시간의 예측이 용이함
- 짧은 작업의 경우 긴 작업을 오래 기다려야 하는 단점이 있음
- 종류

FIFO 스케줄링 (First In First Out)	먼저 들어온 것을 우선 처리(선입 선출)하는 방법으로 가장 간단한 방식이며, FCFS(First Come First Service) 스케줄링이라고도 함
우선순위 스케줄링 (Priority)	각각의 작업에 우선순위를 정하여 높은 작업 순으로 처리하는 방식으로, 무한 봉쇄에 빠지는 프로세스가 생길 수 있음
SJF 스케줄링 (Shortest Job First)	작업 시간이 가장 짧은 것부터 먼저 처리하는 방식
HRN 스케줄링 (Highest Response ratio Next)	• SJF 기법의 짧고 긴 작업 간의 지나친 불평등을 보완하기 위한 방식 • 우선순위 $= \frac{\text{대기 시간} + \text{서비스에 걸리는 시간}}{\text{서비스에 걸리는 시간}}$ • 짧은 작업의 우선순위가 높아지며, 긴 작업도 오래 기다리게 되면 우선순위가 높아짐

더 알기 TIP

에이징(Aging) 기법 16년 상시, 10년 10월

자원이 할당되기를 오랜 시간 동안 기다린 프로세스에 대하여 기다린 시간에 비례하는 높은 우선순위를 부여하여 가까운 시간 안에 자원이 할당되도록 하는 기법으로, 우선순위 스케줄링의 무한 봉쇄를 방지할 수 있음

04 기억 장치 관리

1) 주기억 장치 관리

① 기억 장소 분할 방식

고정 분할 방식 (Fixed Partition)	주기억 장치를 고정된 크기로 미리 분할하여 사용자 프로그램이 차지하여 실행하는 방식
동적 분할 방식 (Dynamic Partition)	가변 크기로 필요한 공간만큼 할당하여 사용하는 방식으로, 작업이 빈번해지는 경우 공간의 재배치와 할당 알고리즘이 필요하게 됨

② 기억 장소 할당 방법

최초 적합(First Fit)	할당 가능한 공간 중 가장 먼저 발견한 공간을 할당하는 방법
최적 적합(Best Fit)	할당 가능한 공간 중 가장 작은 공간을 할당하는 방법
최악 적합(Worst Fit)	할당 가능한 공간 중 가장 큰 공간을 할당하는 방법

2) 가상 기억(Virtual Memory) 장치 관리 24년 1회, 12년 상시, 08년 7월

① 가상 기억 장치

- 디스크와 같은 보조 기억 장치에 가상의 공간을 만들어서 마치 주기억 장치인 것처럼 사용할 수 있게 한 것으로 실제로는 존재하지 않는 기억 장치
- 현재 실행에 필요한 부분만 메모리에 적재(Load)하고 프로그램의 나머지 부분은 보조 기억 장치에 유지시켜 놓았다가 필요시 주기억 장소인 메모리에 적재(Load)시켜 사용함

② 가상 기억 장치 관리 기법

보조 기억 장치와 주기억 장치 사이에서 정보가 이동되는 단위

페이징(paging) 기법	고정 크기인 페이지★ 단위로 정보 이동
세그먼테이션(Segmentation) 기법	가변 크기인 세그먼트★ 단위로 정보 이동
혼합 기법	세그먼트를 고정된 크기의 페이지로 분류하여 정보 이동

③ 페이지 교체 기법 21년 4회, 19년 상시, 13년 상시, 10년 7월/10월, 09년 3월, …

주기억 장치에 있는 페이지 중에서 교체되어야 할 페이지를 결정하는 기법

FIFO(First In First Out)	주기억 장치 내에 가장 먼저 들어온, 가장 오래된 페이지를 교체할 페이지로 선택하는 기법
LRU(Least Recently Used)	가장 오랫동안 사용되지 않은 페이지를 교체할 페이지로 선택하는 기법
LFU(Least Frequently Used)	사용된 횟수가 가장 적은 페이지를 교체할 페이지로 선택하는 기법
NUR(Not Used Recently)	최근에 사용되지 않은 페이지를 교체할 페이지로 선택하는 기법
최적화 기법 (OPT; OPTimal replacement)	앞으로 가장 오랫동안 사용되지 않거나 사용도가 낮을 페이지를 선택하여 교체하는 기법

더 알기 TIP

단편화(Fragmentation)

- 파일의 수정, 삭제, 추가 등의 작업으로 인해 사용하지 못하게 되어버리는 메모리의 공간 부분을 의미
- 내부 단편화 : 요구하는 공간보다 더 큰 공간이 할당되어 낭비되는 공간
- 외부 단편화 : 공간이 너무 작아서 쓸 수 없는 공간

오버레이(Overlay)

주기억 장치 영역에 한 번에 다 들어갈 수 없는 큰 프로그램을 실행할 경우 프로그램을 세그먼트의 몇 개의 작은 논리적인 단위로 나누어 필요한 세그먼트만 주기억 장치로 읽어들여서 실행하는 방법

스와핑(Swapping)

시분할 시스템 방식에서 주기억 장치의 내용을 일시적으로 보조 기억 장치의 데이터나 프로그램과 교체하는 기법

★ **페이지(Page)**
블록 단위로 정보를 묶었을 때 그 크기가 일정한 고정 크기

스래싱(Thrashing)
페이징이 너무 빈번히 발생하여 전체 컴퓨터 시스템의 성능이 급격히 저하되는 현상

★ **세그먼트(Segment)**
블록 단위로 정보를 묶었을 때 그 크기가 일정하지 않은 가변 크기

기적의 TIP

페이지 교체 기법의 종류와 특징에 대한 정리가 필수입니다.

암기 TIP

책은 같은 크기의 페이지로 구성됩니다. 따라서 **페이지는 고정 크기**입니다.

개념 체크

1 주기억 장치의 용량이 부족하여 보조 기억 장치 일부를 마치 주기억 장치인 것처럼 이용하는 메모리 관리 기법은?

2 사용 횟수가 가장 적은 페이지를 교체하는 기법은 LRU이다. (O, X)

1 가상 기억 장치 관리 2 ×

이론을 확인하는 기출문제

01 운영체제의 스케줄링 기법 중 선점(Preemptive) 스케줄링에 해당하는 것은?

① SRT ② SJF
③ FIFO ④ HRN

선점형(Preemptive) 기법 : 하나의 프로세스가 CPU를 점유하고 있을 때 다른 프로세스가 CPU을 빼앗아 차지할 수 있는 방법, 대화식 시분할 시스템, 실시간 시스템에서 사용됨, 종류) RR, SRT, MFQ(다단계 피드백 큐)

오답 피하기

비선점형(Non-Preemptive) 기법 : 특정한 프로세스의 작업이 끝날 때까지 CPU를 독점하는 방법, 종류) FIFO, 우선순위(Priority), SJF, HRN

02 다중 프로그래밍 시스템 내에서 서로 다른 프로세스가 일어날 수 없는 사건을 무한정 기다리고 있는 것은?

① 세마포어 ② 가베지 수집
③ 코루틴 ④ 교착상태

교착상태(Deadlock) : 자원은 한정되어 있으나 각 프로세스들이 서로 자원을 차지하려고 무한정 대기하는 상태로 해당 프로세스의 진행이 중단되는 상태를 의미

오답 피하기

- 세마포어(Semaphore) : 운영체제의 자원을 경쟁적으로 사용하는 다중 프로세서에서 행동을 조정하거나 동기화시키는 기술로, 공유된 자원 접근시 프로세스 간의 통신 기법
- 가베지 수집(Garbage Collection) : 기억 장치 안의 버려진 데이터의 기억 영역을 이용하기 위해 정리하는 것
- 코루틴(Co-routine) : Simula라는 컴퓨터 언어에서 주로 사용, 대등한 입장의 호출이 서로 가능한 루틴을 의미함

03 페이지 대체 알고리즘에서 계수기를 두어 가장 오랫동안 참조되지 않은 페이지를 교체할 페이지로 선택하는 방법은?

① FIFO ② LRU
③ LFU ④ OPT

LRU(Least Recently Used) : 가장 오랫동안 사용되지 않은 페이지를 교체할 페이지로 선택하는 기법

오답 피하기

- FIFO(First In First Out) : 주기억 장치 내에 가장 먼저 들어온, 가장 오래된 페이지를 교체할 페이지로 선택하는 기법
- LFU(Least Frequently Used) : 사용된 횟수가 가장 적은 페이지를 교체할 페이지로 선택하는 기법
- 최적화 기법(OPT; OPTimal replacement) : 앞으로 가장 오랫동안 사용되지 않거나 사용도가 낮을 페이지를 선택하여 교체하는 기법

04 CPU 스케줄링 방법 중 우선순위에 의한 방법의 단점은 무한정지(Indefinite blocking)와 기아(Starvation) 현상이다. 이 단점을 해결하는 방안으로 가장 적합한 것은?

① 순환 할당
② 다단계 큐 방식
③ 에이징(Aging) 방식
④ 최소 작업 우선

에이징(Aging) 기법 : 자원이 할당되기를 오랜 시간 동안 기다린 프로세스에 대하여 기다린 시간에 비례하는 높은 우선순위를 부여하여 가까운 시간 안에 자원이 할당되도록 하는 기법으로 우선순위 스케줄링의 무한 봉쇄를 방지할 수 있음

05 다중 프로그래밍 환경에서 하나 또는 그 이상의 프로세스가 실행이 불가능한 특정 사건(Event)을 무한정 기다리는 상태를 무엇이라 하는가?

① Swapping ② Overlay
③ Pipelining ④ Deadlock

교착 상태(Deadlock) : 자원은 한정되어 있으나 각 프로세스들이 서로 자원을 차지하려고 무한정 대기하는 상태로, 해당 프로세스의 진행이 중단되는 상태를 의미

오답 피하기

파이프라이닝(Pipelining) : 하나의 명령을 여러 개의 독립된 실행 단계로 나누고 이들을 순서에 따라 차례로 실행해 나가는 방법으로, CPU의 실행 속도가 빨라짐

06 준비 상태(Ready)에 있는 프로세스들 중에서 우선순위가 가장 높은 프로세스를 선택하여 CPU를 할당(Running 상태)하는 것은?

① 디스패치(Dispatch)
② 타이머 종료(Timer Run-out)
③ 사건대기(Event Wait)
④ 깨어남(Wake Up)

디스패치(Dispatch) : 실행을 기다리는 여러 개의 프로세스 중 한 프로세스에게 CPU의 선점 권한을 부여하는 작업

정답 01 ① 02 ④ 03 ② 04 ③ 05 ④ 06 ①

합격을 다지는 예상문제

01 컴퓨터 시스템을 구성하고 있는 하드웨어 장치와 일반 컴퓨터 사용자 또는 컴퓨터에서 실행되는 응용 프로그램의 중간에 위치하여 사용자들이 보다 쉽고 간편하게 컴퓨터 시스템을 이용할 수 있도록 제어 관리하는 프로그램은?

① 컴파일러 ② 운영체제
③ 스풀러 ④ 매크로

02 프로세스 스케줄링 방식 중 다른 기법에 비하여 시분할(Time Slice) 시스템에 가장 적절한 방식은?

① FIFO ② RR
③ HRN ④ SJF

03 운영체제의 발전 과정에서 기억 소자는 진공관을 사용하였으며, 간단한 일괄 처리가 가능한 세대는?

① 2세대(1960년대)
② 0세대(1940년대)
③ 1세대(1950년대)
④ 3세대(1970년대)

04 다음 중 프로세스가 어떤 사건(Event)이 일어나기를 기다리는 상태는?

① 생성(New) ② 대기(Wait)
③ 준비(Ready) ④ 실행(Run)

05 페이지 대체 알고리즘에서 사용된 횟수가 가장 적은 페이지를 교체할 페이지로 선택하는 기법은?

① LFU ② LRU
③ FIFO ④ OPT

06 디스크에 저장된 목적 프로그램을 주기억 장치에 적재시킨 후 실행시키는 역할을 담당하는 프로그램은?

① 로더 ② 인터프리터
③ 컴파일러 ④ 에디터

07 단말 장치 사용자가 일정한 시간 간격(Time Slice) 동안 CPU를 사용함으로써 단독으로 중앙 처리 장치를 이용하는 것과 같은 효과를 가지는 시스템은?

① 다중 프로그래밍 시스템
② 분산 데이터 처리 시스템
③ 시분할 처리 시스템
④ 병렬 처리 시스템

08 컴퓨터에게는 효율적인 자원 관리를, 사용자에게는 편리한 사용을 제공하기 위한 목적을 가진 소프트웨어를 무엇이라고 하는가?

① 컴파일러 ② 워드프로세서
③ 운영체제 ④ 인터프리터

09 운영체제를 구성하는 프로그램 중 처리 프로그램에 해당하는 것은?

① 감독 프로그램
② 작업 관리 프로그램
③ 언어 번역 프로그램
④ 데이터 관리 프로그램

10 컴퓨터 시스템 내부에서 실행 중인 프로그램을 정의하는 용어는?

① 인터럽트 ② 프로세스
③ 버퍼 ④ 커널

11 다음 중 할당할 데이터나 프로그램을 적재했을 때, 남은 공간이 가장 작은 곳에 자료를 할당하는 기억 장치 관리 전략은?

① 최악 적합(Worst Fit)
② 최초 적합(First Fit)
③ 최적 적합(Best Fit)
④ 최후 적합(Last Fit)

12 각 구분의 크기가 고정되어 있는 것이 아니고 Job을 처리하는 과정에서 크기에 맞추어 기억 장소를 할당해 주는 기억 장소 분할 방법은?

① Fixed Partition
② Time Slice Partition
③ Dynamic Partition
④ Buffer Partition

13 온라인 실시간 처리 시스템에 가장 적합한 업무는?

① 급여 관리 업무　② 조회 및 문의 업무
③ 판매 분석 업무　④ 원가 계산 업무

14 프로세스 스케줄링 방법 중 가장 먼저 CPU를 요청한 프로세스에게 CPU를 할당하여 실행할 수 있게 하는 방법은?

① FIFO　② LRU
③ LFU　④ FILO

15 다음 중 운영체제의 목적이 아닌 것은?

① 신뢰도(Reliability)의 향상
② 사용 가능도(Availability)의 증대
③ 처리 능력(Throughput)의 향상
④ 응답 시간(Turnaround Time)의 증가

16 다중 프로그래밍 상에서 각 프로세스는 자신이 필요한 자원으로 실행하다가 서로 자신이 자원을 점유한 상태에서 다른 프로세스의 자원을 요구하는 경우가 발생된다. 이 때, 두 프로세스가 더 이상 실행을 할 수 없게 되는 현상을 무엇이라 하는가?

① 가상 시스템(Virtual System)
② 세마포어(Semaphore)
③ 교착 상태(Deadlock)
④ 임계 영역(Critical Section)

17 CPU 스케줄링 알고리즘에서 규정 시간 또는 시간 조각(Slice)을 미리 정의하여 CPU 스케줄러가 준비 상태 큐에서 정의된 시간만큼 각 프로세스에 CPU를 제공하는 시분할 시스템에 적절한 스케줄링 알고리즘은?

① RR(Round Robin)
② FCFS(First Come First Service)
③ SJF(Shortest Job First)
④ SRT(Shortest Remaining Time)

18 운영체제의 구성요소 중 프로세스를 생성, 실행, 중단, 소멸시키는 것은?

① 스케줄러(Scheduler)
② 드라이버(Driver)
③ 에디터(Editor)
④ 스풀러(Spooler)

19 다음 중 운영체제의 성능 평가 요소 중에서 시스템의 생산성을 나타내는 단위로 일정 시간 동안 처리하는 일의 양을 의미하는 것은?

① Turnaround Time 단축
② Throughput 향상
③ Availability 증대
④ Reliability 향상

합격을 다지는 예상문제 / 정답 & 해설

CHAPTER 01

01 ②	02 ②	03 ③	04 ②	05 ①
06 ①	07 ③	08 ③	09 ③	10 ②
11 ③	12 ③	13 ②	14 ①	15 ④
16 ③	17 ①	18 ①	19 ②	

01 ②

운영체제(OS; Operating System) : 컴퓨터와 응용 프로그램, 컴퓨터와 사용자 간의 인터페이스 역할을 담당

오답 피하기

- 컴파일러(Compiler) : 원시 프로그램을 기계어로 번역하는 고급 언어 번역기
- 스풀러(Spooler) : 스풀링(Spooling) 관리 프로그램
- 매크로(Macro) : 반복되는 일련의 절차나 작업을 자동화한 것

02 ②

RR : 주어진 시간 할당량(Time Slice) 만큼만 작업을 할 수 있는 스케줄링 방식

오답 피하기

- FIFO : 가장 간단한 스케줄링 기법으로, 선입선출 방식을 이용
- HRN : SJF 기법을 보완한 스케줄링 방식
- SJF : 가장 짧은 작업 시간을 가진 작업부터 먼저 처리하는 방식

03 ③

제1세대 : 진공관

오답 피하기

- 제2세대 : 트랜지스터(TR)
- 제3세대 : 집적 회로(IC)
- 제4세대 : 고밀도 집적 회로(LSI)
- 제5세대 : 초고밀도 집적 회로(VLSI)

04 ②

대기(Wait) 상태 : 프로세스가 어떤 사건이 일어나기를 기다리는 상태로 정지 상태, 블록(Block) 상태 등이 있음

오답 피하기

- 생성(New) 상태 : 프로세스가 생성은 되었으나 프로세스의 대열에는 들어가지 못한 상태
- 준비(Ready) 상태 : 프로세스가 CPU를 사용할 수 있는 상태로 할당이 되면 실행(Run) 상태로 전이

05 ①

오답 피하기

- LRU(Least Recently Used) : 가장 오랫동안 사용되지 않은 페이지를 교체할 페이지로 선택하는 기법
- FIFO(First In First Out) : 주기억 장치 내에 가장 먼저 들어온, 가장 오래된 페이지를 교체할 페이지로 선택하는 기법
- 최적화 기법(OPT; OPTimal replacement) : 앞으로 가장 오랫동안 사용되지 않거나 사용도가 낮을 페이지를 선택하여 교체하는 기법

06 ①

로더(Loader) : 로드 모듈 프로그램을 주기억 장치 내로 옮겨서 실행해 주는 소프트웨어

오답 피하기

- 인터프리터(Interpreter) : 대화식 언어를 기계어로 번역하는 언어 번역기
- 컴파일러(Compiler) : 원시 프로그램을 기계어로 번역하는 고급 언어 번역기
- 에디터(Editor) : 편집기용 프로그램

07 ③

시분할 처리 시스템 : 모든 사용자들에게 일정한 CPU 사용 시간 즉, 시간 슬롯(Time Slot)을 차례로 할당하는 시스템

오답 피하기

- 다중 프로그래밍 시스템 : 한 대의 컴퓨터에 여러 프로그램을 적재한 후 실행하는 방식
- 분산 데이터 처리 시스템 : 분산된 여러 컴퓨터를 네트워크로 연결하여 처리하는 방식
- 병렬 처리 시스템 : 하나의 프로그램을 여러 개의 프로세서로 동시에 처리하여 프로그램의 처리 속도를 빠르게 하는 방식

08 ③

운영체제(OS) : 컴퓨터 시스템의 각종 하드웨어적인 자원과 소프트웨어적인 자원을 효율적으로 운영, 관리함으로써 사용자가 시스템을 이용하는데 편리함을 제공하는 시스템 소프트웨어

오답 피하기

- 컴파일러 : 원시 프로그램을 기계어로 번역하는 고급 언어 번역기
- 워드프로세서 : 문서 작성을 위한 소프트웨어
- 인터프리터 : 대화식 언어(Basic)를 기계어로 번역하는 언어 번역기

09 ③

언어 번역 프로그램(Language Translation Program) : 원시 프로그램을 컴퓨터가 알 수 있는 기계어로 변환시키는 프로그램으로 컴파일러(Compiler), 어셈블러(Assembler), 인터프리터(Interpreter) 등이 있음

10 ②

프로세스(Process) : 실행 중인 프로그램을 의미하며, 프로그램을 실행하는 처리 단위임

오답 피하기

- 인터럽트(Interrupt) : 예기치 않은 사건으로 실행이 잠시 중단된 상태
- 버퍼(Buffer) : 임시 기억 장치
- 커널(Kernel) : 운영체제의 핵심으로, 주기억 장치에 상주하며 프로세스 관리, 입출력 관리, 파일 관리, 메모리 관리, 프로세스 간의 통신 관리 등 제어

11 ③

최적 적합 : 할당될 프로그램과 크기가 가장 근접한 공간에 적재

오답 피하기

- 최악 적합 : 할당하고 남은 공간이 가장 큰 공간에 적재
- 최초 적합 : 데이터를 수용할 수 있는 공간 중 가장 먼저 발견된 곳에 적재

12 ③

동적 분할(Dynamic Partition) 방식 : Job을 처리하는 과정에서 필요한 공간만큼 할당하여 사용

오답 피하기

고정 분할(Fixed Partition) 방식 : 주기억 장치를 고정된 크기로 미리 분할하여 사용하는 방식

13 ②

온라인 실시간 처리 시스템 : 자료 발생 즉시 바로 처리해 주는 방식으로, 조회 및 문의 업무에 적합한 방식

오답 피하기

배치 처리 시스템 : 일정 시간, 일정량을 모아 한꺼번에 처리하는 방식으로 급여 관리 업무, 판매 분석 업무, 원가 계산 업무 등이 해당됨

14 ①

FIFO(First In First Out) 스케줄링 : 먼저 들어온 것을 우선 처리(선입 선출)하는 방법으로 가장 간단한 방식이며 FCFS(First Come First Service) 스케줄링이라고도 함

15 ④

응답 시간(Turnaround Time)은 작업 요청 후 결과를 얻게될 때 까지의 시간으로, 짧을수록 효율적임

16 ③

교착 상태(Deadlock) : 한정된 자원을 각 프로세스들이 서로 차지하려고 무한정 대기하는 상태

오답 피하기

- 세마포어(Semaphore) : 운영체제의 자원을 경쟁적으로 사용하는 다중 프로세스에서 행동을 조정하거나 동기화시키는 기술로, 공유된 자원 접근시 프로세스 간의 통신 기법
- 임계 영역(Critical Section) : 다중 프로그래밍 운영체제에서 여러 프로세스가 데이터를 공유하면서 수행될 때 각 프로세스에서 공유 데이터를 액세스하는 프로그램 코드 부분

17 ①

RR(Round Robin) 스케줄링 : 각 프로세스에게 차례대로 일정한 시간 할당량(Time Slice) 동안 처리기를 차지하도록 하는 기법으로, 시분할 시스템에서 주로 사용됨

18 ①

스케줄러(Scheduler) : 메모리에 있는 실행 준비가 되어 있는 프로세스들 중에 하나를 CPU에 할당

19 ②

처리 능력(Throughput) 향상 : 시스템의 생산성을 나타내는 단위로, 일정 시간 동안 처리하는 일의 양을 의미함

오답 피하기

- 응답 시간(Turnaround Time) 단축 : 작업 의뢰 후 시스템에서 결과가 얻어질 때까지의 시간
- 사용 가능도(Availability) 증대 : 시스템을 얼마나 빠르게 사용할 수 있는가의 정도
- 신뢰도(Reliability) 향상 : 주어진 문제를 얼마나 정확하게 처리하는가의 정도

CHAPTER 02

DOS

학습 방향

부팅, 웜 부팅, FORMAT, ATTRIB, DIR/W, CLS, REN, COPY, 내부 명령어, FDISK, UNDELETE, F8, LASTDRIVE, CONFIG.SYS 등이 출제되었습니다. DOS의 기능 및 각종 명령어, DOS 관련 파일들에 대해 익혀두어야 합니다.

출제빈도

SECTION 01	하	8%
SECTION 02	상	78%
SECTION 03	중	13%
SECTION 04	하	1%

SECTION 01

DOS의 개요와 기능

출제빈도 상 중 (하)
반복학습 1 2 3

빈출 태그 DOS의 부팅 • 시스템 파일

01 DOS(Disk Operating System)의 개요

- 개인용 컴퓨터(PC)에서 디스크 관리 및 파일 관리 등을 다루기 위한 운영체제
- 명령어를 입력하여 컴퓨터에게 명령을 내리는 CUI(Character User Interface)★ 방식

★ CUI
(Character User Interface)
문자 중심의 인터페이스로, 사용자가 명령어를 직접 입력하는 방식이며 DOS, UNIX 등이 속함

더 알기 TIP

GUI(Graphic User Interface)

그래픽 중심의 인터페이스로, 사용자가 아이콘화 되어 있는 구성 요소를 통해 컴퓨터와 정보를 교환하는 방식이며 Windows 계열이 이에 속함

02 DOS의 기능

- 컴퓨터와 사용자 사이에서 인터페이스 역할을 담당
- 사용자가 입력한 명령어를 처리하며 디스크 및 파일 관리를 담당
- 입출력 관리, 메모리 할당, 주변 장치 관리, 인터럽트 처리 등을 제어

03 DOS의 부팅(Booting) 21년 1회, 20년 2회, 17년 상시, 11년 2월, 08년 7월, …

- 부팅(Booting)은 컴퓨터의 시동을 위해 DOS 프로그램을 주기억 장치로 적재(Load)시켜 사용자가 컴퓨터를 사용할 수 있는 상태로 만드는 과정
- 부팅 시 필요한 시스템 파일 : IO.SYS, MSDOS.SYS, COMMAND.COM, AUTOEXEC.BAT
- 종류 10년 3월, 08년 10월, 07년 4월, 05년 4월

콜드 부팅(Cold Booting)	하드웨어적인 부팅으로, 컴퓨터의 리셋(Reset) 버튼을 눌러 재부팅하는 방법
웜 부팅(Warm Booting)	소프트웨어적인 부팅으로, Ctrl+Alt+Delete를 동시에 눌러 재부팅하는 방법

암기 TIP

Ctrl+Alt+Delete
→ Warm Booting
카드(CAD)를 오래 쥐고 있으면 따뜻해(Warm) 진답니다.

더 알기 TIP

부팅(Booting) 순서 10년 3월

① 본체와 모니터 등 여러 주변 기기의 전원을 켠다.
② ROM-BIOS*에 의해 주기억 장치 및 하드웨어, 주변 기기의 이상 유무를 점검한다(POST).
③ IO.SYS 파일을 읽어 주기억 장치에 적재한다.
④ MSDOS.SYS 파일을 주기억 장치로 읽어 들인다.
⑤ 환경 설정 파일인 CONFIG.SYS* 파일을 주기억 장치로 읽어 들인다.
⑥ COMMAND.COM 파일을 주기억 장치로 읽어 들인다.
⑦ AUTOEXEC.BAT 파일을 실행한다.

★ ROM-BIOS(ROM-Basic-Input Output System)
컴퓨터 시스템에 대한 검사 및 초기화 정보를 담고 있는 ROM

★ CONFIG.SYS
- 도스 부팅 시 필요한 시스템 환경을 설정
- 디스크 동작 속도를 향상시켜 주는 버퍼/캐시를 설정할 수 있음
- 키보드, 마우스, 기타 주변 장치 활용 방법을 설정할 수 있음

04 시스템 파일(System File) 20년 4회, 19년 상시, 16년 상시, 15년 상시, 11년 2월, …

파일명	기능	비고
IO.SYS	MSDOS.SYS의 입출력 요구에 따른 실제적인 입출력을 수행	숨김(Hidden) 속성
MSDOS.SYS	파일의 입출력, 시스템 호출을 담당하며 파일 관리, 메모리 관리, 프로세서 관리, 하드웨어 관리를 담당함	
COMMAND.COM	명령어 해석 및 명령어 처리기 기능, 내부 명령어 포함	

암기 TIP

부팅 순서 : I'M CO CO A.
(나는 코코아 먹을래.)
IO.SYS
↓
MSDOS.SYS
↓
CONFIG.SYS
↓
COMMAND.COM
↓
AUTOEXEC.BAT

05 파일(File)

'서류철'이라는 의미로 컴퓨터의 저장 단위임

프로그램이나 자료를 저장할 때 사용되는 저장 단위이며, 그 종류나 기능에 따라 구분하고 파일명과 확장자로 구성됨

암기 TIP

시스템 파일 : I'M COM. (나는 컴이야)
IO.SYS
MSDOS.SYS
COMMAND.COM

① 파일명

- 파일명은 영문 기준 8자(한글 4자), 확장자는 3자(한글 1자)로 구성
- 파일명 작성 시 파일명 중간에 공백이 포함되면 안 됨
- 시스템 예약 파일명(AUX, CON, PRN, NUL 등)은 사용할 수 없음
- 특수 문자(/, ₩, [,], ;, :, |, 〈, 〉, +, = 등)는 사용할 수 없음

② 시스템 예약 파일

CON(Console)	콘솔을 의미하며 표준 입출력 장치인 키보드, 모니터를 의미
PRN(Printer)	병렬 통신 포트인 프린터를 의미(LPT1, LPT2)
NUL(Null)	가상 장치 파일인 Null을 의미
AUX(Auxiliary)	보조 입출력 장치, 비동기 직렬 통신 포트로 COM1~COM4까지 사용

개념 체크

1 시스템 파일 중 명령어 해석 및 명령어 처리를 담당하는 파일은?

2 파일명 작성 시 파일명은 중간에 공백을 포함할 수 있다. (O, X)

1 COMMAND.COM 2 ×

③ 만능 문자(Wild Card Character)

- 많은 양의 파일을 복사 및 이동, 삭제할 때 작업을 신속하고 효율적으로 처리하기 위해 사용하는 것으로, 와일드 카드 문자 또는 만능 문자라고 함
- DOS에서 사용되는 만능 문자 : *, ?

더 알기 TIP

* : 모든 문자 또는 문자 전부를 대신하는 역할

예 *.xls ← 파일명에 관계 없이 확장자가 xls인 모든 파일

H*.hwp ← 파일명 첫자가 H로 시작하면서 확장자가 hwp인 파일

. ← 모든 파일

? : 한 문자만을 대신하는 역할

예 ????.* ← 파일명이 4자 이하이면서 확장자는 관계 없는 파일

이론을 확인하는 기출문제

01 도스에서 CONFIG.SYS 파일의 특징으로 옳지 않은 것은?

① 도스가 처음 부트할 때 자신에게 필요한 시스템 환경을 설정해 주는 파일이다.
② 일괄 처리 배치 파일로서 부팅 시에 정해진 처리 및 환경 설정을 수행한다.
③ 디스크의 동작 속도를 향상시켜 주는 버퍼/캐시를 설정할 수 있다.
④ 키보드, 마우스, 기타 주변 장치 활용 방법을 설정할 수 있다.

AUTOEXEC.BAT : 부팅 시 자동으로 실행되는 일괄 처리 배치 파일

02 도스(MS-DOS)에서 시스템 부팅 시 반드시 필요한 파일이 아닌 것은?

① IO.SYS　② MSDOS.SYS
③ COMMAND.COM　④ CONFIG.SYS

부팅 시 필요한 시스템 파일 : MSDOS.SYS / IO.SYS / COMMAND.COM

오답 피하기

CONFIG.SYS : 환경 설정 파일로 부팅 시 반드시 필요한 파일이 아님

03 MS-DOS 부팅 시 필요한 파일의 읽는 순서를 옳게 나열한 것은?

(1) MSDOS.SYS　(2) IO.SYS
(3) CONFIG.SYS　(4) AUTOEXET.BAT
(5) COMMAND.COM

① (1)-(2)-(3)-(4)-(5)
② (2)-(1)-(3)-(5)-(4)
③ (2)-(1)-(3)-(4)-(5)
④ (1)-(2)-(5)-(3)-(4)

부팅(Booting) 순서

IO.SYS → MSDOS.SYS → CONFIG.SYS → COMMAND.COM → AUTOEXEC.BAT

04 실행 중인 프로그램이나 시스템을 중지시킬 수 있는 수행 중단 기능(Break = On)을 설정할 수 있는 도스 파일은?

① IO.SYS　② COMMAND.COM
③ CONFIG.SYS　④ AUTOEXEC.BAT

환경 설정 파일로 부팅 시 컴퓨터 시스템 및 주변 장치에 필요한 기본 환경을 설정하고 프로그램의 실행을 중단하는 기능의 설정 및 해제를 담당

정답 01 ② 02 ④ 03 ② 04 ③

SECTION 02

DOS 명령어

합격 강의

출제빈도 (상) 중 하
반복학습 1 2 3

빈출 태그 내부 명령어 • 외부 명령어 • FORMAT • FDISK • CHKDSK • 디렉터리 관련 명령 • DIR • TYPE • ATTRIB

01 DOS 명령어 구분

① 내부 명령어 23년 3회, 22년 4회, 20년 2회, 19년 상시, 13년 상시, 11년 4월/7월, …

- 주기억 장치에 상주하므로 언제든지 실행이 가능하며, 실행 과정이 간단함
- 경로(Path)와 관계 없이 어떤 디렉터리에서도 실행이 가능함
- 종류

DIR	파일 목록 보기	PATH	경로 설정 및 해제
DEL	파일 삭제(= ERASE)	VER	DOS의 버전 표시
REN	파일 이름 변경	VOL	드라이브의 볼륨명과 일련 번호 표시
TYPE	텍스트 파일의 내용을 보여줌	CLS	화면의 내용을 지움
PROMPT	프롬프트 설정	DATE	날짜 확인 및 설정
MD(MKDIR)	디렉터리 생성	TIME	시간 확인 및 설정
CD(CHDIR)	경로 변경	COPY	파일 복사
RD(RMDIR)	디렉터리 삭제	EXIT	이전의 프로세스로 복귀

내부 명령어의 실행
DOS 부팅 시 COMMAND.COM이 실행될 때 주기억 장치에 상주하여 키보드를 통해 명령이 입력되면 바로 실행

기적의 TIP
DOS 명령어는 단어의 의미가 그 명령의 기능이 되므로 의미를 이용하여 기능을 암기하시면 됩니다.
각 명령의 기능에 대해 묻는 형식으로 출제되고 있습니다.

② 외부 명령어 20년 2회/3회, 18년 상시, 14년 상시, 12년 상시, 11년 2월, …

- 내부 명령어보다 사용 횟수가 비교적 적고 독립적인 파일이 존재함
- 내부 명령어보다 수행 속도가 느리며 DIR 명령으로 파일의 목록을 확인할 수 있음
- 파일의 용량이 비교적 크며 주로 COM, EXE 등의 확장자를 가짐
- 종류

FORMAT	디스크 초기화	DISKCOPY	디스크 복사
FDISK	하드 디스크의 논리적인 파티션 설정	XCOPY	파일, 디렉터리 및 하위 디렉터리 복사
SYS	부팅 디스크 생성	UNDELETE	삭제했던 파일을 복구
CHKDSK	디스크 상태 점검	FIND	특정 문자열 검색
ATTRIB	파일 속성 변경	SORT	정렬하여 결과를 화면, 파일 형태로 출력
DELTREE	파일 및 하위 디렉터리까지 삭제	MORE	화면 단위 출력
MOVE	파일, 디렉터리명 변경 및 이동	LABEL	볼륨명 지정
UNFORMAT	포맷한 디스크의 복구	RESTORE	백업 데이터의 복구
BACKUP	파일 손상에 대비한 데이터의 복사	FC	두 개의 파일을 비교하여 그 차이를 표시

외부 명령어의 실행
보조 기억 장치에 명령어를 저장시켰다가 명령 실행 시 주기억 장치로 가져와 실행

개념 체크
1 DOS로 부팅 시 COMMAND.COM이 실행될 때 주기억 장치에 상주하여 키보드를 통해 명령이 입력되면 바로 실행되는 명령어는?
2 DOS 명령 중 MOVE는 외부 명령어이다. (O, X)

1 내부 명령어 2 ○

02 디스크 관련 명령

① FORMAT 24년 1회, 17년 상시, 11년 4월/10월, 09년 1월, 08년 7월

- 디스크에 데이터 저장이 가능하도록 트랙(Track)과 섹터(Sector)를 형성하여 초기화 작업을 수행
- 사용법 : FORMAT [드라이브:][/옵션]

옵션	기능
/V	디스크 이름을 지정
/Q	빠른 포맷
/F	포맷할 용량 지정
/S	시스템 파일을 복사하여 부팅 가능한 디스크로 만듦

예 C:\>FORMAT A: /V:BEST ← A 드라이브의 볼륨명을 BEST로 지정하여 포맷
C:\>FORMAT A: /Q ← A 드라이브 빠른 포맷

② DISKCOPY

- 디스크 복사 기능으로, 원본 디스크에 있는 내용을 전부 다른 디스크로 복사
- 같은 용량의 디스크끼리만 사용 가능
- 사용법 : DISKCOPY [원본 드라이브:][사본 드라이브:]

예 C:\>DISKCOPY A: B: ← 플로피 디스크 드라이브가 2개 장착되어 있는 경우
C:\>DISKCOPY A: A: ← 플로피 디스크 드라이브가 1개 장착되어 있는 경우

기적의 TIP
FDISK 명령은 시험에 자주 출제되며 그 기능 또한 중요하므로 반드시 암기해 두도록 하세요.

③ FDISK 17년 상시, 16년 상시, 14년 상시, 11년 2월/10월, 09년 1월/3월/9월, …

- 하드 디스크 파티션의 논리적 분할과 삭제 작업을 수행
- 하드 디스크에만 사용이 가능하고 플로피 디스크에는 적용되지 않음

④ CHKDSK★ 09년 9월, 07년 4월, 05년 7월, 03년 3월

★ CHKDSK
CHeck DiSK의 축약형

- 디스크의 상태를 점검하고 손상된 부분을 복구
- 사용법 : CHKDSK [드라이브:][/옵션]

옵션	기능
/V	디렉터리와 디렉터리 내의 모든 파일의 목록을 표시
/F	디스크 상의 손상된 부분을 복구

예 C:\>CHKDSK C: /F ← C 드라이브 검사 후 손상된 부분을 복구

더 알기 TIP

DEFRAG 10년 7월

디스크 단편화 현상을 제거하는 명령

03 디렉터리 관련 명령

파일을 저장하고 보관

① MD(Make Directory) 10년 1월, 08년 2월, 06년 7월, 05년 10월, 03년 1월

- 새로운 디렉터리를 생성하는 명령
- 사용법 : MD [드라이브:][경로]디렉터리명

예 C:\ >MD BEST ← 현재 디렉터리에 BEST라는 이름의 디렉터리를 생성

② CD(Change Directory)

- 특정 디렉터리로 이동하는 명령
- 사용법 : CD [드라이브:][경로]디렉터리명

예 C:\ >CD BEST ← BEST 디렉터리로 이동
C:\ BEST>_ ← 명령 실행 후 결과

③ RD(Remove Directory) 03년 7월

- 기존에 생성되어 있는 디렉터리를 삭제하는 명령
- 사용법 : RD [드라이브:][경로]삭제하고자 하는 디렉터리명

예 C:\ >RD BEST ← BEST 디렉터리 삭제

④ DELTREE

- 디렉터리 안의 파일 및 하위 디렉터리까지 모두 삭제
- 사용법 : DELTREE [드라이브:][경로]디렉터리명

예 C:\ >DELTREE BEST ← BEST 디렉터리의 모든 파일 및 하위 디렉터리까지 모두 삭제

⑤ PATH

- 실행 파일의 경로 설정 및 변경이 가능하며, 현재 설정된 경로를 보여주는 명령
- 사용법 : PATH [경로];[경로]; …
  PATH;

예 C:\ >PATH C:\DOS;C:\GAME;C:\UTIL ← 설정한 경로 순서대로 실행 파일을 검색
C:\ >PATH; ← 경로 설정 해제

기적의 TIP

디렉터리 관련 명령 중 MD, RD, CD는 단어의 뜻을 알면 쉽게 기억할 수 있습니다.

개념 체크

1 도스(MS-DOS)에서 하드 디스크의 파티션을 설정하고 논리적 드라이브 번호를 할당하는 명령은?

2 윈도우즈의 디스크 검사와 같은 기능을 가진 도스 명령어는?

1 FDISK 2 CHKDSK

⑥ XCOPY 14년 상시, 10년 3월/10월

- 숨겨진(Hidden) 파일과 시스템(System) 파일은 복사가 불가능
- 많은 파일을 빠르게 복사하고 하위 디렉터리 내의 파일 및 디렉터리 구조까지 복사
- 사용법 : XCOPY [드라이브:][경로]파일명 [드라이브:][경로]파일명[/옵션]

옵션	기능
/A	보존 속성의 설정을 포함하여 복사
/D	지정한 날짜 이후에 갱신된 파일만 복사
/E	모든 파일, 서브 디렉터리와 빈 디렉터리까지 복사
/S	모든 파일 및 서브 디렉터리 복사
/V	복사 후 파일 검증
/P	복사 확인 메시지 표시

예 C:\ 〉XCOPY ＊.HWP A: ← 확장자가 HWP인 파일을 모두 A 드라이브로 복사

더 알기 TIP

새로운 백업 파일들을 추가하는 명령 03년 1월

BACKUP *.* A : /A

04 파일 관련 명령

기적의 TIP

DIR 명령의 옵션, 정렬 옵션을 이용한 문제가 출제되므로 반드시 정리해 두셔야 합니다.

① DIR(DIRectory) 23년 3회, 22년 3회, 20년 3회/4회, 16년 상시, 13년 상시, 11년 4월, …

- 디스크 내의 파일 목록, 파일에 대한 정보, 파일의 수, 파일의 크기, 생성 날짜와 시간, 디스크 정보를 표시해 주는 내부 명령어
- 사용법 : DIR [드라이브:][경로]파일명[/옵션]

옵션	기능
/P(Pause)	한 화면씩 표시
/W(Wide)	파일명과 확장자만 한 줄에 5개씩 표시
/O(Order)	정렬 방식대로 표시
/S(Subdirectory)	지정한 디렉터리와 하위 디렉터리의 파일까지 모두 표시
/A(All)	숨김 파일과 비숨김 파일들을 모두 표시

- 정렬 옵션 05년 4월, 03년 10월

옵션	기능
/OD(Date)	날짜순으로 정렬
/OE(Extension)	확장자의 알파벳순으로 정렬
/ON(Name)	이름순으로 정렬
/OS(Size)	크기순으로 정렬
–	역순으로 정렬

예 C:\ 〉DIR /OS ← 파일의 목록을 크기순으로 정렬

② COPY
- 한 개 또는 여러 개의 파일을 복사하는 내부 명령어
- 사용법 : COPY [원본 드라이브:]파일명 [사본 드라이브:]파일명

  예 C:\>COPY BEST.XLS A: ← BEST.XLS 파일을 A 드라이브로 복사
  C:\>COPY A.TXT+B.TXT C.TXT ← A.TXT 파일과 B.TXT 파일의 내용을 합쳐 C.TXT 파일로 복사

③ DEL
- 파일을 삭제할 때 사용하는 내부 명령어
- 사용법 : DEL [드라이브:][경로]삭제할 파일명 [/옵션]

  예 C:\>DEL A:*.* ← A 드라이브의 모든 파일을 삭제
  C:\>DEL *.* /P ← 삭제하기 전에 삭제 여부를 확인

④ TYPE 17년 상시, 11년 4월
- ASCII 코드 형태의 모든 텍스트 파일의 내용을 표시하는 내부 명령어
- 와일드 카드 문자(*, ?)★는 사용할 수 없으므로 반드시 파일명과 확장자를 모두 표기함
- 사용법 : TYPE [드라이브:][경로]파일명

  예 C:\>TYPE ABC.TXT ← ABC.TXT 파일 내에 있는 내용을 출력

★ 와일드 카드 문자
- * : 모든 문자에 대응
- ? : 한 개의 문자에 대응

⑤ REN(REName)
- 파일의 이름을 변경하는 데 사용하는 내부 명령어
- 와일드 카드 문자 사용이 가능하며, 동일한 디렉터리 내에서만 가능함
- 사용법 : REN [드라이브:][경로]파일명 새로운 파일명

  예 C:\>REN A:*.TXT *.BAT ← A 드라이브에서 확장자가 TXT인 모든 파일의 확장자를 BAT로 변경

기적의 TIP

ATTRIB 명령이 시험에 자주 출제되므로 옵션 및 설정, 해제에 대한 공부는 필수입니다.

⑥ ATTRIB 22년 2회, 20년 4회, 19년 상시, 18년 상시, 16년 상시, …

(ATTRIB: Attribute(속성)의 축약 명령)

- 파일의 속성을 지정 및 해제하는 명령어
- 사용법 : ATTRIB [+속성 / −속성][드라이브:][경로]파일명 [/옵션]
  - + : 속성 설정
  - − : 속성 해제

옵션	기능
R(Read Only)	읽기 전용 속성
A(Archive)	저장 기능 속성
S(System)	시스템 파일 속성
H(Hidden)	숨김 속성

예 C:\>ATTRIB +H BEST.BAT ← BEST.BAT 파일에 숨김(Hidden) 속성 부여
C:\>ATTRIB −R BEST.BAT ← BEST.BAT 파일에 읽기 전용(Read Only) 속성 해제

개념 체크

1 디스크 내의 파일 목록, 파일에 대한 정보, 파일의 수, 파일의 크기, 생성 날짜와 시간, 디스크 정보를 표시해 주는 내부 명령어는?

2 도스(MS-DOS)에서 특정 파일의 감추기 속성, 읽기 속성을 지정할 수 있는 명령은?

1 DIR 2 ATTRIB

05 데이터 가공 명령

1) 필터(Filter) 명령

① SORT

- 내용을 이름순으로 정렬하고 결과를 화면 또는 파일 형태로 출력하는 외부 명령어로, 파이프(¦) 기호와 함께 사용
- 사용법 : SORT [/스위치]

옵션	기능
/R	입력을 역순으로 정렬
/+N	N번째 문자를 기준으로 정렬

예 C:\ DOS>DIR *.XLS ¦ SORT ← DOS 디렉터리의 *.XLS 파일을 파일명 기준으로 오름차순 정렬하여 출력

② MORE

- 한 화면 단위로 내용을 출력해 주는 외부 명령어로, 파이프(¦) 기호와 함께 사용
- 사용법 : MORE

예 C:\ DOS>DIR ¦ SORT ¦ MORE ← DOS 디렉터리의 목록을 정렬하여 한 화면 단위로 출력
C:\ DOS>TYPE SAMPLE.TXT ¦ MORE ← SAMPLE.TXT 파일의 내용을 한 화면 단위로 확인

③ FIND 15년 상시, 11년 7월, 08년 7월, 06년 10월, 03년 1월

- 하나 또는 여러 개의 파일에서 특정한 문자열을 검색하는 기능
- 사용법 : FIND [/스위치] ["문자열"] [드라이브:] 파일명

옵션	기능
/C	지정한 문자열이 있는 줄 수만 표시
/N	줄 번호를 각 줄 앞에 나타냄

예 C:\ >FIND "best" ABC.DAT ← C 드라이브의 ABC.DAT 파일에서 "best"라는 문자열을 검색

+ 더 알기 TIP

EXE2BIN 10년 7월

실행 파일인 EXE를 COM 파일로 변환하는 명령

2) 리다이렉션(Redirection)

- 출력 및 입력의 방향을 변경하며, 기존 파일에 내용을 추가하는 기능
- 사용법
  - 파일 이름 〈 수행할 파일 → 입력 방향 변경
  - 수행할 파일 〉 파일 이름 → 출력 방향 변경
  - 수행할 파일 〉〉 파일 이름 → 기존 파일은 그대로 두고 그 파일 뒤에 새로운 내용 추가
- 기능
  - 출력 결과를 '〉' 다음에 명시한 파일로 전송되어 출력 방향이 변경됨
  - '〉〉' 다음에 명시한 파일이 이미 존재하면 그 파일 뒤에 내용이 추가되며, 명시된 파일이 없는 경우 새 파일이 작성되어 저장됨

  예 C:\ DOS〉DIR〉SAMPLE.TXT ← DOS 디렉터리 목록의 내용을 SAMPLE.TXT로 저장(출력 방향을 모니터가 아닌 SAMPLE.TXT로 변경)

이론을 확인하는 기출문제

01 DOS 명령어 중 텍스트 파일의 내용을 출력하는 명령은?

① VER ② TYPE
③ CAT ④ LABEL

TYPE : 텍스트 파일의 내용을 보여줌

오답 피하기
- VER : DOS의 버전을 표시
- CAT : UNIX 명령으로 파일의 내용 표

02 도스(MS-DOS)에서 EXE 형태의 파일을 COM 파일로 변환시켜 주는 명령어는?

① EXE2BIN ② EMM386
③ RAMDRIVE ④ HIMEM

EXE2BIN : 실행 파일인 EXE 확장자를 가진 파일을 실행 파일인 COM 확장자를 가진 파일로 변환하는 명령

03 도스(MS-DOS)에서 단편화되어 있는 파일의 저장 상태를 최적화하여 디스크의 작동 효율을 높이는 명령은?

① DISKCOMP ② CHKDSK
③ DEFRAG ④ DISKCOPY

DEFRAG : 디스크에 생긴 단편화 현상을 제거하는 명령

04 도스(MS-DOS)에서 사용자가 잘못해 파일의 정보를 삭제하였을 때, 이를 복원하는 명령어는?

① DELETE ② UNDELETE
③ FDISK ④ ANTI

UNDELETE : 삭제했던 파일을 복구

오답 피하기
- DEL : 파일 삭제
- FDISK : 하드 디스크의 논리적인 파티션 설정

05 다음 설명에 해당하는 DOS 명령어는?

> 지정된 디렉터리를 포함한 하위 디렉터리와 모든 파일들을 복사하는 외부 명령어

① COPY
② DISKCOPY
③ XCOPY
④ ZCOPY

XCOPY는 외부 명령어로써 다양한 옵션을 이용해 파일, 디렉터리 및 서브디렉터리까지 복사할 수 있음

06 도스(MS-DOS)에서 "ATTRIB" 명령 사용 시, 읽기 전용 속성을 해제할 때 사용하는 옵션은?

① +H
② −S
③ −A
④ −R

- ATTRIB : 파일의 속성을 지정 및 해제하는 명령어
- 사용법 : ATTRIB [+속성 / −속성][드라이브:][경로]파일명 [/옵션]
- + : 속성 설정, − : 속성 해제

속성	기능
R(Read Only)	읽기 전용 속성
A(Archive)	저장 기능 속성
S(System)	시스템 파일 속성
H(Hidden)	숨김 속성

정답 01 ② 02 ① 03 ③ 04 ② 05 ③ 06 ④

SECTION 03

DOS의 배치 파일과 환경 설정 파일

출제빈도 상 (중) 하
반복학습 1 2 3

빈출 태그 AUTOEXEC.BAT • CONFIG.SYS

01 배치(Batch, 일괄 처리) 파일

일련의 DOS 명령어를 여러 개 사용하는 경우 한 번에 순차적으로 실행하기 위한 일괄 처리 파일

① 배치 파일 작성

COPY CON 파일이나 텍스트 에디터(메모장 등)를 이용하여 작성

② AUTOEXEC.BAT 파일(자동 실행 배치 파일)

- 컴퓨터 부팅 시 제일 먼저 자동으로 실행되는 자동 실행 배치 파일
- 루트 디렉터리에 존재해야 함

③ 배치 전용 명령어

- REM : 일괄 처리 파일의 주석문(Comment)을 표시
- ECHO : 실행 시 화면에 명령의 표시 여부를 설정
- GOTO : 특정한 레이블로 이동
- IF : 조건 판단에 따라 일괄 처리를 수행
- PAUSE : 일괄 처리의 일시 정지
- SHIFT : 파라미터(%0~%9)와 실행 시 지정되는 값이 대응되도록 하는 명령
- FOR : 실행을 여러 번 반복할 경우
- CALL : 다른 일괄 처리 파일의 호출

더 알기 TIP

AUTOEXEC.BAT 파일 작성 예

C:\COPY CON AUTOEXEC.BAT	
REM #자동 실행 배치 파일 #	← 주석문(Comment)
CLS	← 화면을 지움
PROMPT PG	← 프롬프트 모양의 설정
V3 C: /A	← 백신 프로그램 실행
CHKDSK	← 디스크 검사
PATH = C:\DOS;C:\V3\V3.EXE;C:\HNC	← 프로그램 실행 경로 설정
HWP	← 프로그램 실행
^Z(Ctrl+Z 또는 F6)	← 입력 종료

기적의 TIP

배치 파일과 환경 설정 파일의 필요성에 대해 이해를 통한 정리가 필요합니다.

F8

Autoexec.bat와 Config.sys 파일의 수행을 사용자가 선택 실행

02 환경 설정 파일(CONFIG.SYS) 19년 상시, 16년 상시, 14년 상시, 11년 10월, 10년 3월, …

- 시스템 환경을 설정해 주는 파일로, 표준 장치 외 주변 장치에 대한 기본 환경 설정 가능
- 디스크의 동작 속도를 향상시켜 주는 버퍼(Buffer) 및 캐시(Cache)의 설정이 가능
- 루트 디렉터리에 존재해야 함

① 주요 환경 설정 명령

- FILES : 동시에 관리할 수 있는 파일 수를 지정
- BUFFERS : 디스크 버퍼 수를 지정
- LASTDRIVE : 사용 가능한 드라이브의 최대 수를 지정
- DEVICE : 마우스, 스캐너, 프린터 등과 같은 장치를 사용하고자 할 때 장치 구동 프로그램을 설정
- Break = on : Ctrl+C로 작업 중지

더 알기 TIP

CONFIG.SYS 파일 작성 예

C:\>COPY CON CONFIG.SYS	
DEVICE = C:\DOS\HIMEM.SYS	← 연장 메모리를 사용할 수 있게 함
DOS=HIGH	← DOS를 고위 메모리 영역에 올림
BUFFERS=20	← 디스크 버퍼 수를 할당
FILES=30	← 동시에 Open 가능한 파일 수를 지정
^Z(Ctrl+Z 또는 F6)	← 입력 종료

개념 체크

1 시스템 환경을 설정해 주는 파일로 표준 장치 외 주변 장치에 대한 기본 환경 설정이 가능한 파일은?

1 CONFIG.SYS

이론을 확인하는 기출문제

01 DOS의 환경 설정 파일(CONFIG.SYS)에 대한 설명으로 옳지 않은 것은?

① 도스 운영에 필요한 환경을 설정하는 파일이다.
② 어느 디렉터리에 존재하든 상관없이 제 역할을 수행한다.
③ 사용자가 만들며, 수정할 수 있다.
④ TYPE 명령으로 내용을 확인할 수 있다.

DOS의 환경 설정 파일(CONFIG.SYS)은 루트 디렉터리에 있어야 함

02 도스(MS-DOS)에서 'config.sys' 파일과 'autoexec.bat' 파일의 수행을 사용자가 선택하여 실행하려고 하는 경우 사용하는 기능키(Function Key)는?

① F4 ② F5
③ F7 ④ F8

F8 : 'config.sys' 파일과 'autoexec.bat' 파일의 수행을 사용자가 선택할 수 있음

정답 01 ② 02 ④

SECTION 04

DOS의 메모리 관리

출제빈도 상 중 (하)
반복학습 1 2 3

빈출 태그 HIMEM • EMM386 • RAMDRIVE

01 메모리 관리 명령어

명령어	기능
MEM	시스템 메모리 사용 상태를 알 수 있는 명령어
HIMEM	연장 메모리(XMS)를 사용할 수 있도록 해주는 명령어
EMM386	확장 메모리(EMS)를 사용할 수 있도록 해주는 명령어

- MEMMAKER : 기본 메모리를 최대로 확보해 주는 메모리 최적화 프로그램
- RAMDRIVE : RAM의 일부분을 드라이브처럼 사용할 수 있게 해주는 프로그램

02 메모리의 계층 구조

① 기본 메모리(Base Memory)
- 프로그램이나 데이터가 기억되는 메모리(0KB~640KB까지)
- 표준 메모리(상용 메모리)라고도 함
- 기본 시스템 파일(IO.SYS, MSDOS.SYS, COMMAND.COM)이 기억되는 메모리

② 상위 메모리(Upper Memory, UMA=UMB)
- 컴퓨터의 기본 메모리 중 640KB~1,024KB까지의 영역(384KB)
- 하드웨어 장치, 외부 어댑터, 비디오 어댑터 등으로 예약된 메모리

③ 고위 메모리(High Memory, HMA)

RAM의 1,024KB(1MB) 이후에 존재하는 64KB(1,088KB까지) 영역

④ 연장 메모리(eXtended Memory, XMS)
- 80286 이상의 프로세서를 가진 컴퓨터에서 1,088KB 이상의 메모리 영역
- 연속 확장 메모리라고도 함
- 프로그램 실행이 불가능, 응용 프로그램에서 많은 양의 데이터 저장

⑤ 확장 메모리(Expanded Memory, EMS)
- 확장 슬롯(Slot)에 중첩 확장 메모리 보드를 부착하여 보드를 관리하는 프로그램을 실행시킴
- 기본 메모리 외에 더 많은 메모리를 사용할 수 있도록 개발된 방식
- EMM386과 같은 메모리 관리자가 필요함

메모리 계층	경계
연장 메모리(XMS)	
	1,088KB
고위 메모리(HMA) 64KB	
	1,024KB(1MB)
상위 메모리(UMB) 384KB	
	640KB
기본 메모리 640KB	

▲ 메모리 계층 구조

상위 메모리

```
DEVICE=C:\DOS\HIMEM.SYS
DOS=UMB
```

고위 메모리

```
DEVICE=C:\DOS\HIMEM.SYS
DOS=HIGH
```

연장 메모리

```
DEVICE=C:\DOS\HIMEM.SYS
```

확장 메모리

```
DEVICE=C:\DOS\HIMEM.SYS
DEVICE=C:\DOS\EMM386.EXE
DOS=HIGH,UMB
```

합격을 다지는 예상문제

01 도스(MS–DOS)에서 외부 명령어에 대한 설명으로 옳은 것은?

① 독립된 파일의 형태로, DIR 명령으로 확인이 가능하다.
② 주기억 장치에 항상 올려져 있는 명령어이다.
③ COMMAND.COM이 주기억 장치에 올려짐으로써 사용할 수 있다.
④ DIR은 외부 명령어의 하나이다.

02 도스(MS–DOS)의 부팅(Booting)에 대한 설명으로 옳지 않은 것은?

① 부팅(Booting)이란 도스(DOS) 프로그램을 컴퓨터의 주기억 장치에 적재하여 사용자가 컴퓨터를 사용할 수 있도록 만드는 과정이다.
② 컴퓨터에서 전원을 인가함으로 인하여 발생하게 되는 부트 작업을 웜(warm) 부팅이라 하고, 키보드에서 Ctrl+Alt+Delete를 눌러서 발생하게 되는 부트 작업을 콜드(cold) 부팅이라고 한다.
③ 부팅 시 반드시 필요한 파일 중 MSDOS.SYS와 IO.SYS는 숨김 파일(Hidden File)로 되어 있다.
④ 부팅(Booting)시에 반드시 필요한 도스(DOS) 파일은 MSDOS.SYS, IO.SYS, COMMAND.COM이 있다.

03 도스(MS–DOS)에서 파일의 이름을 알파벳순으로 표시하는 명령어는?

① DIR/OS ② DIR/ON
③ DIR/OA ④ DIR/OD

04 도스에서 사용자가 바로 전에 입력한 내용을 한 번에 다시 나타낼 수 있는 기능을 가진 기능 키는?

① F1 ② F2
③ F3 ④ F4

05 도스(MS–DOS)에서 하드 디스크의 파티션을 설정하고 논리적 드라이브 번호를 할당하는 명령은?

① DOSKEY
② FORMAT
③ FDISK
④ DEFRAG

06 다음 도스(MS–DOS) 명령의 의미를 옳게 설명한 것은?

DIR ¦ SORT

① SORT라는 파일을 파일 목록에 추가한다.
② 파일 목록을 이름순으로 정렬하여 출력한다.
③ 파일 목록을 확장자순으로 정렬하여 출력한다.
④ 파일 목록을 SORT라는 파일에 기록한다.

07 도스(MS–DOS)에서 명령어 중 COMMAND.COM 파일이 관리하는 것은?

① CHKDSK
② DELTREE
③ COPY
④ FORMAT

08 도스(MS-DOS)에서 DIR 명령어로 찾아볼 수 없는 숨김 속성의 시스템 파일은?

① COMMAND.COM, IO.SYS
② MSDOS.SYS, COMMAND.COM
③ MSDOS.SYS, IO.SYS
④ FDISK.COM, COMMAND.COM

09 도스(MS-DOS)에서 두 개의 파일을 비교하여 그 차이를 나타내는 명령은?

① SHARE ② VER
③ MOVE ④ FC

10 도스(MS-DOS)의 'DEL' 명령에서 삭제 전에 삭제 여부를 확인하는 방법은?

① C:\>DEL *.*/S
② C:\>DEL *.*/E
③ C:\>DEL *.*/P
④ C:\>DEL *.*/A

11 도스(MS-DOS)에서 'AAA'라는 디렉터리를 만들 때의 명령은?(단, 현재 디렉터리는 C:\임)

① C:\>MD AAA
② C:\>CD AAA
③ C:\>ED AAA
④ C:\>RD AAA

12 도스(MS-DOS)에서 아스키(ASCII) 코드로 작성된 파일의 내용을 화면에 출력시키는 명령은?

① PATH 명령 ② RD 명령
③ CD 명령 ④ TYPE 명령

13 도스(MS-DOS)에서 특정 파일의 감추기 속성, 읽기 속성을 지정할 수 있는 명령은?

① MORE
② FDISK
③ ATTRIB
④ DEFRAG

14 도스(MS-DOS)에서 'config.sys' 파일에 'break =on'을 설정하는 이유는?

① 드라이브를 읽기 전용(Read Only)으로 만들기 위하여
② 중첩 확장 메모리 영역의 사용을 위하여
③ Ctrl+C에 의한 작업 중지 명령을 위하여
④ 숨김(Hidden) 파일을 만들기 위하여

15 DOS에서 'ABC'로 시작하는 모든 파일을 복사 또는 삭제할 경우의 파일명 지정이 올바르게 된 것은?

① ABC?.?
② ABC*.*
③ ABC-.-
④ ABD+.+

16 도스에서 배치 파일(Batch File)에 대한 설명으로 옳지 <u>않은</u> 것은?

① 배치 파일은 도스가 실행할 일련의 명령들을 기록한 파일이다.
② 도스(MS-DOS)는 확장자가 'BAT'인 파일을 배치 파일로 인식한다.
③ 배치 파일은 편집기를 사용하여 작성할 수 있다.
④ 배치 파일은 시스템이 부팅될 때만 실행될 수 있다.

17 도스(MS-DOS)의 필터(Filter) 명령어 중 하나 또는 여러 개의 파일에서 특정한 문자열을 검색하는 명령어는?

① SEARCH ② MORE
③ FIND ④ SORT

18 현재 사용 중인 DOS의 버전을 화면에 표시할 때 사용하는 명령은?

① CLS ② DEL
③ DIR ④ VER

19 도스에서 서로 상반되는 명령어끼리 연결한 것으로 가장 거리가 먼 것은?

① MD-RD
② TREE-DELTREE
③ DEL-UNDELETE
④ FORMAT-UNFORMAT

20 도스(MS-DOS)에서 현재의 백업 디스크에 있는 파일들을 지우지 않고 새로운 백업 파일들을 추가하는 명령은?

① BACKUP *.*A: /S
② BACKUP *.*A: /M
③ BACKUP *.*A: /D
④ BACKUP *.*A: /A

21 다음 도스(DOS)의 장치 파일 중 램(RAM)의 일부를 드라이브처럼 사용하게 하는 파일은?

① HIMEM.SYS
② RAMDRIVE.SYS
③ HBIOS.SYS
④ EMM386.EXE

22 도스(MS-DOS)의 명령어에 관한 설명 중 옳지 않은 것은?

① FC : 모든 열려있는 파일을 닫는다.
② CD : 현재의 디렉터리를 변경한다.
③ CLS : 화면을 깨끗하게 지운다.
④ MD : 새로운 디렉터리를 만든다.

23 도스(DOS)의 명령어 중 파일의 내용을 확인할 수 있는 'TYPE' 명령을 이용하여 어떤 파일을 확인하였을 때 다음과 같이 화면에 보여지고 있다. 어떤 파일의 내용을 'TYPE' 명령으로 나타낸 것인가?

```
DIVICE=C:\DOS\RAMDRIVE.SYS 1024
DIVICE=C:\DOS\HIMEM.SYS
FILES=50
DOS=HIGH, UMB
BUFFERS=30
```

① AUTOEXEC.BAT ② CONFIG.SYS
③ MSDOS.SYS ④ IO.SYS

24 도스(MS-DOS) 부팅 시 반드시 필요한 시스템 파일에 해당하지 않는 것은?

① CONFIG.SYS
② MSDOS.SYS
③ IO.SYS
④ COMMAND.COM

25 도스(MS-DOS)에서 디스크의 상태를 점검하는 명령은?

① CHKDSK
② FORMAT
③ PROMPT
④ DELTREE

합격을 다지는 예상문제 / 정답 & 해설

CHAPTER 02

01 ①	02 ②	03 ②	04 ③	05 ③
06 ②	07 ③	08 ③	09 ④	10 ③
11 ①	12 ④	13 ③	14 ③	15 ②
16 ④	17 ③	18 ④	19 ②	20 ④
21 ②	22 ①	23 ②	24 ①	25 ①

01 ①

외부 명령어 : 독립된 파일의 형태로 보조 기억 장치 내에 존재하며, 필요시 주기억 장치로 불러와 실행

오답 피하기

내부 명령어 : 주기억 장치의 COMMAND.COM 내에 존재하여 언제든지 빠르게 불러와 실행 가능

02 ②

- 콜드 부팅(Cold Booting) : 하드웨어적인 부팅으로, 컴퓨터의 리셋(Reset) 버튼을 눌러 재부팅하는 방법
- 웜 부팅(Warm Booting) : 소프트웨어적인 부팅으로, Ctrl+Alt+Delete를 동시에 눌러서 재부팅하는 방법

03 ②

/ON(Name) : 이름순으로 정렬

오답 피하기

- /OS(Size) : 크기순으로 정렬
- /OD(Date) : 날짜순으로 정렬
- /OE(Extension) : 확장자의 알파벳순으로 정렬

04 ③

- F1 : 바로 전에 사용자가 입력한 내용을 한 글자씩 표시해 주는 기능
- F2 : F2를 누른 후 지정 문자를 입력하면 바로 전에 입력한 내용 중 지정 문자의 앞 부분을 표시해 주는 기능
- F4 : F4를 누른 후 지정 문자를 입력하면 바로 전에 입력한 내용 중 지정 문자의 뒷 부분을 표시해 주는 기능

05 ③

FDISK : 하드 디스크 전용 명령어로, 디스크의 영역 분할을 설정하는 명령

오답 피하기

- DOSKEY : DOS 상에서 입력한 명령에 대한 History를 기억
- FORMAT : 디스크 초기화
- DEFRAG : 디스크 조각 모음(단편화 제거)

06 ②

DIR ¦ SORT : 파일의 목록을 파일의 이름순으로 정렬하여 출력

07 ③

내부 명령어 : COMMAND.COM이 실행될 때 주기억 장치에 상주, DIR 명령으로 파일의 목록을 확인할 수 없음(DIR, DEL, REN, COPY, TYPE, VER, CLS, MD, CD, RD 등)

08 ③

숨김(Hidden) 속성 : IO.SYS, MSDOS.SYS

오답 피하기

시스템 파일 : IO.SYS, MSDOS.SYS, COMMAND.COM

09 ④

FC : 두 개의 파일을 비교하여 그 차이를 표시

오답 피하기

- VER : DOS의 버전을 표시
- MOVE : 파일, 디렉터리 이름 변경 및 이동

10 ③

- DEL : 파일을 삭제할 때 사용하는 내부 명령어
- /P : 삭제하기 전에 확인

11 ①

디렉터리 생성 : MD

오답 피하기

- CD : 디렉터리 경로 변경
- RD : 디렉터리 삭제

12 ④

TYPE : ASCII 코드로 작성된 내용을 화면으로 출력

오답 피하기

- PATH : 실행 파일을 찾는 경로 표시
- RD : 디렉터리를 삭제하는 내부 명령
- CD : 디렉터리 경로 변경 및 현재 경로를 확인하는 내부 명령

13 ③

ATTRIB : 파일의 속성을 변경하는 명령

오답 피하기

- MORE : 화면 단위 출력
- FDISK : 하드 디스크의 논리적인 파티션 설정
- DEFRAG : 단편화 현상을 제거하는 명령어

14 ③

Break=on : Ctrl+C에 의한 작업 중지 명령을 위하여 사용

15 ②

*는 와일드 카드 문자로서, 모든 문자를 의미

오답 피하기

ABC?.?는 'ABC'로 시작하되 파일명은 'ABC'를 포함하여 4글자, 확장자는 1글자인 파일을 의미함

16 ④

배치 파일도 실행 파일의 일종이므로 언제든 실행이 가능하며, AUTOEXEC.BAT 파일은 특수한 배치 파일이므로 부팅 시 실행이 가능하며 일반적인 실행도 가능함

17 ③

FIND : 하나 또는 여러 개의 파일에서 특정 문자열을 검색하는 명령어

오답 피하기

- MORE : 한 화면씩 보여줌
- SORT : 내용을 정렬하고 결과를 화면 또는 파일 형태로 출력

18 ④

VER : DOS의 버전을 표시

오답 피하기

- CLS(CLear Screen) : 화면의 내용 지우기
- DEL : 파일 삭제
- DIR : 디스크 내의 파일 목록과 파일에 대한 정보를 표시

19 ②

- TREE : 디렉터리 구조를 출력
- DELTREE : 디렉터리 안에 있는 파일 및 서브 디렉터리까지 삭제

오답 피하기

- MD(디렉터리 생성) : RD(디렉터리 삭제)
- DEL(파일 삭제) : UNDELETE(파일 복구)
- FORMAT(포맷) : UNFORMAT(포맷 복구)

20 ④

/A : 기존 디스크에 추가로 백업

오답 피하기

- /S : 하위 디렉터리까지 모두 백업
- /M : 최종 백업 작업을 한 후 변경된 부분만 백업
- /D : 특정 날짜 이후의 파일만을 백업
- /F : 백업할 디스크를 먼저 포맷한 후 백업

21 ②

RAMDRIVE.SYS : 연장 메모리 영역을 디스크 드라이브 공간으로 이용하여 처리 속도를 높여줌

오답 피하기

- HIMEM.SYS : 고위 메모리(HMA)와 연장 메모리(XMS)를 사용 가능하게 함
- HBIOS.SYS : DOS에서 한글 사용을 가능하게 해주는 램 상주용 파일

22 ①

FC : 두 개 이상의 파일 비교

23 ②

CONFIG.SYS 파일 전용 명령어 : DEVICE, FILES, BUFFERS 등

오답 피하기

AUTOEXEC.BAT 파일 전용 명령어 : REM, ECHO, GOTO, IF, PAUSE, SHIFT, FOR, CALL 등

24 ①

CONFIG.SYS : 환경 설정 파일

오답 피하기

시스템 파일 : IO.SYS, MSDOS.SYS, COMMAND.COM

25 ①

CHKDSK : 디스크의 상태를 점검하고 손상된 부분을 복구

오답 피하기

- FORMAT : 디스크 초기화
- PROMPT : 프롬프트 설정
- DELTREE : 디렉터리 안의 파일 및 하위 디렉터리까지 모두 삭제

Windows

학습 방향

윈도우즈 특징, 멀티태스킹, PnP, Shift+F10, 아이콘 정렬 방식, 작업 표시줄, Alt+F4, 윈도 종료, 시작 버튼, 단축 아이콘, 클립보드, 멀티미디어, 워드패드, 디스플레이, 파일 삭제, 찾기, 디스크 조각 모음, 시스템 도구, 스풀링 등이 출제되었습니다. 바로 가기 키는 실습을 통해 암기하고, 윈도 운영체제에 대한 전반적인 기능을 파악하는 것이 좋습니다.

출제빈도

섹션	등급	비율
SECTION 01	상	47%
SECTION 02	하	8%
SECTION 03	중	35%
SECTION 04	하	7%
SECTION 05	하	3%

SECTION 01

Windows의 개요 및 기능

출제빈도 (상) 중 하
반복학습 1 2 3

빈출 태그 PnP • GUI • 긴 파일명 지원 • VFAT • 바로 가기 키 • 아이콘 정렬 방식 • 창 배열 방식 • 시작 메뉴 • 작업 표시줄 • 내 컴퓨터 • 바로 가기 아이콘

01 Windows의 개요 22년 4회, 21년 3회, 20년 2회/3회, 16년 상시, 15년 상시

기적의 TIP
Windows의 특징을 묻는 문제가 출제됩니다. 이에 대한 이해와 정리가 필수입니다.

1) Windows의 특징

- 선점형 멀티태스킹 지원 : 여러 프로그램을 동시에 실행할 수 있으며 운영체제에 의해서 문제가 있는 프로그램을 강제로 종료시켜 시스템의 다운 현상이 줄어듦 (Ctrl+Alt+Delete)
- Plug & Play(PnP)★ 지원 : 새로운 하드웨어 설치 및 설정을 자동으로 처리
- GUI(Graphic User Interface)★ : 그래픽에 의한 사용자와 컴퓨터 간의 인터페이스 기능 제공
- 긴 파일명 지원 : VFAT★의 사용으로 영문자 기준 255자(한글 127자)까지 가능하며 공백 포함 가능
- 강화된 멀티미디어 지원 : 동영상 재생, 녹음기, 사운드, MIDI 등의 자체 지원

★ Plug & Play(PnP)
자동 감지 설치 기능

★ GUI
마우스가 필수로 사용되며 CUI (Character User Interface)와 상반되는 개념임

★ VFAT
(Virtual File Allocation Table, 가상 파일 배치 정보 일람표)
DOS에서 사용된 FAT(파일 할당 테이블) 구조를 확장시킨 것으로, 긴 파일명 지원과 파일명에 공백 포함이 가능함

2) 설치 옵션

표준 설치	일반 컴퓨터(Desktop) 사용자를 위한 설치 방법
휴대용 설치	노트북, 랩톱 등의 휴대용 컴퓨터 사용자를 위한 설치 방법
최소 설치	하드 디스크 공간이 부족한 사용자들을 위해 기본적인 파일만 설치하는 방법
사용자 설치	사용자가 구성 요소를 직접 선택하여 설치하는 방법으로, 컴퓨터에 대해 전문 지식이 있는 경우 사용하는 방법

3) Windows의 시작과 종료

① Windows의 시작
컴퓨터에 전원을 넣으면 하드 디스크의 부팅 프로그램이 실행되면서 부팅이 됨

멀티 부팅
시스템 부팅 시 원하는 작업 환경에 따라 부팅 메뉴를 선택할 수 있음

② Windows의 종료 13년 상시, 11년 10월, 09년 3월, 07년 4월, 06년 1월, …
- [시작]–[시스템 종료] 메뉴를 선택하거나 바탕 화면 상에서 Alt+F4를 누름
- 시스템 종료 메뉴의 기능

대기(절전)	컴퓨터 전원 상태에서 절전 모드로 대기
시스템 종료	정상 시스템 종료
다시 시작	시스템 종료 후 다시 부팅
로그오프	컴퓨터를 종료하지 않고 사용자를 변경하는 메뉴
사용자 전환	현 계정의 작업을 종료하지 않고 다른 계정으로 전환하여 작업

암기 TIP
오~ 안전해!
F5는 안전 모드(Safe mode)

4) Windows에서의 마우스 사용법과 바로 가기 키

① 마우스 사용법 11년 2월, 06년 4월, 04년 7월

클릭(Click)	마우스 왼쪽 단추를 한 번 누르는 것으로, 항목을 선택할 때 사용
더블 클릭(Double Click)	마우스 왼쪽 단추를 빠르게 연속적으로 누르는 것으로, 선택 항목을 열거나 프로그램을 실행하고자 할 때 사용
드래그 앤 드롭(Drag & Drop)	마우스 왼쪽 단추를 누른 상태에서 원하는 위치까지 끌었다 놓는 동작이며, 항목의 복사나 이동 시 사용됨
오른쪽 단추 누르기	선택한 항목의 단축 메뉴를 열어줌

② 바로 가기 키(Shortcut Key) 23년 1회, 21년 1회/2회, 19년 상시, 18년 상시, 16년 상시, …

F1	도움말 실행
F2	이름 바꾸기
F3	찾기(파일, 폴더)
F4	주소 표시줄 열기
F5	새로운 정보로 고침
F6	탐색기의 왼쪽과 오른쪽 구역 사이의 이동
F8	Windows 부팅 시 부팅 메뉴가 나타남
Ctrl+C	복사하기
Ctrl+V	붙여넣기
Ctrl+X	잘라내기
Ctrl+A	모두 선택
Ctrl+Z	방금 전 실행 작업 취소
Ctrl+Esc	시작 메뉴 호출
Alt+F4	실행 중인 현재 창 종료
Exit 입력+Enter	도스창 종료
Alt+Tab	실행 중인 프로그램 간의 작업 전환
Shift+F10	프로그램이나 선택한 항목의 바로 가기 메뉴 표시
Shift+Delete	휴지통을 사용하지 않고 완전 삭제
Print Screen	화면 전체를 클립보드에 복사
Alt+Print Screen	현재 사용 중인 창(활성창)을 클립보드에 복사
Ctrl+Alt+Delete	프로그램을 강제로 종료하거나 시스템을 종료시킬 수 있음
Shift 누른 채 CD 삽입	CD-ROM의 자동 실행 방지

기적의 TIP

바로 가기 키는 실습을 통한 무조건적인 암기가 필수입니다.

암기 TIP

- 한(1)번만 도와줘
  - F1 : 도움말
- 이(2)름 바꾸기
  - F2 : 이름 바꾸기
- 인삼(3)을 찾아라
  - F3 : 찾기
- 물건 좀 사(4)주소
  - F4 : 주소 표시줄
- 오(5) 새로워라
  - F5 : 새로 고침
- 육(6)교로 이동
  - F6 : 탐색기 왼쪽 오른쪽 이동
- 팔(8)려면 메뉴를 보여줘
  - F8 : 부팅 메뉴

개념 체크

1 운영체제가 주변 기기를 자동으로 인식하는 것을 무엇이라고 하는가?

2 비연속적인 여러 개의 파일을 선택하려면 Shift를 누른 상태에서 선택하려는 파일들을 왼쪽 마우스 버튼을 클릭하여 선택한다. (O, X)

1 Plug & Play 2 ×

02 바탕 화면(Desktop)

기적의 TIP

바탕 화면의 역할과 아이콘 정렬 방식, 창 배열 방식 등이 출제됩니다.

- 바탕 화면은 기본적인 작업 공간으로, 사용자 설정에 따라 다르게 나타나며 자주 실행되는 프로그램이 위치하고 아이콘 및 작업 표시줄이 표시됨
- 바탕 화면의 기본 구성

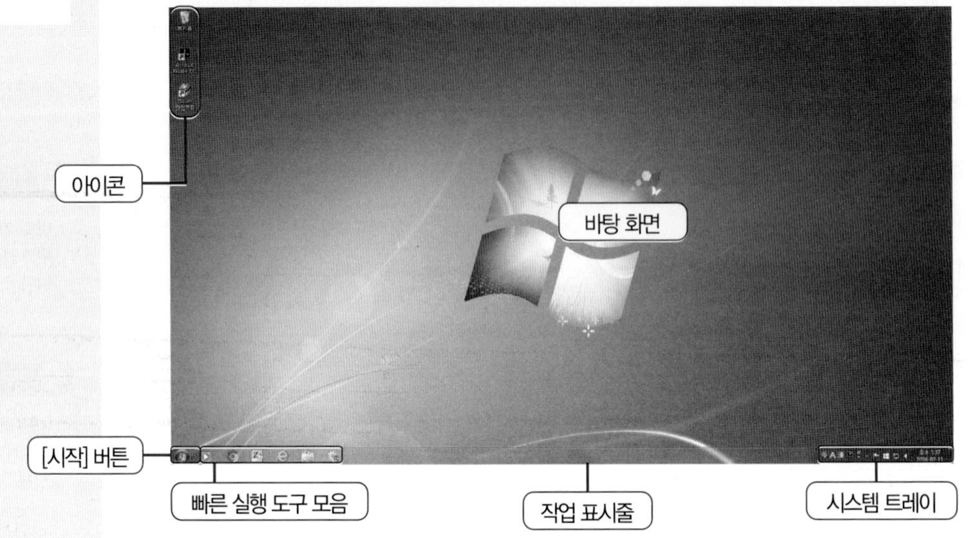

더 알기 TIP

아이콘 정렬 방식 15년 상시, 09년 1월, 07년 1월, 06년 7월, 05년 1월/4월/10월, …

이름순, 유형별, 크기순, 날짜순, 자동 정렬, 오름차순, 내림차순

창 배열 방식

계단식 배열, 수평 바둑판식 배열, 수직 바둑판식 배열, 모든 창을 최소화

기적의 TIP

시작 메뉴의 작업 표시줄, 내 컴퓨터는 모두 시험에 자주 출제되는 중요한 내용입니다. 반드시 정리해 두시기 바랍니다.

① 시작 메뉴 07년 1월, 05년 10월, 04년 2월

바탕 화면 하단에 있는 [시작] 단추를 클릭하거나 Ctrl+Esc 또는 ⊞를 누름

프로그램	Windows 운영체제에서 실행 가능한 응용 프로그램 메뉴
즐겨찾기	인터넷 웹 브라우저에서 즐겨찾기가 가능한 사이트의 목록을 나타냄
문서	최근에 작업한 문서의 목록을 15개까지 나타냄
설정	환경 설정에 필요한 [제어판], [프린터], [작업 표시줄 및 시작 메뉴], [폴더 옵션] 등의 설정이 가능함
찾기	파일 및 폴더 찾기
도움말	각종 도움말 지원 기능을 제공
실행	[프로그램] 메뉴에 등록되어 있지 않은 프로그램을 실행하거나 실행 명령을 직접 입력하여 해당 응용 프로그램을 실행하고자 할 때 사용
로그오프	시스템을 완전 종료하지 않은 상태에서 로그온되어 있는 사용자를 로그오프하고, 이용 권한을 다른 사람에게 넘겨줌
시스템 종료	[시스템 대기], [시스템 종료], [시스템 다시 시작], [MS-DOS 모드에서 시스템 다시 시작] 등의 옵션 단추가 있음

② 작업 표시줄(Task Bar) 19년 상시, 14년 상시, 11년 2월/7월, 10년 10월, 09년 7월, …

- 현재 실행 중인 프로그램들이 단추 형식으로 표시되며, [시작] 단추와 시스템 트레이 등이 표시됨
- 바탕 화면에서 마우스 조작만으로 자유롭게 이동이 가능하고, 크기도 화면의 최대 50%까지 조절이 가능함
- 작업 표시줄 등록 정보

항상 위	작업 표시줄을 실행 중인 다른 응용 프로그램보다 항상 위로 표시
자동 숨김	작업 표시줄을 자동으로 숨기는 기능
시작 메뉴에 작은 아이콘 표시	시작 메뉴에 작은 아이콘으로의 표시 여부 설정
시계 표시	트레이 영역에 시계 표시 유무 설정

작업 표시줄 위에서 마우스 오른쪽 버튼을 누르면 나타나는 도구 모음
주소, 연결, 빠른 실행

③ 내 컴퓨터

- 컴퓨터 시스템에 관한 모든 정보를 가지고 있으며, 시스템에 설치되어 있는 모든 드라이브와 폴더 등을 관리할 수 있는 아이콘들이 표시
- 바탕 화면에 있는 [내 컴퓨터] 아이콘을 더블 클릭하여 실행
- [내 컴퓨터]의 [파일] 메뉴나 단축 메뉴를 이용해 디스크 포맷과 디스크 복사 등의 작업이 가능함

④ 빠른 실행(Quick Launch) 도구 모음

자주 사용하는 프로그램들의 빠른 실행을 위한 아이콘들이 표시

⑤ 시스템 트레이

현재 시간 및 볼륨 아이콘 등을 표시

⑥ 바로 가기 아이콘(단축 아이콘) 23년 3회, 20년 3회, 18년 상시, 16년 상시, 14년 상시, 11년 2월, …

- 자주 사용하는 프로그램을 보다 빠르고 편리하게 실행시킬 수 있음
- 모든 개체에 대해 바로 가기 아이콘을 만들 수 있으며, 여러 개 작성이 가능함
- 바로 가기 아이콘은 해당 실행 프로그램에 대한 정보만을 가지고 있으므로, 바로 가기 아이콘을 삭제해도 원본 프로그램에는 아무런 영향이 없음
- 일반 아이콘과는 달리 아이콘 왼쪽 하단에 작은 화살표가 표시됨
- 바로 가기 아이콘의 확장자 : .LNK (LiNK의 축약)
- 바로 가기 아이콘 만들기

마우스 왼쪽 버튼 이용	• 실행 프로그램, 제어판 항목, 디스크 드라이브, 프린터 등을 다른 위치로 드래그 앤 드롭 • 원하는 항목을 Ctrl+Shift를 누른 상태에서 드래그 앤 드롭
마우스 오른쪽 버튼 이용	• 만들 항목을 선택한 후 마우스 오른쪽 버튼을 누르고 끌어다 놓은 후 바로 가기 메뉴에서 [여기에 바로 가기 만들기]를 실행 • 원하는 항목에서 마우스 오른쪽 버튼을 누르면 나타나는 바로 가기 메뉴에서 [바로 가기 만들기]를 실행

기적의 TIP

바로 가기 아이콘을 삭제해도 원본 프로그램에는 영향을 미치지 않는 점에 유념해서 정리해 두시면 됩니다.

개념 체크

1 윈도우즈에서 한 번의 마우스 조작만으로 현재 실행 중인 응용 프로그램 사이를 오가며 작업할 수 있는 환경을 제공하는 것은?

2 바로 가기 아이콘을 삭제하면 원본 파일도 삭제된다. (O, X)

1 작업 표시줄 2 ×

이론을 확인하는 기출문제

01 윈도우즈에서 새로운 하드웨어를 장착하고 시스템을 가동시키면 자동으로 하드웨어를 인식하고 실행하는 기능은?

① Interrupt 기능
② Auto & Play 기능
③ Plug & Play 기능
④ Auto & Plug 기능

Plug & Play(PnP) 지원 : 새로운 하드웨어 설치 및 설정을 자동으로 처리

02 윈도우즈에서 하나의 디렉터리 내의 모든 파일을 선택할 때 사용하는 단축키는?

① Shift+F5 ② Ctrl+A
③ Shift+Alt ④ Ctrl+F1

Ctrl+A : 모두 선택

03 윈도우즈에서 작업 표시줄(Task Bar)의 속성에 대한 설명으로 틀린 것은?

① 작업 표시줄 자동 숨기기를 설정하면 화면에 필요시만 나타난다.
② 현재 실행 중인 프로그램은 작업 표시줄에 표시된다.
③ 작업 표시줄 여백에 마우스 포인터를 위치시키고 마우스의 왼쪽 버튼을 눌러 속성을 볼 수 있다.
④ 작업 표시줄 잠금은 작업 표시줄의 영역을 임의로 설정하지 못한다.

작업 표시줄 여백에 마우스 포인터를 위치시키고 마우스의 오른쪽 버튼을 눌러 속성을 볼 수 있음

04 윈도우즈의 탐색기에서 파일이나 폴더를 바탕화면에 단축 아이콘을 만들 때 마우스와 함께 사용하는 단축키는?

① Alt+Shift ② Ctrl+Alt
③ Alt+Tab ④ Ctrl+Shift

단축 아이콘을 만들 때 마우스와 함께 사용하는 단축키 : Ctrl+Shift

05 윈도우즈에서 다음 설명에 해당하는 것은?

- 확장자가 LNK인 파일이다.
- 해당 프로그램을 찾아서 실행하지 않고 바탕 화면에서 바로 실행할 수 있도록 도와준다.
- 삭제시 해당 프로그램에는 영향이 없다.
- 그림 아래에 화살표가 표시된다.

① 아이콘 ② 단축 아이콘
③ 폴더 ④ 작업 표시줄

바로 가기 아이콘(단축 아이콘) : 자주 사용하는 프로그램을 보다 빠르고 편리하게 실행시킬 수 있음

오답 피하기

- 아이콘(Icon) : 그래픽 사용자 인터페이스(GUI)를 제공하는 컴퓨터 시스템에서 각종 명령어나 기능, 프로그램 등을 선택하기 위해 화면에 표시되는 작은 그림 기호
- 폴더(Folder) : DOS의 디렉터리(Directory)와 같은 기능을 담당하며 서로 관련 있는 파일들을 저장
- 작업 표시줄(Task Bar) : 현재 실행중인 프로그램들이 단추 형식으로 표시되며, 시작 단추와 시스템 트레이 등이 표시됨

06 윈도우즈 운영체제의 작업 표시줄에 관한 내용으로 옳은 것은?

① 작업 표시줄은 시작 단추, 빠른 실행 도구 모음, 실행 중인 프로그램 목록, 표시기 등으로 구성된다.
② 작업 표시줄의 오른쪽에서는 현재 시간과 각종 하드웨어 사용을 알 수 없다.
③ 작업 표시줄 등록 정보는 마우스 왼쪽 단추를 작업 표시줄의 빈 곳에서 클릭하여야만 알 수 있다.
④ 작업 표시줄은 모니터의 상 · 하 · 좌 · 우 및 가운데 어느 곳이나 놓일 수 있다.

오답 피하기

② 작업 표시줄의 오른쪽 표시기에는 현재 시간, 볼륨 조절, 프린터 등이 표시됨
③ 작업 표시줄 등록 정보는 마우스 오른쪽 단추를 작업 표시줄의 빈 곳에서 클릭 하여야만 알 수 있음
④ 작업 표시줄은 모니터의 상 · 하 · 좌 · 우에 놓을 수는 있지만, 가운데에는 놓을 수 없음

정답 01 ③ 02 ② 03 ③ 04 ④ 05 ② 06 ①

SECTION 02

제어판 및 보조 프로그램

출제빈도 상 중 하
반복학습 1 2 3

빈출 태그 제어판 • 프로그램 추가/제거 • 시스템 • 디스플레이 • 내게 필요한 옵션 • 메모장 • 클립보드

01 제어판의 주요 구성 항목

- Windows의 여러 가지 요소에 대한 작업 환경을 설정하는 프로그램들로 구성
- 제어판에 있는 각 항목들은 사용자가 임의로 제거할 수 없으나 바로 가기 아이콘의 작성은 가능함

항목	아이콘	설명
네트워크 및 공유 센터		• 기본 네트워크 정보 보기 및 연결을 설정 • 어댑터, 프로토콜, 서비스, 클라이언트 등의 네트워크 구성 요소 추가/제거 및 컴퓨터 이름 지정 • 다른 네트워크 프로필에 대한 공유 옵션 변경
시스템		• 운영체제 버전, 현재 사용자 정보, 시스템의 CPU와 메모리 정보 표시 • 시스템에 설치된 모든 하드웨어 장치의 이상 여부 및 충돌 상태 점검
프로그램 및 기능		응용 프로그램 설치나 기존에 설치된 응용 프로그램 제거
디스플레이		배경, 화면 보호기, 해상도, 화면 배색 등 화면의 표현 형식을 설정
마우스		오른쪽, 왼쪽 단추 기능, 더블클릭 속도, 마우스 포인터 모양 및 옵션 등의 마우스 관련 사항 설정
키보드		커서 깜박임 속도, 문자 재입력 시간 및 반복 속도 등의 키보드 관련 사항 설정
소리		• 재생 및 녹음 장치 선택 • 시작음, 종료음, 경고음과 같이 상황에 따른 효과음 설정
사용자 계정		• 사용자 계정의 생성 및 삭제 가능 • 사용자 계정별 이름 및 유형 변경, 바탕화면 구성 형식 지정
글꼴		글꼴 추가/삭제, 크기 변경 등의 글꼴 관련 사항 설정
전원 옵션		절전 기능 설정으로 컴퓨터의 성능 향상 및 에너지 절약
장치 및 프린터		하드웨어 및 프린터 장치의 추가/삭제 등 관리
날짜 및 시간		날짜 및 시간 설정
국가 및 언어		국가별 언어, 날짜, 시간, 숫자, 통화 등 다른 기호와 단위 표시 방식 설정
전화 및 모뎀		전화나 모뎀을 연결
파일 탐색기 옵션		폴더 찾기, 표시 방법, 검색 방법 등을 설정

기적의 TIP

제어판의 각 구성 항목이 어떤 기능을 하는지 알아두세요.

02 보조 프로그램

운영체제에 기본적으로 내장된 응용 프로그램으로 컴퓨터 사용에 부가적인 도움을 주는 프로그램들로 구성

① **메모장** 21년 4회, 20년 4회, 19년 상시, 13년 상시, 08년 상시

- Windows에서 제공하는 가장 기본적인 문서 편집기
- 크기가 64KB 미만인 문서만 작성 가능하며, 서식 설정이 필요 없는 텍스트(.TXT) 파일을 편집
- OLE★ 기능을 지원하지 않으므로 그림판, 워드패드 등에서 작업한 것을 연결하여 사용할 수 없음
- 문서 전체에 대해서만 글꼴의 종류, 속성, 크기를 변경할 수 있음
- 확장자 : .TXT

★ OLE
(Object Linking & Embedding)
다른 응용 프로그램에서 작성한 그림이나 표 등을 연결하거나 삽입하는 작업으로, 작성한 프로그램에서 내용을 수정하면 수정된 내용이 연결된 프로그램에 자동으로 반영됨

② 그림판

- 간단한 그림을 그리거나 수정하기 위한 보조 프로그램
- 비트맵(BMP) 그림 파일의 작성 및 편집이 가능하며 JPG, GIF, BMP 등의 파일도 사용 가능
- OLE 기능의 사용이 가능하기 때문에 워드패드나 다른 응용 프로그램과 연결이 가능
- 그림판에서 [Shift]를 이용하면 정사각형, 정다각형, 정원 등을 그릴 수 있음

③ 워드패드

- 메모장과 달리 글꼴, 글머리표, 단락 등의 다양한 서식을 적용할 수 있음
- 작성한 문서는 .DOC★, .RTF★, .TXT 등의 확장자로 저장할 수 있음
- RTF, TXT, DOC, WRI★ 등의 확장자를 가진 문서를 불러올 수 있음
- 날짜 및 시간, OLE 개체 삽입 가능

★ DOC 파일
MS 워드 문서 파일 형식

★ RTF 파일
서로 다른 응용 프로그램 간의 데이터 호환을 위해 표준화된, 서식 있는 문자열 파일 형식

★ WRI 파일
문서 작성기 파일 형식

④ 클립보드

- 작업 도중 복사 및 이동시킬 데이터를 임시로 보관하는 임시 저장 공간으로, 버퍼 역할을 하며 서로 다른 응용 프로그램 간에 데이터를 쉽게 전달할 수 있음
- 클립보드의 내용은 여러 번 사용이 가능하지만, 가장 최근의 내용 하나만을 기억함
- 클립보드에 저장된 내용은 컴퓨터의 전원이 꺼지면 지워짐
- 복사([Ctrl]+[C]), 붙여넣기([Ctrl]+[V]), 잘라내기([Ctrl]+[X]), 활성창 복사([Alt]+[Print Screen]), 전체 창 복사([Print Screen])시 사용되며, 클립보드에 저장된 데이터는 클립보드 표시기를 통해 볼 수 있음
- 확장자 : .CLP

이론을 확인하는 기출문제

01 윈도우즈에서 화면 보호기의 설정은 어디에서 하는가?

① 시스템
② 사용자 계정
③ 디스플레이
④ 글꼴

배경, 화면 보호기, 해상도, 화면 배색 등 화면의 표현 형식을 설정

02 윈도우즈에서 제어판에 있는 디스플레이 항목의 기능이 아닌 것은?

① 해상도 지정
② 배경무늬 변경
③ 화면 보호기능
④ 마우스 포인터의 모양 변경

마우스 : 오른쪽, 왼쪽 단추 기능, 더블클릭 속도, 마우스 포인터 모양 및 옵션 등의 마우스 관련 사항 설정

03 윈도우즈의 클립보드에 대한 설명으로 옳지 않은 것은?

① 윈도우에서 자료를 일시적으로 보관하는 장소를 제공한다.
② 선택된 대상을 클립보드에 오려두기를 할 때 사용되는 바로 가기 키는 [Ctrl]+[V]이다.
③ 가장 최근에 저장된 파일 하나만을 저장할 수 있다.
④ 클립보드에 현재 화면 전체를 복사하는 기능키는 [Print Screen]이다.

- 오려두기 바로 가기 키 : [Ctrl]+[X]
- 복사하기 바로 가기 키 : [Ctrl]+[C]
- 붙여넣기 바로 가기 키 : [Ctrl]+[V]

04 윈도우즈 메모장을 이용하여 문서를 작성하고 저장했을 때의 기본적인 파일 확장자명으로 옳은 것은?

① hwp
② txt
③ doc
④ bmp

메모장은 텍스트(Text) 형식의 문서를 작성할 수 있는 프로그램임

05 윈도우즈에서 64KB 이내의 텍스트 형식의 파일만 지원하며, 간단한 문서를 작성하거나 편집할 수 있는 보조 프로그램은?

① 그림판
② 워드패드
③ 메모장
④ 한글

메모장은 64KB 미만의 텍스트(Text) 형식의 문서를 작성할 수 있는 프로그램임

06 윈도우즈에서 워드패드로 작성한 파일 저장 시 기본적으로 제공되는 확장자명은?

① bmp
② gif
③ hwp
④ doc

워드패드로 작성한 문서는 .DOC, .RTF, .TXT 등의 확장자로 저장할 수 있음

정답 01 ③ 02 ④ 03 ② 04 ② 05 ③ 06 ④

SECTION 03

파일 및 폴더 관리

출제빈도 상 (중) 하
반복학습 1 2 3

빈출 태그 파일 • 폴더 • 연결 프로그램 • 복사와 이동 • Windows 탐색기 • 휴지통

01 파일(File) 20년 4회, 17년 상시

기적의 TIP

파일과 폴더의 개념은 시험을 떠나서라도 중요한 내용입니다. 반드시 개념을 파악하고 차이점에 대해 정리하시고 숙지해 두도록 하세요.

- 하나의 폴더내에 동일한 이름의 파일이 존재할 수 없음
- 컴퓨터에서 사용되는 자료 저장의 기본 단위이며, 파일명과 확장자로 구성됨
- 파일명은 영문 기준 255자(한글 127자)까지 사용이 가능하며, 공백 포함이 허용되고 확장자는 그 파일의 성격을 나타냄(단, *, ?, :, /, ₩, 〈, 〉, ", | 등은 사용할 수 없음)

hwp	한글로 작성된 문서 파일	xls	Microsoft Excel로 작성된 문서 파일
doc	Microsoft Word로 작성된 문서 파일	ppt	Microsoft PowerPoint로 작성된 문서 파일
mdb	Microsoft Access로 작성된 데이터 파일	txt	ASCII 코드로 작성된 텍스트 파일
bmp	비트맵 그림 파일(그림판)	exe	실행 파일
wav	사운드 파일	avi	MS 사가 개발한 동영상 파일
bat	일괄 처리 파일	html, htm	인터넷 웹 문서 파일

02 폴더(Folder) 24년 1회, 21년 1회, 19년 상시, 08년 10월, 06년 1월

- DOS의 디렉터리(Directory)와 같은 개념으로, 서로 관련있는 파일들을 저장하는 장소로 파일들을 효율적이고 체계적으로 관리할 수 있음
- 폴더의 구조를 볼 수 있는 폴더 창이나 바탕 화면, Windows 탐색기에서 새 폴더의 생성 및 삭제가 가능함
- 폴더는 바로 가기 아이콘, 복사나 이동, 찾기, 이름 바꾸기, 삭제 등 파일에서 가능한 작업을 할 수 있음

① 폴더 만들기

- 폴더 창이나 Windows 탐색기의 파일 목록 창 또는 바탕 화면의 바로 가기 메뉴에서 [새로 만들기]-[폴더]를 클릭
- 윈도우즈의 주요 폴더명

Fonts	글꼴 파일이 있는 폴더
Recent	[문서] 메뉴의 목록이 저장된 폴더
SendTo	바로 가기 메뉴의 [보내기] 메뉴 항목에 있는 폴더

Favorites	익스플로러 즐겨찾기 파일이 저장된 폴더
Recycled	휴지통
Program Files	응용 프로그램이 설치되는 폴더
History	익스플로러에서 최근에 방문한 페이지 정보를 기억하고 있는 폴더

② 연결 프로그램

- 문서를 열어서 보여주는 프로그램을 연결 프로그램이라고 함
- 문서의 확장자에 따라 연결 프로그램이 자동으로 결정되며, Shift를 누른 상태로 마우스 오른쪽 버튼을 누른 후 [연결 프로그램] 메뉴에서 연결 프로그램을 변경할 수 있음
- 연결 프로그램이 지정되지 않은 확장자의 문서를 열려고 하면 자동으로 연결 프로그램 지정 대화 상자가 나타남
- 서로 다른 확장자의 문서들이 하나의 연결 프로그램에 지정될 수 있고, 필요에 따라 연결 프로그램을 바꿀 수도 있음

③ 찾기 19년 상시, 12년 상시, 11년 4월, 09년 7월/9월, 08년 2월, …

- 파일의 이름, 종류, 크기, 확장자, 날짜, 시간, 파일 형식 등을 지정하여 찾을 수 있음
- 바로 가기 키 : F3을 눌러서 실행
- [시작] 메뉴의 [찾기]에서 네트워크에 연결된 컴퓨터나 인터넷 또는 주소록에 저장된 사람을 찾거나 인터넷에서 정보를 찾을 수도 있음
- 파일 및 폴더를 찾을 경우에는 만능 문자인 *, ?를 사용하여 찾을 수 있음
- [찾기] 대화 상자의 [찾기] 탭 11년 10월

이름 및 위치	파일 및 폴더의 이름이나 위치를 지정하여 찾을 수 있으며, 하위 폴더까지 검색 가능
날짜	만들거나 수정한 날짜, 최종 사용한 날짜를 지정하여 찾기 가능
고급	파일 형식이나 파일 크기를 지정하여 찾기 가능

④ 이름 바꾸기

- 파일이나 폴더의 이름을 바꿀 때에는 Windows에서 사용하는 모든 글자를 사용할 수 있음(단, *, ?, :, /, ₩, 〈, 〉, ", | 등은 제외)
- 공백을 포함하여 255자 이내로 작성가능하며, 동일한 이름이 존재할 수 없음
- 이름을 바꾸는 도중에 Esc를 누르면 이름 바꾸기가 취소됨
- Windows 내에서 이름을 바꿀 때에는 여러 개를 동시에 바꿀 수는 없음

바로 가기 키	항목을 선택한 후 F2를 누름
바로 가기 메뉴	항목을 선택한 후 바로 가기 메뉴의 [이름 바꾸기]를 선택
마우스	항목을 선택한 후 잠시 기다렸다가 다시 클릭

⑤ 복사와 이동 18년 상시, 17년 상시, 04년 7월

- 복사, 이동, 붙여넣기를 할 때에는 클립보드를 사용
- 마우스로 드래그하여 복사할 때에는 마우스 포인터 옆에 + 표시가 나타남
- 이동을 하면 원래의 위치에 있던 원본은 삭제됨

기적의 TIP

복사와 이동의 기능에 대한 이해와 바로 가기 키를 이용하는 방법, 도구를 이용하는 방법, 메뉴를 이용하는 방법 등 실습을 통해 공부하시기 바랍니다.

개념 체크

1 폴더의 이름은 공백을 포함하여 245자 이내로 작성할 수 있다.(O, X)

2 윈도우즈에서 특정 파일을 찾고자 할 때 (   )를 이용한다.

1 × 2 찾기

더 알기 TIP

복사 방법

같은 드라이브	Ctrl을 누른 상태에서 마우스 왼쪽 버튼으로 드래그 앤 드롭
다른 드라이브	아무 키도 누르지 않거나 Ctrl을 누른 상태에서 마우스 왼쪽 버튼으로 드래그 앤 드롭
바로 가기 키	항목을 선택한 후 Ctrl+C를 눌러 복사한 다음 붙여넣기 할 곳으로 이동하여 Ctrl+V를 누름

이동 방법

같은 드라이브	아무 키도 누르지 않거나 Shift를 누른 상태에서 마우스 왼쪽 버튼으로 드래그 앤 드롭
다른 드라이브	Shift를 누른 상태에서 마우스 왼쪽 버튼으로 드래그 앤 드롭
바로 가기 키	항목을 선택한 후 Ctrl+X를 눌러 잘라내기한 다음 붙여넣기 할 곳으로 이동하여 Ctrl+V를 누름

03 Windows 탐색기 10년 3월, 06년 7월

기적의 TIP

Windows 탐색기는 시험의 단골 손님입니다. 전체적인 이해와 학습이 필요한 부분입니다. 반드시 실습을 통한 정리와 숙지가 필수입니다.

- [내 컴퓨터]의 모든 기능을 수행함
- 최상위 위치는 [내 컴퓨터]보다 한 단계 위인 [바탕 화면]임
- 두 개의 창으로 구성되며 왼쪽은 폴더 창, 오른쪽 창은 내용을 나타내는 목록 창임
- 시스템에 존재하는 모든 폴더를 계층 구조로 보여줌

① 탐색기에서 사용하는 바로 가기 키

- 숫자 키패드의 + : 선택한 폴더의 하위 목록 보여주기
- 숫자 키패드의 - : 선택한 폴더의 하위 목록 숨기기
- 숫자 키패드의 * : 선택한 폴더의 모든 하위 폴더 보여주기
- Back Space : 선택한 폴더의 상위 폴더로 이동
- 방향키의 → : 선택한 폴더가 닫혀 있으면 열고, 열려 있으면 하위 폴더 선택
- 방향키의 ← : 선택한 폴더가 열려 있으면 닫고, 닫혀 있으면 상위 폴더 선택

② 탐색기의 실행

[시작] 단추	• [시작] 단추의 바로 가기 메뉴에서 [탐색]을 클릭 • [시작]-[프로그램]에서 [Windows 탐색기]를 실행 • [시작]-[실행]에서 'explorer'를 입력
[내 컴퓨터]	Shift를 누른 상태에서 바탕 화면의 [내 컴퓨터] 아이콘을 더블 클릭

더 알기 TIP

목록 창의 [보기] 형식 08년 7월, 06년 10월, 05년 7월, 04년 2월

큰 아이콘, 작은 아이콘, 간단히, 자세히

③ 파일 및 폴더 선택 19년 상시, 16년 상시, 10년 1월, 09년 7월/9월, 08년 2월/3월/10월, …

작업	한 개의 데이터만을 선택하는 경우	불연속적인 데이터를 선택하는 경우	연속적인 영역의 데이터를 선택하는 경우	전체 데이터를 선택하는 경우
방법	해당 데이터를 클릭	Ctrl + 클릭	영역의 첫 항목을 클릭한 후 Shift 를 누른 상태로 마지막 항목을 클릭	Ctrl + A
결과	Visualizations custsat.dll dlimport.exe eula.txt migrate.exe mplayer2.exe mpvis.dll music.bmp npdrmv2.dll npdrmv2.zip	Visualizations custsat.dll dlimport.exe eula.txt migrate.exe mplayer2.exe mpvis.dll music.bmp npdrmv2.dll npdrmv2.zip	Visualizations custsat.dll dlimport.exe eula.txt migrate.exe mplayer2.exe mpvis.dll music.bmp npdrmv2.dll npdrmv2.zip	Visualizations custsat.dll dlimport.exe eula.txt migrate.exe mplayer2.exe mpvis.dll music.bmp npdrmv2.dll npdrmv2.zip

04 휴지통(Recycled Bin) 21년 3회, 20년 2회/3회, 19년 상시, 18년 상시, 14년 상시, …

① 기능

- 삭제된 항목을 임시로 보관함으로써 실수에 대비하도록 하는 Windows 내의 임시 보관 장소
- 보관된 항목은 [휴지통 비우기]를 하면 완전히 삭제됨
- 보관된 항목을 선택한 후 바로 가기 메뉴의 [복원]을 클릭하면 삭제되기 전 위치로 항목을 복원시킴
- 폴더나 파일을 [휴지통]으로 드래그 앤 드롭하면 삭제 가능

② 실행 및 폴더

- 바탕 화면, 내 컴퓨터, Windows 탐색기에서 실행
- 각 드라이브의 "Recycled" 폴더

③ 휴지통의 등록 정보

- 각각의 드라이브마다 휴지통 설정이 가능
- 모든 드라이브에 동일한 휴지통 설정을 할 것인지 지정 가능
- 삭제 명령 시 휴지통에 임시 보관하지 않고 완전 삭제할 것인지를 지정
- 휴지통의 크기 지정(기본은 각 드라이브의 10%로 지정되며, 최소 0%부터 최대 100%까지 임의로 지정할 수 있음)
- 삭제할 때 삭제 확인 메시지를 보여줄 것인지를 설정

④ 휴지통으로 복구할 수 없는 경우 06년 1월/7월, 05년 1월, 03년 1월/7월/10월

- Shift + Delete 로 삭제한 파일
- DOS 모드에서 삭제한 파일
- 플로피 디스크나 네트워크 드라이브 상에서 삭제한 파일
- 휴지통 비우기를 한 파일 및 폴더
- 휴지통 등록 정보의 '파일을 휴지통에 버리지 않고 삭제할 때 즉시 제거'를 선택한 경우

기적의 TIP

휴지통의 기능과 휴지통으로 복구할 수 없는 경우가 시험에 출제됩니다.

삭제할 수 없는 항목

바탕 화면의 내 컴퓨터, 휴지통, 네트워크 환경 아이콘과 제어판 등의 항목은 삭제할 수 없음

개념 체크

1 파일 및 폴더를 선택할 때 전체 데이터를 선택하는 바로 가기 키는 (   )이다.

2 파일 삭제 시 휴지통 폴더로 이동하지 않고 복원이 불가능한 삭제에 사용되는 바로 가기 키는 (   )이다.

1 Ctrl + A 2 Shift + Delete

이론을 확인하는 기출문제

01 윈도우즈의 탐색기에서 비연속적인 여러 개의 파일을 선택하는 방법은?

① Ctrl을 누른 상태에서 선택하려는 파일들을 왼쪽 마우스 버튼을 클릭하여 선택한다.
② Shift를 누른 상태에서 선택하려는 파일들을 왼쪽 마우스 버튼을 클릭하여 선택한다.
③ Alt를 누른 상태에서 선택하려는 파일들을 오른쪽 마우스 버튼을 클릭하여 선택한다.
④ Shift를 누른 상태에서 선택하려는 파일들을 오른쪽 마우스 버튼을 클릭하여 선택한다.

Ctrl : 비연속적인 여러 개의 파일을 선택

오답 피하기

Shift : 연속적인 여러 개의 파일을 선택

02 윈도우즈에서 파일을 삭제하는 방법으로 옳지 않은 것은?

① 휴지통을 이용하여 삭제
② Delete를 이용하여 삭제
③ Esc 를 이용하여 삭제
④ 마우스의 오른쪽 버튼을 이용하여 삭제

Esc : 명령 취소

03 윈도우즈에서 [휴지통]에 관한 설명으로 옳은 것은?

① [휴지통]의 크기에 대한 초기 설정은 하드 디스크의 20%이다.
② [휴지통]에 있는 파일들은 디스크의 공간을 차지하지 않는다.
③ [휴지통]에 있는 파일들은 자동으로 삭제된다.
④ Shift를 누른 상태로 해당 파일을 드래그하여 [휴지통]에 넣으면 파일이 [휴지통]에 보관되지 않고 바로 삭제된다.

Shift+Delete나 Shift를 누른 다음 해당 파일을 휴지통으로 드래그하면 완전 삭제가 됨

오답 피하기

- [휴지통]의 크기에 대한 초기 설정은 하드 디스크의 10%임
- [휴지통]에 있는 파일들은 디스크의 공간을 차지함
- [휴지통]에 있는 파일들은 자동으로 삭제되지 않으며 휴지통 비우기를 해야 됨

04 윈도우즈 운영체제에서 파일명에 대한 설명으로 틀린 것은?

① 파일명은 255자 이내로 작성할 수 있다.
② 하나의 폴더 내에는 동일한 이름의 파일이 존재할 수 없다.
③ 파일명에 공백을 포함할 수 없다.
④ * / ? 〈 〉 등의 특수기호는 파일명에 사용할 수 없다.

파일명에 공백을 포함할 수 있음

05 윈도우즈 탐색기에서 폴더 옆의 [+]가 의미하는 것은?

① 폴더를 다 표시하였음을 의미한다.
② 폴더 안에 실행 파일이 있음을 의미한다.
③ 폴더를 복사할 수 있음을 의미한다.
④ 하위 폴더가 있음을 의미한다.

[+] : 선택한 폴더의 하위 목록 보여주기

정답 01 ① 02 ③ 03 ④ 04 ③ 05 ④

SECTION 04

시스템 유지 보수 및 최적화 관리

출제빈도 상 중 (하)
반복학습 1 2 3

빈출 태그 디스크 검사 • 디스크 정리 • 디스크 조각 모음

01 시스템 유지 보수

- 시스템 유지 보수는 Windows에서 각종 정보를 기억하는 하드 디스크를 최적화하고 만일의 사태를 대비하여 데이터의 백업과 시동 디스크를 작성해 두는 것을 의미
- 시스템 모니터 : 메모리, CPU, 가상 메모리, 네트워크 성능, 시스템 자원 등 시스템 사용 현황 확인
- 시스템 관리 마법사 : 하드 디스크의 여유 공간이 확장되며, 프로그램의 실행 속도가 향상됨

02 시스템 최적화 관리 14년 상시, 11년 4월, 09년 7월, 07년 1월, 05년 1월, …

Windows에서 제공하는 시스템 최적화를 위한 시스템 유지 관리 프로그램은 디스크 검사, 디스크 정리, 디스크 조각 모음, 디스크 공간 늘림, 백업 등이 있음

1) 디스크 검사 10년 1월, 08년 7월, 05년 4월

- 잃어버린 클러스터, FAT, 오류 등 디스크의 논리적인 오류 및 디스크 표면을 검사하여 실제 드라이브의 오류나 불량(Bad) 섹터★를 검사
- CD-ROM과 네트워크 드라이브는 디스크 검사를 할 수 없음
- 디스크 검사는 시스템의 성능 향상을 위해 정기적으로 실행하는 것이 좋음
- 파일과 폴더 및 디스크의 논리적, 물리적인 오류를 검사하고 수정

① 디스크 표면 검사 옵션

- 시스템 및 데이터 영역 검사
- 시스템 영역만 검사
- 데이터 영역만 검사

② 검사 유형

표준 검사	• 표면 검사 없이 파일과 폴더의 구조에 대한 오류를 검사 • 논리적 디스크 검사
정밀 검사	• 파일과 폴더의 오류를 검사하고 표면 검사를 수행 • 논리적 디스크 검사 + 물리적 디스크 검사

기적의 TIP

시스템 최적화 관리 도구의 각 역할에 대한 정리가 필요합니다. 각 도구의 목적을 혼돈하지 않게 공부하시면 됩니다.

★ 불량(Bad) 섹터
디스크 표면의 물리적인 손상이나 결함으로 데이터의 읽기/쓰기가 불가능한 섹터

여러 디스크를 동시에 검사하는 경우
한 번에 여러 디스크를 동시에 검사할 경우 Ctrl을 누르고 디스크를 선택

③ 디스크 검사 후 표시되는 정보
- 불량 섹터 용량
- 디스크 내의 폴더 수와 용량
- 숨겨진 파일 수와 용량
- 사용자 파일 수와 용량
- 전체 디스크 공간
- 사용할 수 있는 디스크 공간
- 전체 할당 크기와 할당 크기 단위
- 사용할 수 있는 할당 단위 수

2) 디스크 정리
- Windows에서 디스크의 사용 가능한 공간을 늘리기 위하여 불필요한 파일들을 삭제하는 작업
- 임시 파일, 휴지통에 있는 파일, 다운로드 한 프로그램 파일, 임시 인터넷 파일 등을 삭제하여 디스크 공간을 늘림

3) 디스크 조각 모음 15년 상시, 13년 상시, 11년 7월, 10년 3월, 09년 1월/7월, …

★ 단편화(Fragmentation)
프로그램의 추가/제거, 파일의 수정 및 읽기/쓰기가 반복되면서 디스크에 데이터가 비연속적으로 분산되어 저장되는 것

- 디스크에 단편화(Fragmentation)★되어 저장된 파일들을 모아서 디스크를 최적화
- FAT 구조의 단점인 단편화를 제거하여 디스크의 수행 속도를 높여줌
- 처리 속도면에서는 효율적이나 총 용량을 늘려 주지는 않음
- 디스크 조각 모음을 하기 전에 드라이브의 오류를 검사할 수 있음
- 다른 프로그램이 실행중이면 작업을 수행할 수 없기 때문에 실행 중인 프로그램들은 종료해야 함

① 디스크 조각 모음을 수행할 수 없는 드라이브
- CD-ROM 드라이브
- 네트워크 드라이브
- Windows가 지원하지 않는 프로그램으로 압축된 드라이브

4) 디스크 공간 늘림
- [시작]-[실행]에서 'DRVSPACE' 입력
- 디스크 전체의 데이터들을 압축하여 디스크의 공간을 늘려주는 기능으로, 사용 가능 공간을 1.5~2배 정도까지 늘릴 수 있음
- 시스템이 불안정해지며 처리 속도가 느려짐
- CD-ROM, 네트워크 드라이브, FAT 32 구조의 디스크는 디스크 공간 늘림을 할 수 없음
- 디스크 공간 늘림을 사용하려면 플로피 디스크는 최소 512KB, 하드 디스크는 최소 2MB 이상의 여유 공간이 필요함

5) 백업(Backup)

- 하드 디스크의 중요한 파일들을 플로피 디스크나 다른 저장 장치로 저장하는 것
- 불의의 사고로부터 데이터를 보호하기 위해 사용
- 백업 파일에 암호를 지정하여 파일을 보호할 수 있으며, 네트워크의 다른 컴퓨터에 백업도 가능함
- 백업의 확장자 : .QIC

복원(Restore)
백업된 파일을 원래의 위치로 복구시키는 것

6) Windows에서 발생되는 문제와 해결 방법

메모리 부족 문제	• 시스템 재부팅 • 필요 없는 프로그램 삭제 • 메모리를 관리하는 구동 드라이브의 설치 확인 • 필요 없는 램 상주 프로그램 삭제
디스크 공간 부족	• 휴지통 비우기 • 필요 없는 프로그램 삭제 • 현재 자주 이용하지 않는 프로그램은 백업 후 삭제 • 디스크 공간 늘림
인쇄 문제	• 프린터의 전원이나 케이블의 연결 상태 확인 • 프린터 드라이버의 설정 확인 • 인쇄 속도가 느릴 경우에는 스풀 공간 및 설정 상태 확인
하드웨어 충돌 문제	• 하드웨어 정보에 '!'표시가 나타나면 하드웨어를 수동으로 설정하거나 드라이버 업그레이드 • 문제가 발생한 장치의 제어기 변경 • 중복 설치된 하드웨어 장치를 제거한 후 시스템 재시작
부팅이 되지 않을 때	• 바이러스 감염 여부를 확인한 후 바이러스 검사 • 시스템 파일이 파괴되었을 경우 시동 디스크로 부팅한 후 시스템 파일 재설치 • 안전 모드(Safe Mode)로 부팅한 후 잘못 설정된 부분 수정 • 부팅 도중 멈출 경우에는 단계별 지정 모드(Step-by-Step Confirmation)를 선택하여 실행

이론을 확인하는 기출문제

01 윈도우즈에서 '시스템 도구' 메뉴에 포함되지 않는 것은?

① 디스크 검사
② 디스크 조각 모음
③ 디스크 정리
④ 디스크 포맷

시스템 도구 : 디스크 검사, 디스크 조각 모음, 디스크 정리, 백업 등의 시스템 관리 프로그램의 지원

02 윈도우즈에서 "디스크 조각 모음"에 관한 설명으로 옳은 것은?

① 디스크의 논리적 영역을 할당한다.
② 디스크의 삭제된 파일을 복구한다.
③ 디스크의 물리적 손상부분을 제거한다.
④ 디스크를 효율적으로 사용하기 위해 파일을 정리한다.

디스크 조각 모음
- 디스크에 단편화(Fragmentation)되어 저장된 파일들을 모아서 디스크를 최적화
- FAT 구조의 단점인 단편화를 제거하여 디스크의 수행 속도를 높여줌
- 처리 속도면에서는 효율적이나 총 용량을 늘려 주지는 않음

정답 01 ④ 02 ④

SECTION 05

인쇄

합격 강의

출제빈도 상 중 (하)
반복학습 1 2 3

빈출 태그 기본 프린터 설정 • 스풀

01 프린터 설치 방법

[프린터]에서 [프린터 추가]를 선택하면 [프린터 추가 마법사]가 실행되어 프린터를 설치할 수 있음

02 프린터 추가 마법사

★ 로컬(Local) 프린터
직접 PC와 연결된 프린터

★ 네트워크 프린터
네트워크 상에 연결된 프린터

① 프린터가 로컬 프린터★인지 네트워크 프린터★인지를 지정
② 프린터 드라이버를 설치
③ 프린터에 사용할 포트를 지정(보통 LPT1)
④ 프린터 이름을 지정하고 설치한 프린터를 기본 프린터로 지정할 것인지의 여부를 결정
⑤ 시험 인쇄를 하여 인쇄가 정상적으로 되면 설치가 완료된 것임

03 기본 프린터 설정

기적의 TIP
기본 프린터의 설정과 스풀 기능에 대해 출제됩니다.

- 기본 프린터는 Windows에 설치된 프로그램에서 인쇄를 했을 때 자동으로 지정되는 프린터를 의미
- 설치된 프린터 중 하나는 기본 프린터( )로 설정이 됨
- 네트워크 프린터도 기본 프린터로 지정이 가능함
- 프린터 아이콘을 선택한 후 바로 가기 메뉴에서 [기본 프린터로 설정]을 클릭하면 기본 프린터로 지정됨
- 프린터 아이콘을 더블 클릭하면 인쇄중인 문서의 출력 상태와 출력 순서를 볼 수 있으며, 인쇄 순서를 변경하거나 작업을 일시 중지, 취소할 수 있음

04 인쇄 방법

- 응용 프로그램에서 인쇄할 문서를 열고 [인쇄] 메뉴를 실행함
- 바탕 화면의 프린터 아이콘에 문서 파일을 드래그하면 문서가 인쇄됨
- 인쇄할 문서 파일을 선택한 후 바로 가기 메뉴에서 [인쇄]를 클릭함

05 스풀(SPOOL) 24년 1회, 12년 상시, 11년 2월/4월/10월, 10년 1월, 09년 1월, 05년 10월

- 스풀(Simultaneous Peripheral Operation On Line)★은 장치의 이용 효율을 높이기 위해 저속의 입출력 장치의 동작과 중앙 처리 장치의 동작이 동시에 이루어지도록 하는 처리 형태
- 인쇄를 하면서 다른 작업을 병행할 수 있는 병행 처리 기법으로, 인쇄 속도는 스풀이 설정되기 전보다 느려질 수 있음
- 기본 프린터의 [등록 정보] 대화 상자에 있는 [자세히] 탭에서 설정

★ 스풀(spool)
S는 '동시에', P는 '주변 장치', O는 '작동', OL은 '온라인 상태'를 의미함

06 버퍼링(Buffering) 10년 10월, 08년 3월, 06년 4월, 04년 10월, 03년 7월/10월

- 한 작업에 대한 입출력 및 연산을 수행
- 송신자와 수신자의 속도 차이를 해결하기 위해 사용
- 주기억 장치의 일부를 버퍼로 사용

07 스풀링/버퍼링의 구분

구분	스풀링	버퍼링
저장 장치	보조기억 장치	주기억 장치
운영 방식	다중 작업	단일 작업
구현 방식	소프트웨어	하드웨어

개념 체크

1 스풀링은 저속의 입출력 장치와 고속의 CPU 간의 속도 차이를 해소하기 위한 방법이다. (O, X)

2 버퍼링은 서로 다른 여러 작업에 대한 입출력과 계산을 동시에 수행한다. (O, X)

1 ○ 2 ×

이론을 확인하는 기출문제

01 다음 중 Windows의 [제어판]-[프린터]에서 기본 프린터로 지정된 프린터의 등록 정보를 통하여 변경할 수 있는 사항에 관한 설명으로 옳지 않은 것은?

① 인쇄 용지의 크기와 인쇄 방향을 설정할 수 있다.
② 인쇄 명령에 사용된 포트(Port)와 인쇄에 사용되는 제어기를 지정할 수 있다.
③ 인쇄 대기 중인 문서에 대하여 일시 중지 또는 작업을 삭제할 수 있다.
④ 사용될 프린터의 버퍼 크기를 설정할 수 있다.

인쇄 대기 중인 문서에 대한 설정은 활성 프린터의 열기에서 가능

02 중앙 처리 장치와 같이 처리 속도가 빠른 장치와 프린터와 같이 처리 속도가 느린 장치들 간의 처리 속도 문제를 해결하기 위한 방법은?

① 링킹 ② 스풀링
③ 매크로 작업 ④ 컴파일링

SPOOL(Simultaneous Peripheral Operation On Line) : 장치의 이용 효율을 높이기 위해 저속의 입출력 장치의 동작과 중앙 처리 장치의 동작이 동시에 이루어지도록 하는 처리 형태

오답 피하기

- 링킹 : 링커에 의해 목적 프로그램을 실행 가능한 프로그램으로 만드는 과정
- 매크로 : 반복되는 일련의 작업을 저장했다가 필요할 때는 언제든 재사용이 가능하도록 하는 기능

정답 01 ③ 02 ②

합격을 다지는 예상문제

01 윈도우즈 운영체제에서 하드웨어 장치를 장착하면 자동 인식하는 것은?

① 멀티태스킹(Multi-Tasking)
② 오토 커넥트(Auto-Connect)
③ 드래그 앤 드롭(Drag & Drop)
④ 플러그 앤 플레이(Plug & Play)

02 Windows에서 새로운 하드웨어를 장착하고 시스템을 가동시키면 자동으로 하드웨어를 인식하고 실행하는 기능은?

① Interrupt 기능
② Auto & Play 기능
③ Plug & Play 기능
④ Auto & Plug 기능

03 Windows에서 한 번의 마우스 조작만으로 현재 실행 중인 응용 프로그램 사이를 오가며 작업할 수 있는 환경을 제공하는 것은?

① 바탕 화면　② 내 컴퓨터
③ 시작 버튼　④ 작업 표시줄

04 윈도우즈에서 현재 선택된 프로그램 창을 종료하는 바로 가기 키는?

① Alt+F4　② Alt+F1
③ Shift+Esc　④ Ctrl+Esc

05 윈도우즈에서 도스를 실행시켰더니 전체 화면 형태로 도구들이 보이지 않아 불편하였다. 도스의 창 형태로 전환하려면 어떤 키를 눌러야 하는가?

① Ctrl+Space Bar　② Ctrl+Enter
③ Alt+Space Bar　④ Alt+Enter

06 윈도우즈의 바탕 화면 구성 요소 중 파일이나 폴더에 대한 정보를 가지고 있으며, 프로그램을 실행하거나 폴더를 여는 기능을 하는 것은?

① 작업 표시줄　② 아이콘
③ 문자 입력기　④ 시작 버튼

07 윈도우즈 운영체제에서 지워진 파일이 임시로 보관되는 곳은?

① 휴지통
② 내 문서
③ 내 컴퓨터
④ 내 서류가방

08 윈도우즈 환경에서 여러 개의 프로그램을 동시에 작업하는 것을 무엇이라 하는가?

① 멀티 컨트롤　② 멀티 스케줄링
③ 멀티 태스킹　④ 멀티 유저

09 윈도우즈에서 64KB 이내의 텍스트 형식의 파일만 지원하며, 간단한 문서를 작성하거나 편집할 수 있는 보조 프로그램은?

① 메모장
② 워드패드
③ 한글
④ 그림판

10 윈도우즈의 탐색기에서 마우스의 오른쪽 단추를 누르는 것과 같은 기능이 나타나게 하는 단축키는?

① Ctrl+F9　② Ctrl+F10
③ Alt+F10　④ Shift+F10

11 윈도우즈의 휴지통에 대한 설명으로 틀린 것은?

① 삭제한 파일을 임시 저장하며, 휴지통 내에 파일을 다시 복구할 수 있다.
② 휴지통의 크기를 변경시킬 수 없다.
③ 파일 삭제 시 휴지통에 보관하지 않고 즉시 삭제할지의 여부를 지정할 수 있다.
④ 파일 삭제 시 삭제 확인 메시지를 보이지 않게 지정할 수 있다.

12 한 작업을 CPU가 처리하는 동안 입력 장치는 다른 작업을 버퍼에 저장해서 CPU의 유휴 시간을 최소화하는 것을 무엇이라고 하는가?

① 스풀링(Spooling)
② 로딩(Loading)
③ 디버깅(Debugging)
④ 버퍼링(Buffering)

13 윈도우즈의 탐색기에서 이웃하는 파일들을 선택할 때 사용하는 키와 이웃하지 않는 파일들을 선택할 때 사용하는 키의 나열이 옳은 것은?

① Ctrl, Alt ② Shift, Alt
③ Alt, Ctrl ④ Shift, Ctrl

14 윈도우즈의 [찾기] 메뉴의 [파일 또는 폴더]에서 'ipsi99.dbf' 파일을 찾고자 한다. 찾을 파일명의 입력으로 옳지 않은 것은?

① i * ② * .dbf
③ i * . * ④ i?.dbf

15 윈도우즈의 탐색기에서 선택한 파일을 같은 드라이브의 다른 폴더로 복사할 때 마우스와 함께 끌어 놓기를 하는 키는?

① Shift ② Tab
③ Alt ④ Ctrl

16 윈도우즈에서 탐색기를 실행하였을 때 폴더 왼쪽에 있는 '+' 기호는 무엇을 의미하는가?

① 클릭하면 삭제된다.
② 폴더 내에 다른 폴더나 파일이 있다.
③ 화면이 커진다.
④ 클릭하면 단축 아이콘이 생성된다.

17 윈도우즈의 디스크 검사를 통해서 확인할 수 없는 결과는?

① 총 디스크 공간
② 사용할 수 있는 할당 단위 수
③ 숨겨진 파일의 수
④ 불량 섹터에 저장된 파일의 종류

18 Windows의 탐색기에서 비연속적인 여러 개의 파일을 선택하는 방법은?

① Ctrl을 누른 상태에서 선택하려는 파일들을 왼쪽 마우스 버튼을 클릭하여 선택한다.
② Shift를 누른 상태에서 선택하려는 파일들을 왼쪽 마우스 버튼을 클릭하여 선택한다.
③ Alt를 누른 상태에서 선택하려는 파일들을 오른쪽 마우스 버튼을 클릭하여 선택한다.
④ Shift를 누른 상태에서 선택하려는 파일들을 오른쪽 마우스 버튼을 클릭하여 선택한다.

19 윈도우즈에서 해당 프로그램을 찾아서 실행하지 않고 바탕 화면에서 바로 실행할 수 있도록 도와주며, 확장자가 LNK인 것은?

① 폴더
② 아이콘
③ 단축 아이콘
④ 작업 표시줄

20 스풀링(Spooling)에 대한 설명으로 틀린 것은?

① 프로세서와 입/출력 장치와의 속도 차이를 해결하여 시스템의 효율을 높이는 방법이다.
② 스풀링의 방법은 출력 장치로 직접 보내는 것이다.
③ 출력 시 출력할 데이터를 만날 때 마다 디스크로 보내 저장시키는 것이다.
④ 프로그램 실행과 속도가 느린 입/출력을 이원화한다.

21 윈도우즈의 백업 작업에 대한 설명으로 틀린 것은?

① 백업은 불의의 사고로 인한 하드 디스크의 내용 상실에 대비해 디스켓 등에 저장시켜 놓는 작업을 말한다.
② 원래 파일이 손상되거나 손실되면 백업 사본을 사용하여 파일을 복원할 수도 있다.
③ 네트워크에 연결된 컴퓨터의 백업은 불가능하다.
④ 백업의 확장자는 .QIC이다.

22 윈도 운영체제에서 휴지통을 거치지 않고 파일을 바로 삭제하는 단축키는 무엇인가?

① Shift+Delete
② Ctrl+Delete
③ Alt+Delete
④ Space Bar+Delete

23 윈도우즈의 워드패드에서 제공하는 문서의 파일 형식으로 옳지 않은 것은?

① rtf 확장자를 가진 서식 있는 문자열 파일
② txt 확장자를 가진 텍스트 파일
③ doc 확장자를 가진 MS-Word 파일
④ xls 확장자를 가진 수식 파일

24 다음 중 윈도우즈의 바로가기 아이콘의 확장자는?

① bmp ② hwp
③ exe ④ lnk

25 윈도우즈의 주요 폴더명과 설명으로 맞지 않는 것은?

① Fonts : 글꼴 파일이 있는 폴더
② Recent : 휴지통
③ SendTo : 바로가기 메뉴의 [보내기] 메뉴 항목에 있는 폴더
④ Favorites : 익스플로러 즐겨찾기 파일이 저장된 폴더

합격을 다지는 예상문제 정답&해설

CHAPTER 03

01 ④	02 ③	03 ④	04 ①	05 ④
06 ②	07 ①	08 ③	09 ①	10 ④
11 ②	12 ④	13 ④	14 ④	15 ④
16 ②	17 ④	18 ①	19 ③	20 ②
21 ③	22 ①	23 ④	24 ④	25 ②

01 ④

Plug & Play(PnP) 지원 : 새로운 하드웨어 설치 및 설정을 자동으로 처리

02 ③

Plug & Play 기능 : 하드웨어의 자동 인식 기능

03 ④

작업 표시줄(Task Bar)
- 현재 실행 중인 프로그램들이 단추 형식으로 표시되며, 시작 단추와 시스템 트레이 등이 표시됨
- 바탕 화면의 상하좌우로 자유롭게 이동이 가능하고 크기도 최대 화면의 50%까지 조절이 가능함

04 ①

Alt+F4 : 활성 창을 닫고 프로그램 종료

오답 피하기

Ctrl+Esc : 시작 메뉴 호출

05 ④

Alt+Enter : 항목의 등록 정보를 보여주며, MS-DOS 창에서는 전체 화면 모드와 창 모드의 전환 기능을 수행

오답 피하기

Alt+Space Bar : 창 조절 메뉴 호출 바로 가기 키

06 ②

아이콘 : 해당 실행 프로그램에 대한 정보를 가지고 있음

오답 피하기

작업 표시줄 : Windows에서 현재 실행되는 프로그램들이 단추 형식으로 표시되는 곳

07 ①

휴지통 : 삭제한 파일 및 폴더를 임시로 보관하는 장소이며 필요시 삭제 이전의 상태로 복원이 가능

08 ③

멀티 태스킹 : 여러 개의 프로그램을 동시에 실행하는 기능 제공

09 ①

메모장 : 64KB 미만의 데이터를 포함하는 텍스트 문서를 작성

오답 피하기
- 워드패드 : 문서 작성기
- 그림판 : 이미지를 편집하기 위한 프로그램

10 ④

단축 메뉴 열기 : Shift+F10

11 ②

휴지통의 크기는 기본적으로 각 드라이브의 10%로 지정되나 그 크기는 변경 가능함

12 ④

오답 피하기

스풀링(Spooling) : 프로세스가 입출력 장치를 액세스하지 않고 자기 디스크 장치를 이용하여 입출력 자료를 임시로 보관한 후 입출력을 수행하는 기법으로 한 작업의 입출력과 다른 작업을 중복 처리할 수 있음

13 ④

- Shift : 연속적인 범위의 파일 선택
- Ctrl : 비연속적인 범위의 파일 선택

14 ④

i?.dbf는 i로 시작하고 파일명이 i를 포함해 두 글자인 .dbf 파일을 의미함

15 ④

Ctrl : 탐색기에서 선택한 파일을 같은 드라이브의 다른 폴더로 복사할 때 사용

16 ②

- + : 하위 폴더가 있는 경우(그 목록을 보여주지 않은 상태)
- − : 하위 폴더가 있는 경우(목록이 이미 보여진 상태)

17 ④

디스크 검사 결과 : 불량 섹터 용량, 디스크 내의 폴더 수와 용량, 숨겨진 파일 수와 용량, 사용자 파일 수와 용량, 전체 디스크 공간, 사용할 수 있는 디스크 공간, 전체 할당 크기와 할당 크기 단위, 사용할 수 있는 할당 단위 수

18 ①

- Shift : 연속적인 범위의 파일 선택
- Ctrl : 비연속적인 범위의 파일 선택

19 ③

바로 가기(Shortcut, 단축 아이콘) : 바로 가기를 삭제하거나 이동해도 원본 파일이나 폴더는 삭제되지 않으며, 위치에 대한 정보도 변하지 않음

오답 피하기

작업 표시줄 : 윈도우즈에서 활성화된 창의 프로그램들이 누름 단추 형식으로 표시되는 곳

20 ②

스풀(SPOOL) : 장치의 이용 효율을 높이기 위해 저속의 입출력 장치의 동작과 중앙 처리 장치의 동작이 동시에 이루어지도록 하는 처리 형태

21 ③

네트워크로 연결된 다른 컴퓨터도 백업이 가능함

22 ①

Shift+Delete : 파일이나 폴더를 휴지통에 넣지 않고 영구히 삭제

23 ④

xls : 스프레드시트인 엑셀(Excel) 문서의 확장자

24 ④

.lnk : 윈도우즈의 바로가기 아이콘의 확장자

25 ②

Recent : [문서] 메뉴의 목록이 저장된 폴더

오답 피하기

Recycled : 휴지통

UNIX

학습 방향

커널, C언어, UNIX 구성요소, ls, who, pwd, ps, ping, rm, mv, kill 등이 출제되었습니다. UNIX의 특징 및 구성, 각종 명령어의 기능에 대해 익혀두어야 합니다.

출제빈도

섹션	빈도	비율
SECTION 01	중	34%
SECTION 02	상	65%
SECTION 03	하	1%

SECTION 01

UNIX의 개요

출제빈도 상 (중) 하
반복학습 1 2 3

빈출 태그 UNIX 특징 • 커널 • 셸 • 유틸리티

기적의 TIP
UNIX의 특징과 구성이 시험에 자주 출제되고 있습니다. 반드시 숙지하시기 바랍니다.

01 UNIX의 특징 22년 1회, 21년 1회, 20년 4회, 19년 상시, 11년 2월/7월/10월, …

- C 언어 기반으로 제작된, 시분할 온라인 대화식 시스템
- 확장성과 이식성이 우수하며, 계층적인 디렉터리 구조를 가짐
- 동시에 여러 작업을 할 수 있는 멀티태스킹(Multi-Tasking) 운영체제
- 두 사람 이상의 사용자가 동시에 시스템을 사용하는 다중 사용자(Multi-User) 시스템
- 네트워킹 및 시스템 보호(Protection) 기능이 뛰어남
- 프로그램 소스 코드의 공개
- 네트워크를 이용해 시스템 자원을 공유하여 사용할 수 있도록 분산 처리 방식을 지원
- CUI(Character User Interface) 환경을 제공함
- 표준 입출력을 통해 명령대와 명령어가 파이프라인으로 연결됨

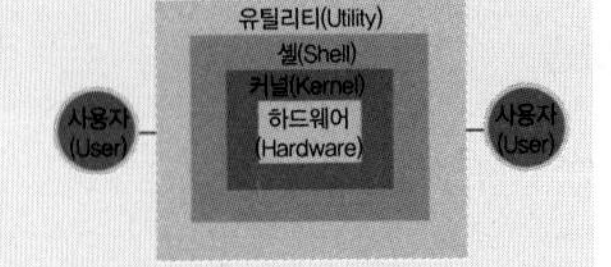

02 UNIX의 구성 19년 상시, 16년 상시, 11년 7월, 09년 3월, 08년 10월, …

① 커널(Kernel)★ 20년 4회, 19년 상시, 16년 상시, 10년 1월/7월, 09년 1월, …

- UNIX의 가장 핵심적인 부분으로, 항상 주기억 장치에 상주하여 시스템의 자원 관리
- 프로세스 관리, 입출력 관리, 파일 관리, 메모리 관리, 시스템 호출, 프로세스 간 통신 관리

★ 커널(Kernel)
'핵심, 알맹이'를 의미함

★ 셸(Shell)
'껍데기, 껍질'을 의미함

② 셸(Shell)★ 20년 2회/3회, 19년 상시, 18년 상시, 12년 상시, 11년 2월, …

- 사용자와 UNIX 간의 인터페이스 역할
- Shell 프로그램 언어를 제공하는 명령어 해석기
- DOS의 COMMAND.COM과 같은 역할을 담당
- 단말기를 통해 명령을 입력 받은 후 커널이나 다른 유틸리티 프로그램을 실행시켜 해당 명령을 수행함
- 셸의 종류와 프롬프트
  - c shell : %
  - korn shell : $
  - bourne shell : $

③ 유틸리티(Utility)

- DOS의 외부 명령어에 해당됨
- 사용자 편리를 위해 준비된 시스템 프로그램

★ 유틸리티(Utility)
'유용성, 다용도의'를 의미함

• UNIX 시스템을 효과적으로 사용할 수 있도록 도와주는 응용 프로그램
• 에디터, 시스템 관리 프로그램, 언어 번역 프로그램으로 분류
• 유틸리티 프로그램은 '/bin' 디렉터리에 보관됨

03 UNIX의 기억 장치 관리 기법

주소 매핑(Address Mapping)	논리적인 주소를 물리적인 실제 주소와 1:1로 대응시키는 기법
스와핑(Swapping)	보조 기억 장치의 남은 공간에 존재하는 프로그램의 일부를 주기억 장치로 가져오는 관리 기법
페이징(Paging)	주기억 장치와 보조 기억 장치 사이에 데이터의 이동이 있을 때 기억 장치를 동일한 크기의 페이지 단위로 처리

개념 체크

1 UNIX 시스템에서 시스템 자원을 관리하는 것은?

2 UNIX 시스템에서 사용하는 셸에는 C Shell, (   ), Bourn Shell이 있다.

1 커널 2 Korn Shell

이론을 확인하는 기출문제

01 UNIX의 특징을 설명한 것으로 틀린 것은?

① 대부분 고급 언어인 C 언어로 구성되어 타 기종에 이식성이 높다.
② 동시에 여러 작업(task)을 수행할 수 있는 시스템이다.
③ 파일 구조가 선형 구조의 형태로 되어 있어 파일을 효과적으로 운영할 수 있다.
④ 다수의 사용자(user)가 동시에 사용할 수 있는 시스템이다.

파일, 디렉터리 및 서브 디렉터리의 계층적인 구조로 트리 구조를 가짐

02 UNIX의 가장 핵심 요소로서, 메모리, CPU, 프린터 등의 시스템 자원 활용도를 높이기 위해 스케줄링과 자료 관리를 하는 것은?

① 채널 ② 유틸리티
③ 커널 ④ 셸

커널(Kernel)
• UNIX의 가장 핵심적인 부분으로 항상 주기억 장치에 상주, 시스템의 자원을 관리
• 프로세스 관리, 입출력 관리, 파일 관리, 메모리 관리, 시스템 호출, 프로세스 간 통신을 관리

03 90% 이상이 고급 언어인 C로 구성되어 있으며, 시스템이 모듈화되어 있어 필요에 따라 변경 · 확장할 수 있고 다중 사용자를 위한 대화식 운영체제는?

① UNIX ② PASCAL
③ MS-DOS ④ 윈도 98

UNIX의 특징
• 시분할 온라인 대화식 시스템
• C 언어 기반으로 제작된 운영체제
• 확장성과 이식성이 우수함
• 동시에 여러 작업을 할 수 있는 멀티태스킹(Multi-tasking) 운영체제

04 UNIX 시스템에서 명령어 해석기에 해당하는 것은?

① 셸(Shell)
② 커널(Kernel)
③ 유틸리티(Utility)
④ 응용 프로그램(Application Program)

셸(Shell) : 사용자와 UNIX 간의 인터페이스 역할을 하며, DOS의 COMMAND.COM과 같은 역할을 담당함

오답 피하기
• 커널(Kernel) : UNIX의 가장 핵심적인 부분으로, 항상 주기억 장치에 상주하며 시스템의 자원을 관리
• 유틸리티(Utility) : DOS의 외부 명령어에 해당, 사용자 편리를 위해 준비된 시스템 프로그램

정답 01 ③ 02 ③ 03 ① 04 ①

SECTION 02

UNIX의 명령어

출제빈도 상 중 하
반복학습 1 2 3

빈출 태그 ping • who • ls • pwd • rm • cat • kill • ps • finger • ed • vi • emacs

01 명령어의 기본 형식

[프롬프트] 명령어 [옵션] [매개 변수]

- 프롬프트는 사용하는 셸(Shell)의 종류에 따라 '$', '%', '#' 등이 있음
- 대, 소문자를 구분하여 명령어를 입력함
- 명령어와 옵션 사이에는 반드시 공백이 있어야 함
- 옵션 지정 시에는 앞에 '–'를 붙임

02 기본 명령어 20년 2회/4회, 19년 상시, 16년 상시, 15년 상시, 09년 3월, …

> 기적의 TIP
> UNIX 명령 역시 단어 의미가 기능을 나타내므로 의미를 생각하며 기능을 익혀두시기 바랍니다. 시험에 명령의 기능을 묻는 형식으로 출제됩니다.

login	유닉스 시스템의 사용을 위해 최초로 접속하는 것으로, 자신의 ID와 Password를 입력
passwd	login할 때 사용하는 사용자 각각의 비밀번호 설정 및 변경
logout	유닉스 작업을 종료하는 것으로, logout 또는 exit를 입력(Ctrl+D)
who	현재 login해서 사용하는 사용자 이름을 표시(단말명, 로그인명, 로그인 일시 등)
date	현재 날짜 표시
time	command의 실행 시간 표시
man	명령어들에 대한 도움말 표시
ping	네트워크상의 다른 컴퓨터들의 연결 상태 점검

03 파일 및 디렉터리 관련 명령어 24년 1회, 23년 1회, 21년 1회, 19년 상시, 18년 상시, 16년 상시, …

명령어	관련 DOS 명령	기능
chmod	ATTRIB	파일의 사용 허가 및 파일이나 디렉터리의 속성 변경
ls	DIR	지정한 디렉터리의 파일 표시
cp	COPY	파일 복사
mv	RENAME(= REN)	파일 및 디렉터리 이동 또는 이름 변경
pwd		현재 디렉터리의 경로 표시
rm	DEL	파일 삭제
cat	TYPE	파일의 내용 표시
cd	CD	디렉터리 경로 변경

more	MORE	화면 단위로 내용 출력
mkdir	MD	디렉터리 생성
rmdir	RD	디렉터리 삭제

더 알기 TIP

ls 명령 옵션

-a	숨겨진 파일을 포함한 모든 파일과 디렉터리의 이름 표시
-l	디렉터리를 완전한 형식으로 출력하여 모드, 크기, 접근 허가 상태, 최종 수정 시간 등의 정보를 나타냄
-t	파일이 갱신된 시간대별로 파일을 나타냄
-x	표시할 파일의 개수가 많을 때 한 라인에 여러 개의 파일을 가로로 정렬하여 표시
-s	파일의 크기 표시
-d	디렉터리명만 출력
-g	그룹 아이디 출력
-f	파일의 종류 표시
-c	표시할 파일의 개수가 많을 때 한 라인에 여러 개의 파일 이름 표시
-r	파일명의 역순으로 표시
-u	가장 최종적으로 액세스되어 사용된 시간 표시

04 디스크 관리 명령어

df	디스크의 총 용량 및 남은 공간 표시
du	현재 디렉터리의 디스크 용량 표시(하위 디렉터리 포함)
tar	파일과 디렉터리를 하나로 묶음(보조기억 장치에 데이터를 압축 저장)

더 알기 TIP

tar의 옵션 19년 상시, 03년 3월

c	파일 생성	t	목차 테이블 보기
x	파일 추출	v	상세한 정보 출력에 추가
r	파일에 새로 추가	z	gunzip으로 압축하여 백업

개념 체크

1 UNIX에서 네트워크상의 다른 컴퓨터들의 연결 상태를 점검하는 명령어는?

2 UNIX에서 파일의 내용을 화면에 보여 주는 명령은?

3 UNIX에서 수행중인 프로세스를 강제 중지하는 명령은?

1 ping 2 cat 3 kill

05 시스템 및 파일 관련 명령어 20년 3회/4회, 18년 상시, 16년 상시, 11년 2월/10월, 09년 3월, …

who	현재 시스템 사용자 표시	write	파일에 내용을 순차적으로 기록
date	현재 날짜 표시	finger	현재 시스템에 등록된 사용자 정보 조회
cal	연도별 달력 표시	chown	파일의 소유권 변경
kill	수행 중인 프로세스 강제 중지	tar	여러 개의 파일을 하나로 묶음
ps	프로세스 상태 보기	wc	줄 단어 수, 바이트 수 세기
sleep	프로세스 수행을 일시 중지	more	파일들의 리스트를 한 번에 한 페이지씩 표시
shutdown	작업 중인 상태를 체계적으로 종료	cat	파일을 작성하거나 파일의 내용을 간략하게 출력
open	지정된 형식으로 파일 열기	history	지금까지 입력한 명령어를 표시
close	파일 닫기	cmp	두 개의 파일의 차이점이 나타난 바이트와 행 번호 표시
read	파일 내용을 순차적으로 읽기		

더 알기 TIP

ps 명령 옵션

-a	현재 실행 중인 모든 프로세스들의 자세한 정보를 나타냄	-e	커널 프로세스를 제외한 모든 프로세스의 정보를 나타냄
-u	프로세스에 대한 정보를 나타냄	-k	모든 커널 프로세스를 나타냄
-x	접속한 터미널이 없는 프로세스를 출력	-f	모든 정보를 제공하는 리스트를 나타냄

mail
전자우편을 보내는 명령
예 mail drcom@jisic4u.com

06 프로그램 편집기 23년 3월, 11년 7월, 10년 1월/10월, 09년 9월, 08년 3월/7월

ed	줄 단위 편집기	vi	화면 단위 편집기, 가장 많이 사용
ex	ed를 확장한 줄 단위 편집기	emacs	vi와 유사하나 Ctrl과 Meta(Alt)를 사용

이론을 확인하는 기출문제

01 UNIX에서 파일의 내용을 화면에 보여주는 명령은?

① rm ② cat
③ mv ④ type

cat : 파일의 내용 표시(DOS의 TYPE)

오답 피하기
- rm : 파일 삭제 명령(DOS의 DEL)
- mv : 파일 및 디렉터리 이동 또는 이름 변경(DOS의 RENAME(= REN))
- type : 텍스트 파일의 내용을 보여주는 DOS 명령어

02 UNIX에서 네트워크 상의 문제를 진단할 수 있는 명령어는?

① ping ② cd
③ pwd ④ who

ping : 네트워크에 연결되어 있는 다른 컴퓨터들의 연결 상태 점검

오답 피하기
- cd : 디렉터리 경로 변경
- pwd : 현재 작업 중인 디렉터리의 경로 표시
- who : 현재 시스템을 사용하고 있는 사용자의 정보

03 다음 UNIX 명령어에 대한 기능으로 옳은 것은?

vi, ed, emacs

① 컴파일
② 로더
③ 통신 지원
④ 문서 편집

프로그램 편집기 : vi, ed, ex, emacs 등

04 UNIX에서 인터넷을 통해 post@misty.acme.com에게 E-메일을 보내는 명령으로 옳은 것은?

① mail post@misty.acme.com
② talk post@misty.acme.com
③ mail ~/post@misty.acme.com
④ talk ~/post@misty.acme.com

mail : UNIX에서 전자 우편을 보내는 명령(형식 : mail 메일 주소)

05 UNIX 시스템에서 현재 작업 중인 프로세스의 상태를 알기 위해 사용하는 명령어는?

① cat ② ps
③ ls ④ cp

ps : 프로세스 상태 보기

오답 피하기
- ls : 지정한 디렉터리의 파일을 보여줌
- cp : 파일 복사 명령

06 현재의 작업 디렉터리를 나타내기 위한 UNIX 명령은?

① cd ② pwd
③ kill ④ cp

pwd : 현재 디렉터리의 경로를 표시(print working directory)

오답 피하기
- cd : 디렉터리 경로 변경
- kill : 강제로 수행중인 프로세스를 중지
- cp : 파일 복사 명령

정답 01 ② 02 ① 03 ④ 04 ① 05 ② 06 ②

SECTION 03

UNIX의 파일 처리 및 조작

출제빈도 상 중 하
반복학습 1 2 3

빈출 태그 i-node • chmod

01 UNIX의 파일 시스템

① 특징

- 파일, 디렉터리 및 서브 디렉터리의 계층적인 구조로 트리 구조를 가짐
- 커널(Kernel)에 의해 파일 시스템의 디렉터리가 관리됨
- 네트워크로 연결된 파일 시스템은 서로 간 공유가 가능함
- 512byte의 부트 블록, 슈퍼 블록, i-node list, 데이터 블록으로 구성
- 디스크, 자기 테이프, 프린터 등의 주변 장치도 하나의 파일로 인식함

② i-node 20년 2회, 19년 상시, 11년 4월, 99년 7월

- UNIX 파일에 대한 정보를 규정하는 자료 구조
- 파일의 이름, 크기, 소유자, 파일의 종류, 파일의 위치 등에 대한 정보를 가짐
- DOS의 FAT(File Allocation Table)와 유사한 개념
- i-node의 정보
  - 파일 소유자에 대한 정보(소유자ID, 그룹ID)
  - 파일에 대한 정보(크기, 유형, 생성된 시간, 링크된 참조 개수)
  - 시간에 대한 정보(가장 최근에 사용된 시간, 변경된 시간)
  - 파일 접근 권한, 파일이 저장된 데이터 블록 주소 등
- 부트 블록 : 부트스트랩에 이용
- 슈퍼 블록 : 디스크 내의 영역을 규정
- i-node list : i-node의 집합

③ UNIX 파일명

- 대문자와 소문자가 다르게 인식됨
- 문자, 숫자, 마침표, 밑줄(_) 등을 사용할 수 있음
- / , !, @, #, $, *, −, (,), +, ‘, “ 등과 같은 특수 문자와 공백은 사용할 수 없음

02 파일 시스템 디렉터리

/	시스템의 루트(Root) 디렉터리, 최상위 디렉터리
/bin	실행 가능한 명령어들(Binary File) 저장 디렉터리
/dev	장치 파일(Device File) 저장 디렉터리
/lib	기본적인 라이브러리(Libary) 프로그램 저장 디렉터리
/etc	시스템 관리용 파일 저장 디렉터리
/tmp	임시 파일 생성 디렉터리
/usr	각 사용자들의 홈 디렉터리 및 기타

03 데이터 보안

① UNIX의 사용자 구분

파일 소유자(Owner)	파일 및 디렉터리를 만든 사용자
그룹 소유자(Group)	파일 자원을 공유하는 사용자 집단을 말하며, 시스템 관리자에 의해 정의됨
기타 사용자(Others)	파일, 그룹 소유자를 제외하고 시스템에 접근할 수 있는 권한을 가진 기타 모든 사용자

② 소유권 허가 모드

접근 허가의 세 가지 형태(read, write, execute)와 사용자 클래스(Owner, Group, Others)에 의해서 정의

- r(read) : 읽기 허가
- w(write) : 쓰기 허가
- x(execute) : 실행 허가
- – : 허가 금지

예 chmod 명령어를 이용한 접근 권한 설정 19년 상시, 10년 3월

```
$chmod 777 SAMPLE
```

– SAMPLE 파일을 모든 사용자에 대해 읽기, 쓰기, 실행을 가능하도록 함
– 8진수 777은 각각 이진수 111 111 111이며 Owner, Group, Others에 대해 rwx rwx rwx가 가능함(1은 가능, 0은 불가능)

기적의 TIP

i-node와 chmod 명령이 출제되므로 문제를 통해 정리해 두시면 됩니다.

개념 체크

1 UNIX에서 파일에 대한 중요한 정보(이름, 크기, 소유자, 파일의 종류 등)를 가지고 커널의 파일 관리에서 핵심이 되는 모든 자료를 기록하는 것은?

1 I-node

이론을 확인하는 기출문제

01 **다음이 설명하고 있는 UNIX 파일 시스템의 구조에 해당하는 것은?**

UNIX 시스템에서 파일 및 디렉터리를 관리하기 위해 사용되는 자료 구조이며, 각 파일이나 디렉터리에 대한 모든 정보를 지정하고 있다.

① 부트 블록
② 슈퍼 블록
③ I–node
④ 데이터 블록

아이노드(i–node)
- UNIX 파일에 대한 정보를 규정하는 자료 구조
- 파일의 이름, 크기, 소유자, 파일의 종류, 파일의 위치 등에 대한 정보를 가짐
- DOS의 FAT(File Allocation Table)와 유사한 개념

02 **UNIX에서 note라는 파일의 접근 허용 상태가 –rwxrwxrwx일 때, 소유자만 파일을 수정할 수 있도록 하는 명령으로 옳은 것은?**

① chmod u–w note
② chmod u+w note
③ chmod go–w note
④ chmod o+w note

- 파일의 접근 허용 상태가 소유자(u), 소유그룹(g), 다른 사용자(o) 모두 파일에 대해 rwxrwxrwx이므로 모두 파일 수정이 가능한 상태임
- chmod go–w note : 소유그룹(g)과 다른사용자(o)에 대해 write를 –(허가금지)함
- 소유권 허가 모드 : 접근 허가의 세가지 형태(read, write, execute)와 사용자 클래스(User, Group, Others)에 의해서 정의
- r(read) : 읽기 허가, w(write) : 쓰기 허가, x(execute) : 실행 허가, – : 허가 금지

정답 01 ③ 02 ③

합격을 다지는 예상문제

01 UNIX에서 사용되는 로그아웃 명령어로서 옳지 않은 것은?

① Ctrl+D ② end
③ logout ④ exit

02 다음 기능을 하는 명령어를 옳게 나열한 것은?

> ㉠ 네트워크에 연결되어 있는 다른 컴퓨터들의 연결 상태를 점검해 준다.
> ㉡ 현재 실행 중인 프로세스의 정보를 표시해 준다.
> ㉢ 원하는 파일을 검색해 준다.

① ㉠ ping ㉡ ps ㉢ search
② ㉠ ping ㉡ pwd ㉢ find
③ ㉠ finger ㉡ ps ㉢ find
④ ㉠ ping ㉡ ps ㉢ find

03 UNIX 운영체제의 특징 설명으로 틀린 것은?

① 타 기종에 비하여 이식성(Portability)이 높다.
② 가상 메모리(Virtual Memory)를 지원한다.
③ 다중 사용자(Multi-User), 다중 작업(Multi-Tasking)의 기능을 지원한다.
④ 대부분 어셈블리어로 이루어져 있어 강력한 Network 기능을 수행한다.

04 UNIX 시스템의 셸(Shell)에 대한 설명으로 옳지 않은 것은?

① 셸은 항상 주기억 장치에 상주하면서 메모리 관리, 작업 관리, 파일 관리 등의 기능을 조정한다.
② 셸 인터프리터를 사용자가 활용할 수 있다.
③ 셸은 사용자가 지정한 명령들을 해석하여 커널로 처리할 수 있도록 전달해 주는 명령 인터프리터이다.
④ 셸은 단말 장치를 통하여 사용자로부터 명령어를 입력받는다.

05 UNIX에서 사용할 수 있는 편집기가 아닌 것은?

① ed ② vi
③ ex ④ et

06 UNIX에 대한 설명으로 옳지 않은 것은?

① 대부분 C 언어로 작성되었다.
② 대화식 운영체제이다.
③ 네트워크 기능이 풍부하다.
④ Stand Alone 시스템에 주로 사용된다.

07 UNIX에서 'who' 명령은 현재 로그인중인 각 사용자에 관한 정보를 보여준다. 다음 중 'who' 명령으로 알 수 없는 내용은?

① 단말명 ② 로그인명
③ 사용 소프트웨어 ④ 로그인 일시

08 UNIX에서 입력 시 사용되는 'kill' 명령에 대한 설명으로 옳은 것은?

① 마지막에 입력한 문자를 지운다.
② 마지막에 입력한 단어를 지운다.
③ 한 줄 전체를 지운다.
④ 새 줄의 입력을 위하여 한 줄을 띄운다.

09 UNIX에서 파일을 삭제할 때 사용되는 명령어는?

① ls ② cp
③ pwd ④ rm

10 디렉터리 내의 파일을 열거하는 데 사용되는 UNIX의 명령어는?

① cd ② ls
③ kill ④ pwd

11 UNIX에서 주기억 장치에 상주하여 프로세스 관리, 메모리 관리, 파일 관리를 하는 것은?

① 셸(Shell) ② 커널(Kernel)
③ 유틸리티(Utility) ④ 블록(Block)

12 UNIX의 'chmod' 명령에서 'ABC' 파일을 모든 사용자가 read, write, execute할 수 있도록 권한이 주어지는 것은?

① %chmod 777 ABC
② %chmod 644 ABC
③ %chmod 732 ABC
④ %chmod 652 ABC

13 다음 보기의 괄호 안에 알맞은 것은?

컴퓨터에 자료가 들어 있는 것을 파일이라 하며, 많은 형태의 파일이 존재한다. 유닉스 파일은 ( )라는 자료 구조로 표현되는데, ( )에는 파일의 이름, 크기, 소유자, 파일의 종류, 파일의 위치 등에 관련된 정보가 담겨 있다.

① i–node ② Tree
③ Stack ④ Queue

14 다음 ls 명령의 옵션에 대한 설명 중 옳지 않은 것은?

① –a : 숨겨진 파일명을 포함한 모든 파일과 디렉터리의 이름을 표시한다.
② –g : 그룹 아이디를 출력한다.
③ –f : 파일의 종류를 표시한다.
④ –r : 파일의 크기대로 표시한다.

15 UNIX에서 태스크 스케줄링(Task Scheduling) 및 기억 장치 관리(Memory Management) 등의 일을 수행하는 부분은?

① Kernel
② Shell
③ Utility Program
④ Application Program

16 다음 중 tar 명령의 옵션에 대한 설명으로 옳지 않은 것은?

① c : 파일 생성
② x : 파일 추출
③ r : 파일에 새로 추가
④ t : 상세한 정보 출력에 추가

17 UNIX 명령어 중 'rm'에 대한 설명으로 옳은 것은?

① 파일 이동
② 파일 삭제
③ 디렉터리 이동
④ 디렉터리 생성

18 다음 중 korn shell과 bourne shell의 프롬프트가 옳게 짝지어진 것은?

① %, $
② $, #
③ $, $
④ *, &

19 다음 중 UNIX의 기억 장치 관리 기법에 속하지 않는 것은?

① 주소 매핑
② 스와핑
③ 내용 매핑
④ 페이징

20 UNIX 파일에 대한 정보를 규정하는 I–node가 가지고 있는 정보가 아닌 것은?

① 파일 소유자 및 그룹 식별 번호
② 파일의 종류와 크기
③ 파일이 가장 최근에 사용된 시간
④ 파일의 삭제 시간

합격을 다지는 예상문제 / 정답 & 해설

CHAPTER 04

01 ②	02 ④	03 ④	04 ①	05 ④
06 ④	07 ③	08 ③	09 ④	10 ②
11 ②	12 ①	13 ①	14 ④	15 ①
16 ④	17 ②	18 ③	19 ③	20 ④

01 ②

UNIX 작업 종료 : logout, exit, Ctrl+D

02 ④

- ping : 네트워크에 연결되어 있는 다른 컴퓨터들의 연결 상태를 점검
- ps : 현재 실행중인 프로세스의 정보를 표시
- find : 원하는 파일을 검색

오답 피하기

- finger : 시스템에 등록되어 있는 사용자에 대한 정보를 표시
- pwd : 현재 작업 중인 디렉터리의 경로를 표시

03 ④

UNIX의 특징

- 시분할 온라인 대화식 시스템
- C 언어 기반으로 제작된 운영체제
- 확장성과 이식성이 우수함
- 동시에 여러 작업을 할 수 있는 멀티 태스킹(Multi Tasking) 운영체제

04 ①

셸(Shell)은 사용자와 하드웨어 사이에 정보를 교환할 수 있도록 해주는 명령어 해석기로, 주기억 장치에 상주하지 않고 보조 기억 장치에서 교체되며, 탐색 경로는 셸에 의해 유지됨

05 ④

프로그램 편집기 : vi, ed, ex, emacs 등

06 ④

UNIX의 특징

- 대화식(Interactive) 운영체제
- 다중 작업(Multi-Tasking) 시스템
- 다중 사용자(Multi-User) 시스템
- 소스 코드 공개(Shell의 일부분)
- 분산 처리 시스템과 계층적인 파일 시스템
- 네트워킹 및 시스템 보호 기능이 뛰어남
- 뛰어난 이식성 : 대부분 고급 언어(C-Language)로 제작(Kernel의 일부분만 Assembly어로 제작)

07 ③

UNIX에서 'who' 명령은 현재 로그인중인 각 사용자에 관한 정보를 보여주며, 사용 소프트웨어에 관한 정보까지는 알 수 없음

08 ③

kill : 선택한 프로세스를 강제 중지하는 명령으로, 화면에 표시되는 실행 명령을 중지시킴

09 ④

rm : 파일 삭제

오답 피하기

- ls : 디렉터리 내의 데이터 목록 표시
- cp : 파일의 복사
- pwd : 현재 작업 중인 디렉터리의 경로 표시

10 ②

ls : 디렉터리 내의 데이터 목록 표시

오답 피하기

- cd : 디렉터리 경로 변경
- kill : 강제로 수행 중인 프로세스를 중지
- pwd : 현재 작업 중인 디렉터리의 경로 표시

11 ②

커널(Kernel)

UNIX의 가장 핵심적인 부분으로 주기억 장치에 상주하여 시스템의 자원을 관리

오답 피하기

셸(Shell)

- 사용자와 UNIX 간의 인터페이스 역할
- Shell 프로그램 언어를 제공하는 명령어 해석기

12 ①

- %chmod 777 ABC → %chmod 111 111 111 ABC → %chmod rwx rwx rwx ABC
- 모두 1이므로 모든 사용자에게 read, write, execute 권한이 부여됨

13 ①

- Stack(스택) : 자료 구조의 하나로서, 자료의 삽입과 삭제가 한 쪽 끝에서만 일어나는 선입후출의 데이터 저장소
- Queue(큐) : 선입선출 방식의 데이터 저장소

14 ④

-r : 파일명의 역순으로 표시함

15 ①

커널(Kernel) : UNIX의 가장 핵심적인 부분으로, 항상 주기억 장치에 상주하여 시스템의 자원을 관리(프로세스 관리, 입출력 관리, 파일 관리, 메모리 관리, 시스템 호출, 프로세스 간 통신을 관리)

오답 피하기

- 셸(Shell) : 사용자와 UNIX 간의 인터페이스 역할, Shell 프로그램 언어를 제공하는 명령어 해석기
- 유틸리티(Utility) : DOS의 외부 명령어에 해당, 사용자 편리를 위해 준비된 시스템 프로그램

16 ④

- t : 목차 테이블 보기
- v : 상세한 정보 출력에 추가

17 ②

rm : 파일 삭제

18 ③

korn shell과 bourne shell의 프롬프트 : $

19 ③

UNIX의 기억 장치 관리 기법 : 주소 매핑, 스와핑, 페이징

20 ④

I-node의 정보

- 파일 소유자 및 그룹 식별 번호
- 파일 소유자의 식별 번호
- 데이터 블록의 주소
- 파일의 종류와 크기
- 파일이 지정하는 디렉터리 수
- 파일 링크 수와 속성
- 파일 생성 시간 및 변경 시간
- 파일이 가장 최근에 사용된 시간

CHAPTER 05

Linux

학습 방향

커널, 셸, ls, rm, mv 등과 같은 파일 및 디렉터리 관련 명령과 who, pwd, ps, ping, kill 등이 출제되었습니다. Linux의 특징과 각 해당 명령어의 기능에 대해 익혀 두어야 합니다.

출제빈도

SECTION 01	중	34%
SECTION 02	상	65%
SECTION 03	하	1%

SECTION 01

Linux의 개요

출제빈도 상 (중) 하
반복학습 1 2 3

빈출 태그 Linux의 정의 • 특징 • 커널 • 셸

01 Linux의 정의

1991년 시스템 소프트웨어 개발자인 리누스 토발즈(Linus Torvalds)가 UNIX를 기반으로 개발, UNIX와 완전한 호환이 가능하며 이식성이 좋고 개인용 컴퓨터 및 서버에서 메인프레임, 임베디드 기기, 모바일, 스마트 기기 분야까지 사용되는 공개용 운영체제

02 Linux의 특징 21년 1회/2회, 20년 3회

> 기적의 TIP
> Linux의 특징을 묻는 문제가 자주 출제되고 있습니다. 혼돈되지 않게 잘 숙지하시기 바랍니다.

- 소스 코드가 공개되어 있어 자유롭게 활용이 가능한 오픈 소스 운영체제
- 여러 사용자가 동시에 사용 가능한 멀티유저(Multi-User) 시스템
- 동시에 여러 작업이 가능한 멀티태스킹(Multi-Tasking)을 지원
- UNIX와의 완전 호환과 다양한 파일 시스템을 지원하는 운영체제
- Linux는 POSIX★의 표준 규격을 따르는 운영체제임
- Linux의 대부분이 C 언어로 작성되어 다른 시스템으로 이식하기 좋음
- 다양한 네트워크 환경(Ethernet, SLIP, PPP, ATM 등)을 지원함
- 여러 네트워크 작업을 한 프로세스에서 처리하는 다중 스레드(Multi-Thread)를 지원함
- 대부분의 네트워크 프로토콜(TCP/IP, IPX, AppleTalk 등)을 지원함
- Linux는 네트워크 사용을 기본 전제로 설계되어 PC용 운영체제보다 안정적임
- 다양한 배포판(레드햇, 데비안, 우분투, 수세 등)으로 선택의 폭이 넓음
- Linux는 공개용 운영체제이므로 기술 지원이나 문제 발생 시 한계가 있으며, 관련 Linux용 상용 소프트웨어가 많지 않은 단점도 있음

★ **POSIX(Portable Operating-System Interface)**
UNIX 운영체제를 기반으로 하는 일련의 이식 가능 표준 운영체제 인터페이스

03 셸(Shell)과 커널(Kernel)의 개념

① 커널(Kernel)

- 커널(Kernel)은 "핵심, 알맹이"의 의미처럼 Linux에서 가장 핵심적인 역할임
- 항상 주기억 장치에 상주하여 컴퓨터 시스템의 자원을 관리함
- 입출력 관리, 프로세스 관리 및 통신, 파일 관리, 기억 장치 관리, 시스템 호출 등을 담당함
- 커널은 크기가 작고 C 언어로 작성되어 이식성과 확장성이 뛰어남

② 셸(Shell)

- 사용자(User)와 Linux 커널(Kernel) 간의 인터페이스(명령어 해석기) 역할
- MS-DOS 운영체제의 COMMAND.COM과 같은 기능을 담당
- 사용자(User)마다 사용 환경을 따로 설정할 수 있음
- 셸(Shell)에서 프로그래밍(Programming) 기능이 지원됨(스크립트(Script) 언어)
- 커널처럼 주기억 장치에 상주하지 않고 필요시 보조 기억 장치에서 교체 처리되어 주기억 장치에 적재되어 실행됨
- 포그라운드/백그라운드 프로세스 실행
- 종류 : 본 셸(Bourne Shell), C 셸(C Shell) 등

- 본 셸(Bourne Shell)의 프롬프트 : $
- C 셸(C Shell)의 프롬프트 : %

이론을 확인하는 기출문제

01 다음 중 Linux의 특징에 대한 설명으로 옳지 않은 것은?

① 멀티태스킹을 지원한다.
② UNIX 운영체제와의 호환성이 원활하지 않다.
③ 동시에 여러 사용자가 사용할 수 있는 운영체제이다.
④ 소스 코드가 공개되어 있어 자유롭게 활용이 가능한 오픈 소스 운영체제이다.

UNIX 운영체제와 완전한 호환이 가능함

02 다음 중 Linux의 가장 핵심적인 부분으로 입출력 관리, 프로세스 관리, 파일 관리, 메모리 관리, 시스템 호출 등을 담당하는 것은?

① 커널　　② 셸
③ 유틸리티　　④ 응용 소프트웨어

커널(Kernel)
- 커널(Kernel)은 "핵심, 알맹이"의 의미처럼 Linux에서 가장 핵심적인 역할임
- 항상 주기억 장치에 상주하여 컴퓨터 시스템의 자원을 관리함

03 다음 중 시스템 소프트웨어 개발자인 리누스 토발즈(Linus Torvalds)가 UNIX를 기반으로 개발한 운영체제로 호환성이 뛰어나며 대부분 C 언어로 작성되어 이식성이 좋은 것은?

① MS-DOS　　② Windows
③ Linux　　④ OS/2

Linux : 1991년 시스템 소프트웨어 개발자인 리누스 토발즈(Linus Torvalds)가 UNIX를 기반으로 개발한 운영체제로 UNIX와 완전한 호환이 가능하며 이식성이 좋은 운영체제

04 다음 중 MS-DOS 운영체제의 COMMAND.COM과 같은 기능을 담당하는 것은?

① 셸　　② 커널
③ 유저　　④ 프롬프트

셸(Shell) : UNIX의 셸(Shell)과 MS-DOS 운영체제의 COMMAND.COM과 같은 기능을 담당

정답 01 ② 02 ① 03 ③ 04 ①

SECTION 02

Linux의 명령어

출제빈도 (상) 중 하

반복학습 1 2 3

빈출 태그 pwd • ls • rm • cat • ps • vi

01 디렉터리 관련 명령어

기적의 TIP

Linux 명령은 UNIX 명령처럼 단어의 의미가 기능을 나타내며 명령어의 기능이 같으므로 UNIX 명령을 복습한다는 자세로 공부하시면 어렵지 않습니다.

cd	디렉터리 경로 변경
mkdir	• 디렉터리 생성 • 하위 디렉터리까지 한 번에 생성하는 옵션 : -p
rmdir	디렉터리 삭제(삭제 시 디렉터리에 파일이 없어야 삭제됨)
pwd	현재 디렉터리의 경로를 표시

cd : change directory
mkdir : make directory
rmdir : remove directory
pwd : print working directory

02 Linux의 특징 24년 1회, 23년 1회, 22년 1회, 21년 1회/3회, 20년 2회/3회/4회

ls : list segments
cp : copy
rm : remove
mv : move
cat : concatenate

ls	파일 목록 표시
cp	파일이나 디렉터리 복사(디렉터리 복사 옵션 : -r)
rm	• 파일이나 디렉터리 삭제 • 디렉터리 삭제 시 옵션 : -r • 삭제 여부 확인 없이 바로 삭제 시 옵션 : -f
mv	파일이나 디렉터리 이동 또는 이름 변경
file	파일의 종류 및 속성값 표시
locate	파일의 위치를 검색
find	조건으로 파일을 검색하여 경로를 표시
touch	• 파일의 용량이 0Byte인 빈 파일을 생성(파일이나 디렉터리가 존재하지 않을 때) • 파일의 최근 사용 및 수정 시간 등의 타임 스탬프를 변경
cat	파일의 내용을 출력
head	출력을 원하는 용량(-c)이나 줄 수(-숫자 또는 -n 숫자, 미지정 시 기본 10개씩 출력)만큼 파일의 앞부분을 출력함
tail	• 출력을 원하는 용량(-c)이나 줄 수(-숫자 또는 -n 숫자, 미지정 시 기본 10개씩 출력)만큼 파일의 뒷부분을 출력함 • -F 옵션 : 화면에 파일 내용을 계속 표시하며 내용 변경 시 변경된 내용을 업데이트함
more	화면 단위로 파일의 내용을 출력함
less	한 번에 한 화면씩 내용을 출력함

더 알기 TIP

ls 명령 옵션

−a	숨겨진 파일을 포함한 모든 파일과 디렉터리를 표시
−l	디렉터리를 완전한 형식으로 출력
−t	갱신된 시간대별로 출력
−x	여러 개의 파일을 한 라인에 가로로 정렬하여 표시
−s	파일 크기 표시
−d	디렉터리만 출력
−g	그룹 아이디 출력
−f	파일의 종류 표시
−c	여러 개의 파일을 한 라인에 표시
−r	알파벳 역순으로 표시
−R	하위 경로 표시 및 포함된 파일 표시
−u	가장 최종적으로 액세스되어 사용된 시간 표시

03 기타 파일 관련 명령어

wc	파일의 라인 수(−l), 단어 수(−w), 문자 수(−c)를 출력
grep	파일에서 옵션에 따라 특정한 패턴(문자열)이나 정규 표현식으로 나타낸 단어를 검색
sort	파일의 내용을 알파벳순으로 정렬(−r : 역순으로 정렬)
split	파일을 용량(−b) 및 라인 수(−l) 기준으로 분리
cut	파일에서 특정 필드를 추출
cmp	2개의 파일을 비교하여 결과를 출력
diff	2개 파일의 내용을 비교하여 다른 부분을 출력
comm	2개 파일의 공통적인 부분과 한쪽에만 있는 부분을 찾아서 출력

cmp : compare

diff : differences

comm : common

04 디스크 관리 명령어 23년 3회

df	• 디스크의 사용량을 표시, 사용 가능한 용량을 알 수 있음 • 파일 시스템, 디스크 크기, 사용량, 여유 공간, 사용률, 마운트 지점 순으로 표시함 • 기본적으로 1,024Byte 블록 단위로 나타냄 • −h 옵션 : 표시되는 용량 단위를 KB, MB, GB로 나타냄
du	• 지정한 디렉터리의 디스크 사용량을 표시 • −h 옵션 : 표시되는 용량 단위를 KB, MB, GB로 나타냄

df : disk free
du : disk usage

개념 체크

1 Linux의 ls 명령 옵션 중 그룹 아이디를 출력하는 명령 옵션은?

1 −g

05 사용자 생성 및 계정 관리 명령어

su : switch user(substitute user)

useradd	사용자 계정 생성(adduser와 동일한 기능)
userdel	계정 정보 삭제
usermod	계정 정보 변경
chage	패스워드 만료 정보 변경
groupadd	새로운 그룹 생성
groupdel	그룹을 삭제
groupmod	그룹 설정 변경
user	로그인 사용자 정보 출력
who	현재 로그인된 사용자 조회
w	현재 로그인된 사용자 정보를 출력
su	다른 사용자 계정으로 로그인
passwd	사용자 계정 비밀번호 설정 및 변경

06 네트워크 관련 명령어

ping : packet internet groper

dig : domain information groper

arp : address resolution protocol

ping	네트워크의 연결 상태를 확인하여 통신 가능 여부를 점검함
traceroute	• 루트를 추적하여 경로를 나타내고 구간별 정보를 표시함 • 통신 장애 구간의 확인 및 홉(Hop) 수를 알 수 있음
route	• 라우팅의 경로를 확인 및 변경함 • 게이트웨이(Gateway) 주소를 알 수 있음
nslookup	IP 주소나 도메인명을 조회함
host	• Host명으로 IP 주소나 하위 Host명을 조회함 • IP 주소로 Host명을 조회함
hostname	시스템의 이름 확인 및 변경 시 사용
dig	• IP 주소에 대한 Host명을 조회함 • Host명에 대한 IP 주소 정보를 조회함
netstat	프로토콜의 상태 및 통계, 연결 상태, 라우팅 테이블 내용 표시
arp	• arp 테이블의 확인 및 추가, 삭제 • 다른 시스템의 MAC 주소를 확인할 수 있음
ethtool	네트워크 인터페이스의 물리적 연결 상태를 알 수 있음
mii-tool	네트워크 인터페이스의 전송 모드 및 속도를 알 수 있음
ifconfig	네트워크 인터페이스의 IP 주소를 설정하거나 정보를 출력

07 기타 명령어

date	시스템의 날짜, 시간을 표시 및 변경
time	프로그램 수행 시간을 출력
cal	시스템의 달력(-y) 및 달(옵션 없을 때)의 출력
clear	터미널의 내용 지우기
wall	로그인된 상태의 모든 계정으로 메시지 전달
write	설정 계정으로 메시지 전달
mesg	메시지 수신 여부를 확인
tty	터미널의 경로명과 파일명을 출력
stty	프롬프트 설정을 변경
man	리눅스 명령어들의 매뉴얼 제공(-h 옵션 : 사용법 출력)
info	리눅스 명령어의 사용 방법 및 옵션 등을 제공
which	명령어의 경로를 확인
ps	현재 실행 중인 프로세스의 상태 출력
kill	프로세스 종료
killall	모든 프로세서를 강제로 종료
chsh	로그인 셸 변경
echo $SHELL	로그인 사용자의 사용 셸
redirection	화면으로 출력될 결과를 파일 형태로 저장
aias	자주 사용하는 명령어를 사용하기 쉽게 설정
unalias	alias 명령을 해제
exec	프로세스 실행
fork	프로세스 생성 및 복제
exit	프로세스 종료
pipe	파이프 생성

cal : calendar

mesg : message

man : manual

info : information

ps : process status

chsh : change shell

08 시스템 종료 명령어

shutdown	• 시스템 종료(-h) 및 종료 후 재부팅(-r) • root 사용자만 사용할 수 있는 권한이 있음
reboot	시스템을 재부팅, 강제 재부팅(-f)
halt	시스템을 종료
init	시스템 종료(0) 및 종료 후 재부팅(6)

vim : vi improved

emacs : editor macros

★ X-윈도우
Linux 환경에서 그래픽 사용자 인터페이스를 제공하므로 Linux를 윈도우처럼 사용할 수 있는 GUI(Graphic User Interface) 프로그램

09 프로그램 편집기

vi	• 화면 단위 편집기 • 편집 모드, 명령 모드, 입력 모드로 구성됨
vim	• 유니코드 및 다국어가 지원됨 • 다양한 색상을 이용하여 편집할 수 있음
pico	• 메뉴 선택 방식, Windows의 메모장과 유사함 • 자유 소프트웨어 라이센스가 아니므로 소스 수정이 불가함
nano	pico의 복제 버전 에디터임
emacs	• 여러 개발 환경에서 편집이 가능함 • 매크로 기능 있는 텍스트 교정 • HTML, C, LISP, FORTRAN 등과 같은 언어의 소스 코드 작성 시 모드 설정 가능
gedit	• Windows나 맥(Mac) OS X 등에서 사용 가능함 • X-윈도우★ 시스템에서 사용할 수 있게 개발됨

이론을 확인하는 기출문제

01 다음 명령 중 현재의 작업 디렉터리를 나타내기 위한 Linux 명령은?

① cd
② mkdir
③ rmdir
④ pwd

pwd(print working directory) : 현재 디렉터리의 경로를 표시

오답 피하기

- cd : 디렉터리 경로 변경
- mkdir : 디렉터리 생성
- rmdir : 디렉터리 삭제

02 Linux 시스템에서 현재 작업 중인 프로세스의 상태를 알기 위해 사용하는 명령어는?

① ls
② ps
③ cp
④ cat

ps : 프로세스의 상태 보기

오답 피하기

- ls : 지정한 디렉터리의 파일을 보여줌
- cp : 파일 복사
- cat : 파일의 내용을 출력

03 다음 중 MS-DOS의 type 명령처럼 Linux에서 파일의 내용을 화면에 보여주는 명령은?

① mv
② rm
③ cat
④ type

cat : 파일의 내용 표시(DOS의 type 명령)

오답 피하기

- mv : 파일이나 디렉터리 이동 또는 이름 변경
- rm : 파일 삭제 명령
- type : 텍스트 파일의 내용을 보여주는 DOS 명령어

04 다음 Linux 명령 중 기능이 다른 명령어는?

① vi
② vim
③ gedit
④ write

write : 설정 계정으로 메시지를 전달하는 명령어

오답 피하기

프로그램 편집기 : vi, vim, pico, nano, emacs, gedit

05 다음 중 디스크의 사용량을 표시하여 사용 가능한 용량을 알 수 있는 Linux 명령은?

① df
② man
③ ping
④ more

df : 디스크의 사용량을 표시, 사용 가능한 용량을 알 수 있음

오답 피하기

- man : 리눅스 명령어들의 매뉴얼 제공
- ping : 네트워크의 연결 상태를 확인하여 통신 가능 여부를 점검함
- more : 화면 단위로 파일의 내용을 출력함

06 다음 Linux 명령 중 해당 기능으로 옳지 않은 것은?

① user : 로그인 사용자의 정보를 알 수 있다.
② who : 현재 로그인된 사용자를 알 수 있다.
③ passwd : 사용자 계정 비밀번호를 변경할 수 있다.
④ cal : 계산기가 실행되어 계산에 이용할 수 있다.

cal : 시스템의 달력(-y) 및 달(옵션 없을 때)을 출력

정답 01 ④ 02 ② 03 ③ 04 ④ 05 ① 06 ④

SECTION 03

Linux의 파일 처리 및 조작

출제빈도 상 중 (하)
반복학습 1 2 3

빈출 태그 i–node • chmod

01 Linux 파일 시스템 22년 2회, 21년 2회, 20년 2회/3회

① 기능

- 계층적 파일 시스템으로 트리 구조임
- 각 디렉터리는 커널에 의해 관리됨
- 디렉터리 및 주변 기기를 하나의 파일로 간주하여 처리함
- 네트워크 환경에서 파일 시스템은 상호 공유됨
- 파일들의 동적인 확장이 가능함

② 파일 시스템의 구성

부트 블록	시스템이 부팅될 때 사용하는 코드
슈퍼 블록	파일 전체 시스템에 대한 정보를 기억
i–node List	i–node의 집합
데이터 블록	파일의 내용이 저장되어 있는 블록

③ i–node

i–node에는 파일 이름, 파일 경로명이 포함되지 않음

- 각 파일에 대한 상태 정보를 가지고 있는 자료 구조
- i–node 내용 : 파일 소유자의 식별 번호 및 그룹 번호, 데이터 블록 주소, 파일 크기, 파일 형태(Type), 파일이 만들어진 시간, 파일이 가장 최근에 사용된 시간, 파일이 변경된 가장 최근의 시간, 파일 링크 수 등
- i–node에 대한 정보는 “stat”이라는 명령어로 확인 가능함

02 파일 시스템 디렉터리

/	시스템의 루트 디렉터리(Root Directory), 최상위 디렉터리
/boot	부팅 시 사용되는 모든 파일 및 디렉터리
/root	root user인 시스템 관리자용 홈 디렉터리
/home	사용자 계정 디렉터리로 로그인했을 때 처음으로 위치하는 디렉터리
/proc	커널 제어 및 커널 정보에 접근
/lib	공유 라이브러리 디렉터리
/bin	명령어 디렉터리로 일반 사용자와 시스템 관리자가 같이 사용하는 디렉터리
/etc	시스템 관리를 위한 환경 설정 파일을 저장하는 디렉터리

/etc/fstab	파일 시스템 정보와 부팅될 때의 마운트 정보를 저장하는 파일
/tmp	임시 파일 생성 디렉터리
/usr	사용자 디렉터리

02 파일 시스템 디렉터리

stat	파일 상태 정보 출력 명령
chmod	파일이나 디렉터리에 대한 접근 허가 모드 변경
chown	파일이나 디렉터리의 사용자 소유권과 그룹 소유권 변경
mount	각 장치와 파일 시스템을 연결
unmount	각 장치와 파일 시스템을 연결 해제
fsck	파일 시스템의 오류 여부를 검사(무결성 검사)
eject	미디어 해제 및 장치 제거
fdisk	파티션 생성, 삭제, 타입 결정
mkfs	파일 시스템 생성
mke2fs	ext2, ext3, ext4 타입의 Linux 파일 시스템을 생성
e2fsck	ext2, ext3, ext4 파일 시스템을 점검

기적의 TIP

i-node와 chmod 명령에 대해 묻는 문제가 자주 출제되고 있습니다. 혼돈되지 않게 잘 숙지해 두시기 바랍니다.

chmod : change mode
chown : change owner
fsck : file system consistency check

이론을 확인하는 기출문제

01 Linux에서 각 파일에 대한 정보를 기억하고 있는 자료 구조로서 파일 소유자의 식별 번호, 파일 크기, 파일의 최종 수정 시간, 파일 링크 수 등의 내용을 가지고 있는 것은?

① 슈퍼블록
② i-node
③ 디렉터리
④ 파일 시스템 마운팅

i-node 내용 : 파일 소유자의 식별 번호 및 그룹 번호, 데이터 블록 주소, 파일 크기, 파일 형태(Type), 파일이 만들어진 시간, 파일이 가장 최근에 사용된 시간, 파일이 변경된 가장 최근의 시간, 파일 링크 수 등

02 Linux의 파일 시스템과 관련이 적은 것은?

① 부트 블록
② 사용자 블록
③ i-node
④ 슈퍼블록

파일 시스템의 구성 : 부트 블록, 슈퍼 블록, i-node List, 데이터 블록

정답 01 ② 02 ②

합격을 다지는 예상문제

01 다음 중 Linux에 대한 설명으로 옳지 않은 것은?

① 대화식 시분할 운영체제이다.
② 대부분 C 언어로 작성되어 있다.
③ 두 사람 이상의 사용자가 동시에 시스템을 사용할 수 있다.
④ 동시에 여러 작업을 수행하는 다중 작업(Multi-Tasking)을 지원하지 않는다.

02 Linux에서 셸(Shell)에 대한 설명으로 옳지 않은 것은?

① 사용자 명령을 받아 해석하고 수행시키는 명령어 해석기이다.
② 프로세스 관리, 기억 장치 관리, 파일 관리 등의 기능을 수행한다.
③ 시스템과 사용자 간의 인터페이스를 담당한다.
④ 커널처럼 메모리에 상주하지 않기 때문에 필요할 경우 교체될 수 있다.

03 Linux 시스템에서 커널의 수행 기능에 해당하지 않는 것은?

① 프로세스 관리 ② 기억 장치 관리
③ 입출력 관리 ④ 명령어 해독

04 Linux 시스템의 특징으로 볼 수 없는 것은?

① Linux 시스템은 사용자에 대해 대화형 시스템이다.
② Linux 시스템은 다중 작업 시스템(Multi-tasking System)이다.
③ Linux 시스템의 파일 구조는 단층 구조 형태이다.
④ Linux 시스템은 다중 사용(Multi-user) 시스템이다.

05 Linux 시스템에서 파일의 내용을 화면에 출력할 때 사용하는 명령어는?

① cat ② rm
③ ls ④ mv

06 Linux 운영체제의 특징으로 볼 수 없는 것은?

① 대화식 운영체제이다.
② 다중 사용자 시스템이다.
③ 대부분의 코드가 어셈블리 언어로 기술되어 있다.
④ 높은 이식성과 확장성이 있다.

07 Linux에서 기존 파일 시스템에 새로운 파일 시스템을 서브 디렉터리에 연결할 때 사용하는 명령은?

① mount ② mkfs
③ fsck ④ chmod

08 Linux에 대한 설명으로 거리가 먼 것은?

① Linux는 대부분 C 언어로 작성되었다.
② Stand Alone 시스템에 주로 사용된다.
③ Multi-tasking, Multi-user 시스템이다.
④ Networking 기능이 풍부하다.

09 Linux에서 파일에 대한 정보를 가지고 있는 i-node의 내용으로 볼 수 없는 것은?

① 파일의 크기 ② 최종 수정 시간
③ 소유자 ④ 파일 경로명

10 다음 Linux 명령 중 디렉터리를 생성하는 명령은?

① cd ② mkdir
③ rmdir ④ pwd

11 Linux에서 부모 프로세스가 자식 프로세스를 생성하는 명령어는?

① exec ② exit
③ fork ④ pipe

12 다음 프로그램 편집기 중 유니코드가 지원되며 다양한 색상을 이용하여 편집이 가능한 것은?

① vi ② vim
③ pico ④ nano

13 다음 중 파일이나 디렉터리를 복사할 때 사용하는 명령은?

① ls ② cp
③ copy ④ dup

14 Linux 명령인 mv의 기능으로 올바른 것은?

① 파일의 목록을 표시한다.
② 파일을 복사한다.
③ 파일을 삭제한다.
④ 파일을 이동한다.

15 Linux의 ls 명령에서 숨겨진 파일을 포함한 모든 파일과 디렉터리를 표시하는 옵션은?

① −a ② −l
③ −t ④ −x

16 다음 중 파일이나 디렉터리를 삭제할 때 사용하는 명령은?

① ls ② cp
③ rm ④ mv

17 다음 Linux 명령 중 기능이 다른 명령어는?

① vi ② vim
③ emacs ④ fork

18 다음 중 2개 파일의 내용을 비교하여 다른 부분을 출력하는 명령은?

① wc ② grep
③ split ④ diff

19 다음 중 디렉터리가 차지하는 디스크의 사용량을 알고 싶을 때 사용하는 명령은?

① du ② ls
③ df ④ cp

20 다음 중 사용자 계정을 생성하는 명령은?

① useradd ② userdel
③ usermod ④ chage

21 다음 중 현재 로그인된 사용자를 조회하는 명령은?

① user ② who
③ su ④ passwd

22 다음 중 다른 사용자 계정으로 로그인하기 위한 명령은?

① user ② who
③ su ④ passwd

23 다음 중 명령에 대한 기능이 잘못된 것은?

① cal : 시스템의 달력이나 달을 출력한다.
② clear : 터미널의 내용을 지운다.
③ wall : 로그인된 상태의 모든 계정으로 메시지를 전달한다.
④ write : 터미널의 경로명과 파일명을 출력한다.

24 다음 중 Linux 명령어의 매뉴얼을 실행하기 위한 명령은?

① write ② mesg
③ ps ④ man

25 다음 중 명령어의 경로를 확인할 때 사용하는 명령어는?

① which ② ps
③ alias ④ chsh

26 다음 중 네트워크의 연결 상태를 확인하는 명령어는?

① ping ② traceroute
③ nslookup ④ host

27 다음 중 프로토콜의 상태 및 통계나 연결 상태, 라우팅 테이블 내용을 표시하는 명령은?

① ifconfig ② traceroute
③ nslookup ④ netstat

28 다음 중 사용자 계정 디렉터리로 로그인했을 때 처음으로 위치하는 디렉터리는?

① / ② /boot
③ /root ④ /home

29 다음 중 파일 시스템 정보와 부팅될 때의 마운트 정보를 저장하는 파일은?

① /etc/fstab ② /boot
③ /root ④ /home

30 다음 중 무결성 검사를 하기 위한 명령은?

① fsck ② eject
③ fdisk ④ mkfs

합격을 다지는 예상문제 정답 & 해설

CHAPTER 05

01 ④	02 ②	03 ④	04 ③	05 ①
06 ③	07 ①	08 ②	09 ④	10 ②
11 ③	12 ②	13 ②	14 ④	15 ①
16 ③	17 ④	18 ④	19 ①	20 ①
21 ②	22 ③	23 ④	24 ④	25 ①
26 ①	27 ④	28 ④	29 ①	30 ①

01 ④

동시에 여러 작업이 가능한 멀티태스킹(Multi-Tasking)을 지원함

02 ②

커널(Kernel) : 입출력 관리, 프로세스 관리 및 통신, 파일 관리, 기억 장치 관리, 시스템 호출 등을 담당함

03 ④

커널 : 입출력 관리, 프로세스 관리 및 통신, 파일 관리, 기억 장치 관리, 시스템 호출 등을 담당함

오답 피하기

명령 해독기(Instruction Decoder) : 명령어 해독

04 ③

Linux 시스템은 계층적 트리 구조 형태임

05 ①

cat : 파일의 내용을 출력

오답 피하기

- rm : 파일이나 디렉터리 삭제
- ls : 파일 목록 표시
- mv : 파일이나 디렉터리 이동 또는 이름 변경

06 ③

대부분의 코드가 C 언어로 기술되어 있음

07 ①

mount : 각 장치와 파일 시스템을 연결하거나 기존 파일 시스템에 새로운 파일 시스템을 서브 디렉터리에 연결할 때 사용

오답 피하기

- mkfs : 파일 시스템 생성
- fsck : 파일 시스템의 오류 여부를 검사(무결성 검사)
- chmod : 파일이나 디렉터리에 대한 접근 허가 모드 변경

08 ②

Linux는 여러 터미널을 지원하는 다중 사용자(Multi-user) 운영체제임

09 ④

파일 경로명은 i-node의 내용에 포함되지 않음

10 ②

mkdir : 디렉터리 생성

오답 피하기

- cd : 디렉터리 경로 변경
- rmdir : 디렉터리 삭제
- pwd : 현재 디렉터리의 경로를 표시

11 ③

fork : 프로세스 생성, 복제

오답 피하기

- exec : 프로세스 실행
- exit : 프로세스 종료
- pipe : 파이프 생성

12 ②

vim : 유니코드 및 다국어가 지원되며 다양한 색상을 이용하여 편집할 수 있음

오답 피하기

- vi : 화면 단위 편집기로 편집 모드, 명령 모드, 입력 모드로 구성됨
- pico : 메뉴 선택 방식, Windows의 메모장과 유사함
- nano : pico의 복제 버전 에디터

13 ②

cp : 파일이나 디렉터리 복사(디렉터리 복사 옵션 : -r)

14 ④

mv : 파일이나 디렉터리 이동 또는 이름 변경

15 ①

-a : 숨겨진 파일을 포함한 모든 파일과 디렉터리를 표시

오답 피하기

- -l : 디렉터리를 완전한 형식으로 출력
- -t : 갱신된 시간대별로 출력
- -x : 여러 개의 파일을 한 라인에 가로로 정렬하여 표시

16 ③

rm : 파일이나 디렉터리 삭제

오답 피하기

- ls : 파일 목록 표시
- cp : 파일이나 디렉터리 복사
- mv : 파일이나 디렉터리 이용 또는 이름 변경

17 ④

fork : 프로세스 생성, 복제

오답 피하기

프로그램 편집기 : vi, vim, pico, nano, emacs, gedit

18 ④

diff : 2개 파일의 내용을 비교하여 다른 부분을 출력

오답 피하기
- wc : 파일의 라인 수, 단어 수, 문자 수를 출력
- grep : 파일에서 옵션에 따라 특정한 패턴(문자열)이나 정규 표현식으로 나타낸 단어를 검색
- split : 파일을 용량 및 라인 수 기준으로 분리

19 ①

du : 지정한 디렉터리의 디스크 사용량을 표시

20 ①

useradd : 사용자 계정 생성(adduser와 동일한 기능)

오답 피하기
- userdel : 계정 정보 삭제
- usermod : 계정 정보 변경
- chage : 패스워드 만료 정보 변경

21 ②

who : 현재 로그인된 사용자 조회

오답 피하기
- user : 로그인 사용자 정보 출력
- su : 다른 사용자 계정으로 로그인
- passwd : 사용자 계정 비밀번호 설정 및 변경

22 ③

su : 다른 사용자 계정으로 로그인

23 ④

write : 설정 계정으로 메시지 전달

오답 피하기

tty : 터미널의 경로명과 파일명을 출력

24 ④

man : 리눅스 명령어들의 매뉴얼 제공(-h 옵션 : 사용법 출력)

오답 피하기
- write : 설정 계정으로 메시지 전달
- mesg : 메시지 수신 여부를 확인
- ps : 현재 실행 중인 프로세스의 상태 출력

25 ①

which : 명령어의 경로를 확인

오답 피하기

chsh : 로그인 셸 변경

26 ①

ping : 네트워크의 연결 상태를 확인하여 통신 가능 여부를 점검함

오답 피하기
- traceroute : 루트를 추적하여 경로를 나타내고 구간별 정보를 표시함
- nslookup : IP 주소나 도메인명을 조회함
- host : Host명으로 IP 주소나 하위 Host명을 조회 및 IP 주소로 Host명을 조회함

27 ④

netstat : 프로토콜의 상태 및 통계, 연결 상태, 라우팅 테이블 내용 표시

28 ④

/home : 사용자 계정 디렉터리로 로그인했을 때 처음으로 위치하는 디렉터리

오답 피하기
- / : 시스템의 루트 디렉터리(root directory), 최상위 디렉터리
- /boot : 부팅 시 사용되는 모든 파일 및 디렉터리
- /root : root user인 시스템 관리자용 홈 디렉터리

29 ①

/etc/fstab : 파일 시스템 정보와 부팅될 때의 마운트 정보를 저장하는 파일

30 ①

fsck : 파일 시스템의 오류 여부를 검사(무결성 검사)

오답 피하기
- eject : 미디어 해제 및 장치 제거
- fdisk : 파티션 생성, 삭제, 타입 결정
- mkfs : 파일 시스템 생성

전산 영어

학습 방향

Scandisk, Config.sys, Ctrl+C, Deadlock, Throughput, Interrupt 등이 출제되었습니다. 시험에 출제되었던 기출문제 위주의 영문 내용 중심 키워드를 암기하여 대비하시면 됩니다.

출제빈도

SECTION 01 상 100%

SECTION 01

전산 영어

출제빈도 (상) 중 하
반복학습 1 2 3

빈출 태그 OS • Cache Memory • Deadlock • Interrupt

> **기적의 TIP**
> 전산 영어는 보기의 지문 내용 중 해당 용어의 키 포인트 부분만을 가려내어 맞출 수 있게 준비하시면 됩니다. 중복되어 출제되는 경향이 강하므로 기출문제를 중심으로 공부하시면 됩니다.

① ALU(Arithmetic and Logic Unit) – 산술 논리 연산 장치

> It is the part of a computer processor(CPU) that carries out arithmetic and logic operations on the operands in computer instruction words.

산술 논리 연산 장치는 중앙 처리 장치의 구성 요소로서 컴퓨터 명령어 내에 있는 연산자를 이용하여 산술 연산 및 논리 연산을 수행한다.

② Bit (Binary Digit) – 비트

> A bit is the smallest unit of information that can be used by computer. A bit has a single binary value, either 0 or 1.

비트는 컴퓨터에서 사용되는 정보 표현의 가장 작은 단위이다. 비트는 2진수 0과 1의 값을 갖는다.

③ Compiler – 컴파일러

> A compiler is a special program that processes statements written in a particular programming language and turns them into machine language or code that a computer's processor uses.

컴파일러는 특정한 프로그래밍 언어로 작성된 문장을 처리하고 컴퓨터가 사용할 수 있는 기계어 또는 컴퓨터 프로세서가 사용하는 코드로 번역해 주는 특수한 프로그램이다.

④ Cache Memory – 캐시 메모리

> Cache memory is random access memory that a computer microprocessor can access more quickly than it can access regular RAM. As the microprocessor processes data, it looks first in the cache memory and if it finds the data from a previous reading of data, it does not have to do the more time-consuming reading of data from larger memory.

캐시 메모리는 컴퓨터 마이크로프로세서가 일반적인 RAM(DRAM)보다 더 빨리 접근할 수 있는 임의 접근 기억 장치이다. 마이크로프로세서가 데이터 처리시 먼저 캐시 메모리를 조사하고 이전에 읽어들인 데이터에서 찾는다면 큰 용량의 저장 장치(하드 디스크)로부터 데이터를 읽어오는 시간을 줄일 수 있다.

⑤ Virtual Memory – 가상 기억 장치

> Virtual (or logical) memory is a concept that, when implemented by a computer and its operating system, allows programmers to use a very large range of memory or storage addresses for stored data.

가상 기억 장치란 컴퓨터와 운영체제에 의해 구현되는 개념으로, 프로그래머들이 매우 큰 용량의 메모리 또는 저장 데이터를 위한 큰 공간을 사용할 수 있도록 해 주는 개념이다.

⑥ OS(Operating System) – 운영체제

> An operating system (sometimes abbreviated as OS) is the program that, after being initially loaded into the computer by a boot program, manages all the other programs in a computer.

운영체제(OS)는 부트 프로그램에 의해 초기에 컴퓨터에 적재되어, 컴퓨터에 있는 모든 프로그램들을 관리, 운영해 주는 프로그램이다.

⑦ Deadlock – 교착 상태 24년 1회, 21년 1회, 20년 2회

> A deadlock is a situation in which two computer programs sharing the same resource are effectively preventing each other from accessing the resource, resulting in both programs ceasing to function.

교착 상태란 동일한 자원을 공유하고 있는 두 개의 컴퓨터 프로그램이 서로 간에 공유된 자원의 사용을 방해함으로써 결국은 두 개의 프로그램 모두 실행이 중지되는 상황을 말한다.

⑧ Interrupt – 인터럽트

> An interrupt is a signal from a device attached to a computer or from a program within the computer that causes the main program that operates the computer (the operating system) to stop and figure out what to do next.

인터럽트란 컴퓨터에서 실행 중인 프로그램을 중지시키고 다음 작업을 해결하기 위한 컴퓨터 프로그램 또는 컴퓨터에 연결된 장치로부터의 신호이다.

⑨ Batch Processing System – 일괄 처리 시스템

> Batch processing system is a way to process a fixed amount data at the same time. The method that process data collected until it become some quantity or for some period of time at one time.

일괄 처리 시스템은 일정량의 데이터를 한꺼번에 처리하는 방식이다. 자료를 일정 기간 또는 일정량이 될 때까지 모아 한꺼번에 처리하는 방법이다.

⑩ Multi-programming – 다중 프로그래밍 23년 3회

> Multi-programming is a rudimentary form of parallel processing in which several programs are run at the same time on a uniprocessor. Since there is only one processor, there can be no true simultaneous execution of different programs.

다중 프로그래밍은 하나의 프로세서에 여러 개의 프로그램이 동시에 병렬 처리되는 기본적인 형태를 말한다. 단지 하나의 프로세서가 존재하므로 서로 다른 여러 가지 프로그램들이 동시에 수행된다고 볼 수는 없다.

⑪ Real Time Processing System – 실시간 처리 시스템

> Data processing system which requires immediate process when the data generated like seat reservation for train or airplane.

기차 또는 비행기 좌석 예약과 같이 데이터 발생과 동시에 즉시 처리해야 하는 경우의 자료 처리 시스템이다.

⑫ Time Sharing Processing System – 시분할 처리 시스템 10년 1월

> This system was developed in which users could interface directly which the computer through terminals. Programs in the system are given a limited amount of CPU time called a time-slice.

시분할 처리 시스템은 터미널을 통해 사용자가 직접 컴퓨터와 의사 소통이 가능하도록 개발되었다. 프로그램들은 타임 슬라이스라고 불리우는 제한된 양의 CPU 사용 시간이 주어진다.

⑬ SPOOL(Simultaneous Peripheral Operations On-Line) – 병행 처리 기법

> To spool a computer document or task list (or job) is to read it in and store it, usually on a hard disk or larger storage medium so that it can be printed or otherwise processed at a more convenient time.

스풀은 문서 또는 작업 리스트(잡)를 읽어 하드 디스크 또는 대용량 저장 장치에 저장한 후 출력하거나 좀 더 편리한 시간을 이용해 출력이 가능하도록 해 주는 것이다.

⑭ ADSL(Asymmetric Digital Subscriber Line) – 비대칭 디지털 가입자 회선

> ADSL is technology for transmitting digital information at high bandwidth on existing phone lines to home and business.

ADSL은 가정이나 회사에 연결된 기존의 전화 회선을 이용하여 광대역으로 디지털 정보를 전송하기 위한 기술이다.

⑮ Scandisk – 스캔디스크 10년 7월, 09년 1월, 07년 9월

It is the name of the program that can fix minor errors on your hard drive.

스캔디스크는 하드 디스크 상의 사소한 오류를 고칠 수 있는 프로그램의 이름이다.

⑯ Format – 포맷 10월 1월, 07년 1월, 04년 7월

Before a disk can store data, it must be divided into sectors that the disk controller can read and write.

포맷은 디스크에 데이터를 저장하기 전에 디스크 컨트롤러가 읽기/쓰기가 가능하도록 섹터로 구분하는 작업이다.

합격을 다지는 예상문제

01 다음은 무엇에 대한 설명인가?

- A program that replicates itself on a computer system.
- This program could be very dangerous.
- This program that modifies other programs un-authorized ways.
- You have to install a vaccine program to protect your system.

① virus
② compiler
③ operating system
④ throughput

02 다음이 설명하는 Windows의 기능은?

Hardware should automatically be detected and installed by Windows.

① DMA(Direct Memory Access)
② OLE(Object Linking and Embedding)
③ Drag and Drop
④ PnP(Plug and Play)

03 Which one does below sentence describe?

The term often used for starting a computer, es-pecially one that loads its operating system from the disk.

① Loader ② Bootstrap
③ Spooler ④ Driver

04 This disk pack contains 5 disks and 200 tracks. What's the number of cylinder of this disk pack?

① 1200 ② 800
③ 400 ④ 200

05 다음 문장의 ( )에 들어갈 용어는?

Computer components fall into blank three cat-egories : processor, input and output.
The processor consists of primary storage or memory, the arithmetic and logic unit and the ( ) unit.

① control ② bus
③ process ④ screen

06 다음은 무슨 개념에 대한 설명인가?

It is a situation in which two computer programs sharing the same resource are effectively pre-venting each other from accessing the resource, resulting in both programs ceasing to function.

① Multiprogramming
② Distributed System
③ Deadlock
④ Spool

07 다음은 무엇에 대한 설명인가?

It is the program that, after being initially loaded into the computer by a boot program, manages all the other programs in a computer.

① System Program
② Operating System
③ Compiler
④ Application

08 What is the name of the program that can fix minor errors on your hard drive?

① SCANDISK ② FDISK
③ FORMAT ④ MEM

09 다음은 무엇에 대한 설명인가?

It is a way to process a fixed amount data at the same time.

① Real Time Processing System
② Batch Processing System
③ Distributed Processing System
④ Multi-programming System

10 다음 ( )에 들어갈 내용으로 적절한 것은?

To ( ) a computer document or task list (or "job") is to read it in and store it, usually on a hard disk or larger storage medium so that it can be printed or otherwise processed at a more convenient time.

① Compile ② Load
③ Open ④ SPOOL

11 Which one is not related to Processing Program?

① Language Translate Program
② Service Program
③ Job Management Program
④ Problem Program

12 다음은 무엇에 대한 설명인가?

It is a signal from a device attached to a computer or from a program within the computer that causes the main program that operates the computer (the operating system) to stop and figure out what to do next.

① Interrupt ② Supervisor
③ Overhead ④ Linking

13 Which is not outer command at DOS?

① CHKDSK ② DISKCOPY
③ PROMPT ④ SYS

14 Which is not Operating System?

① UNIX ② DOS
③ WINDOWS ④ PASCAL

15 다음 ( ) 안에 가장 알맞은 단어는?

A(An) ( ) is a program that acts an intermediary between a user of computer and the computer hardware.

① Operating System
② GUI
③ Interpreter
④ File System

16 다음의 설명이 의미하는 것은?

A situation that two or more processes are unable to proceed because each is waiting for the device in use other program.

① Database ② Compiler
③ Deadlock ④ Spooling

17 다음 문장의 ( ) 안에 알맞은 것은?

( ) selects from among the processes in memory that are ready to execute, and allocates the CPU to one of them.

① Scheduler ② Spooler
③ Cycle ④ Buffer

18 다음 ( ) 안의 내용으로 적절하지 않은 것은?

The UNIX operating system has three important features – ( ), ( ) and ( ).

① kernel ② shell
③ file system ④ compiler

19 다음 설명은 무엇에 관한 내용인가?

> it is a program that acts as an intermediary between a user of a computer and computer hardware.

① Application Program
② Operating System
③ Job Scheduling
④ File System

20 다음 ( ) 안에 들어갈 알맞은 용어는?

> The ( ) algorithm replaces the resident page that has spent the longest time in memory. Whenever a page is to be evicted, the oldest page is in-dentified and removed from main memory.

① FIFO ② LRU
③ OPT ④ NRU

21 다음 문장의 ( ) 안에 알맞은 내용은?

> ( ) selects from among the processes in memory that are ready to execute, and allocates the CPU

① Cycle ② Spooler
③ Buffer ④ Scheduler

합격을 다지는 예상문제 정답 & 해설

CHAPTER 06

01 ①	02 ④	03 ②	04 ④	05 ①
06 ③	07 ②	08 ①	09 ②	10 ④
11 ③	12 ①	13 ③	14 ④	15 ①
16 ③	17 ①	18 ④	19 ②	20 ①
21 ④				

01 ①

- 자기 자신을 컴퓨터 시스템에 복제하는 프로그램이다.
- 이 프로그램은 매우 위험하다.
- 이 프로그램은 인증되지 않은 방법으로 다른 프로그램들을 변경 시킨다.
- 여러분의 시스템을 보호하기 위해 백신 프로그램을 설치해야 한다.

→ Virus(바이러스)

02 ④

하드웨어는 윈도우즈에 의해 자동으로 감지되고 설치
→ PnP(Plug and Play)

03 ②

컴퓨터의 시작에 자주 쓰이는 용어로, 특히 디스크로부터 운영체제를 로드하는 것 → Bootstrap(부트스트랩)

04 ④

이 디스크 팩은 5개의 디스크과 200개의 트랙을 포함한다. 이 디스크 팩의 실린더는 몇 개인가?
→ 실린더의 개수 = 트랙의 개수 = 200

05 ①

컴퓨터의 구성 요소는 프로세서, 입력, 출력 등 세 가지 영역으로 나누어진다.
프로세서는 주기억, 산술 & 논리 장치, (제어) 장치로 구성된다.
→ control

06 ③

동일한 자원을 공유하고 있는 두 개의 컴퓨터 프로그램이 서로 간에 공유된 자원의 사용을 방해함으로써 결국은 두 개의 프로그램 모두 실행이 중지되는 상황 → Deadlock(교착 상태)

07 ②

부트 프로그램에 의해 초기에 컴퓨터에 적재되어, 컴퓨터에 있는 모든 프로그램들을 관리, 운영해 주는 프로그램
→ Operating System(운영체제)

08 ①

SCANDISK : 하드 디스크 상의 심각하지 않은 사소한 오류의 수정이 가능한 프로그램

09 ②

일정량의 데이터를 모아두었다가 한 번에 처리하는 방식
→ Batch Processing System

오답 피하기

- ① 실시간 처리 시스템
- ③ 분산 처리 시스템
- ④ 멀티 프로그래밍 시스템

10 ④

문서 또는 작업 리스트를 읽어 일반적인 하드 디스크 또는 대용량 저장 장치에 저장한 후 출력하거나 또는 좀 더 편리한 시간을 이용해 출력이 가능하도록 해주는 것이다.
→ SPOOL(= Simultaneous Peripheral Operations On-Line)

11 ③

처리 프로그램 : 언어 번역 프로그램, 서비스 프로그램, 문제 처리 프로그램

12 ①

운영체제와 같은 주요 프로그램의 실행을 멈추게 하고 다음 번에 해야 할 작업 내용을 알 수 있게 해 주는 컴퓨터 주변 장치 또는 컴퓨터 내부에 있는 프로그램으로부터의 신호
→ Interrupt(인터럽트)

13 ③

다음 중 외부 명령어가 아닌 것은?

오답 피하기

PROMPT : 내부 명령어

14 ④

다음 중 운영체제가 아닌 것은?

오답 피하기

PASCAL : 프로그래밍 언어

15 ①

컴퓨터 하드웨어와 사용자 사이에서 중개 역할을 하는 프로그램
→ 운영체제(Operating System)

16 ③

두 개 또는 그 이상의 프로세스들이 다른 프로그램에 의해서 사용 중인 장치의 사용을 기다리며 처리가 중단된 상황
→ Deadlock(교착 상태)

17 ①

(　　)는 메모리에 있는 실행 준비가 되어 있는 프로세스들 중에 하나를 CPU에 할당 → 스케줄러(Scheduler)

18 ④

유닉스는 커널, 셸, 파일 시스템 등 주요 세 영역으로 구성

19 ②

컴퓨터 사용자와 컴퓨터 하드웨어 사이에서 중계 역할을 하는 프로그램이다. → 운영체제(Operating System)

20 ①

FIFO(First In First Out) : 주기억 장치 내에 가장 먼저 들어온, 가장 오래된 페이지를 교체할 페이지로 선택하는 알고리즘 기법으로 가장 오래된 페이지로 인식된 페이지를 주기억 장치에서 제거한다.

21 ④

(Scheduler(스케쥴러))는 메모리에서 실행을 대기하는 처리들 중 하나를 선택하여 중앙 처리 장치에 할당해 준다.

PART

04

정보 통신 일반

파트 소개

10문제가 출제되는 파트로서 주요 내용은 정보 통신 개요, 정보 전송 회선, 정보 전송 방식, 정보 통신 설비, 통신 프로토콜, 정보 통신망, 뉴 미디어, 인터넷이며 정보시스템의 구성과 이용 형태를 묻는 문제가 자주 출제되고, 정보 전송 선로, 전송 에러 제어 방식, 정보 전송 설비, OSI 참조 모델, 정보 교환망의 분류, 뉴 미디어의 개념 등에서 높은 출제율을 보이고 있습니다.

CHAPTER 01

정보 통신 개요

학습 방향

데이터 통신 목적, 특징, 통신 제어 장치, 온라인 리얼 타임 시스템, 분산 네트워크, 분산 처리 등이 출제되었습니다. 정보 통신의 기본 개념과 정보 통신 시스템을 구성하는 요소들, 이용 형태에 대해 익혀두어야 합니다.

출제빈도

SECTION	빈도	비율
SECTION 01	하	13%
SECTION 02	중	37%
SECTION 03	상	50%

SECTION 01

정보 통신의 개념

출제빈도 상 중 (하)
반복학습 1 2 3

빈출 태그 정보원 • 전송 매체 • 정보 목적지 • 정보 통신의 발달 과정

01 정보 통신의 개념 21년 1회, 20년 2회/4회, 19년 상시, 17년 상시, 07년 1월, …

- 2진 디지털 데이터를 목적물로 하는 통신
- 음성, 데이터, 이미지, 영상, 멀티미디어 등의 정보를 송수신하는 것을 의미
- 정보의 저장과 가공, 처리 분야 전반에 걸친 통신을 의미
- 입출력 장치나 기타의 기기를 접속해야 함
- 정보 통신★의 3대 목표 : 정확성, 효율성, 보안성

암기 TIP

통안에 전처럼 들어가봐!
정보 통신
= 정보 전송 + 정보 처리

★ **정보 통신**
정보 통신은 전기 통신을 포함함 (정보 통신 = 정보 전송 기술 + 정보 처리 기술)

02 정보 통신의 구성 요소

- 정보원(Data Source) : 전달하려는 정보가 만들어지는 근원지(송신자)
- 전송 매체(Medium) : 정보를 전달하는 수단
- 정보 목적지(Destination) : 전달 매체에 맞게 변형된 정보가 전달되는 곳(수신자)

기적의 TIP

정보 통신의 구성 요소에 대한 이해와 발달 과정에 대한 숙지가 필요합니다.

03 정보 통신 시스템의 특징 19년 상시, 12년 상시, 07년 9월, 05년 10월, 03년 10월

- 고속 통신에 적합
- 다중 전송★이나 광대역 전송★가능
- 시간이나 거리에 구애받지 않음(고품질의 통신 가능)
- 동보 전송★ 가능
- 에러 제어 기능으로 인해 신뢰성이 높음

정보 통신 이용 약관은 통신 관계 법령으로 규정함

★ **다중 전송**
하나의 컴퓨터가 다수의 터미널에 동시에 전송하는 것

★ **광대역 전송**
주파수 분할 다중화 기법을 이용하여 하나의 전송 매체에 여러 개의 데이터 채널을 전송하는 것 (= 브로드밴드(Broadband))

★ **동보 전송**
같은 메시지를 여러 명에게 동시에 전송하는 것

04 정보 통신 기술의 발달 과정

제1단계	음성 전용 회선을 이용한 모뎀 개발, 저중속 데이터 전송이 가능해짐
제2단계	기존의 전화 교환망을 이용하여 정보를 전송
제3단계	• 광대역 데이터 전송 회선(아날로그 방식) • 고속의 정보 전송 가능
제4단계	• 디지털 전용 회선 • 시분할 방식 구현
제5단계	• 데이터 전용 교환망 구축 • 회선 교환 방식, 패킷 교환 방식 이용
제6단계	• 종합 정보 통신망(ISDN) • 디지털 방식으로 문자, 음성, 화상 정보 등 다양한 정보의 전송이 가능

05 정보 통신망의 발달 18년 상시, 05년 7월

- SAGE(Semi-Automatic Ground Environment)★ : 최초의 정보 통신 시스템
- SABRE(Semi-Automatic Business Research Environment) : 최초의 상업용 정보 통신 시스템
- CTSS(Compatible Time Sharing System) : 최초의 시분할 방식 시스템
- ARPANET(Advanced Research Project Agency NETwork) : 패킷 교환 방식을 이용한 최초의 컴퓨터 통신망
- SNA(System Network Architecture) : 컴퓨터와 단말기 간의 편리한 연결을 위한 정보 통신 시스템

★ SAGE
세계 최초의 정보 통신 시스템으로 군사 목적으로 사용됨

이론을 확인하는 기출문제

01 데이터 통신 시스템이 세계 최초로 사용된 시기는 1958년경이었다. 이때 가장 많이 적용된 분야는?

① 군사 분야
② 기상 예측 분야
③ 상업 분야
④ 방송 분야

SAGE : 세계 최초의 데이터 통신 시스템으로 군사 분야에 사용됨

오답 피하기

SABRE : 세계 최초의 상업용 데이터 통신

02 다음 보기는 데이터 통신의 발전 과정을 순서없이 나열한 것이다. 발전 단계를 올바른 순서로 나열한 것은?

㉠ 종합 통신망(ISDN)의 구축 ㉡ 디지털 전용 회선의 구축 ㉢ 음성 전용 회선을 이용한 저속 및 중속 데이터 전송 ㉣ 기존의 전화 교환망을 개방하여 데이터 통신에 이용

① ㉠ → ㉡ → ㉢ → ㉣
② ㉣ → ㉢ → ㉡ → ㉠
③ ㉢ → ㉣ → ㉡ → ㉠
④ ㉢ → ㉣ → ㉠ → ㉡

음성 전용 회선 → 전화 교환망을 이용한 데이터 통신 → 광대역 데이터 전송(아날로그 방식) → 디지털 전용 회선 → 데이터 전용 교환망 → 종합 통신망(ISDN)

03 다음 중 데이터 통신의 목적으로 가장 적합한 것은?

① 통신 서비스의 표준화
② 신속 정확한 정보의 전달과 정보 자원의 공유 및 이용
③ 정보 통신 기기의 개발 및 발전 촉진
④ 정보에 대한 비밀 보장

데이터 통신의 목적은 신속하고 정확한 정보의 전달과 정보 자원의 공유 및 이용에 있음

04 데이터 통신의 정의에 대한 설명 중 옳지 않은 것은?

① 공중 전화 교환망을 통하여 접속된 전화기를 이용한 음성 통신
② 2진 부호 형태의 정보를 목적물로 하는 통신
③ 정보 기기 사이에 디지털 형태의 정보를 송수신하는 통신
④ 전기 통신 회선에 컴퓨터를 접속하여 정보를 송수신 및 처리하는 통신

정보 통신 : 가공 처리된 문자, 음성, 영상 등과 같은 일련의 정보를 기기 간의 유·무선을 통해 서로 주고받는 행위

정답 01 ① 02 ③ 03 ② 04 ①

SECTION 02

정보 통신 시스템의 구성

출제빈도 상 (중) 하
반복학습 1 2 3

빈출 태그 입력 장치 • 데이터 회선 종단 장치(DCE) • FEP

01 정보 통신 시스템의 4대 구성 요소 11년 2월

단말 장치, 데이터 전송 회선, 통신 제어 장치, 컴퓨터

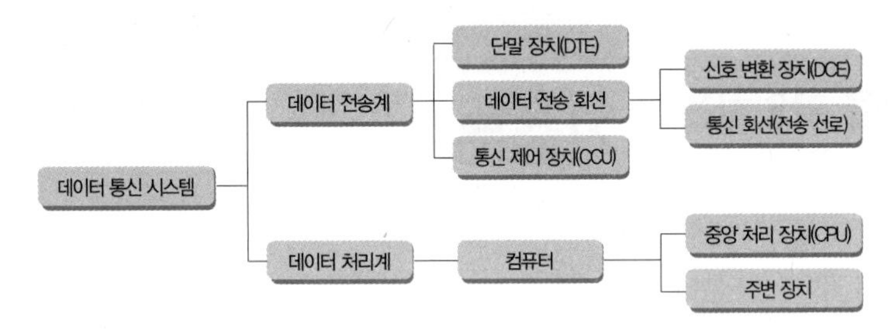

02 데이터 전송계 21년 4회, 20년 4회, 19년 상시, 16년 상시, 15년 상시, …

원거리에서 일괄 처리하는 단말기를 Remote Batch Terminal이라고 함

① 단말 장치(DTE; Data Terminal Equipment)
- 데이터 통신 시스템과 사용자의 접속점에 위치하여 데이터의 입출력 및 송수신을 담당하는 장치
- 입출력 기능 : 입력 변환 및 출력 변환 기능
- 전송 제어 기능 : 입출력 제어, 송수신 제어, 에러 제어
- 기억 기능

기적의 TIP

데이터 전송계와 처리계에 대한 역할의 차이와 장치 구분에 대한 공부가 필요합니다.

② 데이터 회선 종단 장치(DCE; Data Circuit-terminating Equipment) 03년 7월
- 신호 변환 장치로, 단말 장치와 통신 회선을 연결하는 기능을 담당
- 통신 회선의 양 끝에서 신호 변환, 송수신 확인, 전송 신호의 동기 제어, 오류 제어 등의 기능을 수행
- 아날로그 회선의 경우 : 모뎀(MODEM)★
- 디지털 회선의 경우 : DSU(Digital Service Unit)★

★ 모뎀(MODEM)
- 아날로그 회선에서 사용
- 단말 장치로부터 입력된 디지털 신호를 통신 회선에 알맞은 아날로그 신호로 변조(MOdulation) 하고 다시 복조(DEModulation)하는 장치

★ DSU(Digital Service Unit)
- 디지털 회선에서 사용
- 단말 장치로부터 입력된 디지털 신호를 사용하기 위해 부호화(Encoding)하고 다시 복호화(Decoding)하는 장치

③ 통신 제어 장치(CCU; Communication Control Unit) 20년 2회, 10년 10월, 09년 7월, …
- 데이터 전송 회선과 컴퓨터 사이를 연결하고 통신 회선과 중앙 처리 장치를 결합하여 데이터의 처리를 제어하는 장치
- CCU(Communication Control Unit) : 통신 제어 장치로, 기본 기능을 수행하고 문자나 블록으로 조합됨

- CCP(Communication Control Processor) : 통신 처리 장치로, 메시지를 조립하는 기능을 수행
- FEP(Front End Processor)★ 05년 1월
  - 전처리 장치로, 메시지의 조립과 처리를 담당
  - 여러 통신로를 중앙 컴퓨터에 연결하여 터미널이 송신 상태에 있는지 또는 수신 상태에 있는지 조사
  - 에러 검출 및 수정

★ FEP
(Front End Processor)
메인 프레임의 통신 제어를 위해 설계된 전용 컴퓨터

DTE/DCE 접속 규격 특성
- 기계적 특성
- 전기적 특성
- 절차적 특성
- 기능적 특성

03 데이터 처리계 11년 4월, 08년 2월

데이터를 처리하는 컴퓨터를 의미하며, 중앙 처리 장치(CPU)와 주변 장치로 구성됨

① 중앙 처리 장치(CPU; Central Processing Unit)
- 연산 장치, 제어 장치, 기억 장치로 구성
- 전달된 정보를 특정 목적에 따라 처리하는 기능을 담당
- 명령어 해석, 자료의 연산, 비교 등

② 주변 장치
CPU를 제외한 입력 장치, 출력 장치, 보조 기억 장치 등

개념 체크

1 정보 통신 시스템의 구성에서 데이터 전송계에는 단말 장치, 데이터 회선 종단 장치, (　　　)가 있다.

2 데이터 전송계에서 단말 장치와 통신 회선을 연결하는 기능을 담당하는 장치는 CCU이다. (O, X)

1 통신 제어 장치 2 ×

이론을 확인하는 기출문제

01 데이터 통신 시스템의 구성 요소에 해당되지 않는 것은?

① 단말계
② 데이터 전송계
③ 데이터 처리계
④ 멀티 시스템계

데이터 통신 시스템의 구성 : 데이터 전송계(단말 장치, 데이터 회선 종단 장치, 통신 제어 장치), 데이터 처리계

02 다음 중 통신 제어 장치의 역할과 거리가 먼 것은?

① 통신 회선과 중앙 처리 장치의 결합
② 중앙 처리 장치와 데이터의 송 · 수신 제어
③ 데이터의 교환 및 축적 제어
④ 회선 접속 및 전송 에러 제어

통신 제어 장치(Communication Control Unit) : 데이터 전송 회선과 컴퓨터 사이를 연결하고 통신 회선과 중앙 처리 장치를 결합하여 데이터의 송 · 수신 및 회선 접속, 전송 에러를 제어함

03 원거리에서 일괄 처리를 수행하는 터미널(Terminal)은?

① 인텔리전트 터미널(Intelligent Terminal)
② 리모트 배치 터미널(Remote Batch Terminal)
③ 키 엔트리 터미널(Key Entry Terminal)
④ 논-인텔리전트 터미널(Non-Intelligent Terminal)

리모트 배치 터미널(Remote Batch Terminal) : 중앙 처리 장치와 떨어진 원거리에서 일정시간, 일정량의 작업을 모아 한꺼번에 처리가 가능한 단말기

04 정보 통신 시스템을 구성하는 기본 요소가 아닌 것은?

① 통신 제어 장치 ② 전송 회선
③ 호스트 컴퓨터 ④ 멀티 시스템계

정보 통신 시스템의 4대 구성 요소 : 단말 장치, 전송 회선, 통신 제어 장치, CPU(컴퓨터)

정답 01 ④ 02 ③ 03 ② 04 ④

SECTION 03

정보 통신의 이용 형태

출제빈도 상 중 하

반복학습 1 2 3

빈출 태그 입력 장치 • 일괄 처리 • 실시간 처리 • 시분할 처리

01 온라인(On-Line) 처리 시스템 20년 3회, 19년 상시, 11년 4월, 06년 10월, 04년 2월/4월/7월, …

- 하나의 중앙 처리 장치에 통신 회선을 통하여 여러 개의 입출력 장치를 항상 연결해서 자료를 처리하는 방식
  예 은행 업무, 예약 업무, 공작 기계 등의 수치 제어★ 등
- 온라인 시스템의 3대 구성 요소 : 단말 장치, 통신 회선, 전송 제어 장치

★ 수치 제어(Numeric Control)
컴퓨터의 제어 장치를 이용하여 기계를 자동 제어하는 것

02 오프라인(Off-Line) 처리 시스템

- 중앙 처리 장치와 입출력 장치가 통신 회선으로 연결되지 않고 처리하는 방식
- 일정 기간 데이터를 모아 처리하는 일괄 처리 방식을 사용
  예 급여 계산, 연말 정산 등

03 정보 통신의 처리 방식

기적의 TIP

정보 통신의 처리 방식에 대한 이해와 예를 통한 구분이 중요합니다.

① 일괄 처리(Batch Processing) 21년 1회, 19년 상시, 13년 상시, 07년 7월, 06년 1월, …

처리할 데이터를 일정 기간, 일정한 양을 모아 한꺼번에 처리하는 방식

예 급여 계산, 월간 판매 분석, 전기/수도 요금, 성적 처리, 연말 정산 등

② 실시간 처리(Real Time Processing) 24년 1회, 20년 3회, 17년 상시, 12년 상시, 09년 1월, 07년 1월, …

단말 장치를 이용하여 처리할 데이터가 발생하는 즉시 바로 처리하는 방식

예 은행의 창구 업무, 로봇 제어, 좌석 예약 및 조회 등

③ 시분할 처리(Time Sharing System) 05년 7월

- CPU의 사용 시간을 일정 시간 단위로 분할하여 여러 개의 단말 장치의 작업을 빠르게 처리함으로써 CPU의 공동 사용을 가능하게 하는 방식
- 하나의 컴퓨터를 여러 사용자가 동시에 공동 이용하고 있어도 각 사용자가 마치 자기 혼자서 컴퓨터를 독점하고 있는 것처럼 사용
- 사용자는 단말 장치를 통해 컴퓨터와 대화하듯이 사용

④ 분산 처리(Distributed Processing) 20년 2회, 10년 3월, 08년 2월/3월, 03년 7월

데이터를 지역적, 기능적으로 분산하여 처리하는 방식으로, 처리 효율이 높음

개념 체크

1 실시간 처리 시스템은 은행 업무, 좌석 예약, 조회 업무 등에서 사용한다.(O, X)

2 정보 통신의 처리 방식 중 데이터를 지역적, 기능적으로 분산하여 처리하는 방식은?

1 ○ 2 분산 처리

더 알기 TIP

정보 통신 시스템의 이용 형태

- 데이터 수집 : 원격 검침★, 판매 시점 관리★ 등
- 조회 응답 : 컴퓨터 시스템의 자료를 조사하여 제공하는 정보 검색 시스템 등
- 메시지 교환 : 회선 교환, 축적 교환
- 거래 처리 : 은행 창구 업무, 좌석 예약 업무 등

★ **원격 검침**
텔레미터링(Telemetering)이라고도 함

★ **판매 시점 관리**
POS(Point Of Sales)라고도 함

이론을 확인하는 기출문제

01 은행 창구의 거래 상황을 처리해 주는 응용 분야는?

① 공정 제어 ② 시차 배분
③ 거래 처리 ④ 전자 메일

거래 처리 : 상품 주문, 대금 지불, 은행 잔고 확인, 송금, 자금 이체 등의 은행 거래를 비롯하여 호텔 예약, 극장 · 음악회 좌석 예약, 철도 · 항공기 등의 좌석 예약을 할 수 있는 것

오답 피하기

- 공정 제어 : 컴퓨터에 의하여 동작이나 처리를 자동적으로 관리하는 것
- 시차 배분 : 시간을 나누어 분할

02 데이터 통신 네트워크 유형 중 분산 처리 네트워크의 장점과 거리가 먼 것은?

① 데이터의 신속한 현장 처리가 가능하다.
② 시스템의 운영조직이 간단해진다.
③ 장애 발생 시 전체적으로 기능이 마비되지 않는다.
④ 자원의 공유가 가능하다.

분산 처리 네트워크 방식은 각 지역별로 자료를 분산 처리하는 방식으로 자원의 공유가 가능하며 시스템의 과부하를 방지, 장애가 발생하더라도 기능 유지가 됨

03 하나의 중앙 처리 장치에 통신 회선을 통하여 여러 개의 입출력 장치를 항시 연결해서 자료를 처리하는 방식은?

① 중앙 처리 방식 ② 온라인 시스템
③ 오프라인 시스템 ④ 일괄 처리 방식

온라인 시스템 : 중앙 처리 장치에 통신 회선을 사용하여 여러 개의 단말 장치를 연결하여 처리하는 방식

오답 피하기

- 오프라인 시스템 : 통신 제어 장치 없이 일정량 데이터를 모았다가 처리
- 일괄 처리 방식 : 일정 기간, 일정량의 데이터를 모았다가 처리

04 다음 중 온라인(On-line) 처리 시스템의 기본적인 구성에 속하지 않는 것은?

① 단말 장치 ② 통신 회선
③ 변복조기 ④ 전자교환기

전자교환기, 기억 장치 등은 온라인(On-line) 처리 시스템의 기본적인 구성에 해당 되지 않음

05 일괄 처리(Batch Processing) 방법에 속하지 않는 것은?

① 자료가 발생할 때마다 보조 기억 장치에 기억해 두었다가 필요시에 처리하는 방식
② 자료가 일정량 수신되면 처리하는 방식
③ 자료를 일정 기간 단위로 처리하는 방식
④ 자료가 발생하는 즉시 필요한 처리를 하는 방식

자료가 발생하는 즉시 필요한 처리를 하는 방식 → 실시간 처리(Real Time Processing)

06 On-Line System 중에서 항공기나 열차의 좌석 예약, 은행의 예금 업무 등 Data가 발생하였을 때, 그것을 즉시 처리하는 System은?

① Frequency Sharing System
② Real Time System
③ Batch Processing System
④ Duplex System

Real Time System(실시간 처리) : 은행의 예금 업무와 같이 데이터가 발생하는 즉시 처리하는 방식

오답 피하기

- Batch Processing System(일괄 처리 방식) : 자료를 일정량, 일정 기간 동안 모았다가 처리하는 방식으로 주로 오프라인(Off-Line) 방식을 사용
- Duplex System(전이중 방식) : 전화와 같이 양쪽 방향으로 동시에 정보 전송이 가능한 방식

정답 01 ③ 02 ② 03 ② 04 ④ 05 ④ 06 ②

합격을 다지는 예상문제

01 데이터 통신의 정의에 대한 설명으로 적합하지 않은 것은?

① 정보 기기 사이에서 디지털 2진 형태로 표현된 정보를 송수신하는 통신
② 통신 신호가 아날로그(Analog) 형태인 음성 전용 통신
③ 전기 통신 회선에 전자 계산기 본체와 그에 부수되는 입출력 장치를 이용하는 통신
④ 데이터 전송과 데이터 처리를 유기적으로 결합하도록 시스템을 구성하여 정보 전달의 목적을 달성하기 위한 통신

02 데이터 통신에 관한 설명으로 가장 적합한 것은?

① 음성 통신 수단을 이용하여 어떤 곳에서 다른 곳으로 이동하는 정보를 전달하는 방법이다.
② 일반 사람들에게 통신 서비스를 제공할 목적으로 한국 통신에서 설치, 운용하는 통신 방식이다.
③ 정보의 제공자로부터 정보의 이용자로의 화상 신호를 전달하는 시스템이다.
④ 규정한 통신 규범에 따라 기계와 기계 간에 디지털 정보를 전송하는 통신 방식이다.

03 통신 제어 장치의 기능과 관계없는 것은?

① 전기적 결합
② 오류 검출, 제어
③ 회선의 감시
④ 데이터 처리

04 데이터 단말 장치와 디지털 통신 회선 사이에 있는 장치는?

① 모뎀(MODEM)
② 통신 제어(Communication Control) 장치
③ DSU(Digital Service Unit)
④ 회선 제어(Line Control) 장치

05 데이터 회선 종단 장치(DCE)로서, 디지털 전송 선로에 이용되는 것은?

① DSU ② MODEM
③ CCU ④ FEP

06 다음 중 DTE/DCE의 접속 규격에 관한 것이 아닌 것은?

① 기계적 특성 ② 전기적 특성
③ 통신적 특성 ④ 절차적 특성

07 다음 중 정보의 처리가 가장 신속하도록 구성한 데이터 통신 시스템은?

① 오프라인 시스템(Off-Line System)
② 실시간 시스템(Real Time System)
③ 배치 처리 시스템(Batch Processing System)
④ 축적 후 전진 시스템(Store And Forward System)

08 정보 통신 시스템의 기본 구성에 있어서 데이터 회선 종단 장치 혹은 신호 변환기와 관계없는 것은?

① DCE ② DTE
③ DSU ④ MODEM

09 데이터 통신의 특징으로 적합하지 않은 것은?

① 시스템의 신뢰도가 높다.
② 고도의 에러 제어 방식이 요구된다.
③ 광대역 전송이 곤란하다.
④ 시간이나 횟수에 관계없이 같은 내용을 반복하여 사용할 수 있다.

10 정보 통신 시스템의 구성 요소 중 데이터 전송계에 해당되지 않는 것은?

① 모뎀 장치
② 데이터 전송 회선
③ 중앙 처리 장치
④ 통신 제어 장치

11 다음의 정보 전송 발전 단계 중 가장 발전된 형태는?

① 음성용 전용 회선을 이용한 저속/중속 데이터 전송
② 종합 정보 통신망 구축
③ 데이터 전용 회선의 이용
④ 회선 교환망의 구축

12 세계 최초의 상업용 정보 통신 시스템은 무엇인가?

① SAGE
② SABRE
③ ISDN
④ INTRANET

13 온라인 시스템(On-Line System)의 3대 주요 구성 요소가 아닌 것은?

① 전송 제어 장치
② 기억 장치
③ 통신 회선
④ 단말 장치

14 시분할 방식(Time Sharing System)에 대한 설명으로 옳은 것은?

① 시스템상의 공간적 기능을 분할하는 방식이다.
② 주파수 동기를 맞추어 주는 기능이다.
③ 하나의 컴퓨터를 여러 개의 단말 장치가 공동으로 사용하도록 하는 시스템이다.
④ 이동 통신에 사용되는 통신 방식이다.

15 일정량의 자료를 모은 후에 처리하는 방법을 무엇이라 하는가?

① 일괄 처리(Batch Processing)
② 실시간 처리(Real Time Processing)
③ 원격 처리(Teleprocessing)
④ 온라인 처리(On-Line Processing)

16 통신 시스템을 구성하는 다음 요소들 중 일반적으로 고장 발생률(에러율)이 가장 낮은 것은?

① 운영자
② 통신 회선
③ 중앙 처리 장치
④ 입출력 장치

17 데이터 전송 회선과 컴퓨터와의 전기적 결합과 전송 문자를 조립, 분해하는 장치는?

① 신호 변환 장치
② 통신 제어 장치
③ 단말 장치
④ 다중화 장치

18 다음 중 최초의 정보 통신 시스템으로 군사 목적으로 사용된 것은?

① ARPANET ② CTSS
③ SAGE ④ SABRE

19 **정보 통신 시스템의 4대 구성 요소에 속하지 않는 것은?**

① 단말 장치
② 데이터 전송 회선
③ 통신 제어 장치
④ 데이터 복구 장치

20 **정보 통신의 처리 방식 중에서 CPU의 사용 시간을 일정 시간 단위로 분할하여 여러 개의 단말 장치 작업을 빠르게 처리함으로써 CPU의 공동 사용을 가능하게 하는 방식은?**

① Batch Processing
② Time Sharing System
③ Real Time Processing
④ Distributed Processing

합격을 다지는 예상문제 / 정답 & 해설

CHAPTER 01

01 ②	02 ④	03 ④	04 ③	05 ①
06 ③	07 ②	08 ②	09 ③	10 ③
11 ②	12 ②	13 ②	14 ③	15 ①
16 ③	17 ②	18 ③	19 ④	20 ②

01 ②

데이터 통신

- 2진 부호로 표현된 정보를 전기 통신 회선을 통해 정보의 수집, 가공, 처리, 분배 등의 기능을 수행하는 기계와 기계 간의 통신
- 음성 통신, 데이터(전자 우편, 파일 전송, 원격 회의) 통신, 이미지 통신, 영상 통신, 멀티미디어 통신을 총칭함

02 ④

데이터 통신은 통신 규범을 사용하여 음성, 영상, 텍스트, 이미지 등의 정보를 기기 간의 유무선 통신 수단을 통해 서로 주고받는 것을 말함

03 ④

통신 제어 장치(CCU) : 통신 회선과 CPU를 연결, 통신 방식 제어, 다중 접속 제어, 전송 제어 등을 수행하는 데이터 전송계

오답 피하기

데이터 처리는 처리계에 해당하는 컴퓨터에서 수행함

04 ③

DSU(Digital Service Unit) : 디지털 신호를 변조하지 않고 디지털 전송로를 이용하여 전송하기 위한 장치

05 ①

데이터 회선 종단 장치(DCE; Data Circuit-terminating Equipment) : 신호 변환 장치라고 하며 디지털 전송 선로에는 DSU(Digital Service Unit), 아날로그 전송 회선에는 모뎀(MODEM)이 사용됨

오답 피하기

- MODEM : 디지털 정보를 아날로그 회선에 적합한 신호로 변조하고 원래 신호로 복조해 주는 장치
- CCU(Communication Control Unit) : 통신 회선과의 전기적인 결합, 송수신 자료의 제어/감시, 메시지의 조립/분해, 동기 제어, 오류 제어, 통신 방식 제어 등의 역할을 수행하는 장치
- FEP(Front-End Processor) : 통신 제어를 위해 설계된 전용 컴퓨터

06 ③

DTE/DCE의 접속 규격 특성 : 기계적 특성, 전기적 특성, 기능적 특성, 절차적 특성

07 ②

실시간 시스템(Real Time System) : 자료의 발생 즉시 처리하는 방식이므로, 데이터의 처리가 가장 빠름

오답 피하기

오프라인 시스템(Off-Line System) : 단말 장치와 컴퓨터가 연결되지 않은 형태로 처리되는 방식으로 일정량, 일정 시간 동안 자료를 모아 처리하는 배치 처리 시스템(Batch Processing System)을 주로 사용

08 ②

DTE(Data Terminal Equipment) : 단말 장치

오답 피하기

데이터 회선 종단 장치 혹은 신호 변환기(DCE; Data Circuit terminating Equipment) : 데이터 전송 회선 양단 간의 통신 회선을 연결하는 장치로 모뎀(변복조 장치), DSU(Digital Service Unit) 등이 포함됨

09 ③

데이터 통신은 하나의 전송 매체에 여러 개의 데이터 채널을 전송하는 광대역 전송이 가능함

오답 피하기

정보 통신은 고도의 에러 제어 기능으로 신뢰도가 높고 동보 전송이 가능함

10 ③

데이터 처리계 : 컴퓨터(중앙 처리 장치, 주변 장치 등)

오답 피하기

데이터 전송계 : 단말 장치(DTE), 데이터 전송 회선(신호 변환 장치, 통신 회선), 통신 제어 장치(CCU)

11 ②

정보 통신의 가장 발전된 형태 : 종합 정보 통신망(ISDN; Integrated Service Digital Network)

오답 피하기

정보 통신의 발전 단계

음성 전용 회선을 이용한 모뎀 – 기존의 전화 교환망 – 광대역 데이터 전송 회선(아날로그 방식) – 디지털 전용 회선 – 데이터 전용 교환망 – 종합 정보 통신망

12 ②

SABRE(Semi-Automatic Business Research Environment) : 최초의 상업용 정보 통신 시스템

오답 피하기

- SAGE(Semi-Automatic Ground Environment) : 최초의 정보 통신 시스템
- ISDN(Integrated Service Digital Network, 종합 정보 통신망) : 음성, 비음성, 팩시밀리, 기타 각종 통신 처리 등의 다양한 통신 서비스를 하나의 디지털 통신망으로 종합하여 제공하는 통신망
- INTRANET : 인터넷을 이용한 사내 통신망

13 ②

온라인 시스템의 3대 구성 요소 : 단말 장치, 통신 회선, 전송 제어 장치

14 ③

시분할 방식(Time Sharing System) : CPU의 처리 시간을 여러 단말 장치에게 동등하게 배분하여 처리하는 방식으로, 실시간 처리가 가능하고 컴퓨터의 자원을 공동 이용할 수 있음

15 ①

일괄 처리(배치 처리) : 일정량의 자료를 모은 후 한꺼번에 처리하는 방식

오답 피하기

- 실시간 처리 : 데이터의 발생 즉시 처리하는 방식
- 원격 처리 : 지역적으로 멀리 떨어진 컴퓨터에서 처리하는 방식
- 온라인 처리 : 컴퓨터와 단말 장치가 통신 회선으로 연결되어 처리함

16 ③

운영자의 실수나 통신 회선 및 입출력 장치의 오류보다 중앙 처리 장치의 고장 발생률이 더 낮음

17 ②

통신 제어 장치(CCU) : 통신 회선과 전기적 결합, 송수신 자료의 제어/감시, 통신의 시작과 종료 제어, 오류 제어, 흐름 제어 등을 수행하는 장치

18 ③

SAGE(Semi-Automatic Ground Environment) : 최초의 정보 통신 시스템

오답 피하기

- ARPANET(Advanced Research Project Agency NETwork) : 패킷 교환 방식을 이용한 최초의 컴퓨터 통신망
- CTSS(Compatible Time Sharing System) : 최초의 시분할 방식 시스템
- SABRE(Semi-Automatic Business Research Environment) : 최초의 상업용 정보 통신 시스템

19 ④

정보 통신 시스템의 4대 구성 요소 : 단말 장치, 데이터 전송 회선, 통신 제어 장치, 컴퓨터

20 ②

시분할 처리(Time Sharing System) : CPU의 사용 시간을 일정 시간 단위로 분할하여 여러 개의 작업을 동시에 처리하는 방식

오답 피하기

- 일괄 처리(Batch Processing) : 처리할 데이터를 일정 기간, 일정한 양을 모아 한꺼번에 처리하는 방식
- 실시간 처리(Real Time Processing) : 단말 장치를 이용하여 처리할 데이터가 발생하는 즉시 바로 처리하는 방식
- 분산 처리(Distributed Processing) : 데이터를 지역적, 기능적으로 분산하여 처리하는 방식

CHAPTER 02

정보 전송 회선

학습 방향

광통신, 무왜곡 조건, 통신 위성의 위치, 광통신, FTTH, 전이중통신, dm, baud, 디비트, 트리비트, 쿼드비트 등이 출제되었습니다. 데이터를 주고받기 위한 전송 선로의 종류 및 기능, 특성에 대해 중점적으로 학습해 주시기 바랍니다.

출제빈도

섹션	빈도	비율
SECTION 01	상	63%
SECTION 02	하	13%
SECTION 03	중	24%

SECTION

01 정보 전송 선로

합격 강의

출제빈도 상 중 하

반복학습 1 2 3

빈출 태그 입력 장치 • 유로 선로 • 동축 케이블 • 광섬유 케이블 • 위성 마이크로파 • 전기적인 1차 정수 • 극소 조건

01 유선 선로(유도 매체)

① 나선(Open Wire)

- 가장 최초로 쓰여진 통신 선로로, 전신주를 이용
- 철에 구리를 입힌 매체이며 개방형 선로임
- 전자 유도에 의한 혼선의 영향이 큼
- 현재는 거의 사용되지 않으며, 대체용으로 평형 케이블을 이용

② 트위스티드 페어 케이블(Twisted Pair Cable)

- 2선의 구리선이 서로 감겨 있는 형태의 케이블
- 묶여져 있는 쌍이 많을수록 장거리 통신이 가능함
- 건물 내의 통신 수단이나 가까운 시내 전화 선로에 많이 이용
- 설치가 간단하고 저렴하여 가정용 전화기, 개인용 컴퓨터 연결 등에 사용됨

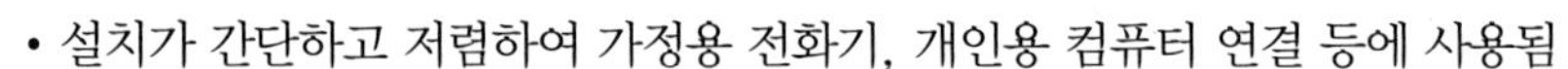

- 대역폭★이 넓지 못하고 고속 전송이 제한적
- 트위스티드 페어 케이블 = 평형 케이블

③ 동축 케이블(Coaxial Cable) 20년 3회/4회, 19년 상시, 17년 상시, 10년 7월

- 동일한 중심축에 플라스틱 절연체를 씌우고 그 위에 그물 모양의 구리망을 감싼 전송 매체
- 고주파★ 전송, 광대역★ 전송, 장거리 전송에 적합하지만 최근에 광대역 케이블로 대체되어 가고 있음

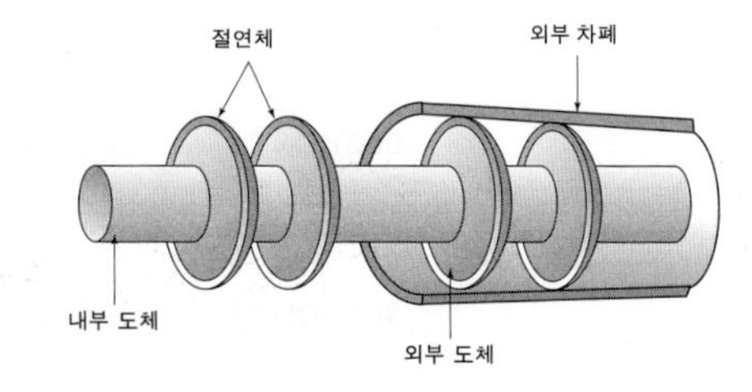

- 트위스티드 페어 케이블에 비해 우수한 매체로 혼선, 감쇠가 적음
- 이용 분야 : TV급 전선, 유선 방송(CATV), 근거리 네트워크(LAN) 등

더 알기 TIP

베이스밴드(Baseband)

디지털 신호를 변조하지 않는 방식

기적의 TIP

각 유선 선로의 종류에 대한 중점적인 학습이 필수입니다. 특히, 광섬유 케이블에 대한 전반적인 공부가 필요합니다.

정보 전송 선로

송 · 수신기 사이에서 실제적인 정보를 전송하는 물리적인 통로

전송 선로에 부정합이 있을 때

- 반사 발생
- 파형 왜곡
- 전력 손실
- 최대 전력 미전달

★ 대역폭

전기 신호를 흐트러지지 않은 상태로 보내기 위한 일정한 주파수의 폭

★ 고주파

높은 주파수를 가진 전자파로, 일반적으로 60Hz(헤르츠) 이상의 주파수

★ 광대역

(Broadband, 브로드밴드)

주파수 분할 다중화 기법을 이용해 하나의 전송 매체에 여러 개의 데이터 채널을 제공하는 것

④ 광섬유 케이블(Optical Fiber Cable) 23년 3회, 21년 1회/3회, 19년 상시, 16년 상시, 15년 상시, 14년 상시, …

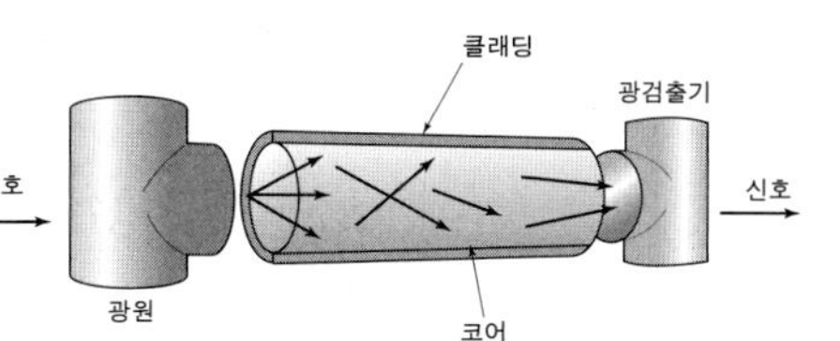

- 규소(SiO_2)를 주재료로 하며 빛의 전반사★ 현상을 이용
- 온도 변화에 안정적이며 신뢰성이 높고 에러 발생률이 가장 적음
- 광섬유 케이블은 대륙 간 통신 매체로도 사용됨
- 코어의 굴절 계수가 클래어보다 큼
- 코어★와 클래딩★으로 구성되며, 빛의 신호가 코어를 따라 이동하면서 클래딩에 전반사되는 과정으로 데이터를 전송
- 전력 유도★나 전자 유도에 영향을 받지 않으므로 잡음★이나 누화★가 거의 없고 신호 감쇠★ 현상이 적음
- 광대역 전송, 작은 크기와 무게, 적은 감쇠도, 보다 넓은 리피터★ 간격
- 빛을 이용하여 전송하므로 보안성이 뛰어남
- 광통신의 3요소 09년 1월, 07년 4월, 06년 1월

발광기(LD; Laser Diode)	전기 에너지를 광 에너지로 변환하는 송신측의 요소
수광기(PD; Photo Diode)	광 에너지를 원래의 전기 에너지로 복원하는 수신측의 요소
광섬유 케이블	석영을 사용한 전송 매체로, 광 에너지를 전송

- 광섬유의 굴절률 및 전파 모드 20년 2회, 06년 10월

단일 모드 **(SM(F); Single Mode Fiber, 광섬유)**	코어를 직진하는 전파 모드의 수가 하나뿐인 광섬유로, 광통신의 중계용으로 많이 사용되며 초광대역 전송이 가능하고 코어의 직경이 작음(3~5[μm])
계단형 다중 모드 **(SIMMF; Step Index Multi Mode Fiber)**	클래딩과 코어의 굴절률이 계단형으로 변화하고 전송 대역폭이 좁음
언덕형 다중 모드 **(GIMMF; Graded Index MMF)**	코어의 굴절률이 중심에서 가장 크고 주변으로 진행해 감에 따라 완만하게 저하되며 계단형에 비해 전송 대역폭을 개선한 광섬유
삼각형 다중 모드 **(TIMMF; Triangular Index MMF)**	계단형 다중 모드와 언덕형 다중 모드의 장점을 더함

- 이용 분야 : 장거리 중계선★, 근거리 통신망(LAN), 전화국 간의 중계선 등

02 무선 선로(비유도 매체) 23년 3회, 20년 4회, 19년 상시, 12년 상시, 07년 4월, …

① 지상 마이크로파(Terrestrial Microwave)
- 접시형 안테나를 이용, 장거리 전송을 위한 마이크로파 중계탑을 여러 개 사용
- 광대역 통신, 다중 통신, 장거리 통신이 가능
- 대용량, 고속 통신이 가능하고 외부의 영향을 적게 받음
- 이용 분야 : TV, PCS★, 무선 LAN 등

광섬유 케이블 손실
- 접속 손실
- 산란 손실
- 흡수 손실

★ 전반사
빛의 굴절률이 100%인 빛의 반사

★ 코어(Core)
빛을 전달하는 부분

★ 클래딩(Cladding)
코어를 감싸는 부분

★ 유도
자기력선이 변화하면 회로에 전류를 흐르게 하는 기전력이 생기는 현상

★ 잡음(Noise)
전송로 상에서 전송 신호에 유입되는 불필요한 신호

★ 누화(Cross Talk)
인접한 서로 다른 전송 선로 상의 신호가 다른 회선에 영향을 주는 현상

★ 감쇠(Attenuation)
거리가 멀어질수록 전자적 신호의 세기가 점차적으로 약해지는 현상

★ 리피터(Repeater)
디지털 신호의 재생 중계 장치

★ 중계선(Trunk)
전화국 사이를 잇는 유선 또는 무선에 의한 전기적인 전송로

기적의 TIP
각 무선 선로의 특징과 전송 선로의 이론에서 용어에 대한 이해와 정리가 필요합니다.

★ PCS(Personal Communications Service)
개인용 휴대 통신 서비스

개념 체크
1 광섬유 케이블은 동축 케이블보다 전송 신호의 손실이 적다.(O, X)
2 데이터 전송 매체로 잡음과 보안에 가장 우수한 것은 (　　)이다.

1 ○ 2 광섬유 케이블

② 위성 마이크로파(Satellite Microwave) 08년 3월

- 통신 위성을 이용하여 정보를 전송
- 통신 용량이 대용량이며, 국가 간의 원거리 통신에 주로 이용
- 전파 지연 시간★이 발생하며 기후의 영향을 받음
- 장거리 통신이므로 전파 지연 및 폭우로 인한 감쇠 현상이 나타날 수 있음
- 이용 분야 : TV, 국제 전화, 전신, 사설 기업망 등

★ 전파 지연 시간
통신 위성에 전파를 보내고, 통신 위성에서 수신지로 전파를 전송하는 과정에서 소요되는 시간

③ 무선 주파수(Radio Frequency)

- 다방향성으로 접시형 안테나가 필요 없음
- 안테나가 정해진 시점에 정확히 설치될 필요 없음
- 이용 분야 : VHF와 UHF 대역의 FM 라디오, UHF, VHF TV

전자파
라디오 방송의 통신 매체

더 알기 TIP

최초의 통신 위성과 위치 및 무선 주파수 10년 3월, 08년 2월/7월, 06년 4월, 05년 4월, 04년 10월

- 통신 위성의 위치 : 적도 위 약 36,000Km 상공
- Telstar(텔스타) : 세계 최초의 통신 위성(1960년)
- 무궁화 1호 : 우리나라 최초의 통신 위성(1995년)
- 무선 주파수 : 사람이 들을 수 있는 9kHz ~ 수천GHz까지의 주파수

03 전송 선로의 이론

① 전기적인 1차 정수 19년 상시, 08년 2월, 06년 7월

- 도체 저항(R) : 물체의 운동 방향과 반대 방향으로 작용하는 힘
- 인덕턴스(L) : 전류 회로에 발생된 자기 유도의 정도를 전류 변화와 관련하여 나타내는 양
- 정전 용량(C) : 도체의 형상이나 주위의 유전체에 의해 정해지는 상수
- 컨덕턴스(G) : 저항이 얼마나 잘 흐르는가를 나타냄

Ferranti 현상
수신쪽 신호의 절댓값이 송신쪽 신호의 절댓값보다 큰 현상을 의미

② 극소 조건(Distortionless Condition) 08년 2월, 07년 1월

선로의 감쇠량 최소 조건을 의미하며 LG = RC로 나타냄

③ 선로의 특성 임피던스(Impedance)★ 04년 2월

- 전송 선로의 고유한 특성을 표시하는 정수 : $Z_0 = \sqrt{\frac{R+L}{G+C}}$
- 극소 조건일 때 선로의 특성 임피던스 : $Z_0 = \sqrt{\frac{L}{C}}$

★ 임피던스(Impedance)
직렬 상태의 교류 회로에서 생기는 합성 저항을 의미함

이론을 확인하는 기출문제

01 다음 중 전송 선로의 전기적인 1차 정수가 아닌 것은?

① 도체 저항(R) ② 도체 길이(l)
③ 자기 인덕턴스(L) ④ 정전 용량(C)

- 1차 정수 : 분포 정수 회로에서 단위 길이당의 저항, 인덕턴스, 컨덕턴스, 정전 용량
- 도체 저항(R) : 물체의 운동 방향과 반대 방향으로 작용하는 힘
- 자기 인덕턴스(L) : 전류 회로에 발생된 자기 유도의 유도 정도를 전류 변화와 관련하여 나타내는 양, 단위는 헨리(H)
- 정전 용량(C) : 정전기 용량 또는 커패시턴스(C), 도체의 형상이나 주위의 유전체에 의해 정해지는 상수
- 컨덕턴스(G) : 저항이 얼마나 잘 흐르느냐를 나타냄

02 전송 선로 조건 중 선로의 감쇠량이 최소로 되는 경우는? (단, R : 선로의 저항, L : 선로의 인덕턴스, C : 선로의 커패시턴스, G : 선로의 누설 컨덕턴스)

① RL = GC ② LG = RC
③ LC = GR ④ LR = CR

- 극소 조건(선로의 감쇠량이 최소가 되는 경우) : LG = RC
- 인덕턴스(L) : 전류 회로에 발생된 자기 유도의 정도를 전류 변화와 관련하여 나타내는 양
- 컨덕턴스(G) : 저항이 얼마나 잘 흐르는가를 나타냄
- 정전 용량(C) : 도체의 형상이나 주위의 유전체에 의해 정해지는 상수
- 도체 저항(R) : 물체의 운동 방향과 반대 방향으로 작용하는 힘

03 중앙 내부의 구리 심선과 원통형의 외부도체로 구성되어 있고 그 사이에는 절연물로 채워져 있으며 주로 CATV용 구내전송선로에 이용되는 케이블은?

① 국내 케이블 ② 동축 케이블
③ 폼스킨 케이블 ④ 광 케이블

동축 케이블 : TV급 전선이나 유선 방송(CATV), LAN 등에서 주로 사용됨

04 다음 중 라디오 방송에 이용하는 통신 매체는?

① 스크린 케이블
② 광파
③ 전자파
④ 동축 케이블

전자파(Electron Wave) : 전자기파(Electromagnetic Wave)로, 세기의 변화가 주기적으로 일어나는 전자기장이 공간을 통해 전파해 나가는 것으로 전파(라디오파)라고도 함

05 광통신 케이블의 전송 방식에 이용되는 빛의 특성은?

① 회절
② 산란
③ 흡수
④ 전반사

광섬유 케이블(Optical Fiber Cable) : 규소(SiO_2)을 주재료로 하며 빛의 반사 현상을 이용, 온도 변화에 안정적이며 신뢰성이 높고 에러 발생률이 가장 적음

06 광섬유 케이블의 장점이 아닌 것은?

① 잡음 영향이 적다.
② 대역폭이 넓다.
③ 도청이 어렵다.
④ 누화량이 많다.

광섬유 케이블은 전자 유도의 영향을 받지 않으므로 누화(혼선)을 방지할 수 있음

정답 01 ② 02 ② 03 ② 04 ③ 05 ④ 06 ④

SECTION 02

정보 전송 회선의 종류와 특성

합격 강의

출제빈도 상 중 (하)

반복학습 1 2 3

빈출 태그 전용 회선 • 단방향 통신 • 반이중 통신 • 전이중 통신 • 포인트 투 포인트 • 멀티 포인트 • 폴링 • 셀렉션 • 회선 제어 절차

01 접속 형식에 의한 분류

회선의 사용
- 2선식 : 전화망(PSTN), 교환 회선
- 2선식 또는 4선식 : 전용 회선

① 2선식 회선
- 2개의 선을 기본으로 하는 통신 회선
- 동시에 송신 및 수신이 불가능(단방향 또는 반이중 통신 방식만 가능)
- 주파수 분할 다중화 방식(FDM)을 사용 (FDM: Frequency Division Multiplexer)

② 4선식 회선
- 4개의 선을 기본으로 하는 통신 회선
- 동시에 송신 및 수신이 가능하여 전이중 통신 방식에 적합

암기 TIP

전 혼자예요.
전용 회선은 혼자만 쓸 수 있는, 독립적인 회선을 의미

02 교환 회선과 전용 회선 19년 상시, 16년 상시, 10년 7월

기적의 TIP

교환 회선과 전용 회선의 특징 및 차이점에 대해 정리하시고 전용 회선이 교환기를 사용하지 않는다는 점에 유의하시면 됩니다.

구분	내용
교환 회선	• 교환기를 통하여 연결된 여러 단말 장치에 대해 송수신하는 방식 • 전송할 데이터의 양이 적고 접속할 경우가 많은 경우에 유리 • 회선 교환과 축적 교환으로 분류할 수 있음 • Dial-up 회선이라고도 함
전용 회선	• 교환기를 사용하지 않음 • 직접적, 직통적, 고정적으로 연결(점 대 점)하는 방식 • 데이터의 양이 많거나 이용 횟수가 많을 경우에 적합

03 통신 방식에 따른 분류 21년 1회, 20년 2회/4회, 16년 상시, 10년 1월, 09년 3월, …

기적의 TIP

통신 방식에 따른 분류는 시험에 자주 출제되는 내용입니다. 반드시 방식과 예를 확인하고 넘어 가세요.

① **단방향 통신**(Simplex)
- 정보의 전송이 한 방향으로만 이루어지는 통신
- 송신측은 송신만 담당하고, 수신측은 수신만 담당 예 TV, 라디오 등

단말 장치 (Computer) → 단말 장치 (Computer)

② **반이중 통신**(Half Duplex)
- 정보의 전송이 양방향으로 이루어지지만, 한쪽이 송신하는 동안에는 다른 쪽은 송신하지 못함
- 전송 데이터가 적을 때 용이 예 무전기 등

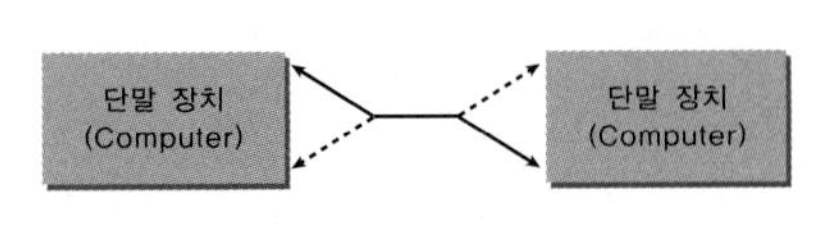

③ 전이중 통신(Full Duplex)

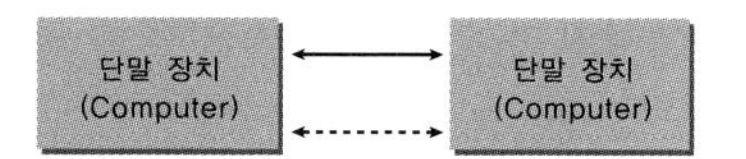

- 정보의 전송이 양방향으로 이루어지고, 양쪽 모두 동시에 송신 가능
- 전송 효율이 가장 우수
- 전송 데이터가 많을 때 용이 예 전화기 등

04 포인트 투 포인트 방식과 멀티 포인트 방식

기적의 TIP

포인트 투 포인트 방식과 멀티 포인트 방식의 특징 및 차이에 대해서 정확하게 이해하고 숙지하셔야 합니다.

① 포인트 투 포인트(Point-to-Point) 방식

- 점 대 점 방식이라고도 함
- 데이터를 송수신하는 2개의 단말 장치를 전용 회선으로 항상 접속해 두는 방식
- 송수신하는 데이터의 양이 많을 경우 유리

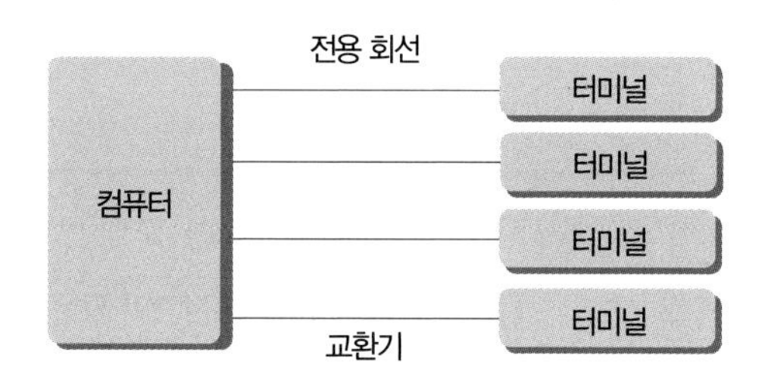

② 멀티 포인트(Multi-Point) 방식 05년 4월

- 다중 점 방식, 멀티 드롭(Multi-Drop) 방식이라고도 함
- 하나의 회선에 여러 단말 장치를 접속하는 방식
- 폴링(Polling)과 셀렉션(Selection)으로 제어하여 송수신

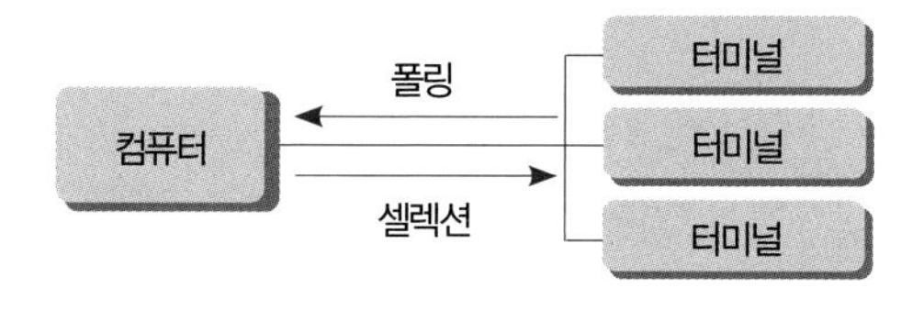

05 회선 제어 기법

① 회선 종류에 따른 제어 기법 19년 상시

회선 분류	제어 기법	특징
포인트 투 포인트	컨텐션(Contention)	송신 요구를 먼저 한 쪽이 송신권을 먼저 갖는 방식
멀티 포인트	폴링(Polling)	호스트 컴퓨터가 단말 장치들에게 "보낼(송신) 데이터가 있는가?"라고 묻는 제어 방법
	셀렉션(Selection)	호스트 컴퓨터가 특정 단말 장치에게 "받을(수신) 준비가 되어 있는가?"라고 묻는 제어 방법

암기 TIP

셀 수 있니?
폴이 **노래(송)**을 몇 곡 했는지?
셀렉션 – 수신, 송신 – 폴링

② 회선 제어 절차 20년 3회, 16년 상시, 10년 7월, 04년 10월

데이터 전송을 위해 수신측과 회선을 연결하는 단계를 의미

기적의 TIP

회선 제어 기법의 폴링과 셀렉션에 대해 반드시 암기하시고, 회선 제어 절차에 대해서도 이해를 통한 암기가 중요합니다.

회선 연결 ↓	: 교환 회선에서 송수신 장치 간의 물리적 연결 절차
링크 확립 ↓	: 상대방과의 전송이 가능한지를 확인하는 과정으로, 송수신 경로를 데이터 링크(Data Link)라 함
메시지 전달 ↓	: 확립된 데이터 링크(Data Link)를 이용, 데이터를 수신측으로 전송
링크 단절 ↓	: 데이터의 전송이 완료되면 수신측의 확인에 의해 데이터 링크를 끊고 초기 상태로 복귀
회선 절단	: 전기적 신호를 주고받는 경로를 없애는 단계(물리적 연결을 끊는 단계)

이론을 확인하는 기출문제

01 단말기에서 메시지(Message) 출력 중 동시에 호스트 컴퓨터로부터 입력 신호를 받아들일 수 있는 방식은?

① 전이중 방식　② 반이중 방식
③ 단향 방식　④ 우회 방식

전이중 방식(Full Duplex) : 동시에 양방향으로 정보를 전송 (예 전화)

오답 피하기
- 반이중 방식(Half Duplex) : 양방향으로 따로 따로 주고받는 전송 방식 (예 무전기)
- 단향 방식(Simplex) : 한 쪽 방향으로만 정보를 전송 (예 라디오, TV)

02 하나의 통신 회선을 공유하는 모든 터미널이 한꺼번에 전송하려고 할 때 제어기가 진행 신호를 보낼 때까지 모든 터미널들이 기다리도록 하는 통신 방식은?

① Poke　② Polling
③ Pool　④ Poly Processor

- 폴링(Polling) : '송신할 데이터가 있는가'라는 물음에 응답하여 제어하는 방식
- 셀렉션(Selection) : '수신할 준비가 되었는가'라는 문의에 응답하는 제어 방식

03 송 · 수신 간에 통신회선이 고정적이고, 언제나 통신이 가능하며 많은 양의 데이터 전송에 효율적인 회선은?

① 중계 회선　② 구내 회선
③ 전용 회선　④ 교환 회선

전용 회선 : 데이터의 양이 많거나 이용 횟수가 많을 경우에 적합하며 교환기를 사용하지 않음

04 이용자가 많아 통신량이 많은 정보 전송 회선인 경우 가장 효율적인 통신 방식은?

① 단향 통신 방식
② 전이중 통신 방식
③ 반이중 통신 방식
④ 우회 통신 방식

전이중 통신 방식 : 정해진 시간 안에 많은 전송량으로 송 · 수신해야 할 경우에 효율적인 방식

05 데이터의 전달 과정을 5단계로 구분한 순서로 옳은 것은?

① 회로 연결 – 링크 확립 – 전문 전달 – 링크 단절 – 회로 단절
② 회로 연결 – 전문 전달 – 링크 확립 – 회로 단절 – 링크 단절
③ 링크 확립 – 회로 연결 – 전문 전달 – 회로 단절 – 링크 단절
④ 링크 확립 – 회로 연결 – 전문 전달 – 링크 단절 – 회로 단절

데이터 전송 절차 : 회로 연결 – 링크 확립 – 전문(메시지) 전달 – 링크 단절 – 회로 단절

정답 01 ① 02 ② 03 ③ 04 ② 05 ①

SECTION 03

통신 속도와 통신 용량

합격 강의

출제빈도 상 (중) 하

반복학습 1 2 3

빈출 태그 Baud • BPS와 Baud의 관계

01 전송 속도 19년 상시, 16년 상시, 15년 상시, 11년 2월, 10년 10월, …

- BPS(Bit Per Second) : 1초당 전송되는 비트의 수(전송 속도의 기본 단위)
- Baud(보) : 1초당 최단 펄스★의 수, 매 초당 신호 변화의 개수, 매 초당 상태 변화의 개수를 의미하는 신호 속도의 단위, 변조 속도

★ 펄스(Pulse)
극히 짧은 시간만 흐르는 전류

기적의 TIP

BPS와 Baud의 관계에서 계산에 따른 결과를 산출하는 문제가 비슷한 유형으로 출제됩니다. 기출문제를 통해 반드시 풀어보시고 자기 것으로 만드시기 바랍니다.

02 BPS와 Baud의 관계 22년 3회, 20년 2회/4회, 19년 상시, 15년 상시, 11년 10월, …

- 한 비트가 하나의 신호를 표현하는 단위(Baud)로 쓰이는 경우 BPS와 Baud 속도는 동일함
- 2비트, 3비트가 모여서 하나의 신호를 나타내는 경우에는 Baud 속도는 Bps의 1/2, 1/3이 됨

① 1비트(One Bit = 2위상★)가 한 신호 단위인 경우 : Bps = Baud★

비트값	1	1	0	0	0	1	0
보값	1	2	3	4	5	6	7

② 2비트(Dibit = 4위상)가 한 신호 단위인 경우 : Bps = Baud × 2★

비트값	1	1	0	0	0	1	0
보값	1		2		3		4

③ 3비트(Tribit = 8위상)가 한 신호 단위인 경우 : Bps = Baud × 3★

비트값	1	1	0	0	0	1	0
보값		1			2		3

④ 4비트(Quadbit = 16위상)가 한 신호 단위인 경우 : Bps = Baud × 4★

비트값	1	1	0	0	0	1	0
보값		1				2	

★ 위상(phase)
진동, 파동과 같이 주기적으로 반복되는 현상에 대해 어떤 시각 또는 어떤 장소에서의 변화의 국면, 위치를 의미

★ 2위상이면 2가지 모양이 나올 수 있는 비트의 수
$2^x=2$(위상)
$\therefore x=1$(비트)

★ 4위상이면 4가지 모양이 나올 수 있는 비트의 수
$2^x=4$(위상)
$\therefore x=2$(비트)

★ 8위상이면 8가지 모양이 나올 수 있는 비트의 수
$2^x=8$(위상)
$\therefore x=3$(비트)

★ 16위상이면 16가지 모양이 나올 수 있는 비트의 수
$2^x=16$(위상)
$\therefore x=4$(비트)

dBm(dBmeter) 데시벨계, 디비미터

dBm=10 * log(비교값)

예 10mW=10dBm
(∵10 * log10=10dBm)
예 10W=40dBm
(∵10 * log10000=40dBm)

통신 속도(Baud) 11년 2월
1/최단 부호 펄스 시간
예 B = 1/T 속도가 50인 경우
50 = 1/T이므로 T는 0.02초

★ **샤논의 법칙**

$C = W \log_2(1 + \frac{S}{N})$[bps]

(C : 통신 용량, W : 주파수 대역폭, S : 신호 전력, N : 잡음 전력)

★ **대역폭(Bandwidth)**
어떤 주파수의 범위로, 상한 주파수에서 하한 주파수 값의 차이로 구함, 주파수 대역폭과 통신 속도는 비례함

03 통신 용량(채널 용량) 20년 2회/4회, 07년 4월

- 정보가 오류없이 채널을 통해 보내어질 수 있는 최대 속도를 의미함
- 단위 시간 동안 한 개의 회선으로 최대로 전송할 수 있는 전송 데이터의 양을 의미
- 일반적으로 BPS(Bit Per Second) 단위로 표현됨
- 샤논(Shannon)의 법칙★으로 채널의 정보 전송 능력을 나타낼 수 있음
- 샤논의 법칙은 잡음이 없는 이상적인 채널의 경우 신호대잡음비가 무한대가 되어 전송률을 무한대로 높일 수 있음 (신호대잡음비 단위 : dB)
- 대역폭★을 무한대로 높여도 전송률 역시 무한대로 높일 수 있음
- 전송로의 통신 용량을 증가시키기 위해서 대역폭을 늘리는 방법과 신호 전력을 높이거나 잡음 전력을 줄여야 하는 방법이 있음

+ 더 알기 TIP

dB(데시벨) : 신호의 세기를 표시하는 단위 11년 10월, 05년 1월/4월

- 가청 주파수 : 20Hz~20KHz
- 음성 대역 : 300Hz~3400Hz

이론을 확인하는 기출문제

01 통신 속도가 50[Baud]일 때 최단 부호 펄스의 시간은?

① 0.1[sec]
② 0.02[sec]
③ 0.05[sec]
④ 0.01[sec]

통신 속도(Baud)=1/최단 부호 펄스의 시간, 즉 B=1/T에서 B=50, 50=1/T이므로 T=0.02초임

02 위상 변조를 하는 동기식 변 · 복조기의 변조 속도가 1200보오(Baud)이고, 디비트(Dibit)를 사용한다면 통신 속도[Bps]는?

① 1200
② 2400
③ 4800
④ 9600

디비트(Dibit)의 경우 Bps = Baud × 2 = 1,200 × 2 = 2,400

03 전력이 10[W]인 경우 [dBm]의 값은?

① 10[dBm] ② 20[dBm]
③ 30[dBm] ④ 40[dBm]

dBm(dBmeter; 데시벨계, 디비미터)
- 하나의 신호 전력을 1[mW]에 대한 대수비로 표현한 절대 레벨의 단위
- 어떤 정해진 기준 레벨에 대해 데시벨의 값을 직접 읽을 수 있는 단위
- 〈공식〉 dBm = 10 * log(비교값)

예 1 밀리와트 세기의 레벨은 0dBm임(10 * log 1 = 0dBm)
1mW = 0dBm(∵10 * log1 = 0dBm) ☞ log1 = 0
10mW = 10dBm(∵10 * log10 = 10dBm) ☞ log10 =1
100mW = 20dBm(∵10 * log100 = 20dBm) ☞ log100 = 2
1W = 30dBm(∵ 10 * log1000 = 30dBm) ☞ log1000 = 3
10W = 40dBm(∵10 * log10000 = 40dBm) ☞ log10000 = 4

04 정보 통신에서 1초에 전송되는 비트(bit)의 수를 나타내는 전송 속도의 단위는?

① bps ② baud
③ cycle ④ Hz

BPS(Bit Per Second) : 1초당 전송되는 비트의 수

정답 01 ② 02 ② 03 ④ 04 ①

합격을 다지는 예상문제

01 다음 중 온라인 시스템의 통신 회선으로 사용할 수 없는 것은?

① 유선 전화 회선
② 마이크로웨이브 회선
③ 전력 송전 회선
④ 광섬유 회선

02 광섬유 케이블은 코어와 클래드로 구성된다. 케이블에서 빛이 통과하는 주 통로는?

① 코어
② 클래드
③ 코어와 클래드 양쪽 모두
④ 코어와 클래드의 중심

03 다음 중 광섬유 케이블에 대한 설명으로 틀린 것은?

① 대용량 전송이 가능하다.
② 누화나 전기적 잡음의 영향을 받지 않는다.
③ 보안성이 취약하다.
④ 장거리 전송이 가능하다.

04 다음 통신 회선 중 가장 큰 대역폭을 갖는 것은?

① 폼스킨 케이블 ② UTP 케이블
③ 광섬유 케이블 ④ 동축 케이블

05 위상이 일정하고 진폭이 0[V]와 5[V] 2가지 변화로써 신호를 1,200보[Baud]의 속도로 전송할 때 매 초당 비트 수[bps]는?

① 1,200 ② 2,400
③ 4,800 ④ 9,600

06 광통신에서 발광기로 사용되는 다이오드는?

① 제너 다이오드 ② 에사키 다이오드
③ 스위칭 다이오드 ④ 레이저 다이오드

07 데이터 통신에서 서로 다른 방향에서 동시에 송·수신을 할 수 있는 것은?

① 이중 시스템(Dual System)
② 반이중 시스템(Half Duplex System)
③ 전이중 시스템(Full Duplex System)
④ 단향 시스템(Simplex System)

08 다음 중 가청 주파수의 범위는 대략 얼마인가?

① 16[Hz]~0.2[kHz]
② 300[Hz]~4[kHz]
③ 20[Hz]~20[kHz]
④ 300[Hz]~200[kHz]

09 컴퓨터가 각 회선마다 모든 터미널에게 "송신할 데이터가 있는가?"라고 묻는 동작을 무엇이라 하는가?

① 컨텐션 ② 셀렉션
③ 폴링 ④ 어드레싱

10 아래와 같이 어떤 순간에 동시에 송수신이 가능한 전송 방식은?

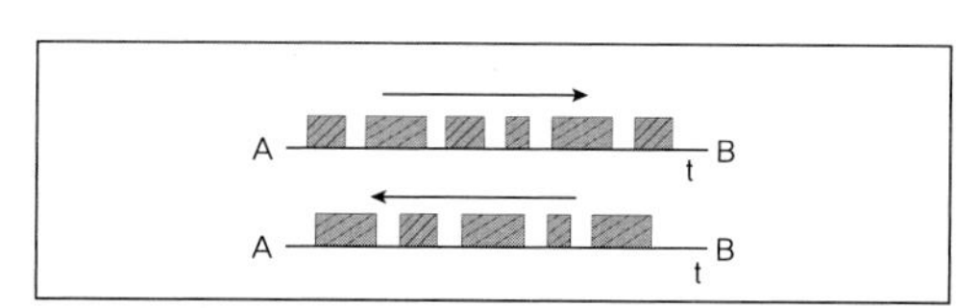

① Half-Duplex ② Full-Duplex
③ Teletex ④ Simplex

11 전송 매체로 독립적인 회선을 이용하여 1:1로 연결하는 회선 접속 방식은?

① 집선 방식
② 멀티 드롭 방식
③ 포인트 투 포인트 방식
④ 폴링 방식

12 다음 중 통신 신호 세기의 레벨을 나타내는 단위로 적합한 것은?

① 헤르츠[Hz]
② 데시벨[dB]
③ 비피에스[bps]
④ 보[Baud]

13 1,600보(Baud)이며 트리비트(Tribit)를 사용하는 경우 통신 속도는 몇 bps 속도가 되는가?

① 2,400　② 4,800
③ 1,600　④ 9,600

14 8위상 2진폭 변조를 하는 모뎀이 2,400baud라면 그 모뎀의 속도는?

① 2,400bps
② 3,200bps
③ 4,800bps
④ 9,600bps

15 데이터 전송 선로의 감쇠량에 대한 극소 조건이 성립되었을 때 선로의 특성 임피던스(Z_o)는? (단, R : 저항, L : 인덕턴스, C : 캐퍼시턴스)

① $Z_o = \sqrt{\frac{C}{R}}$　② $Z_o = \sqrt{LC}$
③ $Z_o = \sqrt{RC}$　④ $Z_o = \sqrt{\frac{L}{C}}$

16 다음 식은 잡음이 있는 통신 채널의 경우 통신 용량을 계산하는 식이다. 기호가 바르게 표현된 것은?

$C = B\log_2(1+S/N)$

① C : 신호 전력
② B : 주파수 대역폭
③ S : 잡음 전력
④ N : 통신 용량

17 다음 중 보(Baud) 속도를 나타내는 식은?

① 단위 시간당 비트 수/단위 신호당 비트 수
② 단위 신호당 비트 수/단위 시간당 비트 수
③ 전체 비트 수/총 전송 시간
④ 총 전송 시간/전체 비트 수

18 광섬유 통신 케이블의 근본 원리는 빛의 어떤 성질을 이용한 것인가?

① 반사　② 산란
③ 굴절　④ 흡수

19 정보 전송 선로로 사용되는 유선 선로 중에서 고주파 전송, 광대역 전송, 장거리 전송에 적합하고 동일한 중심축에 플라스틱 절연체를 씌우고 그 위에 그물 모양의 구리망을 감싼 전송 매체는?

① 나선
② 트위스티드 페어 케이블
③ 동축 케이블
④ 광섬유 케이블

20 데이터 전송을 위해 수신측과 회선을 연결하는 단계를 의미하는 회선 제어 절차 중에서 데이터의 전송이 완료되면 수신측의 확인에 의해 데이터 링크를 끊고 초기 상태로 복귀하는 단계는?

① 회선 연결　② 링크 확립
③ 회선 절단　④ 링크 단절

합격을 다지는 예상문제 정답 & 해설

CHAPTER 02

01 ②	02 ①	03 ③	04 ③	05 ①
06 ④	07 ③	08 ③	09 ③	10 ②
11 ③	12 ②	13 ②	14 ④	15 ④
16 ②	17 ①	18 ①	19 ③	20 ④

01 ②

마이크로웨이브 회선은 위성 통신을 이용한 무선 전송 매체임

오답 피하기

온라인 통신 회선 : 단말 장치와 데이터 전송 장치, 통신 제어 장치 등의 장치를 전송 회선을 통해서 직접 연결하여 데이터를 처리하는 방식으로 동축 케이블, 트위스티드 페어 케이블, 광섬유 케이블이 사용됨

02 ①

코어(Core) : 빛을 전달하는 부분

오답 피하기

클래드 : 코어를 감싸는 부분

03 ③

광섬유 케이블

- 전력 유도나 전자 유도에 영향을 받지 않으므로 잡음이나 누화가 거의 없고 신호 감쇠 현상이 적음
- 빛을 이용하여 전송하므로 보안성이 뛰어남

04 ③

광섬유 케이블

- 전력 유도나 전자 유도에 영향을 받지 않으므로 잡음이나 누화가 거의 없고 신호 감쇠 현상이 적음
- 광대역 전송, 작은 크기와 무게, 적은 감쇠도, 보다 넓은 리피터 간격과 같은 전송 특징을 있음
- 빛을 이용하여 전송하므로 보안성이 뛰어남
- 이용 분야 : 장거리 중계선, 근거리 통신망(LAN), 전화국 간의 중계선 등

05 ①

- 0[V], 5[V] 2가지 변화 모양을 표시하기 위한 최소 비트 수 : 1(비트)
- 1비트가 한 신호 단위인 경우 bps = Baud

06 ④

다이오드(Diode)란 전류를 한쪽 방향으로만 흘리는 반도체 부품

오답 피하기

- 제너 다이오드(Zener Diode) : 전기 회로에서 부하의 변동 등에 의해 전류가 변화해도 일정한 전압을 유지할 수 있는 다이오드
- 에사키 다이오드(Esaki Diode) : 불순물 농도가 높은 반도체를 이용한 다이오드
- 스위칭 다이오드(Switching Diode) : 컴퓨터나 기타 스위칭 소자로 이용되는 다이오드

07 ③

통신 방식에 따른 분류

- 단방향 통신(Simplex) : 한쪽 방향으로만 정보 전송이 가능(예 TV, 라디오)
- 반이중 통신(Half Duplex) : 양쪽 방향으로 통신이 가능하지만 동시에는 불가능한 형태(예 무전기)
- 전이중 통신(Full Duplex) : 양쪽 방향으로 동시에 정보의 전송이 가능한 경우(예 전화)

08 ③

가청 주파수 : 사람의 귀로 들을 수 있는 진동의 주파수로, 20[Hz]~20[KHz]

오답 피하기

300[Hz]~4[KHz] : 전화 통신에서 사용되는 음성 대역

09 ③

폴링(Polling) : 멀티 포인트(Multi-Point) 방식에서 컴퓨터가 모든 터미널에게 '송신할 데이터가 있는가'를 확인하는 동작으로, 우선순위가 높은 단말 장치는 우선순위가 낮은 단말 장치보다 폴링을 자주 할 수 있음

오답 피하기

- 컨텐션(Contention) : 포인트 투 포인트(Point-to-Point) 방식에서 회선을 제어하는 기법으로, 송신 요구를 먼저 한 쪽이 송신권을 먼저 갖는 방식
- 셀렉션(Selection) : 멀티 포인트(Multi-Point) 방식에서 컴퓨터가 특정 단말 장치에게 '받을 준비가 되어 있는가'를 묻는 동작
- 어드레싱(Addressing) : 주소 결정

10 ②

Full-Duplex(전이중 방식) : 양쪽으로 송수신이 동시에 가능한 전송 방식

오답 피하기

- Half-Duplex : 반이중 방식
- Teletex : 가입 전신이라고도 하며, 다이얼로 상대방을 호출하여 송신기로 통신문을 보내면 상대편의 인쇄 수신기에 자동으로 기록되는 통신 기기
- Simplex : 단방향 방식

11 ③

Point-to-Point 방식 : 중앙의 컴퓨터와 여러 개의 단말 장치가 독립적인 회선을 이용하여 일 대 일로 연결됨

12 ②

데시벨[dB] : 통신 신호 세기의 단위

13 ②

Tribit의 경우 BPS = Baud×3 = 1,600×3 = 4,800

14 ④

bps = baud * n(변조 시 비트 수)이고 8위상 2진폭의 위상 진폭 변조임

8위상=3비트, 2진폭=1비트가 되어 변조 시 비트 수는 4가 됨

bps = 2,400 * 4 = 9,600bps

15 ④

$Z_0 = \sqrt{\frac{R+L}{G+C}}$ 에 감쇠량에 대한 극소 조건(R=0, G=0)을 대입하면,

$Z_0 = \sqrt{\frac{L}{C}}$

16 ②

샤논(Shannon)의 정리

$C = B\log_2(1+S/N)$

(C : 통신 용량, B : 주파수 대역폭, S : 신호 전력, N : 잡음 전력)

17 ①

BPS = Baud * 단위 신호당 비트 수(N)

∴ 보(Baud) = 단위 시간당 비트 수(BPS)/단위 신호당 비트 수

18 ①

광섬유 통신 케이블

- 빛(광)의 반사 원리를 이용한 전송 매체
- 빛이 전파되는 코어(Core)와 그것을 감싸는 클래딩(Cladding)으로 구성
- 대역폭이 넓고 신호 감쇠가 적으며 누화가 없고 작은 크기와 적은 무게로 설치가 용이함

19 ③

동축 케이블(Coaxial Cable) : 동일한 중심축에 플라스틱 절연체를 씌우고 그 위에 그물 모양의 구리망을 감싼 전송 매체로 고주파 전송, 광대역 전송, 장거리 전송 등에 적합하고 혼선 및 감쇠가 적음

오답 피하기

- 나선(Open Wire) : 최초로 사용된 통신 선로로 철에 구리를 입힌 매체로 개방형 선로
- 트위스티드 페어 케이블(Twisted Pair Cable) : 2선의 구리선이 서로 감겨 있는 형태로 건물 내의 통신 수단이 가까운 시내 전화 선로로 많이 사용
- 광섬유 케이블(Optical Fiber Cable) : 빛의 전반사 현상을 이용하여 온도 변화에 안정적이며 신뢰성이 높고 에러 발생률이 가장 적은 매체

20 ④

링크 단절 : 데이터의 전송이 완료되면 수신측의 확인에 의해 데이터 링크를 끊고 초기 상태로 복귀

오답 피하기

회선 제어 절차 : 회선 연결–링크 확립–메시지 전달–링크 단절–회선 절단

CHAPTER 03

정보 전송 방식

학습 방향

PCM, 변조 방식, ARQ, 충격성 잡음, 열잡음, FM, 에러 제어 방식, CRC, 제어 문자 등이 출제되었습니다. 정보의 부호 및 정보를 전송하기 위한 방식, 에러가 발생했을 경우의 제어 방식 등에 대한 정확한 이해가 요구됩니다.

출제빈도

섹션	빈도	비율
SECTION 01	하	2%
SECTION 02	상	49%
SECTION 03	상	49%

SECTION 01

정보 전송 부호 및 전송 방식

합격 강의

출제빈도 상 중 (하)
반복학습 1 2 3

빈출 태그 입력 장치 • 정보 전송 부호 • 직렬 전송 • 비동기 전송 • 동기식 전송

기적의 TIP

정보 전송 부호의 크기와 용도에 대해 반드시 숙지하시기 바랍니다.

★ 부호(Code)
각 데이터 정보에 할당되는 2진 표현

01 정보 전송 부호★ 19년 상시, 11년 7월, 04년 4월

Baudot 코드	• 5비트 코드, 2^5(=32)가지의 정보를 표현 • 텔렉스 통신에서 이용
BCD 코드	• 6비트 코드, 2^6(=64)가지의 정보를 표현 • Zone Bit : 2비트, Digit Bit : 4비트 • 영문 대소문자가 구별되지 않음
ASCII 코드	• 7비트 코드, 2^7(=128)가지의 정보를 표현 • Zone Bit : 3비트, Digit Bit : 4비트 • 영문 대소문자 구분 가능 • 데이터 통신용으로 사용
EBCDIC 코드	• 8비트 코드, 2^8(=256)가지의 정보를 표현 • Zone Bit : 4비트, Digit Bit : 4비트 • 범용 컴퓨터에서 사용

더 알기 TIP

Zone, Digit Bit의 기능 및 Gray 코드

- Zone Bit : 숫자, 영문자, 특수 문자 등의 그룹 표시
- Digit Bit : 일련번호
- Gray 코드 : 아날로그–디지털 변환에 사용되는 코드

기적의 TIP

직렬 전송과 병렬 전송, 비동기식 전송과 동기식 전송의 특징과 차이점에 대한 완벽한 이해가 요구됩니다.

★ 직렬 전송

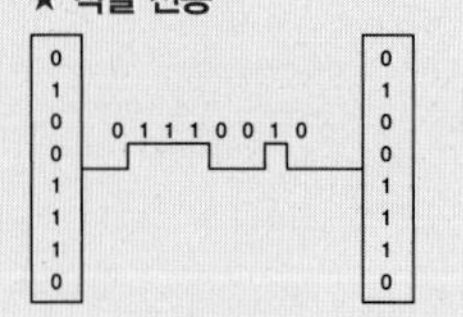

★ 병렬 전송

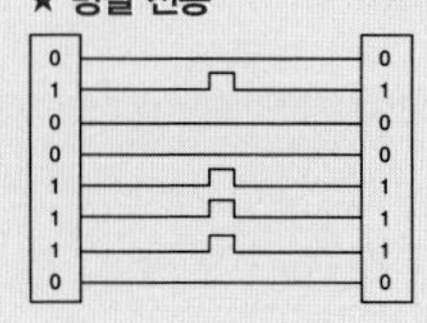

02 직렬 전송과 병렬 전송

① 직렬 전송(Serial Transmission)★ 19년 상시, 13년 상시, 06년 1월, 04년 7월

- 하나의 문자를 구성하는 각 비트들이 하나의 전송 선로를 통하여 순차적으로 전송됨
- 통신 설치 비용이 저렴
- 원거리 전송에 적합
- 전송 속도 느림
- 데이터 통신에서 사용

② 병렬 전송(Parallel Transmission)★

- 한 문자를 구성하는 각 비트들이 각각의 전송 선로를 통하여 동시에 전송
- 송수신기가 단순, 전송 거리에 따라 전송로의 비용 증가
- 전송 속도가 빠름
- 컴퓨터와 주변 기기 간의 통신에 사용

03 비동기식 전송과 동기식 전송 22년 1회, 20년 2회/4회, 19년 상시, 16년 상시, 15년 상시

① 비동기식 전송(Asynchronous Transmission)

- 한 문자 단위(5~8비트)로 전송하는 방식
- 스타트 비트(Start Bit)와 스톱 비트(Stop Bit)를 삽입하여 전송
- 스타트-스톱 전송이라고도 함
- 각 문자 사이에 유휴 시간이 있을 수 있음
- 2,000bps 이하의 낮은 전송 속도에서 이용
- 주파수 편이 변조(FSK)를 사용

FSK: Frequency Shift Keying

스타트 비트	문자	스톱 비트	휴지 간격 ↔	스타트 비트	문자	스톱 비트
(1비트)	(5~8비트)	(1비트)		(1비트)	(5~8비트)	(1비트)

② 동기식 전송(Synchronous Transmission) 04년 4월

- 여러 문자를 블록 단위로 전송하는 방식
- 많은 양을 전송하므로 버퍼 장치가 필요
- 대부분 통신 프로토콜에서 사용
- 2,400bps 이상의 고속 전송에 사용
- 위상 편이 변조(PSK)를 사용
- 문자 동기 방식과 비트 동기 방식으로 구분

PSK: Phase Shift Keying

문자 동기 방식	• 문자를 이용하여 동기화하는 방식 • 제어 문자를 사용하여 데이터 블록의 시작과 끝을 구분함
비트 동기 방식	데이터 블록의 앞부분과 끝 부분에 플래그(Flag)나 특수 비트를 전송하여 동기를 맞추는 방식

더 알기 TIP

문자 동기 방식

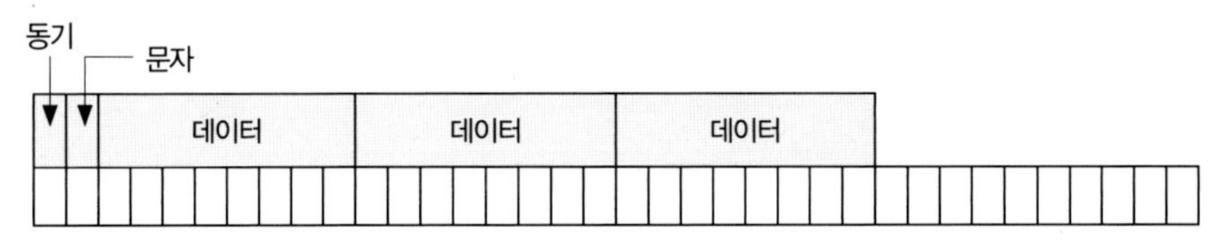

비트 동기 방식

Flag	어드레스 필드	제어 필드	정보 필드	FLS	Flag

③ 혼합 동기식 전송

- 동기식 전송처럼 송수신측이 서로 동기 상태에 있어야 함
- 비동기식 전송처럼 스타트 비트와 스톱 비트를 가짐
- 각 문자 사이에는 유휴 시간이 존재함
- 비동기식 전송보다 빠름

기적의 TIP

비동기식 전송과 동기식 전송의 특징을 묻는 문제가 출제됩니다. 비동기식 전송은 스타트 비트와 스톱 비트를 사용하여 전송 효율이 떨어지고, 동기식 전송은 문자를 블록 단위로 전송한다는 특징들을 정리하세요.

암기 TIP

비문블동
비동기식 – 문자 단위
블록 단위 – 동기식

1문자의 크기
스타트 비트 + 스톱 비트 + 패리티 비트 + 데이터 비트

개념 체크

1 직렬 전송은 전송로가 절약되지만 송수신기가 복잡해진다.(O, X)

2 비동기식 전송은 문자 사이마다 휴지 기간이 있을 수 있다.(O, X)

1 o 2 o

이론을 확인하는 기출문제

01 **연속되는 2개의 숫자를 표현한 코드에서 한 비트를 변경하면 새로운 코드가 되기 때문에 아날로그-디지털 변환에 주로 사용되는 코드는?**

① Gray Code
② ASCII Code
③ Hamming Code
④ EBCDIC Code

Gray Code(그레이 코드) : 아날로그-디지털 변환에 주로 사용되는 코드

오답 피하기

- ASCII Code : 7비트 코드로, 데이터 통신에 사용
- Hamming Code : 수신된 정보의 오류 검출과 정정이 가능한 코드
- EBCDIC Code : 8비트 코드로, 범용 컴퓨터에 사용

02 **동기식(Synchronous) 전송의 특징이 아닌 것은?**

① 동기를 하기 위해서 SYN이라는 캐릭터를 사용한다.
② 데이터를 저장하기 위한 메모리가 필요하다.
③ 고속도 전송에 주로 이용된다.
④ 전송 효율이 비동기식 전송보다 낮다.

동기식 전송은 문자를 블록 단위로 전송하고, 비동기식 전송은 문자(바이트) 단위로 전송하므로 동기식 전송이 비동기식 전송보다 효율적임

03 **비동기식 전송에 대한 설명으로 옳지 않은 것은?**

① 스타트 비트와 스톱 비트가 있다.
② 문자 사이마다 휴지 기간이 있을 수 있다.
③ 동기용 문자가 쓰인다.
④ 동기는 문자 단위로 이루어진다.

동기용 문자(SYN)는 동기식 방식에서 사용하고, 비동기식 전송은 스타트 비트와 스톱 비트를 삽입하여 동기를 맞춤

04 **한 바이트를 8개의 비트로 분리해서 한 번에 한 비트씩 순서적으로 선로를 통해 전송하는 방식은?**

① 직렬 전송
② 병렬 전송
③ 직병렬 전송
④ On Line 전송

직렬 전송(Serial Transmission) : 한 바이트(하나의 문자)를 구성하는 각 비트들이 하나의 전송 선로를 통하여 순서(순차)적으로 전송되는 방식으로, 통신 설치 비용이 저렴하고 원거리 전송에 적합함

정답 01 ① 02 ④ 03 ③ 04 ①

SECTION 02

정보 신호 변환 방식

출제빈도 (상) 중 하
반복학습 1 2 3

빈출 태그 입력 장치 • PCM 방식 • PCM 변조 과정 • 진폭 편이 변조(ASK) • 주파수 편이 변조(FSK) • 위상 편이 변조(PSK) • 단극성

01 변조(Modulation)

디지털 또는 아날로그로 부호화★된 신호를 전송 매체가 전송할 수 있도록 특정 주파수와 대역폭을 갖는 신호를 생성하는 과정

★ 부호화(Encoding)
정보 또는 신호를 현재 정보나 신호가 아닌 다른 형태로 변화시키는 과정

+ 더 알기 TIP

아날로그와 디지털 신호

아날로그 신호	정현파(Sine Wave)	
디지털 신호	구형파(Square Wave)	

02 변조 방식 03년 3월

송신 정보(신호 형태)	전송 회선(신호 형태)	변조 방식	신호 변환 장치
아날로그 정보	아날로그 신호	AM, FM, PM	전화기, CATV
아날로그 정보	디지털 신호	PCM	코덱, PCM
디지털 정보	아날로그 신호	ASK, FSK, PSK	모뎀(MODEM)
디지털 정보	디지털 신호	단류, 복류, RZ, NRZ, 단극성, 양극성	DSU(Digital Service Unit)

기적의 TIP
변조 방식과 PCM 변조 과정, 디지털 데이터의 아날로그 부호화에서 시험 출제 빈도가 높습니다. 각 특징에 대해 혼동하지 않도록 암기해 두어야 합니다.

+ 더 알기 TIP

코덱(CODEC)

아날로그–디지털 변환과 디지털–아날로그 변환을 하나의 장치에서 수행하는 기기

1) 아날로그 데이터의 아날로그 부호화 21년 1회, 20년 2회/3회, 19년 상시, 17년 상시, 13년 상시, …

- 진폭 변조(AM★; Amplitude Modulation) : 반송파★의 진폭★을 변조
- 주파수 변조(FM; Frequency Modulation) : 반송파의 주파수★를 변조
- 위상 변조(PM; Phase Modulation) : 반송파의 위상★을 변조

★ AM
아날로그 CATV 방송의 영상 신호 전송 방식

★ 반송파(Carrier Wave)
컴퓨터 신호를 통신 회선의 특성에 맞도록 변조하기 위한 기준 파형

★ 진폭
신호의 높이, 최고점에서 최저점까지의 거리

★ 주파수
1초 동안에 반복되는 횟수

★ 위상
각도나 위치, 1주기 내에서 시간에 대한 상대적 편차

2) 아날로그 데이터의 디지털 부호화

① PCM(Pulse Code Modulation) 방식 07년 9월, 05년 7월

- 아날로그 신호를 디지털 펄스★로 변환하여 전송하고 수신측에서 이를 다시 본래의 아날로그 신호로 환원시키는 방식
- 음성 데이터를 디지털 데이터로 표현할 때 사용하는 방식
- 누화, 잡음, 진폭의 변동에 강하고 전송 레벨에 변동이 없으나, 점유 주파수 대역폭이 큼
- 시분할 다중화 방식에 사용

★ 펄스(Pulse)
짧은 지속 시간을 갖는 전기의 흐름

② PCM 변조 과정 21년 2회, 20년 2회, 19년 상시, 16년 상시, 11년 2월/7월/10월, …

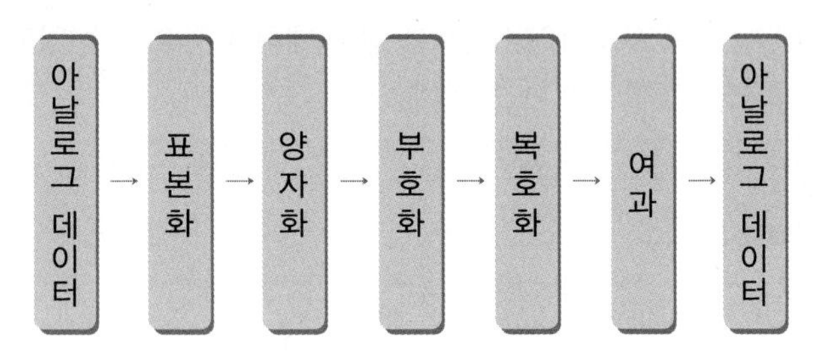

- 표본화(Sampling) : 아날로그 정보를 일정 간격으로 나누어 샘플마다 진폭값 부여
- 양자화(Quantization) : 표본화된 값을 수량화하는 단계
- 부호화(Encoding) : 양자화된 값을 디지털 신호로 변환(2진값)
- 복호화(Decoding) : 디지털 신호를 펄스 신호로 복원
- 여과(Filtering) : 원래의 아날로그 신호로 변환

PPM(Pulse Position Modulation)
펄스 위치 변조 방식

나이키스트의 정리 (Nyquist theorem)
디지털 전송 시 생기는 부호 간 간섭을 제거하기 위해 입력 신호의 최고 주파수를 2배 이상 높인 주파수에서 표본화하는 경우 원래의 신호에 맞게 재현할 수 있다는 정리로 나이키스트 표본화 주기는 최고 주파수의 2분의 1과 같음

③ 코덱(CODEC; COder/DECoder)

아날로그 정보를 디지털 신호로 변환하고, 그 데이터를 다시 아날로그 정보로 복원해 내는 기기

더 알기 TIP

PCM-24 11년 7월, 06년 7월

- 하나의 전송로를 24개의 채널로 분할하여 전송
- 음성 최대 주파수 : 4,000Hz
- 표본화 주파수 : 8,000Hz(표본화 공식에 의해 최대 주파수의 2배)
- 표본당 속도(표본화 주기) : 1/8,000 = 125μs
- 총 전송 속도 : 1.544Mbps

3) 디지털 데이터의 아날로그 부호화

① 진폭 편이★ 변조(ASK; Amplitude Shift Keying)

- 2진수 0과 1에 서로 다른 진폭을 적용하여 변조
- 300bps 저속 모뎀에서 사용

★ 편이
2진수 0과 1 중 한쪽인 0을 표현하는 방법과 나머지 한쪽인 1을 표현하는 방법이 바뀌어 표현된다는 의미

② 주파수 편이 변조(FSK; Frequency Shift Keying) 11년 2월

- 2진수 0과 1에 서로 다른 주파수를 적용하여 변조
- 1,200bps 이하의 비동기식 모뎀에서 사용

③ 위상 편이 변조(PSK; Phase Shift Keying) 19년 상시, 03년 10월

• 2진수 0과 1에 서로 다른 위상을 적용하여 전송
• 2,400~4,800bps의 중속 모뎀에서 사용

④ 진폭 위상 변조(QAM; Quadrature Amplitude Modulation) 23년 3월, 11년 4월, 07년 4월

• 2진수 0과 1에 진폭과 위상을 변조하여 전송
• 4,800bps 이상의 고속 모뎀에서 사용

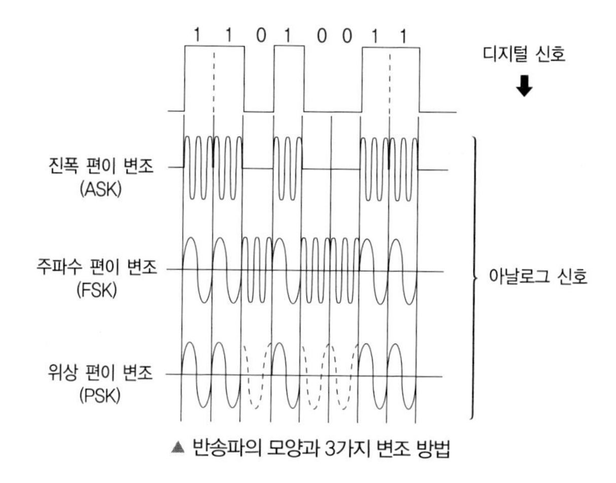

▲ 반송파의 모양과 3가지 변조 방법

더 알기 TIP

2, 4, 8위상

• 2위상 : 0은 0°, 1은 180°로 위상을 표현, 1비트의 조합이 가능
• 4위상 : 90° 간격으로 위상을 표시, 2비트의 조합(00, 01, 10, 11)이 가능
• 8위상 : 45° 간격으로 위상을 표시, 3비트의 조합이 가능

4) 디지털 데이터의 디지털 부호화(베이스밴드 전송, 기저 대역 전송) 20년 4회, 19년 상시, …

디지털 신호를 변조하지 않고 그대로 전송하므로 품질은 우수하나, 디지털 펄스 형태로 전송되므로 정보 손실이 크고 장거리 전송에 부적절함

• 단류 방식 : 정보 비트가 0일 때에는 0 전압, 1일 때에는 + 전압 또는 – 전압으로 대응시키는 방식
• 복류 방식 : 정보 비트가 0일 때에는 – 전압, 1일 때에는 + 전압으로 대응시키는 방식
• RZ(Return to Zero) : 특정 비트의 펄스와 다음 비트 펄스 사이에 반드시 0을 일정 시간 동안 유지한 다음에 전송하는 방식
• NRZ(Non–Return to Zero) : 비트 펄스 사이에 0을 유지하지 않고 계속 펄스를 전송하는 방식
• 단극성(Unipolar)★ : 정보 비트가 0일 때에는 – 전압, 1일 때에는 + 전압을 유지하고 동일한 신호가 계속되는 경우에는 상태 변화가 없음
• 양극성(Bipolar)★ : 정보 비트가 1일 때에는 + 전압과 – 전압을 교대로 적용하고, 0일 때에는 0 전압을 전송

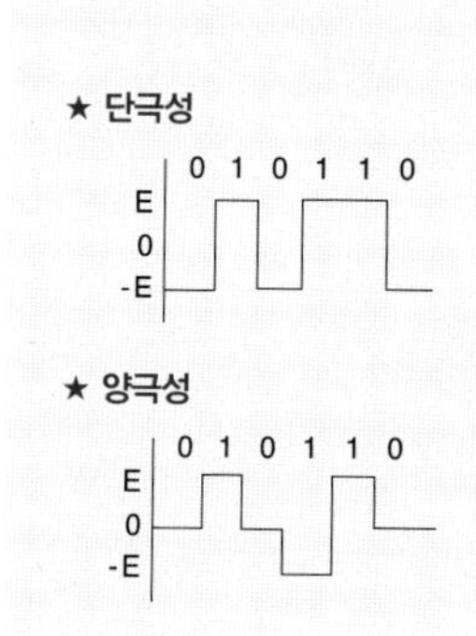

이론을 확인하는 기출문제

01 다음 중 변복조기(Modem)의 변복조 방식이 아닌 것은?

① 주파수 편이 변조
② 진폭 편이 변조
③ 평균 전압 편이 변조
④ 위상 편이 변조

- 주파수 편이 변조(FSK; Frequency Shift Keying) : 2진수 0과 1에 서로 다른 주파수를 적용하여 변조
- 진폭 편이 변조(ASK; Amplitude Shift Keying) : 2진수 0과 1에 서로 다른 진폭을 적용하여 변조
- 위상 편이 변조(PSK; Phase Shift Keying) : 2진수 0과 1에 서로 다른 위상을 적용하여 전송
- 진폭 위상 변조(QAM; Quadrature Amplitude Modulation) : 2진수 0과 1에 진폭과 위상을 변조하여 전송

02 다음 그림은 어떤 변조 방법을 나타낸 것인가?

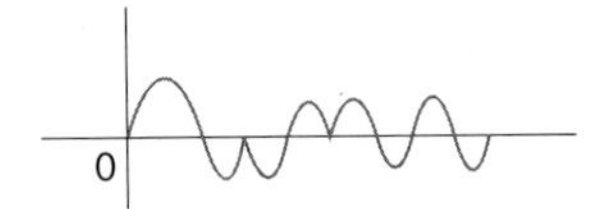

① 진폭 변조 ② 주파수 변조
③ 위상 변조 ④ 펄스 변조

위상 변조(PM) : 반송 신호의 위상(각도, 위치)을 변조하는 방식

오답 피하기

- 진폭 변조(AM) : 반송 신호의 진폭을 변조하는 방식
- 주파수 변조(FM) : 반송 신호의 주파수를 변조하는 방식
- 펄스 변조(Pulse Modulation) : 펄스의 진폭, 위치 등을 입력 신호에 따라 변화시키는 변조 방식(PAM, PPM, PWM)

03 아날로그 신호를 디지털 신호로 전송하기 위해 필수적인 처리 과정이 아닌 것은?

① 표본화 ② 정보화
③ 양자화 ④ 부호화

전송 과정 : 아날로그 데이터 – 표본화 – 양자화 – 부호화 – 복호화 – 여과 – 아날로그 데이터

04 다음 중 진폭과 위상을 변화시켜 정보를 전달하는 디지털 변조 방식은?

① QAM
② FSK
③ PSK
④ ASK

진폭 위상 변조(QAM; Quadrature Amplitude Modulation) : 2진수 0과 1에 진폭과 위상을 변조하여 전송

오답 피하기

- 주파수 편이 변조(FSK; Frequency Shift Keying) : 2진수 0과 1에 서로 다른 주파수를 적용하여 변조
- 위상 편이 변조(PSK; Phase Shift Keying) : 2진수 0과 1에 서로 다른 위상을 적용하여 전송
- 진폭 편이 변조(ASK; Amplitude Shift Keying) : 2진수 0과 1에 서로 다른 진폭을 적용하여 변조

05 다음 중 변조 방식을 분류한 것에 속하지 않는 것은?

① 진폭 편이 변조
② 주파수 편이 변조
③ 위상 편이 변조
④ 멀티 포인트 변조

디지털 데이터의 아날로그 부호화 : 진폭 편이 변조(ASK), 주파수 편이 변조(FSK), 위상 편이 변조(PSK), 진폭 위상 변조(QAM)

06 아래와 같은 형태의 부호 전송 방식은?

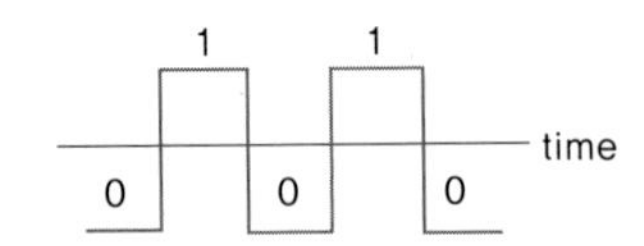

① Baud
② Digit
③ Unipolar
④ Bipolar

Unipolar(단극성) : 정보 비트가 0이면 – 전압, 1이면 + 전압으로 디지털 신호를 전송하는 방식

오답 피하기

Bipolar : 정보 비트가 0이면 0 전압, 1이면 + 전압과 – 전압을 교대로 적용하는 방식

정답 01 ③ 02 ③ 03 ② 04 ① 05 ④ 06 ③

SECTION 03

전송 에러 제어 방식

출제빈도 (상) 중 하
반복학습 1 2 3

빈출 태그 ACK • NAK • ETX • 패리티 검사 • 블록 합 검사(BSC) • 순환 잉여 검사(CRC) • 자동 재전송 방식(ARQ) • 해밍 코드 • 전송 에러

정보를 전송하는 도중 회선의 단절, 잡음, 감쇠, 혼선 등 여러 가지 원인으로 송신측에서 보낸 정보와 수신측에서 수신된 정보가 동일하지 않는 경우 이를 검출하여 정정하는 작업을 의미함

01 전송 제어 문자 19년 상시, 14년 상시, 10년 1월, 08년 10월, 06년 4월, …

STX(Start of TeXt)	본문의 개시 및 정보 메시지 헤더의 종료를 표시
SOH(Start Of Heading)	정보 메시지 헤더의 첫 번째 문자로 사용
ENQ(ENQuiry)	상대국에게 데이터 링크의 설정 및 응답을 요구
ACK(ACKnowledge)	수신한 정보 메시지에 대한 긍정 응답
NAK(Negative AcKnowledge)	수신한 정보 메시지에 대한 부정 응답
ETX(End of TeXt)	본문의 종료를 표시
EOT(End Of Transmission)	전송의 종료를 표시하고 데이터 링크를 초기화
DLE(Data Link Escape)	뒤따르는 연속된 몇 개 글자들의 의미를 변환할 때 사용하며, 데이터 전송 제어 기능을 제공하기 위해 사용
SYN(SYNchronous idle)	문자를 전송하지 않은 상태에서 동기를 취하거나 동기를 유지하기 위해 사용
ETB(End of Transmission Block)	전송 블록의 종료를 표시

기적의 TIP

전송 제어 문자의 기능에 대해 묻는 형식으로 출제됩니다. 헷갈리지 않게 정리해 두셔야 합니다.

★ 패리티 검사
'동등성'의 의미대로 홀수, 짝수에 맞게 검사함

정 마크(정 스페이스) 방식
패리티 검사가 코드 자체적으로 이루어지는 방식으로, 2 out of 5 코드나 비퀴너리(Biquinary) 코드 등이 사용됨

개념 체크

1 전송 제어 문자 중 본문의 시작 및 헤딩의 종료를 나타내는 것은?

2 전송 제어 문자 중 수신된 정보 메시지에 대한 부정 응답을 나타내는 것은?

1 STX 2 NAK

02 에러 검출 부호 방식

① 패리티(Parity) 검사 21년 1회, 20년 4회, 19년 상시, 16년 상시, 15년 상시, …

- 한 블록의 데이터 끝에 패리티 비트를 추가하는 에러 검출 방식
- 오류 검출만 가능하며 정정은 불가능
- 짝수 개의 에러 검출은 불가능하며, 비동기식 전송 방식에서 주로 사용
- 홀수(기수, Odd) 패리티 검사 : 수신된 문자에 대한 1의 개수가 홀수 개인가를 검사
- 짝수(우수, Even) 패리티 검사 : 수신된 문자에 대한 1의 개수가 짝수 개인가를 검사

더 알기 TIP

2진수 0110101에 대한 홀수 패리티 검사 비트 0110101 1

수신된 정보에서 1의 개수가 4개이므로 패리티 비트가 1이 되어야 전체 비트에서 1의 개수가 홀수 개가 됨

2진수 0110101에 대한 짝수 패리티 검사 비트 0110101 0

수신된 정보에서 1의 개수가 4개이므로 패리티 비트가 0이 되어야 전체 비트에서 1의 개수가 짝수 개가 됨

② 블록 합 검사(BSC; Block Sum Check)

패리티 검사의 단점을 보완한 것으로, 각 문자당 패리티 체크 비트와 전송 프레임의 모든 문자들에 대한 패리티 문자를 함께 전송하는 방식

③ 순환 잉여 검사(CRC; Cyclic Redundancy Check) 08년 10월

- 다항식 코드를 사용하여 오류를 검사하는 방식으로, 블록마다 검사용 코드(FCS; Frame Check Sequence)를 부가시켜 전송하는 방식
- 수신측에서는 수신된 전체 데이터 가운데 정보 프레임만을 대상으로 송신측과 동일한 알고리즘에 의해 FCS를 계산한 후, 이 값이 수신된 FCS 값과 동일하면 에러가 없는 것으로, 그리고 동일하지 않으면 에러가 발생한 것으로 판단
- 데이터를 연속해서 전송하는 경우 집단 에러★ 검출을 위해 사용
- 동기식 전송에서 주로 사용하며 여러 방식 중 신뢰성이 가장 우수함

★ 집단 에러(Burst Error)
한꺼번에 많이 발생하는 오류 비트들

더 알기 TIP

CRC의 체크 시퀀스 생성 다항식

$G(X)=X^{16}+X^{12}+X^{5}+1$

03 에러 복구 기법 08년 7월

기적의 TIP

에러 검출 부호 방식과 에러 복구 기법은 매우 중요하며 시험에 자주 출제되는 부분입니다. 신경써서 정리해 두셔야 합니다.

① 자동 재전송 방식(ARQ; Automatic Repeat reQuest) 24년 1회, 21년 1회/2회, 19년 상시, 11년 7월, …

에러 검출 후 송신측에게 에러가 발생한 데이터 블록을 다시 전송해 주도록 요청함으로써 에러를 정정하는 방식

구분		설명
정지-대기 ARQ (Stop & Wait ARQ)		• 송신측은 한 블록을 전송한 다음 수신측에서 역채널을 통해 ACK나 NAK 신호를 송신측에 보내올 때까지 기다림 • 송신측이 ACK(정상 수신, 긍정적 응답) 신호를 받으면 다음 블록을 송신하고, NAK(에러 발생, 부정적 응답) 신호를 받으면 이전 송신했던 블록을 재전송
연속적 ARQ	Go-back-N ARQ	에러가 발생한 블록 이후의 모든 블록을 재전송하는 방식
	선택적 ARQ(Selective ARQ)	오류가 발생한 블록만을 재전송하는 방식
적응적(Adaptive) ARQ		• 블록의 길이를 채널의 상태에 따라 동적으로 변경하는 방식 • 가장 이상적이지만 제어 회로가 복잡하여 거의 사용되지 않음

② 해밍 코드(Hamming Code) 20년 2회, 17년 상시, 10년 1월, 06년 10월

- 단일 비트 에러 검출 및 교정이 가능한 코드
- 에러의 검출과 수정을 동시에 수행할 수 있음
- 총 7개의 비트 중 정보 비트는 3, 5, 6, 7비트, 패리티 비트는 1, 2, 4비트

- 전진 에러 수정(FEC; Forward Error Correction) 방식★의 코드
- 해밍 거리(Hamming Distance) : 비트 수가 같은 2진 부호에서 각 비트 값의 불일치 개수를 의미하는 것으로 해밍 거리 D가 있을 때 D≧2A+1인 경우 최대 A개의 오류 정정이 가능

★ 전진 에러 수정 방식
- 에러의 검출과 수정을 동시에 수행하는 방식
- ARQ에 비해 역채널이 불필요하고 연속적인 데이터 흐름 가능
- 오버헤드 증가로 시스템 효율이 저하되며, 기기와 코딩이 복잡하여 현재는 잘 사용되지 않음

04 전송 에러

① 잡음(Noise) 20년 2회, 19년 상시, 18년 상시, 14년 상시, 10년 1월/3월, …

전송로 상에서 전송 신호에 유입되는 불필요한 신호

백색 잡음 (White Noise)	분자나 원자의 열 운동에 의해 생기는 잡음으로, 열 잡음 또는 가우스 잡음(Gaussian Noise)이라고도 함
충격성 잡음 (Impulse Noise)	• 모든 주파수에 걸쳐서 존재하며 제거될 수 없는 잡음임 • 전송 시스템에서 순간적으로 일어나는 높은 진폭의 잡음으로, 돌발적 잡음이라고도 함 • 주로 기계적인 충격이나 번개와 같은 외부의 전자기적 충격 또는 통신 시스템의 결함, 선로의 파괴나 손상에 의해 발생 • 디지털 데이터를 전송하는 경우에 오류 발생의 중대한 원인이 될 수 있음
누화 잡음(혼선) (Cross Talk Noise)	인접 선로의 상호 간섭에 의해 발생 예 전화의 혼선
위상 지터 잡음 (Phase Jitter Noise)	재생 펄스가 여러 가지 원인으로 올바른 시간적 위치에서 벗어나 신호 위상이 연속적으로 변하는 현상

기적의 TIP

전송 에러의 특징과 발생 사유에 대해 정확하게 이해하고 숙지하셔야 합니다.

전송 에러율(%)

$$\frac{\text{수신한 에러 정보 수(n)}}{\text{송신한 전체 정보 수(N)}} \times 100$$

② 감쇠(Attenuation) 19년 상시, 07년 4월

- 거리가 멀어질수록 전자적 신호의 세기가 점차적으로 약해지는 현상
- 아날로그 신호는 증폭기를 사용하여 신호를 회복하고, 디지털 신호는 리피터로 비트 정보

③ 왜곡(Distortion)

주파수 성분들의 특성에 의해 원래 신호가 다른 형태로 일그러지는 현상

이론을 확인하는 기출문제

01 전자, 정전결합 등 전기적 결합에 의하여 서로 다른 회선에 영향을 주는 현상은?

① 감쇠 ② 누화
③ 위상 왜곡 ④ 비선형 왜곡

누화(Cross Talk) : 인접한 서로 다른 전송 선로상의 신호가 다른 회선에 영향을 주는 현상

02 데이터 통신에서 회선접촉 불량에 의해서 주로 생기는 것은?

① 위상 왜곡 ② 충격성 잡음
③ 열 잡음 ④ 비선형 왜곡

충격성 잡음(Impuse Noise) : 전송 시스템에서 순간적으로 일어나는 높은 진폭의 잡음으로 돌발적 잡음이라고도함, 주로 기계적인 충격이나 번개와 같은 외부의 전자기적 충격 또는 통신 시스템의 결함, 선로의 파괴, 손상에 의한 잡음

정답 01 ② 02 ②

합격을 다지는 예상문제

01 다음 중 7비트로 128개의 문자를 나타내고 8번째를 패리티 비트로 쓰는 코드는?

① EBCDIC
② ASCII
③ Baudot
④ BCD

02 다음 중 오류 검출 및 정정이 가능한 코드는?

① 그레이 코드
② 해밍 코드
③ 아스키 코드
④ BCD 코드

03 다음의 변조 방식 중 성격이 다른 한 가지는 어느 것인가?

① 단류 방식
② 복류 방식
③ 양극성 방식
④ 주파수 편이 변조

04 송신측에서 한 개의 블록을 전송한 다음 수신측이 에러의 발생을 점검한 후 'ACK'나 'NAK'를 보내올 때까지 기다리는 방식은?

① 연속적 ARQ
② Cycle Code
③ 수직 Parity Check
④ Stop and Wait ARQ

05 데이터 통신 시스템에서 데이터의 전송 중 발생하는 에러는 대부분 집단 에러(Burst Error)의 형태로 나타난다. 다음 중 이를 검출하기 위한 가장 적합한 방식은?

① 패리티 검사(Parity Check)
② 일정비 코드 검사(Constant Ratio Code Check)
③ 블록 합 검사(Block Sum check)
④ 순환 잉여 검사(Cyclic Redundancy Check)

06 데이터 전송의 반송 방식 중 진폭 변조 방식에 관한 설명으로 옳지 않은 것은?

① 전송로의 레벨 변동에 영향을 받기 쉽다.
② 복조 과정에서 포락선 검파를 할 수 있다.
③ 자동 주파수 제어 회로가 필요하다.
④ 수신부에 바이어스 디스토션을 방지하기 위한 보정 회로가 필요하다.

07 반송파의 피크 투 피크(Peak to Peak) 전압이 변하는 아날로그 변조 방식은?

① AM(Amplitude Modulation)
② FM(Frequency Modulation)
③ PM(Phase Modulation)
④ PCM(Pulse Code Modulation)

08 다음 중 디지털 통신 방식의 양자화 과정과 가장 관계가 깊은 신호 변조 방식은?

① 위상 편이 키잉 변조(PSK)
② 펄스 부호 변조(PCM)
③ 주파수 편이 키잉 변조(FSK)
④ 진폭 변조(AM)

09 데이터 통신에서 신호의 세기가 점차로 약해지는 것을 의미하는 잡음은?

① 위상 왜곡(Phase Distortion)
② 충격성 잡음(Impulse Noise)
③ 비선형 왜곡(Nonlinear Distortion)
④ 감쇠(Attenuation)

10 헤딩과 텍스트로 이루어진 정보 메시지가 3개의 블록으로 분할되어 전송될 경우 최종 블록에 들어갈 전송 제어 캐릭터는?

① ETB ② STX
③ EOT ④ ETX

11 다음 중 비트(Bit)의 에러(Error)를 정정할 수 있는 부호 방식은?

① 해밍(Hamming) 코드
② 수직 패리티 방식
③ 수평 패리티 방식
④ ASCII 코드

12 데이터 통신 방식에 대한 설명으로 옳은 것은?

① 병렬 전송은 전송로가 절약되지만 송수신 기기가 복잡해진다.
② 직렬 전송은 전송로가 절약되지만 송수신 기기가 복잡해진다.
③ 병렬 전송은 전송로와 송수신 기기가 모두 복잡해진다.
④ 직렬 전송은 전송로와 송수신 기기가 모두 절약된다.

13 다음 중 음성의 디지털 신호 전송에 필요한 변조 방식은?

① 진폭 변조 ② 주파수 변조
③ 위상 변조 ④ 펄스 부호 변조

14 동기식 전송에 대한 설명으로 옳지 않은 것은?

① 정해진 숫자만큼의 문자열을 묶어 일시에 전송한다.
② HDLC, SDLC 등의 프로토콜에서 이용된다.
③ 수신측은 처음 0의 상태인 스타트 비트를 검사하므로 송신 개시를 알 수 있다.
④ 전송 효율과 전송 속도가 높다.

15 다음 중 PCM-24 방식에서 표본화 주파수[Hz]로 가장 적당한 것은?

① 800
② 1,000
③ 3,400
④ 8,000

16 데이터 링크 계층에서 감시 시퀀스의 전송 제어 문자 중 'ACK'에 대한 설명으로 옳은 것은?

① 응답을 요구하는 부호이다.
② 부정적인 의미를 나타낸다.
③ 수신측에서 문자 동기를 취하기 위해서 사용한다.
④ 오류 검출 결과 정확한 정보를 수신하였음을 나타낸다.

17 다음 중 PCM 변조 과정이 옳은 것은?

① 아날로그 신호 → 복호화 → 양자화 → 표본화 → 부호화 → 여과
② 아날로그 신호 → 복호화 → 부호화 → 여과 → 양자화 → 표본화
③ 아날로그 신호 → 표본화 → 부호화 → 복호화 → 양자화 → 여과
④ 아날로그 신호 → 표본화 → 양자화 → 부호화 → 복호화 → 여과

18 그림과 같은 형태로 베이스밴드 신호를 나타내는 신호 방식은 어느 것인가?

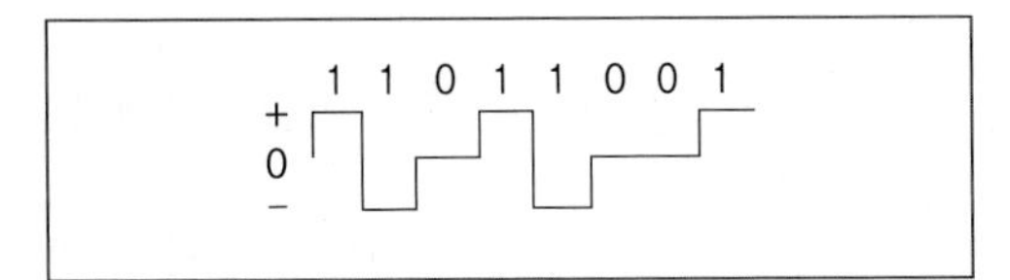

① RZ 방식
② NRZ 방식
③ Unipolar 방식
④ Bipolar 방식

19 36,000bps의 모뎀을 사용하여 전송했을 때 72개의 비트 오류가 발생했다면 그 비트 오류율은 얼마인가?

① 0.2%　　② 0.3%
③ 0.5%　　④ 0.6%

20 다음 중 반송파의 진폭과 위상을 상호 변환하여 신호를 얻는 변조 방식은?

① PSK(Phase Shift Keying)
② ASK(Amplitude Shift Keying)
③ QAM(Quadrature Amplitude Modulation)
④ FSK(Frequency Shift Keying)

21 다음과 같은 전송 방식의 이름은?

SYN SYN STX 문자 ETX 오류 검출

① 문자 동기 방식
② 비트 지향형 동기 방식
③ 조보식 동기 방식
④ 프레임 동기 방식

22 비동기식 전송 방식에서 2,200bps로 전송하는 것을 7비트 ASCII 코드로 보내면 초당 몇 캐릭터가 전송되는가? (단, 스타트 비트 1, 스톱 비트 1, 패리티 비트 1개가 사용됨)

① 200　　② 220
③ 300　　④ 110

23 반송파 위상을 한 개 이상의 Bit 조합에 일 대 일 대응시켜서 보내는 변조 방식을 무엇이라고 하는가?

① 주파수 변조 방식
② 위상 변조 방식
③ 펄스 변조 방식
④ 진폭 변조 방식

합격을 다지는 예상문제

정답 & 해설

CHAPTER 03

01 ②	02 ②	03 ④	04 ④	05 ④
06 ③	07 ①	08 ②	09 ④	10 ④
11 ①	12 ②	13 ④	14 ③	15 ④
16 ④	17 ④	18 ④	19 ①	20 ③
21 ①	22 ②	23 ②		

01 ②

ASCII : 미국 표준 협회(ANSI)에서 발표한 데이터 통신용 표준 전송 코드이며, 7비트로 27(128)개의 문자 표현이 가능하고 에러 검출용 비트인 패리티 비트 1개를 추가하여 8비트로 사용함

오답 피하기

- EBCDIC : 8비트로 256개의 문자를 표현하며 IBM 기종에서 주로 사용
- Baudot : 5비트로 32개의 문자를 표현하며 가입 전신(Telex), 전보 등에 많이 사용
- BCD : 6비트로 64개의 문자를 표현

02 ②

해밍 코드(Hamming Code)

- 단일 비트 에러 검출 및 교정이 가능한 코드
- 에러의 검출과 수정을 동시에 수행할 수 있음
- 전진 에러 수정 방식(FEC; Forward Error Correction)의 코드

03 ④

주파수 편이 변조(FSK) : 디지털 데이터를 아날로그 회선에 맞도록 0과 1을 서로 다른 주파수를 갖는 반송파로 변화시켜 변조하는 방법

오답 피하기

베이스밴드(Baseband) 전송

- 기저 대역 전송이라고도 하며, 디지털 데이터를 디지털 회선으로 전송할 때 디지털 신호로 전송하는 방법
- 단류 방식, 복류 방식, 단극성(Unipolar) 방식, 양극성(Bipolar) 방식 등이 있음

04 ④

Stop and Wait(정지 대기) ARQ : 가장 단순한 형태의 ARQ 방식으로, 송신측은 한 블록을 전송한 다음 수신측에서 에러 발생 검출에 의해 역채널을 통해 ACK(정상 수신)나 NAK(에러 발생) 신호를 보내올 때까지 기다리는 방식

오답 피하기

- 연속적 ARQ : 한 블록씩이 아니라 연속적으로 데이터 블록을 전송하는 방식으로, Go-back-N ARQ와 선택적 ARQ가 있음
- 수직 Parity Check : 데이터 블록의 끝에 패리티 비트를 추가하여 수직 방향으로 에러를 검출하는 코드

05 ④

순환 잉여 검사(CRC) : 비트 위주 전송 방식에서는 에러 검출 코드인 FCS (Frame Check Sequence)를 정보에 추가하여 전송하는데, FCS는 프레임 내의 에러를 검출하기 위한 비트의 모임으로 송신시 임의의 알고리즘에 의해 계산되어 전송되며, 집단 에러 검출에 적합한 다항식 코드를 사용하여 에러를 검출함

오답 피하기

- 패리티 검사(Parity Check) : 가장 일반적인 오류 검출 코드
- 일정비 코드 검사(Constant Ratio Code Check) : 일정한 수의 1 또는 0의 값으로 오류 검출
- 블록 합 검사(Block Sum Check) : 패리티 검사의 단점을 보완한 검사

06 ③

진폭 변조 방식 : 반송 신호의 진폭을 변조하는 방식으로, 자동 주파수 제어 회로는 필요 없음

오답 피하기

- 포락선 검파 : 진폭 변조된 입력 신호의 파형을 검출하기 위해 일정 조건을 만족하는 한 무리의 직선이나 곡선에 접하는 곡선(포락선)을 검출하는 것
- 바이어스 디스토션(Bias Destortion) : 동작 기준점을 정하기 위하여 신호 전극에 가하는 전압 또는 전류의 일그러짐(왜곡)

07 ①

피크 투 피크(Peak to Peak) : 피크(Peak)는 한 신호가 만드는 총 전압으로 전압이 변조하는 최고점과 최저점의 차이를 의미하며, AM(진폭 변조)에서 사용되는 아날로그의 전압 변화를 표시하는 것을 말함

오답 피하기

- FM(Frequency Modulation) : 주파수 변조로, 각각 반송 신호의 주파수를 변조
- PM(Phase Modulation) : 위상 변조로, 각각 반송 신호의 위상을 변조
- PCM(Pulse Code Modulation) : 펄스 부호 방식으로, 아날로그 신호를 부호화하여 전송하고 수신측에서 이를 복호화하여 원래의 아날로그 정보로 변환하는 방식

08 ②

펄스 부호 변조(PCM) : 사람의 음성과 같은 아날로그 데이터를 디지털로 변조하여 표본화 → 양자화 → 부호화 → 복호화 → 여과의 과정으로 송수신함

오답 피하기

- 위상 편이 변조(PSK) : 디지털 데이터 0과 1을 서로 다른 위상을 갖는 아날로그 신호로 변조
- 주파수 편이 변조(FSK) : 디지털 데이터 0과 1을 서로 다른 주파수를 갖는 아날로그 신호로 변조
- 진폭 변조(AM) : 아날로그 데이터의 진폭을 이용하여 다른 아날로그 신호로 변조

09 ④

감쇠(Attenuation) : 데이터를 전송 매체를 통해 원격지로 전송하고자 할 때, 거리가 멀어짐에 따라 전자적 신호의 세기가 점차적으로 약해지는 전송 장애를 의미

오답 피하기

- 위상 왜곡(Phase Distortion) : 위상의 일그러짐
- 충격성 잡음(Impulse Noise) : 선로의 파괴나 손상에 의한 잡음
- 비선형 왜곡(Nonlinear Distortion) : 예측하기 어려운 형태로 신호가 일그러지는 현상

10 ④

ETX(End of TeXt) : 텍스트 본문의 종료

오답 피하기

- ETB(End of Transmission Block) : 전송 블록의 종료
- STX(Start of TeXt) : 텍스트 본문의 시작
- EOT(End Of Transmission) : 전송의 종료

11 ①

해밍(Hamming) 코드 : 에러의 검출과 수정을 동시에 수행하는 전진 에러 수정 방식(FEC; Forward Error Correction) 코드임

오답 피하기

- 패리티 방식 : 송신하는 정보에 에러 검출을 위한 1비트의 여분 비트를 추가하여 에러를 검출하는 방식으로 수직 패리티, 수평 패리티가 있음
- ASCII 코드 : 데이터 통신용으로 사용되는 7비트 코드로, 128개의 문자를 표현

12 ②

직렬 전송 : 전송로 하나에 차례로 비트가 전송되므로 전송로가 절약되지만 송수신기가 원래의 정보로 전송된 비트로 복원하기 위한 기술이 필요하므로 송수신기가 복잡해짐

13 ④

펄스 부호 변조(PCM; Pulse Code Modulation) : 아날로그 음성 정보를 디지털화하는 변조 방식으로 표본화, 양자화, 부호화, 복호화, 여과를 통하여 전송됨

14 ③

한 문자(바이트)의 앞과 뒤에 스타트 비트와 스톱 비트를 사용하는 것은 비동기식 방식임

오답 피하기

HDLC, SDLC : 데이터 링크 계층에서 사용하는 비트 위주 방식의 프로토콜(통신 약속)

15 ④

PCM(Pulse Code Modulation)-24는 북미에서 사용하는 PCM 방식으로 아날로그 신호를 주기적인 간격으로 표본화를 할 때 8,000Hz의 표본화 주파수를 가짐

16 ④

ACK(ACKnowledge) : 확인(긍정) 응답 문자로, 정상 수신이 되었음을 알림

오답 피하기

- ENQ(ENQuiry) : 응답 요구
- NAK(Negative AcKnowledge) : 부정 응답
- SYN(SYNchronous idle) : 수신측에서 문자 동기를 취하기 위해서 사용

17 ④

PCM(Pulse Code Modulation) 변조 방식

- 아날로그 신호를 표본화(Sampling)한 후 각 표본을 진폭이 같은 크기의 디지털 신호로 변환하여 전송하는 방식으로, 시분할 다중화(TDM) 방식에서 사용
- 변조 과정 : 아날로그 신호 → 표본화 → 양자화 → 부호화 → 복호화 → 여과

18 ④

Bipolar(양극성) 방식 : 정보 비트가 1일 때 + 전압과 − 전압을 교대로 적용하고 0일 때는 0 전압을 전송

오답 피하기

- RZ(Return to Zero) 방식 : 특정 비트의 펄스와 다음 비트 펄스 사이에 반드시 0을 일정 시간 동안 유지한 다음에 전송하는 방식
- NRZ(Non-Return to Zero) 방식 : 0을 유지하지 않고 계속 펄스를 전송하는 방식
- Unipolar(단극성) 방식 : 데이터 비트가 0일 때는 −, 1일 때는 + 전압을 유지하는 방식

19 ①

비트 에러율(오류율)

$$= \frac{\text{오류가 발생한 비트 수}}{\text{전송한 전체 비트 수}} \times 100 = \frac{72}{36,000} \times 100 = 0.2\%$$

20 ③

QAM(진폭 위상 변조) : 디지털 데이터의 진폭과 위상을 함께 변조하여 전송하는 방식으로 4,800bps 이상의 고속 모뎀에서 사용하는 방식

오답 피하기

- PSK(Phase Shift Keying) : 위상 편이 변조
- ASK(Amplitude Shift Keying) : 진폭 편이 변조
- FSK(Frequency Shift Keying) : 주파수 편이 변조

21 ①

동기식 전송

- 전송할 문자를 여러 블록으로 나누어 각 블록 단위로 전송하는 방식
- 문자로 동기를 맞추는 문자 동기 방식임
- SYN : 동기 문자, STX : 본문의 시작, ETX : 본문의 끝

22 ②

2,200bps란 초당 2,200비트를 전송할 수 있다는 의미이고, 비동기 전송되는 데이터 길이는 '스타트 비트(1) + 스톱 비트(1) + 데이터 비트(7) + 패리티 비트(1) = 총 10비트'가 전송

$$\therefore \frac{2,200}{10} = 220$$

오답 피하기

비동기식 전송(Asynchronous Transmission) : 한 문자 단위로 전송하는 방식으로, 각 문자의 앞, 뒤에 스타트 비트(Start Bit)와 스톱 비트(Stop Bit)를 두어 동기화를 취함

23 ②

위상 변조 방식(Phase Modulation) : 음성 신호처럼 주파수가 낮은 신호 파동을 전송할 때 실어 보내는 높은 주파수의 파동으로 전신, 전화, 라디오, 텔레비전 등에 사용하는 반송파의 위상을 한 개 이상의 비트 조합에 대응시키는 변조 방식

CHAPTER 04

정보 통신 설비

학습 방향

RS-232C, DTE/DCE, 단말 장치, 송신 준비 완료 핀 번호, DSU, 주파수 분할, WDM, 다원 접속, 다중화기 등이 출제되었습니다. 통신과 관련된 각종 단말, 교환, 전송 설비들에 대해 익혀 두어야 합니다.

출제빈도

섹션	난이도	출제 비율
SECTION 01	중	33%
SECTION 02	하	13%
SECTION 03	상	54%

SECTION 01

정보 단말 설비

출제빈도 상 중 하

반복학습 1 2 3

빈출 태그 입력 장치 • 전송 제어 장치부 • RS-232C • 2번 핀 • 3번 핀 • V 시리즈 • X 시리즈

01 정보 단말 장치의 기능

정보 단말 장치는 신호를 송수신하는 측의 한쪽 끝에 있는 장치를 말하며, DTE(Data Terminal Equipment)라고 함

입출력 기능	데이터를 외부로부터 받아들이고 처리한 결과를 외부에 출력하는 기능
전송 제어 기능	• 장치 간에 정확한 데이터 송수신을 하기 위해 전송 제어 절차를 수행하는 기능 • 분류 : 송수신 제어 기능, 입출력 제어 기능, 오류 제어 기능
기억 기능	송수신 정보의 일시적 저장 또는 정보 처리 기능

기적의 TIP

정보 단말 장치의 구성 중 전송 제어 장치부의 구성이 시험에 출제되고 있습니다. 반드시 암기해 두세요.

02 정보 단말 장치의 구성

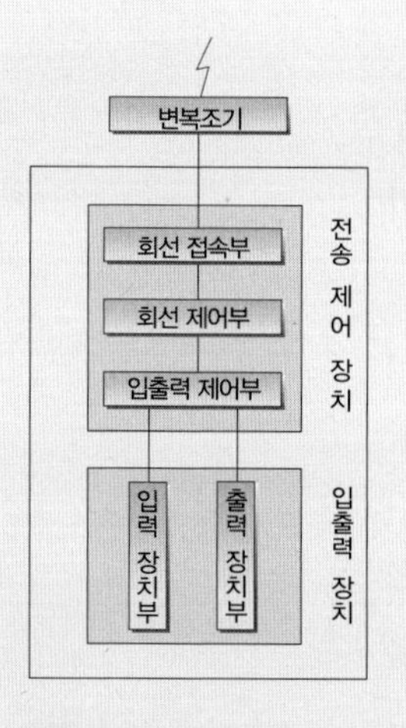

- 입출력 장치부 : 입력 장치와 출력 장치로 구성
- 전송 제어 장치부(TCU; Transmission Control Unit)

회선 접속부	단말기와 통신 회선을 물리적으로 연결
회선 제어부	회선 접속부로부터 들어온 데이터의 조립, 분배, 버퍼링, 오류 제어 등 전송 제어를 수행
입출력 제어부	입출력 장치의 직접적인 제어를 수행

03 단말 장치 사이의 접속 규격 20년 1회/2회, 19년 상시, 18년 상시, 16년 상시, 12년 상시, …

DTE와 DCE 사이를 연결할 때에는 국제 표준 관련 기구들이 정해 놓은 표준안에 의해 연결해야 함

표준안 제정 기구	접속 규격 이름	특징
EIA★	RS-232C ★ (25핀으로 구성)	• 2번 핀 : 송신 데이터(TXD; Transmit eXchange Data) • 3번 핀 : 수신 데이터(RXD; Receive eXchange Data) • 4번 핀 : 송신 요구(RTS; Request To Send) • 5번 핀 : 송신 준비 완료(CTS; Clear To Send) • 6번 핀 : 모뎀 준비 완료(DSR; Data Set Ready)
ITU-T★	V.24	

★ EIA
미국전자공업협회(Electronic Industry Association)

★ ITU-T
국제전기통신연합(International Telecommunication Union-Telecommunication Standardization Sector)

★ RS-232C 08년 10월
- 데이터의 송수신, 인터페이스를 담당하는 전기적 장치
- RS : ecommend Standard number
- C : 표준규격 최신판

더 알기 TIP

ITU-T의 표준 규격

- V 시리즈 : 아날로그 통신에 대한 권고안
- X 시리즈 : 디지털 통신에 대한 권고안

기적의 TIP

단말 장치 사이의 접속 규격에서 규격 이름과 각 핀의 기능에 대해 반드시 암기하시기 바랍니다.

이론을 확인하는 기출문제

01 단말기와 변복조기 사이는 25핀 플러그로 연결되어 있으며 이 연결의 표준화를 기하기 위하여 EIA와 ITU-T에서 각각 제정해 놓은 규격이 순서대로 옳은 것은?

① RS-232C, V.21
② V.22, RS-232C
③ V.25, RS-232C
④ RS-232C, V.24

- EIA : RS-232C
- ITU-T : V.24

02 EIA RS-232C DTE 접속 장치의 핀은 모두 몇 개인가?

① 25
② 8
③ 16
④ 32

- 단말 장치와 모뎀의 접속 규격의 하나인 EIA의 RS-232C는 25핀으로 구성됨
- 2번 핀은 송신 데이터, 3번 핀은 수신 데이터와 관련있음

03 ITU-T 권고안에서 아날로그 전화 통신망을 이용한 프로토콜 시리즈는?

① K 시리즈
② X 시리즈
③ T 시리즈
④ V 시리즈

ITU-T 권고안

- V 시리즈 : 아날로그 데이터와 관련된 규격안
- X 시리즈 : 디지털 데이터와 관련된 규격안

04 ITU-T의 X 시리즈 권고안 중 공중 데이터 네트워크에서 패킷형 터미널을 위한 DCE와 DTE 사이의 접속 규격은?

① X.3
② X.21
③ X.25
④ X.45

X.25 : 공중 데이터 네트워크(PSDN; Public Switched Data Network)와 패킷형 단말 장치와 신호 변환 장치의 연결 규격

오답 피하기

- X.3 : 공중 데이터 네트워크에서의 패킷 분해, 조립 장치
- X.21 : 공중 데이터 네트워크에서 동기식 전송을 위한 DTE, DCE 접속 규격

05 EIA RS-232C의 25 PIN 중 송신 데이터는 몇 번 PIN에 해당되는가?

① 2번
② 3번
③ 10번
④ 22번

- 2번 핀 : 송신 데이터
- 3번 핀 : 수신 데이터

정답 01 ④ 02 ① 03 ④ 04 ③ 05 ①

SECTION 02

정보 교환 설비

출제빈도 상 중 (하)
반복학습 1 2 3

빈출 태그 모뎀 • DSU

아날로그 회선을 사용할 때에는 모뎀(변복조기)이 이용되고 디지털 회선을 사용할 때에는 디지털 서비스 유닛(DSU; Digital Service Unit)이 이용됨

더 알기 TIP

신호 변환 장치(DCE) 06년 7월, 04년 7월

- 송신측의 정보 형태를 전송 회선에 알맞은 형태로 변환하고 수신측에서는 수신측에 알맞은 형태로 변환해 주는 장비
- 모뎀, DSU, 코덱, 전화 등
- 컴퓨터 정보를 전화망으로 송신할 때 : 변조
- 전화망의 정보를 컴퓨터가 수신할 때 : 복조

01 모뎀(변복조기, MODEM) 21년 3회/4회, 20년 3회, 19년 상시, 16년 상시, 10년 10월, …

모뎀★이란, 변조(MOdulator)와 복조(DEModulator)의 합성어로 변조는 디지털 신호를 아날로그 신호로 변환하는 과정, 복조는 아날로그 신호를 디지털 신호로 변환하는 과정을 의미

기적의 TIP

모뎀과 DSU는 매우 중요합니다. 그 기능과 특징에 대해 이해하고 숙지하시기 바랍니다.

★ 모뎀(MODEM)
동기식과 비동기식으로 구분

① 종류
- 멀티 포트(Multi-Port) 모뎀 : 고속 동기식 모뎀과 시분할 다중화 장비가 혼합된 모뎀
- 멀티 포인트(Multi-Point) 모뎀 : 고속 폴링을 적용한 모뎀
- 널(Null) 모뎀 : 모뎀 없이 정보를 교환할 수 있는 전송 케이블
- 다이얼-업(Dial-Up) 모뎀 : 전화선에 연결되는 모뎀
- 음향 결합기 : 전화기의 송수화기를 연결하는 모뎀

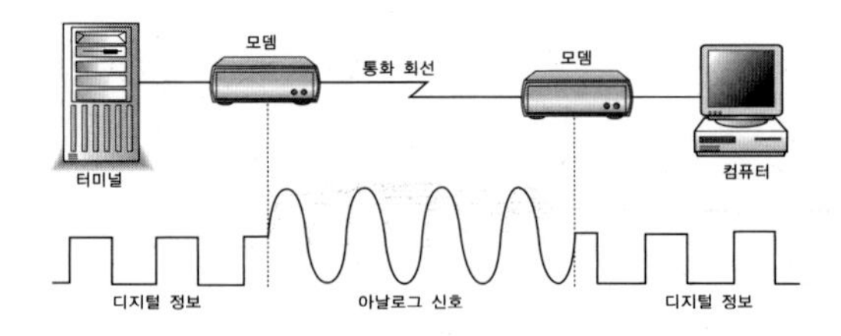

더 알기 TIP

등화기(Equalizer) 06년 7월

신호의 증폭이나 위상 왜곡을 정정하기 위한 장치

02 DSU(Digital Service Unit) 23년 1회, 21년 2회, 19년 상시, 08년 3월, 06년 10월, …

- 디지털 서비스 유닛이라 하며, 디지털 방식으로 전송하는 장비
- 디지털 신호를 변조하지 않고 디지털 전송로를 이용하여 고속 전송하는 장치
- 회로의 구성이 간단하고 경제적임
- 송신측에서부터 수신측까지 디지털 전송이 이루어짐

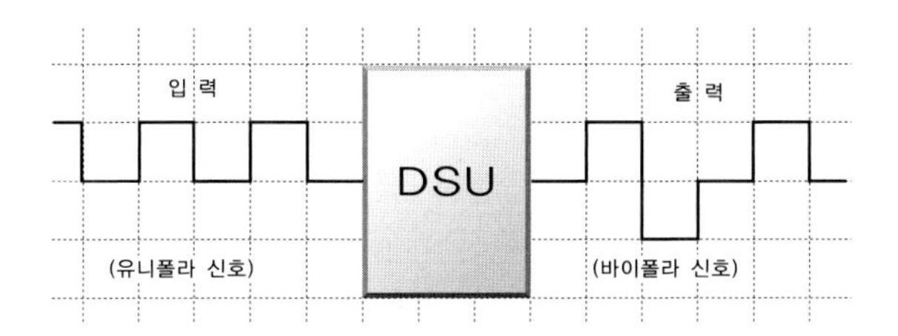

개념 체크

1 변복조기는 디지털 신호를 아날로그 신호로 변환한다. (O, X)

2 데이터 단말 장치와 디지털 통신 회선 사이에 있는 장치는 무엇인가?

1 ○ 2 DSU

이론을 확인하는 기출문제

01 변복조기의 역할과 거리가 먼 것은?

① 통신 신호의 변환기라고 볼 수 있다.
② 디지털 신호를 아날로그 신호로 변환한다.
③ 공중 전화 통신망에 적합한 통신 신호로 변환한다.
④ 컴퓨터 신호를 광케이블에 적합한 광신호로 변환한다.

모뎀(변복조기; MODEM) : 변조(Modulation)와 복조(DEModulation)의 합성어로 변조는 디지털 신호를 아날로그 신호로 변환하는 과정, 복조는 아날로그 신호를 디지털 신호로 변환하는 과정을 의미함

02 디지털 신호를 직접 전화 회선에 전송하지 않고 Modem을 사용하는 가장 큰 이유는?

① 전송 속도의 개선
② 신호 일그러짐(Distortion) 개선
③ 임피던스 정합(Matching) 기능
④ 타기종 간 인터페이스(Interface) 작용

컴퓨터에서 처리되는 디지털 신호의 모양이 음성과 같은 아날로그 정보를 전송하는 회선인 전화 회선에서의 신호 모양과 같지 않을 수 있으므로, 원래 신호의 모양이 왜곡되지 않도록 하기 위해서 모뎀을 사용함

03 다음 중 변복조 장치를 구분하는 데 가장 적합한 방식은?

① 직렬 변복조 장치와 병렬 변복조 장치
② 2선 변복조 장치와 4선 변복조 장치
③ 비동기식 변복조 장치와 동기식 변복조 장치
④ Half-duplex 변복조 장치와 Full-duplex 변복조 장치

모뎀은 동기식 모뎀과 비동기식 모뎀으로 구분할 수 있음

04 데이터 단말 장치와 디지털 통신 회선 사이에 있는 장치는?

① 모뎀(MODEM)
② 통신 제어(Communication Control) 장치
③ DSU(Digital Service Unit)
④ 회선 제어(Line Control) 장치

DSU(Digital Service Unit) : 디지털 신호를 변조하지 않고 디지털 전송로를 이용하여 전송하기 위한 장치로, 단말 장치와 디지털 통신 회선 사이에 위치함

정답 01 ④ 02 ② 03 ③ 04 ③

SECTION 03

정보 전송 설비

합격 강의

출제빈도 (상) 중 하

반복학습 1 2 3

빈출 태그 다중화기 • 주파수 분할 다중화기(FDM) • 시분할 다중화기(TDM) • 역 다중화기 • 파장 분할 다중화기(WDM) • 코드 분할 다중 접속(CDMA)

01 다중화기(Multiplexer) 16년 상시, 08년 3월/10월, 06년 4월

다수의 단말기들이 각 신호를 하나의 통신 회선에 결합된 형태로 전송하면 수신측에서 이를 다시 분리하여 각 수신 장치에 입출력하는 장비

① 주파수 분할 다중화기(FDM; Frequency Division Multiplexer) 20년 3회/4회, 18년 상시, …

- 높은 주파수 대역폭을 각기 다른 주파수로 변조해 전송
- 1,200bps 이하의 저속 아날로그 전송, 비동기 전송에 이용
- 가드 밴드(Guard Band)★를 주어야 하며, 그로 인해 대역폭이 낭비됨
- 변복조기가 필요 없음, 가격 저렴
- 멀티 포인트 방식에 주로 사용
- 라디오, TV, 통신 위성, CATV 등에 이용

② 시분할 다중화기(TDM; Time Division Multiplexer) 20년 2회/3회, 19년 상시, 16년 상시, 15년 상시, …

- 여러 회선의 음성 정보를 작은 시간으로 나누어 고속의 전송로로 보내는 방식으로, 하나의 회선을 복수의 채널로 다중화함
- 디지털 전송에 적합
- PCM 방식에서 사용(아날로그를 디지털로 변환하여 전송)
- 고속 전송이 가능
- 포인트 투 포인트 방식에 주로 사용
- 동기식 시분할 다중화와 비동기식 시분할 다중화가 있음

③ 역 다중화기(Demultiplexer)

- 두 개의 음성 대역폭을 이용하여 광대역의 통신 속도를 이용하는 다중화기
- 하나의 신호를 2개의 저속 신호로 나누어 전송
- 하나의 채널이 고장나더라도 1/2 속도로 계속적인 사용이 가능

④ 파장 분할 다중화기(WDM; Wavelength Division Multiplexer) 09년 3월

- 송신지가 다른 여러 종류의 데이터를 하나의 광섬유에 함께 싣는 다중화기
- 1초당 1조 비트(TB; 테라비트급, CD 300장 분량)를 광전송
- WDM은 광섬유 하나에 8개 이하, DWDM(고밀도 파장 분할 다중화기, Dense Wavelength Division Multiplexer)은 8개 이상의 파장을 실음

기적의 TIP

다중화기의 종류와 방식에 대한 정리와 암기가 요구됩니다.

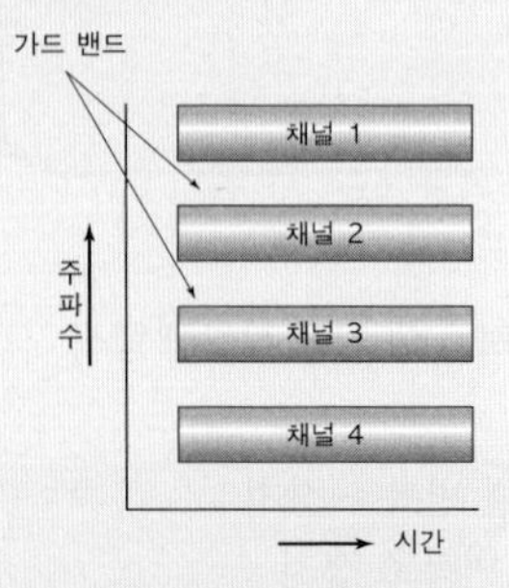

▲ 주파수 분할 다중화기

FDM의 아날로그 계층 구조

- 베이스 그룹(BG) : 음성 채널 12개 묶음
- 슈퍼 그룹(SG) : 음성 채널 60개 묶음
- 마스터 그룹(MG) : 음성 채널 600개 묶음

★ 가드 밴드(Guard Band)

채널 사이의 간섭을 방지하기 위해 주파수 대역 사이를 사용하지 않고 남겨두는 완충 영역으로, 보호 대역이라고도 함

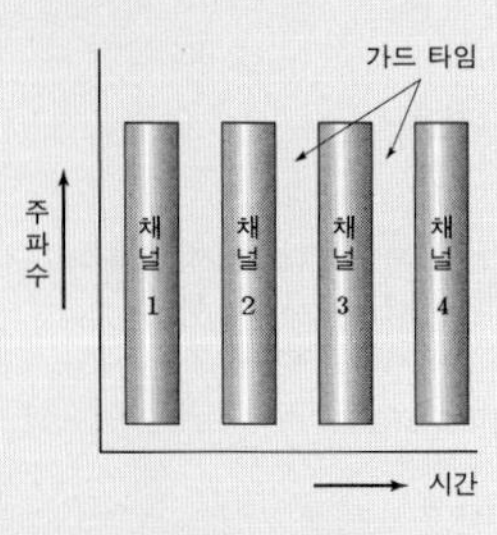

▲ 시분할 다중화기

대역 여파기

주파수 분할 다중 통신에서 각 신호를 추출하는 기능

02 집중화기(Concentrator) 04년 4월

- 여러 개의 입력 회선이 적은 출력 회선을 동적으로 이용하여 저속의 장치들이 하나의 고속 회선을 이용할 수 있게 하는 장비
- 시스템이 복잡하며, 불규칙한 전송에 적합
- 데이터 단말 장치의 회선 수의 합 ≥ 집중 회선 수
- 종류 : 전처리기★, 선로 공동 이용기, 모뎀 공동 이용기, 포트 공동 이용기 등

★전처리기
(FEP; Front End Processing)
메인 프레임의 통신 제어를 위해 설계된 전용 컴퓨터

03 전화기(Telephone)

- 사람의 음성을 전기적인 신호로 바꾸고 다시 그 전기적인 신호를 음성으로 변환하는 기기
- 구성

송화기(Transmitter)	진동판, 탄소 가루를 이용해 인간의 음성을 전기 신호로 변환하는 장치
수화기(Receiver)	송화기로부터 전송된 전기 신호를 본래의 음성으로 재현시키는 장치(영구 자석과 진동판으로 구성)
유도 코일(Induction Coil)	송화기에서 나온 전기 신호를 조절하여 원거리 전송이 가능하게 해 줌
다이얼(Dial)	회전 다이얼 방식과 현재 전자 교환기에서 사용하는 푸시 버튼 방식이 있음
콘덴서(Condenser)	클릭음의 차단, 다이얼 수화 회로 단락, 충전과 방전 작용을 하는 장치
훅 스위치(Hook Switch)	통화 회로와 신호 회로를 분리하는 장치
바리스터(Varistor)	불필요한 충격음을 방지하는 장치

더 알기 TIP

영구 자석을 사용하는 이유

- 수화 음성을 정확하게 진동
- 진동판의 자유 진동을 방지
- 전송된 원음을 충실히 재생

더 알기 TIP

MFC(전자식) 전화기 04년 7월

- 3×4배열 누름 버튼 중 10개는 송출, 2개는 기능 버튼으로 구성됨
- 버튼식으로 고군 주파수와 저군 주파수 2가지 주파수가 혼합하여 번호를 식별하는 전화기(다주파 부호 방식)
- 다이얼 방식에 비하여 정확한 접속

개념 체크

1 각 통화로에 여러 반송 주파수를 할당하여 동시에 많은 통화로를 구성하는 방식은?

2 여러 회신의 음성 정보를 작은 시간으로 나누어서 고속의 전송로로 보내주는 장비는?

1 주파수 분할 방식
2 시분할 다중화기

04 전자 교환기

- 통화로계와 제어계가 모두 전자식인 교환기
- 전자 교환 방식에는 공간 분할, 시분할, 주파수 분할 방식이 있음
- 구성

통화 회로망(SN; Switching Network)	통화의 연결, 단절을 관리
주사 장치(SCN; SCaNner)	전화선의 전류 상태를 중앙 제어 장치에 전달
중앙 제어 회로(CC; Center Control)	제어에 관한 기능 전체를 관리
영구 기억 회로(PM; Permanent Memory)	프로그램을 기억
일시 기억 회로(TM; Temporary Memory)	접속 요청의 처리 상태를 기억
스위치 구동 회로(NC; Network Controller)	통화로에 관란 테스트를 실행

05 코드 분할 다중 접속(CDMA) 24년 1회, 20년 3회, 14년 상시, 10년 3월/7월, 08년 2월/10월, 07년 4월, …

- Code Division Multiple Access의 약어로, 디지털 이동 통신 시스템의 한 방식
- 통화 시 음성 신호를 비트 단위로 분할해 코드화한 후 이 신호를 통신 주파수 대역에 삽입하는 방식을 택함으로써 아날로그 시스템에 비해 가입자 수용 능력을 10~20배 향상시킬 수 있는 방식
- 페이딩 제거 현상 및 핸드오프 기능이 우수하고, 사용되는 주파수 신호가 멀리 전달되며 잡음이 적음
- 유선 통신 품질과 동등한 서비스를 제공하기 위해 144Kbps~2Mbps 전송 속도의 동기식 CDMA 2000과 비동기식 W-CDMA(Wideband-CDMA) 방식이 있음

기적의 TIP

코드 분할 다중 접속(CDMA)은 시험에 자주 출제되니 특징에 대해 반드시 숙지하셔야 합니다.

더 알기 TIP

이동 통신 발전 세대

- 1세대 : 아날로그 주파수 분할 다중 접속 방식
- 2세대 : 디지털 시분할 다중 접속(TDMA) / 코드 분할 다중 접속(CDMA) 방식
- 2.5세대 : PCS
- 3세대 : IMT-2000 개인/단말기의 이동성 보장
- 4세대 : MBS(Mobile Broadband System) / 완벽한 멀티미디어 이동 통신 서비스 제공

무선 주파수 접속 방식(위성 통신 다원 접속 방법)

- 주파수 분할 다중 접속(FDMA)
- 시분할 다중 접속(TDMA)
- 코드 분할 다중 접속(CDMA)

더 알기 TIP

도플러 효과(Doppler Effect) 11년 2월

이동 통신의 전파 특성으로 소리의 고저가 고유 본래의 음과 다르게 들리는 현상으로 음원의 움직임이 그 요인으로 작용하는 효과

이론을 확인하는 기출문제

01 주파수 분할 멀티플렉스(FDM)에 대한 설명으로 옳지 않은 것은?

① 진폭 편이 변조 방식만을 사용
② 시분할 멀티플렉스에 비해 비교적 간단한 구조
③ 재생 증폭기는 전체 채널에 하나만 필요
④ 진폭 등화를 동시에 수행

FDM(Frequency Devision Multiplexer) : 저속의 데이터를 다른 주파수로 변조하여 전송하는 비동기 전송 방식으로, FSK(주파수 편이 변조)를 사용함

오답 피하기

진폭 등화 : 왜곡을 일으키는 진폭을 미리 제거하여 안정화시키는 작업

02 음성 대역을 다중화할 때 음성 채널 12개를 묶어 무엇이라고 하는가?

① 채널(CH)
② 베이스 그룹(BG)
③ 슈퍼 그룹(SG)
④ 마스터 그룹(MG)

베이스 그룹(BG) : 하나의 통신 회선에 여러 단말 장치의 신호들을 합성하는 아날로그 다중화 기술인 FDM(주파수 분할 다중화)에서 음성 채널 12개의 묶음을 의미함

오답 피하기

- 채널(CH) : TV, 라디오, 무선 통신 등에서 주파수대에 따라 각각 배정된 전파의 전송 통로
- 슈퍼 그룹(SG) : 음성 채널 60개
- 마스터 그룹(MG) : 음성 채널 600개

03 시분할 다중화기(Time Division Multiplexer)의 특징과 거리가 먼 것은?

① 한 전송로의 데이터 전송 시간을 일정한 폭으로 나누어 각 부채널에 차례로 할당한다.
② 비트 다중화 뿐만 아니라 문자 다중화도 행한다.
③ 비동기식 데이터 다중화기에만 이용 가능하다.
④ 디지털 전송 방식에서 이용된다.

시분할 다중화기(TDM) : 여러 회선의 음성 정보를 시간으로 나누어 부채널에 할당하는 동기식 고속 전송, PCM(Pulse Code Modulation) 방식에 사용

04 위성 통신의 다원 접속 방법이 아닌 것은?

① 주파수 분할 다원 접속
② 코드 분할 다원 접속
③ 시분할 다원 접속
④ 신호 분할 다원 접속

다원 접속 방법 : 주파수 분할 다원 접속, 시분할 다원 접속, 코드 분할 다원 접속, 공간 분할 다원 접속

05 다음 중 시분할 다중화(TDM)에 대한 설명으로 적합하지 않은 것은?

① 시분할 다중화 방식은 데이터 전송에 많이 사용된다.
② 시분할 다중화는 직렬 변환 방식으로 볼 수 있다.
③ 소요 회선 수의 절감뿐만 아니라 기기의 경비도 절감할 수 있다.
④ FDM과 비교하여 저속도의 전송에 적합하다.

시분할 다중화(Time Division Multiplexer) : 전송 회선의 대역폭을 일정한 시간 폭(Time Slot)으로 나누어 전송하며, 고속 전송에 적합하고 포인트 투 포인트 방식에 주로 사용

06 이동 통신의 전파특성 중 이동체가 송신측으로 빠르게 다가오거나 멀어짐에 따라 수신 신호의 주파수 천이가 발생하는 현상은?

① 지연 확산
② 심볼간 간섭 현상
③ 경로 손실
④ 도플러 효과

도플러 효과(Doppler Effect) : 소리의 고저가 고유 본래의 음과 다르게 들리는 현상으로 음원의 움직임이 그 요인으로 작용하는 효과

정답 01 ① 02 ② 03 ③ 04 ④ 05 ④ 06 ④

합격을 다지는 예상문제

01 RS-232C 25핀 콘넥터 케이블에서 송신 준비 완료 신호(CTS)용 핀(Pin) 번호는?

① 4 ② 5
③ 6 ④ 7

02 모뎀(MODEM)의 기능에 속하지 않는 것은?

① 아날로그 신호를 디지털 신호로 변환한다.
② 디지털 신호를 아날로그 신호로 변환한다.
③ 원거리 전송에 주로 이용된다.
④ 전이중 통신 방식을 반이중 통신 방식으로 변환한다.

03 각 통화로에 여러 반송 주파수를 할당하여 동시에 많은 통화로를 구성하는 방식은?

① 시분할 방식
② 온라인 방식
③ 공간 분할 방식
④ 주파수 분할 방식

04 DSU(Digital Service Unit)의 역할은?

① 아날로그 신호를 디지털 신호로 변환
② 디지털 신호를 아날로그 데이터로 변환
③ 아날로그 신호를 디지털 데이터로 변환
④ 디지털 데이터를 디지털 신호로 변환

05 통신 선로를 공동으로 이용하기 위한 장비는?

① 변복조기 ② 단말기
③ 음향 결합기 ④ 집중화기

06 시분할 멀티플렉서에 대한 설명에 해당하는 것은?

① 각 채널당 고정된 프레임을 구성하여 전송한다.
② 주로 병렬 전송을 행한다.
③ 각 채널별 대역 필터가 필요하다.
④ 주파수 대역을 나누어 여러 채널로 사용한다.

07 주파수 분할 멀티플렉서(FDM)에 대한 설명으로 옳지 않은 것은?

① 동기식 전송에 주로 이용된다.
② 주파수를 변조하여 다중화한다.
③ 가드 밴드(Guard Band)가 존재한다.
④ TDM에 비해 구조가 간단하다.

08 몇 개의 터미널들이 하나의 통신 회선을 통하여 결합된 신호를 전송하고 이를 수신측에서 다시 몇 개의 터미널의 신호로 분리하여 컴퓨터에 입력할 수 있도록 하는 것은?

① 디지털 서비스 유닛(DSU)
② 변복조기(MODEM)
③ 채널 서비스 유닛(CSU)
④ 다중화 장비(Multiplexer)

09 RS-232C, V.24 등은 어느 규격에 속하는가?

① 다양한 전송 규격
② 단말과 모뎀 간의 인터페이스 규격
③ 교환 설비 간의 인터페이스 규격
④ 모뎀과 교환 설비 간의 인터페이스 규격

10 전자식(MFC) 전화기의 누름 버튼은 3×4의 배열로 되어 있다. 이 중 10개는 숫자 송출 버튼인데 남은 2개는 무엇인가?

① 증폭 버튼
② 기능 버튼
③ 루우프회로 개폐 버튼
④ 신호회로 제한 버튼

11 주파수 다중화에서 부 채널(Sub Channel) 간의 상호 간섭을 방지하기 위한 완충 지역은?

① 가드 밴드(Guard Band)
② 마스터 그룹(Master Group)
③ 채널(Channel)
④ 네트워크(Network)

12 여러 개의 채널을 몇 개의 소수 회선으로 공유화 시키는 장치는?

① 다중화기
② 집중화기
③ 변복조기
④ 선로 공동 이용기

13 다음 중 멀티플렉싱(Multiplexing) 기법으로 사용할 수 없는 것은?

① 진폭 분할
② 주파수 분할
③ 코드 분할
④ 시간 분할

14 두 개의 음성 대역폭을 이용하여 광대역에서 얻을 수 있는 통신 속도를 이용하는 기기는?

① 광대역 다중화기
② 역 다중화기
③ 집중화기
④ 시분할 다중화기

15 다음 중 이동 통신(핸드폰)의 접속 방식에 이용되는 CDMA 방식은?

① 주파수 분할 다원 접속 방식
② 코드 분할 다원 접속 방식
③ 공간 분할 다원 접속 방식
④ 시분할 다원 접속 방식

16 시분할 다중화기(Time Division Multiplexer)의 특징이 아닌 것은?

① 비트 다중화 뿐만 아니라 문자 다중화도 행한다.
② 한 전송로의 데이터 전송 시간을 일정한 폭으로 나누어 각 부채널에 차례로 할당한다.
③ 비동기식 데이터 다중화기에만 이용 가능하다.
④ Point-to-Point 방식에서 널리 이용된다.

17 다음 중 모뎀 없이 정보를 교환할 수 있는 전송 케이블을 의미하는 것은?

① 멀티 포트(Multi-Port) 모뎀
② 멀티 포인트(Multi-Point) 모뎀
③ 널(Null) 모뎀
④ 코덱(CODEC)

18 스펙트럼 확산 기술을 응용한 다원 접속 방식으로 보내고자 하는 신호를 그 주파수 대역보다 넓은 주파수 대역으로 확산시켜 전송하는 방식은?

① FDMA
② TDMA
③ STDMA
④ CDMA

19 이동 통신 방식에서 사용되는 무선 주파수 접속 방식이 아닌 것은?

① 위상 분할 다중화 접속 방식(PDMA)
② 주파수 분할 다중화 접속 방식(FDMA)
③ 시분할 다중화 접속 방식(TDMA)
④ 코드 분할 다중화 접속 방식(CDMA)

20 한 통신 회선(Channel)을 몇 개의 회선으로 나누어 쓰는 기법을 무엇이라 하는가?

① FEC(Forward Error Correction)
② CRC(Cyclic Redundancy Code)
③ MUX(Multiplexer)
④ LRC(Longitudinal Redundancy Check)

21 신호를 송수신하는 측의 한쪽 끝에 있는 정보 단말 장치 중에서 입력과 출력되는 장치에 직접적인 제어를 수행하는 장치는?

① 회선 제어부
② 회선 접속부
③ 회선 종단부
④ 입출력 제어부

22 DTE와 DCE 사이를 연결할 때의 표준 규격인 RS-232C 25핀 커넥터 케이블에서 수신 데이터용 핀 번호는?

① 2　② 3
③ 4　④ 5

23 신호 변환 시 사용되는 모뎀의 종류 중에서 고속 동기식 모뎀과 시분할 다중화 장비의 혼합된 모뎀은 무엇인가?

① 널(Null) 모뎀
② 멀티 포트(Multi-Port) 모뎀
③ 멀티 포인트(Multi-Point) 모뎀
④ 다이얼 업(Dial-Up) 모뎀

24 다수의 단말기들이 각 신호를 하나의 통신 회선에 결합된 형태로 전송하는 다중화기 중에서 주파수 분할 다중화기의 특징으로 옳지 않은 것은?

① 높은 주파수 대역폭을 각기 다른 주파수로 변조하여 전송
② 가드 밴드(Guard Band)가 필요
③ 고속 전송에 이용
④ 라디오, TV, 통신 위성, CATV 등에 이용

25 전기적인 신호와 사람의 음성을 변환하는 전화기의 구성요소 중에서 클릭음의 차단, 다이얼 수화 회로 단락, 충전과 방전 작용을 하는 장치는?

① 송화기
② 콘덴서
③ 다이얼
④ 바리스터

합격을 다지는 예상문제

정답 & 해설

CHAPTER 04

01 ②	02 ④	03 ④	04 ④	05 ④
06 ①	07 ①	08 ④	09 ②	10 ②
11 ①	12 ②	13 ①	14 ②	15 ②
16 ③	17 ③	18 ④	19 ①	20 ③
21 ④	22 ②	23 ②	24 ③	25 ②

01 ②

- RS-232C : EIA에서 권고하는 모뎀과 단말 장치의 연결 규격 안으로 25 핀으로 구성됨
- 핀 5(CTS; Clear To Send) : 송신 준비 완료를 의미, DCE → DTE로 신호 전달

오답 피하기

RS-232C의 핀 기능

- 핀 4(RTS; Ready To Send) : 송신 요청, DTE → DCE로 송신할 데이터가 있음을 알림
- 핀 6(DSR; Data Set Ready) : DCE가 정상임을 표시, DCE → DTE로 송수신이 가능한 상태임을 알려주는 신호
- 핀 7(SG; Signal Ground) : 신호 접지

02 ④

모뎀(MODEM) : 변복조기 장치로 디지털 신호와 아날로그 신호 간의 변환 장치

03 ④

주파주 분할 방식 : 높은 주파수 대역폭을 각기 다른 주파수로 변조하여 전송

오답 피하기

통화로 구성 방식(전자 교환 방식) : 시분할 방식, 공간 분할 방식, 주파수 분할 방식

04 ④

DSU(Digital Service Unit) : 디지털 신호를 변조하지 않고 디지털 전송로를 이용하여 전송하기 위한 장치

오답 피하기

MODEM : 디지털 신호를 아날로그 신호로 변조하고, 아날로그 신호를 원래의 디지털 신호로 복조해주는 장비

05 ④

집중화기(Concentrator) : 통신 선로를 공동 이용하기 위한 장비로 선로 공동 이용기, 모뎀 공동 이용기, 포트 공동 이용기 등이 있음

오답 피하기

음향 결합기 : 단말 장치와 전화기를 연결하기 위한 모뎀으로, 전화기의 송수화기를 음향 결합기에 결합시켜서 디지털 신호를 아날로그 신호로 변환한 후 전송하는 장치

06 ①

시분할 멀티플렉서(TDM; Time Division Multiplexer) : 다수 개의 디지털 정보를 전송하는데 필요한 시간을 분할(타임 슬롯)하여 채널을 공유해 다중화하는 방식

07 ①

주파수 분할 멀티플렉서(FDM) : 하나의 넓은 주파수 대역폭을 몇 개의 대역폭으로 나누어 아날로그 형태로 전송하는 다중화 장비로, 주파수 편이 변조(FSK)를 사용하여 비동기식 전송에 사용

08 ④

다중화 장비(Multiplexer) : 저속 터미널들이 하나의 통신 회선을 통해 결합된 형태의 정보를 전송하고, 이를 수신측에서 다시 몇 개의 터미널의 신호로 분리하여 컴퓨터에 입출력할 수 있도록 하는 것

오답 피하기

- 디지털 서비스 유닛(DSU) : 디지털 정보를 디지털 전송 회선에 맞게 변조해 주는 장비
- 변복조기(MODEM) : 디지털 정보를 아날로그 회선의 신호 형태로, 아날로그 회선의 신호 형태를 디지털 정보 형태로 변환하는 역할
- 채널 서비스 유닛(CSU) : 고속 디지털 전용 회선용의 회선 종단 장치

09 ②

단말 장치와 모뎀의 접속 규격 : EIA에서 제정한 RS-232C, ITU-T의 V.24

10 ②

전자식(MFC) 전화기 : 3×4의 배열의 누름 버튼으로 10개는 송출을 담당하며 나머지 2개는 기능 버튼으로 사용됨

11 ①

가드 밴드 : 주파수 다중화 장비에서 채널 사이의 간섭을 방지하기 위해 주파수 대역 사이를 사용하지 않고 남겨두는 완충 영역

오답 피하기

채널 : 정보가 전송되는 통로

12 ②

집중화기(Concentrator) : 여러 단말 장치에서 요구한 자원 중 한 개의 단말 장치만 하나의 고속 회선을 사용할 수 있도록 하여 여러 개의 채널을 몇 개의 소수 회선으로 공유시킬 수 있도록 함

오답 피하기

- 다중화기(Multiplexer) : 하나의 통신 채널을 통해 다수의 단말 장치가 동시에 데이터를 전송할 수 있도록 하는 장치
- 선로 공동 이용기 : 통신량이 적고 중앙 컴퓨터와 단말 장치의 거리가 먼 경우 사용

13 ①

멀티플렉싱(Multiplexing) 기법

- 몇 개의 터미널들이 하나의 통신 회선을 통하여 결합된 형태로 신호를 전송하고 이를 수신측에서 다시 터미널의 신호로 분리하여 컴퓨터에 입출력할 수 있도록 하는 기법
- 주파수 분할(FDM), 코드 분할(CDM), 시간 분할(TDM) 등

14 ②

역 다중화기 : 두 개의 음성 대역폭을 이용하여 광대역으로 전송할 수 있는 장비로, 하나의 회선이 고장나더라도 다른 회선을 통해 전송할 수 있음

오답 피하기

- 광대역 다중화기 : 서로 다른 속도의 데이터를 하나로 묶어 광대역으로 전송하는 장비
- 집중화기 : 저속의 장치들이 속도가 빠른 하나의 회선을 공유하여 사용할 수 있도록 한 장비
- 시분할 다중화기 : 여러 회선의 음성 정보를 작은 시간으로 나누어서 고속의 전송로로 보내주는 장비

15 ②

CDMA(Code Division Multiple Access, 코드 분할 다중 접속) : 데이터 신호를 분리시켜 하나의 연결선을 통해 여러 신호를 전송하는 방식

오답 피하기

공간 분할 다원 접속 방식(SDMA) : 여러 개의 물리적인 채널을 모아서 하나의 채널로 만들어 각각의 단말에 고정된 채널을 할당하는 방식. 전송 회선의 용량 중 극히 일부분만 사용하므로 비효율적인 방식

16 ③

비동기식 데이터 다중화기에만 이용 가능한 것은 주파수 분할 다중화기(FDM; Frequency Division Multiplexer)임

17 ③

널(Null) 모뎀 : 모뎀 없이 정보를 교환할 수 있는 전송 케이블을 의미

오답 피하기

- 멀티 포트(Multi-Port) 모뎀 : 고속 동기식 모뎀과 시분할 다중화 장비가 혼합된 형태의 모뎀
- 멀티 포인트(Multi-Point) 모뎀 : 고속 폴링을 적용한 모뎀
- 코덱(CODEC) : 디지털 정보를 아날로그로, 아날로그 정보를 디지털 정보로 변환하는 작업을 수행하는 장비

18 ④

CDMA(Code Division Multiple Access) : 코드 분할 다중 접속으로 데이터 신호를 분리시켜 하나의 연결선을 통해 여러 신호를 전송하는 방식

19 ①

무선 주파수 접속 방식

- 주파수 분할 다중화 접속 방식(FDMA)
- 시분할 다중화 접속 방식(TDMA)
- 코드 분할 다중화 접속 방식(CDMA)

20 ③

MUX(Multiplexer) : 하나의 통신 회선으로 다수의 단말 장치가 동시에 테이터를 전송할 수 있음

오답 피하기

- FEC(Forward Error Correction) : 전진 에러 수정(해밍 코드)
- CRC(Cyclic Redundancy Code) : 순환 중복 검사(HDLC에 사용)

21 ④

입출력 제어부 : 입출력 장치의 직접적인 제어를 수행하는 장치

오답 피하기

- 회선 접속부 : 단말기와 통신 회선을 물리적으로 연결
- 회선 제어부 : 회선 접속부로부터 들어온 데이터의 조립, 분해, 버퍼링, 오류 제어 등 전송 제어를 수행

22 ②

RS-232C의 핀 번호별 기능

- 2번 : 송신 데이터
- 3번 : 수신 데이터
- 4번 : 송신 요구
- 5번 : 송신 준비 완료

23 ②

멀티 포트(Multi-Port) 모뎀 : 고속 동기식 모뎀과 시분할 다중화 장비가 혼합된 모뎀

오답 피하기

- 멀티 포인트(Multi-Point) 모뎀 : 고속 폴링을 적용한 모델
- 널(Null) 모뎀 : 모뎀 없이 정보를 교환할 수 있는 전송 케이블
- 다이얼-업(Dial-Up) 모뎀 : 전화선에 연결된 모뎀

24 ③

주파수 분할 다중화기(FDM; Frequency Division Multiplexer) : 다중화기 중의 하나로 높은 주파수를 이용하여 변조하여 전송하며 1,200bps 이하의 저속 아날로그 전송 및 비동기 전송에 이용

25 ②

콘덴서(Condenser) : 클릭음의 차단, 다이얼 수화 회로 단락, 충전과 방전 작용을 하는 장치

오답 피하기

- 송화기(Transmitter) : 진동판, 타소 가루를 이용해 인간의 음성을 전기 신호로 변환하는 장치
- 다이얼(Dial) : 회전 다이얼 방식과 현재 전자 교환기에서 사용하는 푸시 버튼 방식이 있음
- 바리스터(Varistor) : 불필요한 충격음을 방지하는 장치

통신 프로토콜

학습 방향

HDLC, OSI 7계층, 데이터링크 계층, 네트워크 계층 등이 출제되었습니다. 프로토콜의 개념 및 기본 요소, 종류에 대한 숙지와 OSI 참조 모델에 대한 학습이 요구됩니다.

출제빈도

SECTION 01	중	33%
SECTION 02	상	67%

SECTION

01

프로토콜의 개요

출제빈도 상 (중) 하

반복학습 1 2 3

빈출 태그 프로토콜의 기본 요소 • BSC • HDLC • 국제 표준화 기구(ISO) • 국제 전기 통신 연합(ITU-T) • 미국 규격 협회(ANSI)

★ Protocol
규칙과 약속, 규약, 의정서

01 프로토콜(Protocol)★의 정의 06년 1월

정보 통신망의 원거리에 위치해 있는 통신 개체 사이에서 정확한 데이터의 송수신을 위해 필요한 일련의 절차나 규범의 집합

① 프로토콜의 기본 요소 21년 1회, 20년 2회, 19년 상시, 16년 상시, 10년 10월

- 구문(Syntax) : 데이터의 형식, 부호화, 신호 레벨 등
- 의미(Semantics) : 개체와 개체 간의 조정, 에러를 관리하기 위한 제어 정보
- 순서(Timing) : 메시지의 순서 제어, 통신 속도 제어

기적의 TIP

프로토콜의 기본 요소와 기능에 대해 숙지해 두시고 종류와 특징에 대해 암기해 두셔야 합니다.

② 프로토콜의 기능 16년 상시

단편화(Fragmentation)	송신측의 전송이 용이하도록 전송 블록을 같은 크기로 나누어 전송하는 것
재합성(Assembly)	수신측에서 전송된 데이터를 재구성하는 것(메시지로 복원시키는 기능)
캡슐화(Encapsulation)	데이터에 주소, 프로토콜 제어, 에러 검출 코드 등과 같은 정보를 추가하는 것으로, 각 프로토콜에 적합한 데이터 블록이 되도록 하는 것
흐름 제어(Flow Control)	수신측의 처리 능력에 맞게 데이터의 양이나 통신 속도 등을 조정하는 것
에러 제어(Error Control)	데이터의 전송 중 발생 가능한 오류나 착오 등의 에러를 검출하고 정정
연결 제어(Connection Control)	비연결 데이터 전송 및 통신로의 연결을 제어하는 것으로, 가상 회선을 위한 통신로의 개설, 유지, 종결 등의 기능을 수행
순서 제어(Sequencing Control)	데이터 전송 시 단위 순서대로 수신측에 전달될 수 있도록 순서를 제어하는 기능
주소 결정(Addressing)	발생 및 목적지 등의 주소를 명시하여 데이터가 정확하게 전달되도록 하는 기능
동기화(Synchronization)	개체와 개체 간의 통신 상태(시작, 종류, 검사 등)를 일치시키는 기능
다중화(Multiplexing)	한 통신로를 여러 개로 나누거나 여러 개의 회선을 하나의 통신로로 변환시켜 줌으로써 여러 가입자들이 동시에 사용 가능함

③ 프로토콜의 전송 방식

비트(Bit) 방식	• 전송할 데이터의 시작과 끝에 특수 플래그(8비트)를 포함시키는 전송 방식 • 대표적 프로토콜 : SDLC, HDLC 프로토콜
바이트(Byte) 방식	• 전송할 데이터의 헤더(Header)에 데이터의 제어 정보(문자 개수, 메시지 수신 상태)를 포함시키는 전송 방식 • 대표적 프로토콜 : DDCM 프로토콜
문자(Character) 방식	• 전송할 데이터의 시작과 끝에 동기 목적을 위한 특수 문자(SOH, STX, EXT, EOT 등)를 포함시키는 전송 방식 • 대표적 프로토콜 : BSC 프로토콜

④ **프로토콜의 종류** 24년 1회, 19년 상시, 05년 4월

- BSC(Binary Synchronous Communication) 프로토콜
  - 문자(Character) 방식의 프로토콜
  - 반이중(Half Duplex) 통신 방식만 지원
  - 포인트 투 포인트(Point-to-Point), 멀티 포인트(Multi-Point) 접속 방식 지원
  - 직렬 전송과 병렬 전송 지원
  - Stop-and-Wait(정지 대기) ARQ 방식 사용
- DDCM(Digital Data Communication Message) 프로토콜
  - 바이트(Byte) 방식의 프로토콜
  - 반이중(Half Duplex)과 전이중(Full Duplex) 통신 방식 지원
  - 포인트 투 포인트(Point-to- Point), 멀티 포인트(Multi-Point) 접속 방식 지원
  - 직렬 전송과 병렬 전송 지원
  - 동기 및 비동기 전송 지원
- SDLC(Synchronous Data Link Control) 프로토콜
  - 비트(Bit) 방식의 프로토콜
  - 단방향(Simplex), 반이중(Half Duplex), 전이중(Full Duplex) 통신 방식 지원
  - 포인트 투 포인트(Point-to-Point), 멀티 포인트(Multi-Point) 접속 방식 지원
  - 전용 회선 형식과 교환 회선 형식 지원
  - 에러 제어 방식으로 Go-Back-N ARQ 이용
- HDLC(High-level Data Link Control) 프로토콜 23년 3회, 21년 1회, 04년 7월
  - 비트(Bit) 방식의 프로토콜
  - OSI 7계층 중 데이터 링크 계층에서 사용되는 전송 프로토콜
  - 단방향(Simplex), 반이중(Half Duplex), 전이중(Full Duplex) 통신 방식 지원
  - 포인트 투 포인트(Point-to-Point), 멀티 포인트(Multi-Point), 루프(Loop) 방식 지원
  - 고속 전송이 가능하며, 전송 효율이 높음
  - 에러 제어 방식으로 Go-Back-N ARQ 이용
- IP 주소 체계

  인터넷 통신에 사용하는 컴퓨터(Host)에 부여하는 고유한 주소로 모두 4바이트로 구성되어 있다. IP 어드레스는 규모에 따라 다섯 개(A, B, C, D, E)의 클래스로 구분하고 사용자는 A, B, C, 클래스를 사용하며 D는 멀티캐스트 통신용, E는 실험용으로 사용한다.

클래스 A	0	Net add(7)	Host add(24)
클래스 B	10	Net add(14)	Host add(16)
클래스 C	110	Net add(21)	Host add(8)
클래스 D	1110	Multicast add	
클래스 E	1111	Test add	

HDLC Frame(프레임)의 구성
- 시작 플래그(Flag)
- 주소부(Address)
- 제어부(Control)
- 정보부(Information)
- FCS(Frame Check Sequence)
- 종료 플래그(Flag)

개념 체크

1 프로토콜의 기본 요소를 3가지를 작성하시오.

2 (　　　)은 OSI 7계층 중 데이터 링크 계층에서 사용되는 전송 프로토콜로 링크를 설정하고 해제하며, 노드 간의 신뢰성 있는 데이터 전송을 위해 오류 제어, 흐름 제어 등의 기능을 수행하는 프로토콜이다.

1 구문, 의미, 순서 2 HDLC

02 표준안 제정 기구

① 국제 표준화 기구(ISO; International Organization for Standardization)
- 1946년에 설립된 국제적인 표준 기관
- 통신 시스템 관련 각국의 표준화 사업 추진
- OSI 7계층 모델 설계

② 국제 전기 통신 연합(ITU-T)
- International Telecommunication Union-Telecommunication Standardization Sector
- CCITT★(국제 전신 전화 자문 위원회)가 1993년 7월 1일부로 개칭한 기관
- 전화 전송, 전화 교환, 신호 방법 등의 권고안 제정
- V 시리즈, X 시리즈 표준 규정

★ CCITT
Consultative Committee forInternational Telegraphy & Telephone

ITU-T
- V 시리즈 : 아날로그 통신에서 사용되는 인터페이스를 위한 권고안
- X 시리즈 : 디지털 통신에서 사용되는 인터페이스를 위한 권고안

③ 미국 규격 협회(ANSI; American National Standard Institute)
- 1969년에 설립된 미국의 표준안 제정 기관
- ASCII 제정

④ 미국 전자 공업 협회(EIA; Electronic Industry Association)
- 1924년에 설립, 신호 품질, 디지털 인터페이스, 통신망 인터페이스 등 주로 하드웨어에 관한 규격을 개발
- 대표적으로 RS-232C 인터페이스 규격, RS-449 인터페이스 규격을 개발

⑤ 미국 전기 전자 공학회(IEEE; Institute of Electrical and Electronics Engineers)
- 1884년에 대학과 기업이 함께 공조 발족
- 데이터 통신 부분 LAN 표준 규정

이론을 확인하는 기출문제

01 데이터 링크 계층의 프로토콜 중 ISO에 의해 정해진 비트 방식의 프로토콜에 해당하는 것은?

① ADCCP ② SDLC
③ DDCMP ④ HDLC

HDLC 프로토콜 : OSI 7계층 중 데이터 링크 계층에서 사용되는 전송 프로토콜로, 링크를 설정하고 해제하며, 노드 간의 신뢰성 있는 데이터 전송을 위해 오류 제어, 흐름 제어 등의 기능을 수행

02 HDLC(High-level Data Link Control) 프레임을 구성하는 순서로 바르게 열거한 것은?

① 플래그, 주소부, 정보부, 제어부, 검색부, 플래그
② 플래그, 주소부, 제어부, 정보부, 검색부, 플래그
③ 플래그, 검색부, 주소부, 정보부, 제어부, 플래그
④ 플래그, 제어부, 주소부, 정보부, 검색부, 플래그

HDLC Frame(프레임)의 구성 : 시작 플래그(Flag), 주소부(Address), 제어부(Control), 정보부(Information), FCS, 종료 플래그(Flag)

정답 01 ④ 02 ②

SECTION 02

OSI 참조 모델

합격 강의

출제빈도 (상) 중 하
반복학습 1 2 3

빈출 태그 OSI 참조 모델의 기본 요소 • OSI 참조 모델 7계층 • 물리 계층 • 데이터 링크 계층 • 네트워크 계층 • 응용 계층

01 정의

- Open System Interconnection의 약자로, 개방형 시스템 간의 상호 접속을 위한 참조 모델
- 1977년 국제 표준화 기구(ISO; International Organization for Standardization)에서 제정
- 서로 다른 컴퓨터나 정보 통신 시스템들 간에 원활하게 정보를 교환하고 서로 연결하기 위한 표준화된 절차
- 통신 종단에서 이루어지는 기능을 7개의 계층으로 분류하고 각 계층의 기능에 적합한 표준화된 서비스와 프로토콜을 규정

암기 TIP

OSI를 거꾸로 읽으면 ISO
OSI는 ISO에서 제정했음

02 OSI 참조 모델의 목적

- 시스템 간 통신을 위한 표준 제공
- 시스템 간 통신을 방해하는 기술적인 문제 제거
- 시스템 간 정보 교환을 위한 상호 접속점 정의
- 관련 규격의 적합성을 조성하기 위한 공통적인 기반 구성

03 OSI 참조 모델의 기본 요소

요소	설명
개방형 시스템(Open System)	응용 프로세스 간(통신 제어 장치, 단말 제어 장치 등) 원활한 통신을 가능하게 함
응용 개체(Application Entity)	응용 프로그램 같이 실제 정보 처리 및 교환을 수행하는 과정을 개방형 시스템상의 요소로 모델화시킨 것
접속(Connection)	응용 개체 간에 연결되는 논리적인 통신 회선을 의미
물리 매체(Physical Media)	시스템 간에 정보 교환이 원활하게 이루어지도록 해 주는 전기적인 통신 매체

기적의 TIP

OSI 참조 모델의 기본 요소와 7계층에 대한 암기가 필수입니다.

04 OSI 참조 모델 7계층 22년 4회, 21년 1회, 20년 2회/3회, 19년 상시, 18년 상시, …

응용 계층(Application Layer)
표현 계층(Presentation Layer)
세션 계층(Session Layer)
전송 계층(Transport Layer)
네트워크 계층(Network Layer)
데이터 링크 계층(Data Link Layer)
물리 계층(Physical Layer)

암기 TIP

물데네전세표응
물리 – 데이터 링크 – 네트워크 – 전송 – 세션 – 표현 – 응용

하위층	1계층	물리 계층	매체 접근에 따른 기계적, 전기적, 물리적 절차를 규정
	2계층	데이터 링크 계층	인접 개방형 시스템 간의 정보 전송 및 오류 제어
	3계층	네트워크 계층	정보 교환 , 중계 기능, 경로 선정, 유통 제어 등
	4계층	전송 계층	송수신 시스템 간의 논리적 안정 및 균등한 서비스 제공
상위층	5계층	세션 계층	응용 프로세스 간의 연결 접속 및 동기 제어 기능
	6계층	표현 계층	정보의 형식 설정 및 부호 교환, 암호화, 해독, 압축 등
	7계층	응용 계층	응용 프로세스 간의 정보 교환 및 전자 사서함, 파일 전송 등

암기 TIP

세 표만 응해주면 상위권인데~
세션, 표현, 응용 계층은 상위층

더 알기 TIP

상위층의 구분

전송 계층을 상위층으로 포함하여 구분하는 견해도 있음

① 물리 계층(Physical Layer) : 제1계층 09년 1월
- 시스템 간의 물리적인 접속을 제어
- ITU-T의 V.24, EIA의 RS-232C 프로토콜을 사용
- 전송 방식, 데이터 부호화 방식, 케이블의 형태, 데이터 충돌 감지 방식, 신호 형식, 변조 방식 등을 정의
- 기능적, 기계적, 전기적, 절차적인 특성으로 정의됨

리피터(Repeater)
장거리 전송을 위해 신호를 새로 재생시키거나 출력 전압을 높여주는 물리적 계층의 기능을 수행

② 데이터 링크 계층(Data Link Layer) : 제2계층 07년 9월
- 이웃한 통신 기기 사이의 연결 및 데이터 전송 기능과 관리를 규정
- 동기화, 오류 제어, 흐름 제어 등의 기능을 사용
- 데이터 블록을 인접 노드 간에 오류 없이 전송
- 정보의 프레임화 및 순서 제어, 전송 확인, 오류 검출 및 복구, 흐름 제어, 데이터 링크의 접속과 단절 등
- HDLC 프로토콜

③ 네트워크 계층(Network Layer) : 제3계층 08년 7월
- 응용 프로세스가 존재하는 시스템 간 데이터의 교환 기능
- 복수 망인 경우 중계 시스템에 대한 경로 선택 및 중계 기능을 제공
- 패킷 관리와 경로 배정(Routing)
- 데이터그램 또는 가상 회선 개설
- 네트워크 계층의 대표적 프로토콜 : ITU-T의 X.25
- 네트워크 계층 : IP

④ 전송 계층(Transport Layer) : 제4계층
- 종단 간 투명하고 신뢰성 있는 데이터의 전송을 제공
- 상하위 계층 간의 중간 인터페이스 역할 제공
- 데이터 전송에 대한 오류 검출, 오류 복구, 흐름 제어
- 전송 계층 : TCP

⑤ 세션 계층(Session Layer) : 제5계층
- 사용자와 전송 계층 간의 인터페이스를 위한 연결
- 세션 접속 설정, 데이터 전송, 세션 접속 해제 등의 기능을 수행
- 반이중과 전이중 통신 모드의 설정을 결정

⑥ 표현 계층(Presentation Layer) : 제6계층 10년 1월
- 네트워크 내에서 응용 프로그램의 구문(Syntax)을 표준 형식으로 재구성
- 데이터의 재구성, 코드 변환, 구문 검색 등
- 보안을 위한 암호화 및 해독, 압축 수행

⑦ 응용 계층(Application Layer) : 제7계층 20년 3회, 17년 상시, 12년 상시, 10년 10월, 05년 10월, …
- OSI 참조 모델의 최상위 레벨로, 특정한 서비스(HTTP, FTP, 데이터베이스, 전자 사서함 등)를 제공
- 응용 프로그램과의 인터페이스 기능(파일 처리, 파일 전송) 및 통신을 수행

정보의 캡슐화(Encapsulation)
전송할 데이터에 제어 정보를 추가하는 것으로 앞뒤에 헤더(Header)와 트레일러(Trailer)를 데이터에 붙여서 전송함

개념 체크

1 OSI 7계층 참조 모델 중 논리적 링크라고 불리는 가상 회로와 관련 있는 계층은?

2 OSI 참조 모델의 최상위 레벨로 응용 프로세스 간의 정보 교환 및 전자 사서함, 파일 전송 등과 관련 있는 계층은?

1 네트워크 계층 2 응용 계층

이론을 확인하는 기출문제

01 FTP(File Transfer Protocol)는 OSI 7계층 중 어느 계층에 속하는가?

① 데이터 링크 계층
② 네트워크 계층
③ 세션 계층
④ 응용 계층

응용 계층(Application Layer) : 사용자 인터페이스를 제공하며 전자 우편(SMTP), 원격 파일 접근과 전송(FTP), 공유 데이터베이스 관리 및 여러 종류의 응용 프로그램 서비스를 제공하는 계층

02 OSI 7계층 참조 모델에서 인접 개방형 시스템 간의 데이터 전송, 에러 검출, 오류 회복 등을 취급하는 계층은?

① 물리적 계층 ② 데이터 링크 계층
③ 응용 계층 ④ 세션 계층

데이터 링크 계층(Data Link Layer) : 제2계층
- 이웃한 통신 기기 사이의 연결 및 데이터 전송 기능과 관리를 규정
- 동기화, 오류 제어, 흐름 제어 등의 기능을 사용
- 데이터 블록을 인접 노드 간에 오류 없이 전송
- 정보의 프레임화 및 순서 제어, 전송 확인, 오류 검출 및 복구, 흐름 제어, 데이터 링크의 접속과 단절 등

03 OSI 7계층 참조 모델에서 하위 계층에 속하지 않는 것은?

① 물리 계층 ② 데이터 링크 계층
③ 네트워크 계층 ④ 트랜스포트 계층

구분	계층	내용
하위층	1계층	물리 계층 : 매체 접근에 따른 기계적, 전기적, 물리적 절차를 규정
	2계층	데이터 링크 계층 : 인접 개방형 시스템 간의 정보 전송 및 오류 제어
	3계층	네트워크 계층 : 정보 교환, 중계 기능, 경로 선정, 유통 제어 등
	4계층	전송 계층 : 송수신 시스템 간의 논리적 안정 및 균등한 서비스 제공
상위층	5계층	세션 계층 : 응용 프로세스 간의 연결 접속 및 동기 제어 기능
	6계층	표현 계층 : 정보의 형식 설정 및 부호 교환, 암호화, 해독, 압축 등
	7계층	응용 계층 : 응용 프로세스 간의 정보 교환 및 전자 사서함, 파일 전송 등

※ 전송 계층을 상위층으로 포함하여 구분하는 경우도 있음

04 OSI 7계층 참조모델에서 코드 변환, 암호화, 해독 등을 주로 담당하는 계층은?

① 응용 계층
② 표현 계층
③ 세션 계층
④ 트랜스포트 계층

표현 계층 : 정보의 형식 설정 및 부호 교환, 암호화, 해독, 압축 등

오답 피하기
- 응용 계층 : 응용 프로세스 간의 정보 교환 및 전자 사서함, 파일 전송 등
- 세션 계층 : 응용 프로세스 간의 연결 접속 및 동기 제어 기능
- 전송 계층 : 송수신 시스템 간의 논리적 안정 및 균등한 서비스 제공

05 송신측에서 정보의 정확한 전송을 위해서 전송할 데이터의 앞부분과 뒷부분에 헤더(Header)와 트레일러(Trailer)를 첨가하는 과정은?

① 정보의 캡슐화
② 연결 제어
③ 정보의 분할
④ 정보의 분석

정보의 캡슐화(Encapsulation) : 전송할 데이터 앞뒤에 헤더(Header)와 트레일러(Trailer) 같은 제어 정보를 추가하여 전송하는 것

06 다음 중 디지털 신호의 장거리 전송을 위해 전송 신호를 새로 재생시키거나 전압을 높여 주는 물리적 계층의 기능만을 수행하는 것은?

① 게이트웨이
② 라우터
③ 리피터
④ 브리지

리피터(Repeater) : 장거리 전송을 위해 신호를 새로 재생시키거나 출력 전압을 높여 주는 물리적 계층의 기능을 수행

정답 01 ④ 02 ② 03 ④ 04 ② 05 ① 06 ③

합격을 다지는 예상문제

01 비트 위주의 프로토콜인 HDLC(High-level Data Link Control)의 특징이 아닌 것은?

① 점 대 점 및 멀티 포인트에서 사용
② 반이중과 전이중 통신 모두 지원
③ 동기식 전송 방식 사용
④ 사용하는 문자 코드에 의존성

02 ISO의 OSI 참조 모델의 최상위 계층은?

① 네트워크 계층
② 응용 계층
③ 물리 계층
④ 전송 계층

03 프로토콜의 기본적인 요소로서 신호 레벨, 부호화 등을 포함하는 것은?

① 처리
② 구문
③ 타이밍
④ 의미

04 OSI 참조 모델에 대한 설명으로 옳지 않은 것은?

① 개방형 시스템 간의 상호 연결의 준말로, ISO가 작성한 데이터 통신 및 컴퓨터 네트워크용 프로토콜의 표준 모형이다.
② 7개의 계층으로 구성되어 있다.
③ 기본 요소에는 개방형 시스템, 응용 프로세스, 접속, 물리 매체로 구성된다.
④ OSI 참조 모델은 개별적이며, 부분적인 프로토콜이다.

05 대표적인 문자 위주 프로토콜로 BSC(Binary Synchonous Control)가 있다. 이의 특징으로 적합하지 않은 것은?

① 전이중 전송만 지원한다.
② 에러 제어와 흐름 제어를 위해서 정지-대기 ARQ 방식을 사용한다.
③ 점 대 점(Point-to-Point) 링크 뿐만 아니라 멀티 포인트(Multi-Point) 링크에서도 사용될 수 있다.
④ 주로 동기 전송을 사용하나 비동기 전송 방식을 사용하기도 한다.

06 OSI 참조 모델 중 네트워크 계층에 대한 설명으로 옳은 것은 어느 것인가?

① 코드 변환과 구문 검색
② 데이터베이스, 전자 사서함
③ 경로 배정(Routing)
④ 에러 검출 및 흐름 제어

07 네트워크 시스템 종단 간(End-to-End)의 데이터를 일관성있게 전송해 주는 OSI 계층은?

① 응용 계층 ② 네트워크 계층
③ 트랜스포트 계층 ④ 물리 계층

08 다음 중 문자 방식의 프로토콜인 것은?

① SDLC ② ADCCP
③ HDLC ④ BSC

09 OSI 7계층 모델에서 통신 기능의 기본 개념과 관계되는 계층은?

① 응용 계층, 표현 계층, 세션 계층
② 트랜스포트 계층, 네트워크 계층, 프레젠테이션 계층
③ 세션 계층, 물리 계층, 전송 계층
④ 물리 계층, 데이터 링크 계층, 네트워크 계층

10 각 프로토콜에 적합한 데이터 블록이 되도록 데이터에 제어 정보를 추가하는 프로토콜의 기능은?

① 단편화(Fragmentation)
② 캡슐화(Encapsulation)
③ 흐름 제어(Flow Control)
④ 순서 제어(Sequencing Control)

11 OSI 7계층 중 표현 계층의 기능과 거리가 먼 것은?

① Data 표현 형식의 제어
② Data의 암호화
③ Data의 전송 제어
④ Text의 압축 수행

12 ISO(국제 표준 기구)의 OSI 7계층에서 Network Layer는 어느 계층에 해당되는가?

① 제1계층　　② 제2계층
③ 제3계층　　④ 제4계층

13 ISO의 OSI 7계층 참조 모델의 계층 레벨에 속하지 않는 것은?

① 전기 계층
② 물리 계층
③ 데이터 링크 계층
④ 응용 계층

14 프로토콜의 계층 구성은 네트워크 구조에 따라 어떻게 구분하는가?

① 구문 계층과 의미 계층
② 비트 계층과 블록 계층
③ 하위 계층과 상위 계층
④ 직접 계층과 간접 계층

15 개방형 시스템(OSI) 7계층 모형에서 네트워크 구조에 대한 기능 계층 순서가 맞는 것은?

① 물리 계층 – 데이터 링크 계층 – 네트워크 계층 – 트랜스포트 계층 – 프레젠테이션 계층 – 세션 계층 – 응용 계층
② 물리 계층 – 네트워크 계층 – 데이터 링크 계층 – 트랜스포트 계층 – 세션 계층 – 프레젠테이션 계층 – 응용 계층
③ 물리 계층 – 네트워크 계층 – 트랜스포트 계층 – 데이터 링크 계층 – 세션 계층 – 프레젠테이션 계층 – 응용 계층
④ 물리 계층 – 데이터 링크 계층 – 네트워크 계층 – 트랜스포트 계층 – 세션 계층 – 프레젠테이션 계층 – 응용 계층

16 HDLC 프로토콜이 이용하는 방식으로, 전송할 데이터의 시작과 끝에 특수 플래그를 포함시켜 전송하는 방식은?

① 비트 방식
② 바이트 방식
③ 문자 방식
④ 혼합 방식

17 데이터 링크 계층에서 가장 효율이 좋은 프로토콜은?

① BSC　　② HDLC
③ CRC　　④ TCM

합격을 다지는 예상문제 정답 & 해설

CHAPTER 05

01 ④	02 ②	03 ②	04 ④	05 ①
06 ③	07 ③	08 ④	09 ④	10 ②
11 ③	12 ③	13 ①	14 ③	15 ④
16 ①	17 ②			

01 ④

HDLC는 제어 정보를 각 비트 위치에서 유도하므로 문자 코드와는 상관없음

오답 피하기

HDLC
- 비트 방식 프로토콜로 전송 효율이 가장 좋음
- 포인트 투 포인트, 멀티 포인트, 루프 방식이 모두 지원되며 고속 전송
- Go-Back-N ARQ 사용

02 ②

응용 계층(Application Layer) : 응용 프로그램과의 인터페이스 기능 및 통신을 수행하는 계층으로, OSI 참조 모델의 최상위 계층

오답 피하기

OSI 7계층 참조 모델 : 물리 계층 – 데이터 링크 계층 – 네트워크 계층 – 전송 계층 – 세션 계층 – 표현 계층 – 응용 계층

03 ②

구문(Syntax) : 데이터 형식(Format), 신호 레벨(Signal Level), 부호화(Coding) 등을 포함

오답 피하기

- 의미(Semantics) : 개체(Entity) 간의 협조 사항과 에러 관리를 위한 제어 정보를 포함, 전송 제어 및 오류 복구에 대한 정보 규정
- 순서(Timing) : 통신 속도 조정 및 메시지 순서 제어 등을 포함

04 ④

OSI 참조 모델은 개별적이며 부분적인 프로토콜이 아니라, 포괄적이며 확장이 가능하도록 개방성을 갖고 있음

오답 피하기

OSI(Open System Interconnection) 참조 모델 : 1977년 ISO(국제 표준화 기구)에서 개방형 시스템 간의 상호 접속과 원활한 정보 전송을 위해 제정한 표준안

05 ①

BSC(Binary Synchronous Communication) 프로토콜
- 문자 방식 프로토콜
- 반이중 통신 방식만 지원
- 정지-대기 ARQ 사용

06 ③

네트워크 계층(Network Layer) : 송신측 노드로부터 여러 네트워크 경로를 거쳐 수신측 노드까지 안전하게 전송하는 라우팅(Routing) 기능을 수행

오답 피하기

- 표현 계층(Presentation Layer) : 코드 변환과 구문 검색
- 응용 계층(Application Layer) : 데이터베이스, 전자 사서함
- 데이터 링크 계층(Data Link Layer) : 에러 검출 및 흐름 제어

07 ③

트랜스포트 계층 : 다른 네트워크들의 종점 간(End-to-End)에 신뢰성있고 투명한 데이터 전송을 기본적으로 제공하고, 오류의 복원과 흐름 제어를 담당

오답 피하기

- 응용 계층 : 응용 프로그램이 사용하는 서비스로, 각종 파일 처리 서비스나 파일 전송 서비스
- 네트워크 계층 : 송신측 노드로부터 여러 네트워크 경로를 거쳐 수신측 노드까지 안전하게 전송하는 라우팅(Routing) 기능을 수행
- 물리 계층 : 최하위 계층으로, 실제 회선의 연결을 확립, 유지, 단절하기 위한 기계적, 전기적, 기능적, 절차적 특성을 정의

08 ④

문자 방식 프로토콜 : BSC(Binary Synchronous Communication)

오답 피하기

비트 방식 프로토콜 : SDLC, HDLC

09 ④

통신 기능의 기본 개념과 관계되는 계층은 OSI 참조 모델의 하위 계층

오답 피하기

하위 계층 : 물리 계층, 데이터 링크 계층, 네트워크 계층, (트랜스포트(전송) 계층)

10 ②

캡슐화(Encapsulation) : 데이터에 제어 정보(주소, 오류 검출 코드, 프로토콜 제어)를 추가하는 프로토콜의 기능

오답 피하기

- 단편화 : 송신측의 전송이 용이하도록 전송 블록을 같은 크기의 작은 블록(PDU; Protocol Data Unit)으로 나누어 전송
- 흐름 제어 : 데이터의 양이나 통신 속도를 조절
- 순서 제어 : 데이터가 순서대로 전달될 수 있도록 하는 기능

11 ③

Data의 전송 제어는 전송 계층에서 이루어짐

12 ③

OSI 7레벨의 계층과 역할

1계층	물리 계층	매체 접근에 따른 기계적, 전기적, 물리적 절차를 규정
2계층	데이터 링크 계층	인접 개방형 시스템 간의 정보 전송 및 오류 제어
3계층	네트워크 계층	정보 교환 , 중계 기능, 경로 선정, 유통 제어 등
4계층	전송 계층	송수신 시스템 간의 논리적 안정 및 균등한 서비스 제공
5계층	세션 계층	응용 프로세스 간의 연결 접속 및 동기 제어 기능
6계층	표현 계층	정보의 형식 설정 및 부호 교환, 암호화, 해독, 압축 등
7계층	응용 계층	응용 프로세스 간의 정보 교환 및 전자 사서함, 파일 전송 등

13 ①

OSI 7계층 참조 모델 계층 : 물리 계층, 데이터 링크 계층, 네트워크 계층, 전송 계층, 세션 계층, 표현 계층, 응용 계층

14 ③

네트워크 구조에 따른 프로토콜의 계층 구성

- 하위 계층 : 통신 회선의 물리적인 인터페이스를 담당
- 상위 계층 : 정보 전송에 관련된 동기를 취하고 코드 변환, 프로그램 처리 등을 담당

오답 피하기

- 프로토콜(Protocol) : 정보 통신을 위한 약속, 규칙 등을 의미
- 네트워크 구조 : 통신망을 구성하는 장치나 기술들을 표준화한 논리적인 구조와 프로토콜의 구조를 체계화한 것

15 ④

OSI 7계층 참조 모델 계층 : 물리 계층 – 데이터 링크 계층 – 네트워크 계층 – 전송 계층 – 세션 계층 – 표현 계층 – 응용 계층

16 ①

비트 방식 : 전송할 데이터의 시작과 끝에 특수 플래그를 포함시켜 전송하는 방식으로, HDLC 프로토콜이 대표적임

오답 피하기

- 바이트 방식 : 전송할 데이터의 헤더에 제어 정보를 포함시키는 전송 방식
- 문자 방식 : 전송할 데이터의 시작과 끝에 동기 목적을 위한 특수 문자(SOH, STX, EXT, EOT 등)를 포함시키는 전송 방식

17 ②

HDLC : 비트 방식의 프로토콜로, 프레임 단위의 연속적인 전송이 가능하며 데이터 링크 계층에서 전송 효율이 가장 좋음

정보 통신망

학습 방향

망형 통신 회선 수, 망형, 패킷 교환 방식, LAN, LAN 구성 요소 등이 출제되었습니다.
정보 통신망의 기본적인 종류와 기능들에 대해 익혀두어야 합니다.

출제빈도

섹션	빈도	비율
SECTION 01	중	32%
SECTION 02	상	42%
SECTION 03	중	26%

SECTION 01

정보 통신망의 기본 구성

출제빈도 상 중 하
반복학습 1 2 3

빈출 태그 스타형 • 망형 • 통신 회선의 링크 수

기적의 TIP

정보 통신망의 구성 형태를 이해하시고 그에 따른 특징에 대해 숙지하셔야 합니다. 특히 망형의 경우 통신 회선의 링크 수를 구하는 문제가 자주 출제되고 있습니다.

정보 통신망의 구성 요소

- 노드(Node) : 호스트 컴퓨터, 전처리 장치, 단말 제어기와 단말기, 원격 처리 장치 등의 정보 처리와 통신 처리를 모델화한 것
- 링크(Link) : 통신 회선 및 채널 등 정보를 운반해 주는 매체를 모델화한 것
- 사용자 프로세서 : 오퍼레이터 및 호스트 컴퓨터의 응용 프로그램 등 정보 처리 또는 통신을 행하는 당사자를 모델화한 것

01 정보 통신망의 구성 형태와 특징 24년 1회, 21년 1회/3회, 20년 2회/3회, 19년 상시, 16년 상시, …

① 스타(Star)형(= 성형)

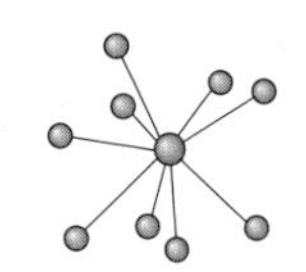

- 중앙의 컴퓨터와 단말기들이 1:1로 연결되어 있는 형태로, 네트워크 구성의 가장 기본적인 형태
- 모든 통신 제어는 중앙의 컴퓨터에 의해 행해지는 중앙 집중 방식
- 일반적인 온라인 시스템의 전형적인 방식으로, 회선 교환 방식에 적합하며 구내 전자 교환기에 주로 사용
- 장점 : 중앙의 컴퓨터에서 모든 단말기들의 제어가 가능
- 단점 : 중앙 컴퓨터의 고장 시 전체 시스템의 기능이 마비

② 트리(Tree)형

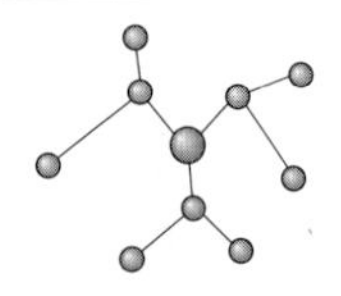

- 중앙의 컴퓨터와 일정 지역의 단말기까지는 하나의 통신 회선으로 연결되고, 이웃 단말기는 이 단말기로부터 근처의 다른 단말기로 회선이 연장되는 형태
- 제어가 간단하며 관리가 쉬움
- 분산 처리 시스템이 가능하고 통신 선로가 가장 짧음
- 단방향 전송에 적합하고 CATV 망 등에 많이 이용

③ 링(Ring)형(= 루프(Loop)형)

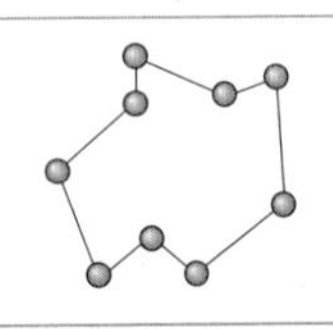

- 컴퓨터와 단말기들이 서로 이웃하는 것끼리만 연결된 형태
- LAN에서 가장 많이 사용
- 양방향 데이터 전송 가능
- 통신 회선 장애 발생 시 융통성이 있음

④ 버스(Bus)형

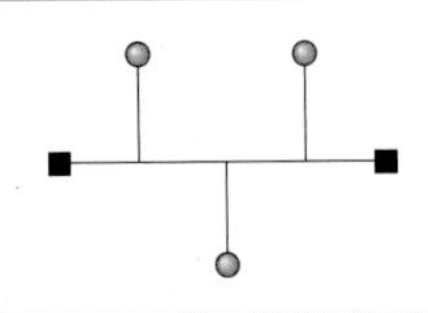

- 한 통신 회선에 여러 대의 단말기가 접속되는 형태
- 구조가 간단하며, 단말기의 추가 및 제거가 쉬움
- 데이터 전송 방식은 폴링과 셀렉션에 의해 이루어짐
- 노드의 독립성 보장(한 노드의 고장은 다른 노드에 영향을 주지 않음)
- 버스상의 모든 단말 데이터의 수신 가능(방송 모드)

⑤ 망(Mesh)형 10년 1월/3월, 09년 1월/9월, 08년 2월/3월/7월, 07년 9월, 06년 1월, …

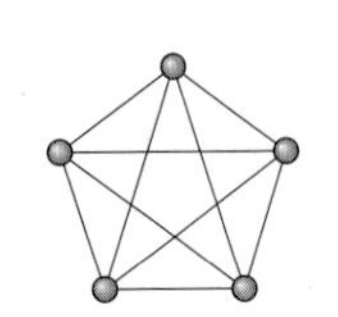

- 모든 단말기와 단말기들을 통신 회선으로 연결시킨 형태
- 보통 공중 전화망(PSTN)과 공중 데이터 통신망(PSDN)에 사용
- 통신 회선의 전체 길이가 가장 길어짐
- 신뢰도가 높음(통신 회선 장애 발생시 타 경로를 이용, 데이터 전송을 수행)
- 분산 처리 시스템이 가능하고, 광역 통신망(WAN)에 적합
- 통신 회선의 링크 수 : $\frac{n(n-1)}{2}$

02 전송 매체에 의한 분류

- 트위스티드 페어 와이어(Twisted-Pair Wire) LAN : 저가격의 전송 매체로, 낮은 속도를 제공
- 베이스밴드 동축 케이블(Baseband Coaxial Cable) LAN : 디지털 신호를 변조 없이 전송
- 브로드밴드 동축 케이블(Broadband Coaxial Cable) LAN : 아날로그 신호 전송(모뎀 방식)
- 광섬유 케이블(Optical Fiber Cable) LAN : 고속의 데이터 전송 제공, 잡음의 영향이 적고 대역폭이 높음

데이터 통신의 3대 목표
정확성, 효율성, 보안성

03 LAN 케이블의 표기법

n BASE m

- n : 데이터 전송 속도
- BASE : 전송 방식
- m : 1케이블 세그먼트 길이를 100m 단위로 표시

더 알기 TIP

10 BASE 2 → 속도 : 10Mbps, 케이블 길이 : 200m
10 BASE 5 → 속도 : 10Mbps, 케이블 길이 : 500m, 이더넷의 표준 케이블
10 BASE T → 속도 : 10Mbps, 트위스티드 페어 와이어(Twisted-Pair Wire)

개념 체크

1 LAN의 네트워크 형태 중 모든 단말기와 단말기들을 통신 회선으로 연결시킨 형태는 ( )이다.

2 근거리 통신망 구성에 적합한 방식에는 성형, 링형, 버스형 등이 있다. (O, X)

1 그물형(=망형) 2 ○

이론을 확인하는 기출문제

01 분산된 터미널 또는 여러 컴퓨터들이 중앙의 호스트 컴퓨터와 집중 연결되어 있는 정보 통신망의 구성 형태는?

① 루프형 ② 스타형
③ 그물형 ④ 나무형

오답 피하기

- 루프(Loop)형(=링(Ring)형) : 컴퓨터와 단말기들을 서로 이웃하는 것끼리만 연결한 형태
- 그물형(=망(Mesh)형) : 모든 단말기와 단말기들을 통신 회선으로 연결시킨 형태
- 나무형(=트리(Tree)형) : 중앙의 컴퓨터와 일정 지역의 단말기까지는 하나의 통신 회선으로 연결

02 30개의 교환국을 망형으로 상호 연결하려면 교환국 간 필요한 최소 통신 회선 수는?

① 225
② 240
③ 435
④ 450

망형의 통신 회선의 링크 수 : n(n-1)/2, 30(30-1)/2=435

정답 01 ② 02 ③

SECTION

02 정보 교환망의 분류

출제빈도 (상) 중 하
반복학습 1 2 3

빈출 태그 입력 장치 • 회선 교환망 • 패킷 교환망 • 메시지 교환망

01 회선 교환망(Circuit Switching Network) 21년 1회, 18년 상시, 13년 상시, …

- 컴퓨터와 단말기, 컴퓨터 간 통신 회선을 설정하여 데이터를 교환하는 방식
- Point-to-Point 방식으로, 통신 회선을 고정적으로 할당함
- 전송중 항상 같은 경로를 갖게 됨
- 고정된 대역폭 전송 방식, 코드 변환 불가능
- 실시간 대화용 방식의 응용 가능
- 데이터를 전송하지 않을 때에도 회선이 점유되므로 자원의 낭비가 있음
- 음성 전화 시스템, 원격 측정 입력과 같은 연속적인 흐름을 유지하는 데이터 교환에 적절함

기적의 TIP

정보 통신 교환망의 분류는 시험에 자주 출제되므로 종류와 특징에 대한 이해와 암기가 필수입니다.

정보 교환망의 활용
- 회선 교환망 : 공중 전화 시스템
- 패킷 교환망 : 데이터 통신 시스템
- 메시지 교환망 : 전자 우편 시스템

02 패킷 교환망(Packet Switching Network) 20년 2회, 18년 상시, 16년 상시, …

- 전송할 데이터를 패킷이라는 일정한 길이로 구분하여 보내는 방식
- 송신측에서 모든 메시지를 일정한 크기의 패킷으로 분해한 후 우선순위를 부여하여 전송하면 수신측에서 원래의 메시지로 조립하는 방식
- 회선 이용률이 가장 높고 전송량 제어와 전송 속도 변환이 쉬움
- 각종 VAN 제공이 용이, 부가 서비스 제공
- 대량의 데이터 전송 시 전송 지연 발생
- 공중 교환 데이터망(PSDN)★에서 대부분 사용하며, PAD★가 필요함
- 패킷 교환망의 주요 기능 11년 7월

패킷 다중화	패킷들이 여러 개의 경로를 공유할 수 있도록 함
논리 채널	논리 채널은 컴퓨터나 교환기 간의 가상 회선 교환 채널이나 데이터그램 교환 채널을 설정
경로 선택 제어	최적의 경로를 설정
순서 제어	패킷이 서로 다른 경로를 통하며 패킷의 전송 순서와 다르게 도착할 수 있으므로 순서적으로 조립
트래픽 제어	흐름 제어, 체증 제어, 교착 상태 회피, 룩업 상태 해결 등을 지원
오류 제어	패킷의 오류를 제거하거나 패킷을 삭제

패킷의 길이
1,024~2,048Bit

★PSDN(Public Switched Data Network)
정보 통신 전용으로 교환 설비와 회선을 불특정 다수가 사용할 수 있도록 한 네트워크

★PAD(Packet Assembler Disassembler)
- 비패킷형 단말 장치(DTE)를 패킷망에서 사용 가능하도록 패킷의 조립 및 분해를 담당하는 어댑터
- 데이터 패킷으로 변환하는 역할과 패킷에서 원 데이터만을 추출하는 장치

03 메시지 교환망(Message Switching Network) 21년 2회, 20년 3회/4회, …

- 수신한 데이터를 중앙에서 축적, 처리하는 방식(= 축적 교환식)
- 하나 또는 복수 개의 터미널로 전송
- 노드 내의 메모리 축적 기능으로 회선 사용률을 높일 수 있음
- 하나의 채널을 여러 메시지가 공유할 수 있어서 선로의 효율을 증대시킬 수 있음
- 오류 제어, 코드 변환, 전송하는 메시지 길이에 제약이 없음
- 메시지의 우선순위 부여 가능
- 오류 제어, 코드 변환, 전송 속도와 부호 변환이 가능함
- 응답 시간이 느리므로 대화형으로는 응용이 불가함
- 전보, 전자 우편, 컴퓨터 파일 등에 적절함

라우터(Router)
- 패킷의 경로 설정 기능
- 네트워크 계층

패킷 교환 방식과 메시지 교환 방식의 차이점
- 메시지 교환 방식 : 데이터 단위의 길이에 제한이 없음
- 패킷 교환 방식 : 데이터 단위의 길이에 제한이 있음

이론을 확인하는 기출문제

01 다음 중 데이터 통신의 교환 방식이 아닌 것은?

① 메시지 교환 방식
② 패킷 교환 방식
③ 기계 교환 방식
④ 회선 교환 방식

정보 통신 교환망 : 회선 교환 방식, 메시지 교환 방식, 패킷 교환 방식

02 데이터 교환 방식 중 메시지 교환 방식의 특성이 아닌 것은?

① 이용자의 형편에 따라 우선순위 전송이 가능하다.
② 고장이 난 터미널로 가는 메시지를 교환기가 보관하거나 지정된 다른 터미널로 전송할 수 있다.
③ 같은 내용의 메시지를 동시에 여러 곳의 터미널로 보낼 수 없다.
④ 메시지의 분실을 방지하기 위해 번호를 부여하거나 전송 날짜, 시간 등을 메시지에 추가해 전송이 가능하다.

메시지 교환 방식 : 각 메시지마다 수신 주소를 붙여서 전송하는 방식으로, 같은 내용의 메시지를 동시에 여러 곳의 터미널로 보낼 수 있음

03 패킷 교환 방식에 대한 설명으로 옳지 않은 것은?

① 통신망에 의한 패킷의 손실이 있을 수 있다.
② 전송 속도와 코드 변환이 가능하다.
③ 패킷의 저장 및 전송으로 이루어진다.
④ 공중 데이터 교환망에는 거의 사용되고 있지 않다.

패킷 교환 방식 : 패킷(Packet)이라 부르는 일정한 길이의 전송 단위로 나누어 전달하는 교환 방식으로, 공중 교환 데이터망(PSDN)에서 사용하는 방식임

04 인터넷에서 패킷의 경로설정 역할을 주로 하는 것은?

① 라우터
② 랜카드
③ 리피터
④ 브리지

라우터(Router) : 두 개 이상의 서브 네트워크와 서브 네트워크 계층을 결합하는 장치, 패킷의 전송 경로 중 최적의 경로를 선택함

오답 피하기
- 리피터(Repeater) : 전송 매체에 흐르는 신호를 재생, 증폭, 중계하는 일종의 중계기 장치로 OSI 참조 모델의 물리 계층(Physical Layer)에서 동작함
- 브리지(Bridge) : 개방형 시스템 간의 상호 접속을 하기 위한 장비, OSI 1계층(물리 계층) 또는 2계층(데이터 링크 계층)에서 사용

정답 01 ③ 02 ③ 03 ④ 04 ①

SECTION

03 정보 통신망의 종류

출제빈도 상 (중) 하

반복학습 1 2 3

빈출 태그 LAN • MAN • WAN • VAN • ISDN • ADSL

01 근거리 통신망(LAN; Local Area Network)

건물이나 학교, 빌딩 등 제한된 일정 지역 내에서 각종 정보 기기들을 상호 연결하여 분산 처리 작업이나 정보 자원의 공유를 위해 설치하는 근거리 통신망

① LAN의 특징 23년 3회, 22년 1회, 20년 1회/3회, 17년 상시, 16년 상시, 12년 상시, …

- 광대역 전송 매체의 사용으로 고속 통신이 가능하며 에러율이 낮음
- 채널의 공동 사용으로 인해서 경로 선택(Routing)이 필요 없음
- 데이터, 음성, 화상 등의 종합적인 정보 전송이 가능
- 정보 기기의 재배치 및 확장성이 우수함
- 방송 형태의 이용이 가능
- 자원의 공유와 데이터의 일관성

> **기적의 TIP**
> 정보 통신망의 종류는 각각의 특징에 대한 전반적인 이해와 정리가 필요하며, 헷갈리지 않게 숙지해 두셔야 합니다.

② LAN의 구성 요소 09년 7월

리피터(Repeater)	전송 매체에 흐르는 신호를 재생, 증폭, 중계하는 일종의 중계기 장치로 OSI 참조 모델의 물리 계층(Physical Layer)에서 동작함
허브(Hub)	LAN에서 수신한 모든 정보를 모든 포트로 전달해 주는 리피터의 역할을 수행하는 장치
브리지(Bridge)	• 개방형 시스템 간의 상호 접속을 하기 위한 장비 • OSI 1계층(물리 계층) 또는 2계층(데이터 링크 계층)에서 사용
라우터(Router)	• 두 개 이상의 서브 네트워크와 서브 네트워크 계층을 결합하는 장치 • 패킷의 전송 경로 중 최적의 경로를 선택함
게이트웨이(Gateway)	상이하게 다른 두 개의 프로토콜 구조를 가지는 7계층 간을 결합하는 데 사용

③ 매체 접근 방식에 의한 분류 07년 1월

> **FDDI(Fiber Distributed Data-Interface)**
> 광섬유 케이블로 LAN과 LAN을 연결 100Mbps의 속도로 전송이 가능

ALOHA(Additive Links On-line Hawaii Area)	• 최초의 라디오 패킷망 • 각각의 스테이션은 패킷이 있는 경우 무조건적인 전송이 이루어짐 • 전송이 동시에 이루어질 경우 충돌이 발생
CSMA/CD(Carrier Sense Multiple Access/Collision Detect)	• 반송파 감지 다중 액세스/충돌 검출 방식 • 채널의 상태를 파악하므로 채널 상에서 패킷의 충돌을 피할 수 있는 방식 • 채널이 사용중일 경우 일정 시간 지연하였다가 다시 채널의 상태를 점검한 후 채널이 사용중이 아닐 때 전송을 시작하는 방식 • 성형 또는 버스형 근거리 통신망에서 이용 • 통신량이 증가하면 채널 이용의 효율이 떨어지고, 지연되는 시간을 예측할 수 없음

토큰 패싱(Token Passing) 버스 LAN	• 통신 회선에 대한 링 상의 노드 사이를 옮겨다니면서 데이터를 전송하는 방식 • 논리적으로 링 형태이나 물리적인 측면에서 버스형 또는 트리형 형태 • 데이터의 프레임 전송이 가변 길이 단위로 전송이 가능
토큰 패싱(Token Passing) 링 LAN	광섬유와 트위스티드 페어 동축 케이블이 전송 매체로 이용

LAN의 표준화
- IEEE 802.2 : 논리적 링크 제어
- IEEE 802.3 : CSMA/CD
- IEEE 802.4 : 토큰 버스
- IEEE 802.5 : 토큰 링
- IEEE 802.10 : 네트워크 보안
- IEEE 802.11 : 무선 LAN

④ 전송 방식에 의한 분류

베이스밴드(Baseband) LAN	디지털 신호를 직접 전송하는 방식으로, 비교적 쉽게 통신이 가능하며 경제적임
브로드밴드(Broadband) LAN	통신 경로를 여러 개의 주파수 대역으로 나누어 쓰는 방식(FDM)으로, 데이터 이외의 영상, 음성 등에 대한 전송도 가능

02 대도시 통신망(MAN; Metropolitan Area Network)

- 직경 약 50km 영역 내를 대상으로 서비스하는 대도시 통신망
- WAN의 단점인 능률 저하 및 일정 지역에 대한 비경제성을 최소화한 망으로, WAN보다 작은 규모임

공중 기업 통신망(CO-LAN; Central- Office LAN)
LAN 망이 필요하면서도 여건이 허락되지 않는 기관 등이 인근 전화국의 기본 통신망과 데이터 교환망을 연결시키는 형태로, 공중 기업 데이터망이라고도 함

03 광역 통신망(WAN; Wide Area Network) 20년 2회, 19년 상시, 16년 상시, 05년 7월

- 다국적 기업 또는 상호 유대 관계가 있는 기관 간을 LAN으로 상호 연결시킨 망
- 망이 폐쇄적인 양상이 있기 때문에 전문성과 안정성이 좋음

04 부가 가치 통신망(VAN; Value Added Network)

① VAN의 개념

회선을 직접 보유 또는 통신 사업자의 회선을 임차 및 이용하여 일반적인 전송 기능 이상의 부가적 가치를 높일 수 있는 음성 정보 또는 데이터 정보를 제공해주는 통신망 예 PC 통신(천리안 : 하이텔, 나우누리 등)

— 서비스 대상은 불특정 다수이며, 회선을 대여해 주는 회선 대여업이라고 함

② VAN의 종류

기본 VAN	기존 공중 통신망과 결합하여 다양한 통신 서비스 제공
통신 처리 VAN	프로토콜 변환, 속도 변환, 코드 변환, 데이터 형식 변환, 통신 매체 변환 등을 수행
정보 처리 VAN	각종 컴퓨터 서비스, 데이터베이스 구축, 정보 검색 서비스, 소프트웨어 개발 등을 수행
정보 축적 VAN	컴퓨터를 통한 정보의 축적 전송 기능에 의해 전자 사서함 등을 제공

③ VAN의 4계층

정보 처리층, 통신 처리층, 네트워크층, 기본 통신층

개념 체크

1 통신 범위는 지역적으로 한계가 있으나 고속 전송이 가능하고 에러 발생률이 낮은 통신망은?

2 통신 사업자에게 회선을 임차하여 부가 가치가 높은 서비스를 제공하는 통신망은?

1 LAN 2 VAN

05 종합 정보 통신망(ISDN; Integrated Services Digital Network)

① ISDN의 개념 18년 상시, 15년 상시, 06년 4월, 03년 3월

음성 및 데이터나 화상(비음성 데이터) 등 다양한 형태의 통신 서비스를 하나의 통신망인 디지털 통신망으로 제공하는 종합 정보 통신망

② ISDN 서비스

텔레커뮤니케이션 서비스 (Telecommunication Service)	베어러 서비스, 텔레 서비스, 부가 서비스가 포함되는 서비스의 총칭
베어러 서비스 (Bearer Service)	• 기본적인 전송의 통신 서비스 • OSI 참조 모델의 하위 계층(1~3계층) 기능만을 제공
텔레 서비스 (Tele Service)	• 베어러 서비스를 기본 근간으로 한 응용 서비스 • 통신망, 단말기 등에서 이용하는 고도의 총체적 서비스를 제공 • OSI 참조 모델의 상위 계층의 특성으로 규정 • 사용자 입장에서의 통신 서비스
부가 서비스 (Supplementary Service)	베어러 서비스와 텔레 서비스 외의 사용자를 위한 서비스 예 부재중 안내, 지정 시간 통보, 착신 전환, 변경 번호 자동 안내 등

③ ISDN 채널

- A 채널 : 아날로그 음성 신호를 전송
- B 채널 : 정보용 채널로, 64Kbps 전송 속도, 사용자가 보내고자 하는 데이터를 전송
- D 채널 : 신호용 채널로, 64 or 16Kbps 전송 속도, 회선 접속 신호 정보를 전송
- H 채널 : 정보용 채널로, 고속 팩시밀리 등과 같은 고속의 사용자 정보를 전송

④ B-ISDN(Broadband-ISDN, 광대역 ISDN)

- 영상 회의, 화면 전송 등과 같이 연속성의 실시간 또는 군집 데이터 신호를 넓은 대역에 걸쳐 광대역으로 실현하기 위한 ISDN
- 광대역 서비스 데이터들의 특성과 분포를 수용하기 위한 수단으로 비동기식 전송 모드(ATM)★ 사용

★비동기식 전송 모드
(ATM; Asyn-chronous Transfer Mode)
- 한 글자 앞뒤에 시작과 정지 신호를 추가해 송수신하는 전송 방식
- Cell(셀) 교환 기법을 통해 데이터를 동일한 크기의 Cell로 잘라서 전송하므로 속도가 빠르고 효율이 높음

06 비대칭 디지털 가입자 회선(ADSL; Asymmetric Digital Subscriber Line)

- 가정과 회사에 설치되어 있는 전화 회선을 통해 높은 대역폭으로 디지털 정보를 전송하는 기술 21년 1회/3회, 20년 2회, 19년 상시, 17년 상시, 07년 7월
- 대부분의 채널을 사용자측으로 내려보내는 하향 전송에 사용하고, 사용자로부터 받는 정보에는 아주 적게 할당되는 비대칭형 구조
- 같은 회선에 디지털 정보뿐 아니라 아날로그(음성) 정보도 동시에 수용 가능
- 비대칭형 구조이므로 쌍방향 서비스 형태(원격 진료 등)의 경우 서비스 효율이 떨어지는 단점이 있음

07 IMT-2000(International Mobile Telecommunication-2000)

- 현재 서비스되는 다양한 이동 통신 시스템을 통합하고, 동일 시스템의 경우라도 지역별로 표준 및 주파수 대역이 다르게 설정되어 있는 시스템을 통합하여 하나의 무선 구조로 제공되는 서비스
- 다양한 시스템을 통합시킴으로써 무선 접속을 통하여 일체화된 이동 서비스를 제공하는 것이 목표임
- 특징 : 이동성, 글로벌 로밍, 고속 데이터 전송

개념 체크

1 (   )은 하나의 회선으로 음성, 이미지, 동영상, 텍스트 등의 다양한 데이터를 제공받을 수 있는 디지털화된 단일 통신망이다.

1 ISDN

이론을 확인하는 기출문제

01 다음 중 광역 통신망을 뜻하는 것은?

① WAN
② LAN
③ VAN
④ ISDN

광역 통신망(WAN; Wide Area Network) : 다국적 기업 또는 상호 유대 관계가 있는 기관 간을 LAN으로 상호 연결시킨 망

02 다음 중 LAN의 특징이 아닌 것은?

① 광대역 전송 매체의 사용으로 고속 통신이 가능하다.
② 광역 공중망의 통신에 적합하다.
③ 정보처리 기기의 재배치 및 확장성이 뛰어나다.
④ 다양한 디지털 정보 전송이 가능하다.

- LAN(Local Area Network) : 근거리 네트워크, 수 Km 이내의 일정 지역 내에 설치된 통신망
- WAN(Wide Area Network) : 광역 네트워크, 다국적 기업 또는 상호 유대 관계가 있는 기관끼리 LAN으로 연결하여 사용

오답 피하기

LAN의 특징 : 광대역 전송 매체, 고속 통신, 경로 선택(Routing)이 필요 없음, 방송 형태의 이용, 정보 기기의 재배치 및 확장성이 우수함

03 다음 중 LAN의 표준에 대한 관계가 잘못 짝지어진 것은?

① IEEE 802.2 : 논리적 링크 제어
② IEEE 802.3 : CSMA/CD
③ IEEE 802.5 : 토큰 링
④ IEEE 802.10 : 무선 LAN

IEEE 802.10 : 네트워크 보안

오답 피하기

IEEE 802.11 : 무선 LAN

04 음성과 비음성 정보 통신 서비스를 통합시킨 종합 정보 통신망에 해당하는 것은?

① ISTN
② VAN
③ ISDN
④ LAN

ISDN(Integrated Service Digital Network : **종합 정보 통신망**) : 음성 및 비음성 등의 다양한 통신 서비스를 하나의 통신망으로 종합적으로 제공하는 디지털 통신망

정답 01 ① 02 ② 03 ④ 04 ③

합격을 다지는 예상문제

01 LAN은 사무실 내의 정보 유통을 위한 유효한 수단으로서 여러 가지 장점을 가지고 있는데, 다음 중 장점에 포함되지 않는 것은?

① 다른 기종 간의 통신에 있어서 사무 처리의 능률화
② 파일의 공유에 따른 처리의 효율화
③ 집중 처리의 실현으로 처리 시간 단축화
④ 기기 자원의 공유에 따른 이용 효율의 향상

02 다음 ISDN 서비스 중 실제로 단말을 조작하여 통신하는 이용자 측에서 본 서비스는?

① 텔레 서비스
② 베어러 서비스
③ 부가 서비스
④ D 채널 비접속 서비스

03 VAN의 출현 배경으로 적절하지 않은 것은?

① 새로운 자연 환경의 변화
② 정보 통신 기술의 발달
③ 정보에 대한 수요 증대
④ 사무 및 공장 자동화 기술의 발달

04 패킷 교환 방식에 대한 설명으로서 옳지 않은 것은?

① 속도가 서로 다른 단말기 간 데이터 교환이 가능하다.
② 교환기나 통신 회선에 장애가 발생한 경우 우회(대체) 경로를 선택할 수 있다.
③ 메시지를 일정 단위의 크기로 분할하여 전송한다.
④ 패킷 교환 방식은 디지털 전송로보다 아날로그 전송로에 유리하다.

05 중앙에 컴퓨터가 있고 이를 중심으로 터미널이 연결되어 있는 네트워크 형태는?

① 그물(Mesh)형 ② 스타(Star)형
③ 트리(Tree)형 ④ 링(Ring)형

06 회선 교환 방식의 특징에 해당하는 것은?

① 고정된 대역폭 전송 방식이다.
② 전용 선로가 없다.
③ 패킷을 이용한 전송 방식이다.
④ 호출된 지국이 교신 중일 때 BUSY 신호가 없다.

07 데이터 통신의 교환 방식 중 음성 전화 시스템, 원격 측정 입력과 같은 연속적인 흐름을 유지하는 데이터 교환에 적합한 것은?

① 회선 교환 방식
② 메시지 교환 방식
③ 패킷 교환 방식
④ 메모리 교환 방식

08 다음 중 정보의 전달 체계를 무엇이라 하는가?

① 단말 장치
② 교환 장치
③ 정보 통신망
④ 통신 제어망

09 터미널 8개가 설치된 시스템에서 각 터미널 상호 간을 망형으로 결선하려면 최소로 필요한 회선 수는?

① 8회선 ② 16회선
③ 28회선 ④ 42회선

10 데이터 통신의 전문 교환(Message Switching) 방식에 대한 설명으로 옳은 것은?

① 단말 장치에서 입력된 데이터를 처리하자마자 그 결과를 단말 장치에 보내는 시스템이다.
② 대용량의 기억 장치에 최신의 정보를 기억시켜 두고 단말 장치에서 질문하면 응답하는 시스템으로, 한 개의 메시지를 여러 목적지로 보낼 수 있다.
③ 전송 가능한 메시지 길이에 제한이 있다는 단점이 있다.
④ 노드 내의 메모리 축적 기능으로 인해 회선 사용률이 떨어진다.

11 통신 정보를 발생지에서 목적지까지 전달하는 데에는 기본적인 방식들이 있다. 비교적 값이 비싼 광대역 회선을 효과적으로 이용하려면 어떤 방식이 가장 적합한가?

① 회선(Circuit) 스위칭
② 메시지(Message) 스위칭
③ 블록(Block) 스위칭
④ 패킷(Packet) 스위칭

12 통신 회선을 직접 보유하거나 공중 통신 사업자로부터 통신 회선을 임대하여 컴퓨터를 이용한 전송 기능 이상의 정보 축적이나 가공, 변환 처리 등의 부가 가치를 부여하는 통신망은?

① VAN ② ISDN
③ WAN ④ LAN

13 다음 중 LAN과 관계 없는 것은?

① DSU ② CSMA/CD
③ Token Ring ④ FDDI

14 다음 중 정보 통신망에서 분산 처리 시스템이 가능하고 통신 선로가 가장 짧은 통신망은?

① 성형 ② 트리형
③ 망형 ④ 링형

15 최근에 고속 인터넷 통신을 위해 각광받는 기술로 양쪽 방향의 전송 속도가 서로 다른 특징을 가지며, 데이터 통신과 일반 전화를 동시에 이용할 수 있는 통신 기술은?

① ADSL ② ISDN
③ CATV ④ Frame Relay

16 다음 OA 관련 통신 기술 중에서 특정 통신 회선이나 디지털 데이터 교환망을 이용하여 밀도 높은 서비스를 제공하는 회선의 재판매업은?

① 데이터 통신 ② 부가 가치 통신망
③ 근거리 통신망 ④ 고도 정보 통신 시스템

17 부가 가치 통신망(VAN)의 통신 처리 기능으로 회선의 접속, 각종 제어 절차 등의 데이터를 전송할 때 통신 절차를 변환하는 기능은?

① 미디어 변환 ② 프로토콜 변환
③ 포맷 변환 ④ 부호 변환

18 CSMA/CD 방식의 LAN에 대한 설명으로 옳지 않은 것은?

① 프로토콜이 간단하여 구현이 용이하다.
② 최대 거리에 제한이 있고, 접근 시간이 보장된다.
③ XEROX 사에서 발표한 ETHERNET 로컬 네트워크에 처음 개발, 사용되었다.
④ 전송 도중 자신의 패킷이 아닌 다른 패킷이 나타나면 전송을 중단하고 일정 시간이 지난 후에 재전송하는 방식이다.

19 정보 통신망의 구성 형태 중에서 LAN에서 가장 많이 사용되고 컴퓨터와 단말기들이 서로 이웃하는 것끼리만 연결된 형태는?

① 링형 ② 트리형
③ 버스형 ④ 망형

20 다음 내용이 설명하는 정보 통신망의 종류 중 LAN의 구성 요소는?

> • 두 개 이상의 서브 네트워크와 서브 네트워크 계층을 결합하는 장치
> • 패킷의 전송 경로 중 최적의 경로를 선택함

① 브리지 ② 리피트
③ 라우터 ④ 게이트웨이

합격을 다지는 예상문제 / 정답 & 해설

CHAPTER 06

01 ③	02 ①	03 ①	04 ④	05 ②
06 ①	07 ①	08 ③	09 ③	10 ②
11 ④	12 ①	13 ①	14 ②	15 ①
16 ②	17 ②	18 ②	19 ①	20 ③

01 ③

LAN에서 집중 처리 기능은 없음

오답 피하기

LAN의 장점 : 고속 통신이 가능, 신뢰성 있는 정보의 전송이 가능, 네트워크 내의 모든 정보 기기와 통신이 가능

02 ①

텔레 서비스 : OSI 참조 모델의 상위 계층 특성을 규정하며, 사용자 입장에서 본 통신 서비스

오답 피하기

- 베어러 서비스(Bearer Service) : 기본적인 전송의 통신 서비스, OSI 참조 모델의 하위 계층 기능만을 제공
- 부가 서비스(Supplementary Service) : 베어러 서비스를 기본 근간으로 한 응용 서비스로 통신망, 단말기 등에서 이용하는 고도의 총체적 서비스를 제공

03 ①

VAN 서비스의 출현 배경 : 정보 통신 기술의 발달, 정보에 대한 수요 증대, 사무 및 공장 자동화 기술의 발달

04 ④

패킷 교환 방식은 아날로그 전송로보다 디지털 전송로에 유리함

05 ②

스타(Star)형 : 중앙의 컴퓨터와 일 대 일로 연결되어 있는 네트워크 형태로, 온라인 시스템의 전형적인 형태이며 중앙 집중식 네트워크여서 중앙의 컴퓨터가 고장 나면 통신망 전체가 마비됨

오답 피하기

- 그물(Mesh)형 : 모든 단말기와 단말기들을 통신 회선으로 연결시킨 형태로, 보통 공중 전화망과 공중 데이터 통신망에 사용
- 트리(Tree)형 : 중앙의 컴퓨터와 일정 지역의 단말기까지는 하나의 통신 회선으로 연결되고, 이웃 단말기는 이 단말기로부터 근처의 다른 단말기로 회선이 연장되는 형태
- 링(Ring)형 : 컴퓨터와 단말기들을 서로 이웃하는 것끼리만 연결한 형태로, LAN에서 가장 많이 사용

06 ①

회선 교환 방식의 장점
- 통신 회선의 고정적 할당, 실시간 대화용으로 응용 가능, 대규모 트래픽 처리 가능
- 포인트 투 포인트 구조로 전송 지연이 거의 없음

오답 피하기

회선 교환 방식의 단점
- 단시간 전송인 경우에는 비교적 고가
- 접속에 시간이 많이 소요되며 코드 변환이 불가능

07 ①

회선 교환 방식 : 컴퓨터와 단말 장치 간 통신 회선을 설정하여 연속적인 흐름을 유지하는 데이터를 교환하는 방식

오답 피하기

- 메시지 교환 방식 : 전자 우편 시스템과 같이 메시지 길이에 제약이 없는 교환 방식
- 패킷 교환 방식 : 패킷 단위로 교환하는 방식으로, PSDN에서 사용

08 ③

정보를 전달하는 시스템을 정보 통신망이라 하며 방식으로는 회선 교환 방식, 패킷 교환 방식, 메시지 교환 방식 등이 있음

09 ③

- 망형의 통신 회선의 링크 수 : $n(n-1)/2$
- $8(8-1) / 2 = 28$

10 ②

메시지 교환망(Message Switching Network) : 각 지역에서 수신한 데이터를 중앙에서 축적, 처리하여 하나 또는 복수 개의 터미널로 전송하는 방식으로, 노드 내의 메모리 축적으로 회선의 사용률을 높일 수 있으며, 전송 메시지 길이에 제한이 없고, 메시지에 우선순위를 부여할 수 있으며, 여러 목적지로 전송이 가능하며, 부호 변환이 가능

11 ④

패킷 교환(Packet Switching) 방식 : 송신측에서 메시지를 일정한 크기의 패킷으로 분해하여, 이를 단위로 적당한 경로를 찾아 전송하고, 수신측에서 메시지를 조립하는 교환 방식으로, 데이터 통신 시스템에 사용됨

오답 피하기

- 회선 교환(Circuit Switching) 방식 : 공중 전화 시스템
- 메시지 교환(Message Switching) 방식 : 전자 우편 시스템

12 ①

VAN(Value Added Network : 부가 가치 통신망) : 공중 전기 통신 사업자로부터 통신 회선을 빌려 독자적인 통신망을 구성하고 거기에 어떤 가치를 부가한 통신망으로, 회선의 재판매 수행을 주목적으로 하는 회선 대여업 통신망

오답 피하기

- ISDN : 디지털 전송에 의한 통신망으로 실현하여 전화, 데이터, 화상, 팩시밀리, 화상 등 모든 전기 통신 서비스를 통합적으로 제공하는 디지털 통신망
- WAN : 다국적 기업 또는 상호 유대가 있는 기관끼리의 LAN을 서로 연결시킨 통신망
- LAN : 건물이나 공장, 학교 구내 등 제한된 일정 지역 내에 분산 설치된 각종 정보 기기들 사이의 통신을 수행하기 위하여 최적화되고 신뢰성 있는 고속의 통신 채널을 제공하는 근거리 통신망

13 ①

DSU(Digital Service Unit) : 디지털 신호와 디지털 신호 간의 장치

14 ②

트리형(Tree Network) : 중앙의 컴퓨터와 일정 지역의 단말기까지는 하나의 통신 회선으로 연결되어 있으며, 그 이웃 단말기는 다른 단말기와 회선이 연장되어 있는 형태로, 분산 처리 시스템이 가능하고, 통신 선로가 가장 짧음

15 ①

ADSL(Asymmetric Digital Subscriber Line : 비대칭 디지털 가입자 회선) : 대부분의 채널을 사용자 측으로 보내는 하향식 전송에 사용하고, 사용자로부터 받는 정보에는 아주 적게 할당하는 비대칭형 구조로, 전화국과 각 가정이 직접 1:1로 연결되며, 음성 통신은 낮은 주파수 대역을 이용하고 데이터 통신은 높은 주파수 대역을 이용

오답 피하기

ADSL의 단점 : 쌍방향 서비스로 이루어지는 원격 진료나 원격 교육 등의 서비스에서는 효율이 떨어짐

16 ②

VAN(Value Added Network) : 회선을 소유하거나 임차하여 구성한 통신망을 통해 정보에 부가 가치를 부여하여 다수의 이용자에게 판매하기 위해 구축되는 회선 대여업 형태의 통신망

17 ②

프로토콜 변환 기능 : 회선의 접속, 각종 제어 절차 등의 데이터를 전송할 때의 통신 절차 변환 기능

18 ②

CSMA/CD 방식

채널의 상태를 파악하여 패킷의 충돌을 피할 수 있는 방식으로, 프로토콜 구현이 용이하나 채널 이용 효율이 떨어지고 접근 및 지연되는 시간을 예측할 수 없음

19 ①

링(Ring) 형

- 컴퓨터와 단말기들이 서로 이웃하는 것끼리만 연결된 형태
- LAN에서 가장 많이 사용
- 양방향 데이터 전송 가능
- 통신 회선 장애 발생 시 융통성이 있음

20 ③

오답 피하기

- 브리지 : 개방형 시스템 간의 상호 접속을 하기 위한 장치
- 게이트웨이 : 상이하게 다른 두 개의 프로토콜 구조를 가지는 7계층 간을 결합하는 데 사용되는 장치

CHAPTER 07

뉴 미디어

학습 방향

비디오텍스, Teletext, MPEG 등이 출제되었습니다. 뉴미디어의 종류 및 기능, 멀티미디어 데이터에 대한 정확한 이해가 요구됩니다.

출제빈도

SECTION 01

뉴 미디어의 개념

출제빈도 상 중 하
반복학습 1 2 3

빈출 태그 비디오텍스 • 텔레텍스트 • VOD • 고품위 TV • 텔레미터링

01 뉴 미디어(New Media)의 개념

TV, 전화 등의 미디어에 고도로 발달된 전자 통신 기술을 결합시켜서 새롭게 개발한 전달 매체를 의미

기적의 TIP

뉴 미디어의 개념 및 구분에 대한 정리가 필요합니다. 특히 종류별 특징에 대해 기출문제 중심으로 정리해 두시면 됩니다.

02 뉴 미디어의 특징

- 통신 상호 간에 정보를 송수신할 수 있는 상호 작용
- 쌍방향 통신이 가능
- 시간이나 장소에 구애됨이 없이 통신이 가능
- 대부분의 뉴 미디어는 기존의 미디어가 융합되어 발전한 것

03 뉴 미디어의 발전

활자 미디어 시대(신문, 잡지, 서적 등)
↓
전파 미디어 시대(전화, 라디오, 전신 등)
↓
영상 미디어 시대(TV)
↓
정보 통신 미디어 시대(데이터 통신)

암기 TIP

유재석 방송은 무척 통쾌(패)
- 유선계(방송계)
- 무선계(통신계)
- 패키지계

04 뉴 미디어의 구분

유선계(방송계)	• CATV(유선 방송), CCTV(폐쇄 회로), LAN, VAN, VRS(화상 응답 시스템) • 비디오텍스(Videotex), 텔레텍스(Teletex) 등
무선계(통신계)	• 텔레텍스트(Teletext, 문자 다중 방송), 고품위 TV(HDTV), 위성 방송 • 팩시밀리(Facsimile) 등
패키지계	• 비디오 디스크(VD) • 콤팩트 디스크(CD) 등

05 뉴 미디어의 종류

① CATV(CAble Television)

- 불특정 다수에게 무선 형태로 보내는 종래의 TV 방송과는 달리 광케이블 등의 유선 케이블을 통하여 CATV 가입자에게 자체적으로 제작된 콘텐츠를 제공하는 유선 중계 방송
- 전문적이면서 다양한 형태의 프로그램 및 콘텐츠를 제공함
- 기본 구성

유선국(헤드앤드(Head-End))	CATV의 가장 핵심적인 요소로, 전체 시스템을 통제
서비스 분배 전송로	주로 동축 케이블로 구성, 유선국의 송신 신호가 가입자 단말 장치에 전송되는 통로
가입자 단말 장치	정합기, 옥내 분배기, TV, FM 수신기 및 키보드, 단말기 등

② 비디오텍스(Videotex) 19년 상시, 15년 상시, 06년 4월, 05년 10월, 03년 10월

- TV 수상기와 전화망을 이용한 형태로, 다양한 서비스를 제공하는 유선 통신 뉴 미디어
- 축적된 화상 정보의 데이터베이스로부터 각종 정보 검색 및 예약 업무, 홈쇼핑, 홈뱅킹 등 다양한 서비스를 제공
- 대화형 화상 정보 시스템이며, 양방향 통신이므로 빠른 정보 제공이 가능
- 전화 + TV 수상기 + 데이터 뱅크
- 도형 및 숫자 구성 방식 : 알파 모자이크, 알파 지오메트릭, 포토그래픽 방식 등

③ 텔레텍스(Teletex)

- Word Processor 등의 텍스트 편집 기계에 통신 기능(Telex)을 부가
- 페이지 단위로 문서를 교환하는 시스템, 문서 편집이 가능
- 전화망, 공중 데이터 통신망 등과 연결하여 사용

④ 텔레텍스트(Teletext) 09년 1월, 03년 1월

- TV 전파를 활용하여 다른 신호를 겹쳐서 정보를 제공하는 서비스
- 방송 시스템 + 데이터 뱅크 + TV 수상기
- 방송국 측에서 TV 화면과 화면 사이의 수직 귀선 시간★을 이용하여 정보를 한 방향으로만 전송
- 문자 다중 방송이라고도 함(대부분 TV 화면 하단의 자막으로 표시)
- 단방향 시스템이므로 정보를 받는 수요자는 직접 정보를 제공할 수 없음

★ 수직 귀선 시간
(Vertical Blanking Period)
화면 간 정보의 전송이 이루어지지 않는 짧은 시간의 공백 간격을 의미

⑤ 화상 회의 시스템(VCS; Video Conference System) (Teleconference라고도 함)

먼 거리에 있는 사람들끼리 각자의 실내 공간에 설치된 TV 화면에 나타나는 화상 및 음향 등을 통해 회의 진행이 가능한 시스템

⑥ CAI(Computer Aided Instruction)

컴퓨터를 응용하는 자동 교육 시스템으로, 동시에 다수의 교육이 가능하며 개개인의 적성과 이해력에 맞는 개별 학습이 가능한 시스템

⑦ 주문형 비디오(VOD; Video On Demand) 03년 7월

뉴스, 영화, 게임, 드라마 등의 여러 영상 콘텐츠를 데이터베이스화하여 사용자의 요구에 맞게 콘텐츠를 즉시 전송하여 제공하는 서비스

⑧ 고품위(High Definition) TV 05년 1월

- 기존의 TV 해상도를 비약적으로 향상시킨 고화상 텔레비전
- 주사선 수 1,125개(현행 525개)

⑨ 텔레미터링(Telemetering) 03년 3월

원격의 위치에서 전기, 가스, 수도 등의 사용된 미터 수치를 자동적으로 점검하는 시스템

⑩ 팩시밀리(FAX; Facsimile)

팩시밀리 규격
- G1 : 아날로그 회선, 6분기
- G2 : 아날로그 회선, 3분기
- G3 : 디지털 회선, 1분기
- G4 : ISDN, 수 초 내 전송

- 송신측에서 전화 회선을 사용하여 원화를 주사에 의해 화소를 분해한 후 전기적 신호로 바꾸어 전송하면 수신측에서는 원화를 재생하는 통신 방식으로, 모사 전송이라고 함
- 화상 전송 과정 : 통화 전류 → 표본화 → 양자화 → 부호화 → 복호화

⑪ 텔레메틱 서비스(Telematic Service) 06년 1월

- 통신(Telecommunication)과 정보 과학(Informatics)의 합성어
- 방송망이나 무선 통신망을 이용하여 자동차에서 위치 추적, 인터넷, 원격 차량 진단, 교통 정보, 영화, 게임 등의 서비스를 제공하는 차량용 멀티미디어 서비스를 의미함

⑫ OFDM(직교 주파수 분할 다중 전송 방식) 13년 상시, 11년 2월

서로 직교성의 속성을 지닌 여러 부 반송파(Sub-carrier)를 이용하여 다중화하는 방식으로 와이브로나 디지털 멀티미디어 방송 등에 사용됨

⑬ HDTV(High Definition TV) 09년 7월, 05년 1월

- 기존 텔레비전과의 최대 차이점은 화면의 선명도를 나타내주는 주사선의 차이
- 텔레비전은 주사선의 수가 525~625선이며 HDTV는 1,050~1,250선으로 2배 이상 많아 현장감과 사실감을 동시에 느낄 수 있음
- 텔레비전의 화면 비율이 4대 3인데 비해 HDTV는 5대 3.3으로 규격에 있어서도 차이가 있음

⑭ IPTV(Internet Protocol TV) 16년 상시, 09년 3월/7월

초고속 인터넷을 통해 서비스되는 양방향성 TV 방송 서비스로 시청자가 원하는 시간대에 프로그램을 선별하여 볼 수 있는 뉴 미디어 시스템

이론을 확인하는 기출문제

01 텔레비전과 전화의 연결에 의한 정보 서비스는?

① 텔레텍스트(Teletext)
② 텔레텍스(Teletex)
③ CATV
④ 비디오텍스(Videotex)

비디오텍스(Videotex) : TV와 공중 전화망(PSTN)을 이용하여 컴퓨터의 데이터베이스를 선택하여 화상 정보를 제공하는 뉴 미디어 서비스(TV+공중 전화망+데이터베이스)

오답 피하기

- 텔레텍스트(Teletext) : TV 전파를 활용하여 다른 신호를 겹쳐서 문자나 도형 정보를 제공하는 문자 다중 방송 서비스
- 텔레텍스(Teletex) : 워드프로세서 등의 텍스트 편집 기계에 통신 기능(Telex)을 부가하여 문서를 교환하는 시스템
- CATV : 난시청 지역 등에 유선 케이블을 통하여 양질의 TV 신호를 제공하며 전문적이고 다양한 형태의 프로그램과 콘텐츠를 제공해주는 서비스로 양방향 통신이 가능함

02 다음 중 고품위 TV(HDTV)의 주사선 수에 해당되는 것은?

① 525　② 625
③ 950　④ 1,125

고품위(High Definition) TV
- 기존의 TV 해상도를 비약적으로 향상시킨 고화상 텔레비전
- 주사선 수 : 1,125개

오답 피하기

현행 525개

03 TV 화면과 화면 사이의 수직 귀선 시간을 이용하여 정보를 전송하는 뉴 미디어는?

① Videotex　② HDTV
③ Teletext　④ CATV

텔레텍스트(Teletext)
- TV 전파를 활용하여 다른 신호를 겹쳐서 정보를 제공하는 서비스
- 방송국측에서 TV 화면과 화면 사이의 수직 귀선 시간을 이용하여 정보를 한 방향으로만 전송
- 문자 다중 방송이라고도 함(대부분 TV 화면 하단의 자막으로 표시)

04 텔레메틱 서비스(Telematic Service)에 대한 설명으로 옳은 것은?

① 통신과 정보 처리를 결합한 새로운 비전화계 단말 장치에 의한 통신 서비스이다.
② 전화와 데이터를 교환하기 위한 정보 교환 시스템이다.
③ 텔렉스와 팩시밀리, 멀티미디어 기능을 결합한 문서 처리용 통신 서비스이다.
④ 디지털 통신망을 이용하여 문서를 송 · 수신할 수 있는 통신 서비스이다.

텔레메틱 서비스(Telematic Service) : 통신(Tele-communication)과 정보 과학(Informatics)의 합성어로, 방송망이나 무선 통신망을 이용하여 자동차에서 위치 추적, 인터넷, 원격 차량 진단, 교통 정보, 영화, 게임 등의 서비스를 제공하는 차량용 멀티미디어 서비스를 의미함

05 하나의 정보를 여러 개의 반송파로 분할하고, 분할된 반송파 사이의 간격을 최소화하기 위해 직교 다중화해서 전송하는 통신 방식으로, 와이브로 및 디지털 멀티미디어 방송 등에 사용되는 기술은?

① TDM
② OFDM
③ DSSS
④ FHSS

OFDM(Orthogonal Frequency Division Multiplexing) : 직교 주파수 분할 다중 전송 방식으로 서로 직교성의 속성을 지닌 여러 부반송파를 이용하여 다중화하는 방식임

오답 피하기

- TDM(Time Division Multiplexer) : 시분할 분할 다중화기로 여러 회선의 음성 정보를 작은 시간으로 나누어 고속의 전송로로 보냄. 디지털 전송에 적합. PCM 방식이 요구됨
- DSSS (Direct Sequence Spread Spectrum) : 직접 시퀀스 대역 확산은 주어진 신호에 높은 주파수의 확산 코드(Spreading Code)를 적용하여 대역을 확산(Spread Spectrum)시키는 방식
- FHSS(Frequency Hopped Spread Spectrum) : 주파수 호핑 대역 확산으로 네트워크를 분리하기 위해 도약 시퀀스(Hopping Sequence)를 사용하는 스펙트럼 확산 방식

정답 01 ④ 02 ④ 03 ③ 04 ① 05 ②

SECTION 02

멀티미디어

출제빈도 (상) 중 하
반복학습 1 2 3

빈출 태그 입력 장치 • 멀티미디어 특징 • JPEG • MPEG • WAV • MIDI • 스트리밍

01 멀티미디어(Multimedia)의 정의 18년 상시, 15년 상시, 13년 상시, 11년 10월, 09년 9월, …

- Multi(다중) + Media(매체) ⇒ 다중 매체
- 다양한 매체를 통해 정보를 전달한다는 의미
- 컴퓨터와 영상 매체 또는 방송과의 결합으로, 즉각적인 정보의 전달이 이루어짐
- 그림, 사진, 음성, 화상 데이터를 양방향으로 주고받을 수 있음
- 압축 기술을 사용
- CD-ROM과 DVD 등의 대용량 저장 매체가 이용

02 멀티미디어의 특징

기적의 TIP
멀티미디어의 특징에 대해서 암기해 두시고, 정지 영상과 동영상 데이터의 종류별 특징에 대해 혼돈하지 않게 숙지하는 정도면 무난합니다.

통합성	문자, 그래픽, 사운드 등의 다양한 매체를 통합
디지털화	다양한 데이터 형식을 컴퓨터가 인식하도록 디지털로 변환
쌍방향성	사용자와 제공자 간에 서로 정보를 주고받음
비선형성	사용자의 선택에 따라 정보를 처리

03 멀티미디어의 데이터 압축 기법

암기 TIP
통 가격이 비쌍디(통을 사려고 하는데 그 가격이 비싼데~) 통합성, 비선형성, 쌍방향성, 디지털화

① 정지 영상 데이터 20년 2회, 07년 4월, 06년 1월

BMP	• 이미지를 비트맵 방식으로 표현 • 압축을 하지 않기 때문에 고해상도의 이미지를 표현할 수 있지만 용량이 커지는 단점이 있음
GIF	• 미국의 Compuserve에서 개발한 형식으로, 비손실 압축 방법을 사용 • 비손실 압축을 하기 때문에 이미지의 손상은 없지만 압축률이 좋지 않음 • 256색까지만 표현할 수 있지만 배경을 투명하게 하거나 애니메이션 효과를 줄 수 있음
JPEG	• 정지 영상 압축 기술에 관한 표준화 규격 • 20:1 정도로 압축할 수 있는 형식으로, 압축의 정도 조절이 가능 • 비손실 압축과 손실 압축을 모두 지원하며, 주로 손실 압축 방식이 사용됨 • 압축과 복원을 수행할 때 동일한 과정과 시간이 걸리기 때문에 '대칭 압축'이라고도 함 • 서브 샘플링 기법과 주파수 변환 기법을 함께 사용 • 화면 중에서 중복되는 정보를 삭제하여 컬러 정지 화상의 데이터를 압축하는 방식
PNG	• GIF와 JPG의 장점만을 조합하여 만든 형식 • GIF가 갖고 있는 투명한 배경, 애니메이션 효과를 지원하고 JPG의 높은 압축률을 지원

② 동영상 데이터 16년 상시, 14년 상시, 08년 10월, 07년 7월, 05년 7월

MPEG(Moving Picture Experts Group)	• 영상, 음성 등 다른 음향까지 압축하는 기술에 관한 표준화 규격 • 손실 압축 방법을 이용하여 중복성을 제거하는 방식으로 압축 효율을 높임 • 비디오 압축의 목적은 실시간 재생이므로, 데이터를 복원하여 재생할 경우 부담이 적은 비대칭 압축 기법 • 50:1 ~ 100:1 정도의 압축이 가능
VFW(Video For Windows)	• 움직이는 영상을 캡처하는 기능으로, 영상의 압축이나 해제를 하드웨어 추가 없이 소프트웨어만으로 가능 • 화면 상의 영상을 캡처하는 그래버 기능, AVI 파일 재생 기능, 편집 기능, 동영상을 재생하는 미디어 브라우저 기능 등이 있음
DVI(Digital Video Interactive)	디지털 TV를 만들기 위해 개발되었던 것을 인텔에서 인수하여 동영상 압축 기술로 개발하였으며, 많은 양의 영상과 음향 데이터를 압축하여 CD-ROM에 기록 가능
AVI(Audio Video Interleaving)	소프트웨어를 이용하는 디지털 비디오 압축 방식으로 비디오 정보, 오디오 정보 등 이미지를 빠른 속도로 압축하거나 재생 가능
MOV	애플 사에서 만든 동영상 파일의 표준으로, AVI보다 압축률이나 데이터 손실이 적으며, MOV 형식의 동영상 파일을 위해서 Quick Time For Windows 프로그램이 필요
ASF(Advanced Streaming Format / WMV(Windows Media Video)	• 오디오, 비디오, 이미지, URL, 실행 프로그램까지 포함 가능, 스트리밍(Streaming) 방식 지원 • 용량이 작고, 음질이 뛰어나 주로 스트리밍★ 서비스를 하는 인터넷 방송국에서 사용 • WMV는 ASF 보다 최신 버전으로, ASF와 사용하는 코덱★이 다름
DivX(Digital Video Express)	• 고화질 파일 압축 형식으로, 비표준 동영상 파일 형식(확장자 .AVI 사용) • MPEG-4와 MP3를 재조합한 것으로, 소프트웨어와 코덱이 필요함
ram	• 리얼 미디어라는 비디오 스트림 방식에서 사용되는 파일 포맷으로 Real Player를 설치해야 사용할 수 있음 • 실시간 전송이 가능하며, 파일을 내려 받으면서 재생할 수 있음

★ **스트리밍(Streaming)**
인터넷을 바탕으로 사용자들에게 각종 비디오, 오디오 등의 디지털 정보를 제공하는 기술로, 전송되는 데이터를 모두 다운받기 전에 사용자 PC에서 재생 플레이어가 작동되어 다운받으면서 재생하는 것

★ **코덱(CODEC)**
디지털 동영상이나 사운드 파일 등을 손실없이 압축하거나 복원하는 기술

③ 사운드(Sound)

WAV	• 직접 재생이 가능한 사운드 파일 • 사람의 음성과 자연 음향 표현이 가능 • MIDI 파일보다 용량이 큼
MIDI	• 전자 악기와 데이터 인터페이스를 위한 일종의 통신 규약 • 사람의 음성이나 자연음을 재생할 수 없음(용량이 작음)
MP3	전용 플레이어가 필요한 파일로, 음질의 저하없이 1/12 정도로 압축 가능

이론을 확인하는 기출문제

01 다음 중 멀티미디어 요소로 볼 수 없는 것은?

① 그래픽
② 비디오
③ 사운드
④ DVD

멀티미디어는 그림, 사진, 음성, 화상 데이터를 양방향으로 주고받을 수 있으며 DVD는 대용량 저장매체임

02 비디오 데이터의 압축 및 복원과 관련이 깊은 것은?

① 모뎀(MODEM) ② 코덱(CODEC)
③ 브리지(Bridge) ④ 멀티플렉서(Multiplexer)

코덱(CODEC) : 아날로그-디지털 변환과 디지털-아날로그 변환을 하나의 장치에서 수행하는 기기로 파일의 용량을 작게 해주는 기능을 인코딩, 원래대로 재생시키는 기능은 디코딩이라고 함

정답 01 ④ 02 ②

합격을 다지는 예상문제

01 다음 중 은행의 컴퓨터와 가정의 단말기 또는 컴퓨터와 연결하여 각종 은행 업무를 처리하는 것을 무엇이라 하는가?

① Telemetering
② Home Banking
③ Home Demanding
④ Home Shopping

02 다음 중 팩시밀리에 대한 설명으로 옳은 것은?

① 원격지의 상대방과 동시에 회의를 할 수 있는 시스템
② 대화하면서 이용자가 원하는 정보를 수신받을 수 있는 대화형 영상 시스템
③ 가입 전신과 문서 편집기의 기능을 통합한 사무 자동화 단말기
④ 그림, 문자 등 정지 화상 정보를 원격지의 상대방에게 전송하는 시스템

03 가입자가 시간에 관계없이 특정한 프로그램을 선택하여 시청할 수 있으며, 마치 VCR을 자유로이 조작하듯 시청 도중에 플레이(재생), 되감기, 일시정지, 녹화 등이 가능한 뉴 미디어 서비스를 무엇이라 하는가?

① MPEG　② CATV
③ VOD　④ HDTV

04 다음 중 무선계 뉴 미디어는 무엇인가?

① 비디오텍스　② CATV
③ CCTV　④ 문자 다중 방송

05 비디오텍스(Videotex)에 관한 설명으로 거리가 먼 것은?

① 컴퓨터를 사용해서 데이터베이스에 축적된 영상 정보를 전화망을 통해 TV 수상기에 전달한다.
② 컴퓨터에 관한 지식이 없는 일반 사용자라도 일기, 물가, 뉴스, 예약, 쇼핑 등 광범위한 서비스를 제공받을 수 있다.
③ 신문, 방송 등 기존의 대중 통신 매체를 개발한 회화형 영상 정보 시스템이다.
④ 정보 처리 기술과 통신 처리 기술이 결합된 새로운 단방향 음성 정보 전달 수단이다.

06 보급된 전화와 TV 수상기를 이용하여 그림이나 문자 등을 해독하고 재생시켜 주는 해독기나 키패드(Key Pad)를 이용하여 제공받을 수 있는 뉴 미디어는?

① TELETEXT　② INTERNET
③ CATV　④ VIDEOTEX

07 컴퓨터를 이용하여 기존의 문자나 숫자 정보뿐만 아니라 텍스트, 이미지, 오디오, 비디오 등 여러 가지 미디어 형태의 정보를 통합하여 처리하는 기술을 무엇이라고 하는가?

① 패킷 무선망 기술　② 전화망 기술
③ 멀티미디어 기술　④ 대용량 전송 기술

08 서류 또는 송장, 주문서, 우편 등의 자료들을 전자적으로 원격 전송하는 것을 무엇이라고 하는가?

① 데이터 뱅크 시스템
② 텔레텍스 시스템
③ 모사 전송 시스템
④ 데이터 처리망

09 다음 중 Facsimile의 특징에 속하지 않는 것은?

① 정보 전송에 있어 중간 매체자가 필요없다.
② 정보 전달의 정확성이 크다.
③ 동일 내용을 특정 다수의 수신자에게 동시에 보낼 수 없다.
④ 정보 전달의 신속성이 크다.

10 다음 중 정지 영상 부호화 표준은?

① IEEE 802
② TCP/IP
③ MPEG
④ JPEG

11 다음 중 멀티미디어의 특징이 아닌 것은?

① 통합성(Integration)
② 디지털화(Digitalization)
③ 쌍방향성(Interactive)
④ 선형성(Linear)

12 이용자가 직접 화면을 보면서 문서의 편집, 수정, 검색 및 저장을 할 수 있는 워드프로세서의 역할과 빠른 속도로 문서를 송수신할 수 있는 기능이 있는 시스템은?

① 비디오텍스
② VAN
③ 텔레텍스
④ 텔레텍스트

13 ITU-T에서 FAX의 전송 방식 권고안 중 디지털 망에 접속하여 고속 전송을 가능하게 한 방식으로, 고도의 정보화 시대에 부합되는 방식은?

① G1 ② G2
③ G3 ④ G4

14 다음 멀티미디어 소프트웨어 중 동영상 압축 기술과 거리가 먼 것은?

① MPEG ② DVI
③ JPEG ④ AVI

15 기업 간 또는 업무가 긴밀한 관련 업체 사이에서 표준화된 거래 서식을 이용하여 컴퓨터끼리의 직접 통신으로 교환하는 시스템은?

① Telex ② EDI
③ VOD ④ VCS

16 다음 중 애니메이션 효과를 지원하고 JPG의 높은 압축률을 지원해 주며 GIF와 JPG의 장점만을 조합하여 만든 형식은?

① BMP
② PNG
③ TIFF
④ DVI

17 통신망을 통해 통신 회선이 사용되지 않는 심야 시간을 이용하여 공중 시스템 및 시설 시스템을 검침하는 서비스는?

① 인트라넷(Intranet)
② IMT-2000
③ Cyber 21
④ 텔레미터링(Telemetering)

18 다음 중 멀티미디어에 대한 설명으로 잘못된 것은?

① Multi와 Media의 합성어이다.
② 아날로그 방식에 의해 내용을 전달한다.
③ 사용자가 다양한 대용량의 정보를 쉽게 이용할 수 있도록 하는 시스템이다.
④ 문자, 영상, 화상, 소리 등을 전달할 수 있다.

19 TV, 전화 등의 미디어에 전자 통신 기술을 결합시킨 뉴 미디어의 종류 중에서 페이지 단위로 문서를 교환하고 문서 편집이 가능하며 전화망, 공중망 및 공중 데이터 통신망 등과 연결하여 사용하는 장치는?

① CATV
② 비디오텍스
③ 텔레텍스트
④ 텔레텍스

20 다양한 매체를 통해 정보를 전달하는 멀티미디어의 특징으로 옳지 않는 것은?

① 통합성
② 쌍방향성
③ 비선형성
④ 아날로그화

합격을 다지는 예상문제 정답 & 해설

CHAPTER 07

01 ②	02 ④	03 ③	04 ④	05 ④
06 ④	07 ③	08 ③	09 ③	10 ④
11 ④	12 ③	13 ④	14 ③	15 ②
16 ②	17 ④	18 ②	19 ④	20 ④

01 ②

홈 뱅킹 : 데이터 통신망을 이용하여 가정에서 은행 업무를 처리할 수 있는 서비스

오답 피하기

텔레미터링(Telemetering) : 가정, 사무실, 공장 등에 설치된 전기, 수도, 가스 열량, 온수 계량기를 검침원이 호별 방문 없이 전화선을 이용하여 자동으로 검침 자료를 중앙 정보 센터로 제공하는 시스템

02 ④

팩시밀리(Facsimile) : 전화 회선을 이용하여 송신측에서 원화를 주사에 의해 화소를 분해한 후 전기적 신호로 바꾸어 전송하고, 수신측에서는 원화를 재생하는 방식의 화상 통신 기기

오답 피하기

- Tele Conference(원격 회의) : 원격지의 상대방과 동시에 회의를 할 수 있는 시스템
- VRS(화상 응답 시스템) : 대화하면서 이용자가 원하는 정보를 수신받을 수 있는 대화형 영상 시스템
- Teletex(텔레텍스) : 가입 전신(Telex)과 문서 편집기의 기능을 통합한 사무 자동화 단말기

03 ③

주문형 비디오(VOD; Video On Demand) : 각종 영상 정보(뉴스, 드라마, 영화, 게임 등)를 데이터베이스로 구축하여 사용자의 요구에 따라 프로그램을 즉시 전송하여 가정에서 원하는 정보를 이용할 수 있도록 해 주는 서비스

오답 피하기

- MPEG(Moving Picture Experts Group) : 동영상 압축과 관련된 표준 규격
- CATV : 유선 종합 방송으로, 난시청 지역을 해소하기 위해 개발됨
- HDTV : 고품위 TV로, 주사선의 개수는 1,125개임

04 ④

무선계 뉴 미디어 : 텔레텍스트(Teletext), HDTV, 위성 방송, 팩시밀리(Facsimile) 등

오답 피하기

유선계 뉴 미디어 : CATV, CCTV, LAN, VAN, VRS, 비디오텍스(Videotex), 텔레텍스(Teletex) 등

05 ④

비디오텍스(Videotex) : 데이터베이스로부터 TV 수상기와 전화망을 이용하여 사용자가 원하는 각종 서비스를 제공하는 유선 통신 뉴 미디어(전화 + 데이터 뱅크 + TV 수상기)

06 ④

비디오텍스(Videotex) : 화상 정보가 축적되어 있는 데이터베이스로부터 TV 수상기와 전화망을 이용하여 사용자가 원하는 각종 정보 검색은 물론 예약 업무, 홈 쇼핑, 홈 뱅킹 등 다양한 서비스를 제공하는 유선 통신 뉴 미디어

오답 피하기

- TELETEXT : 문자 다중 방송
- CATV : 유선 방송 시스템

07 ③

멀티미디어 기술 : 멀티미디어는 'Multi(다중)'와 'Media(매체)'의 합성어로 다중 매체를 의미하며 컴퓨터와 영상 매체 또는 방송과의 결합으로 즉각적인 정보의 전달이 이루어지고 그림, 사진, 음성, 화상 데이터를 양방향으로 주고받을 수 있음

08 ③

팩시밀리(Facsimile) : 사진, 문자, 그림 등을 다수의 선으로 분해한 다음, 이를 전기 신호로 변환시켜 송신측에서 전송하면, 수신측에서는 본래의 내용과 같은 수신호를 재생시키는 기록 통신 기기를 말하며, 모사 전송이라고도 함

오답 피하기

텔레텍스(Teletex) : 워드프로세서 등의 사무실용 텍스트 편집기에 통신 기능을 부가시켜 문서를 교환하는 시스템

09 ③

동일 내용의 전문을 다수의 수신인에게 전송하는 동보 전송이 가능

10 ④

JPEG(Joint Photographic Experts Group) : 정지 영상 압축 기술에 관한 표준화 규격으로 20:1 정도의 압축을 할 수 있음

오답 피하기

- IEEE 802 : 컴퓨터 통신망의 표준화를 추진하고 있는 IEEE 802 위원회에서 개발한 LAN 접속 방법 및 프로토콜 표준들을 지칭. IEEE 802.1, 802.2와 같이 각 표준마다 번호가 붙음
- TCP/IP : 인터넷의 표준 프로토콜
- MPEG : 동영상 압축에 관한 표준화 규격

11 ④

비선형성(Non-Linear) : 텍스트 정보와 달리 정보의 흐름이 한 방향이 아닌 다양한 방법으로 전개

오답 피하기

- 통합성(Integration) : 다양한 매체를 광범위하게 통합하여 처리
- 디지털화(Digitalization) : 다양한 형태의 데이터를 디지털 형식으로 변환하여 통합 처리
- 쌍방향성(Interactive) : 정보 제공자와 사용자가 시간과 장소에 구애받지 않고 직접적인 정보 전달 가능

12 ③

텔레텍스(Teletex) : 기존의 텔렉스(Telex) 단말기에 워드프로세서 기능을 추가한 단말 장치와 공중 전화망으로 구성된 통신 시스템

오답 피하기

- 비디오텍스 : 전화 + 데이터 뱅크 + TV 수상기
- VAN : 부가 가치 통신망
- 텔레텍스트 : 문자 다중 방송

13 ④

G4 팩시밀리

- ISDN용 고속 정보 전송 및 고압축 부호화 방식의 팩시밀리 형식
- 공중 데이터망(PDN ; Public Data Network)에 적합하며, A4 한 장을 수 초 내에 전송 가능

오답 피하기

- G1 : 아날로그 회선, 6분기
- G2 : 아날로그 회선, 3분기
- G3 : 디지털 회선, 1분기

14 ③

JPEG(Joint Photograph Experts Group) : 색상에 대해 중복되는 값들을 가진 픽셀들을 제거함으로써 원래의 크기를 줄이는 기법으로, 정지 화상의 압축에 주로 쓰임

오답 피하기

동영상 압축 기술 : MPEG, AVI, DVI, MOV 등

15 ②

전자 자료 교환(EDI; Electronic Data Interchange) : 다른 기업 간에 수주, 발주, 수송, 결제 등 상업 거래를 위한 자료를 데이터 통신 회선을 통해 표준화된 포맷(Format)과 규약에 따라 컴퓨터 간에 온라인으로 전달하는 것

오답 피하기

- Telex : 텔렉스 통신(가입 전신)
- VOD : 주문형 비디오

16 ②

PNG

- GIF와 JPG의 장점만을 조합하여 만든 형식
- GIF가 갖고 있는 투명한 배경, 애니메이션 효과를 지원하고 JPG의 높은 압축률을 지원

오답 피하기

- BMP : 이미지를 비트맵 방식으로 표현
- TIFF : 전자 출판 등에 이용되는 이미지 파일 형식
- DVI : 하드웨어적인 동영상 압축 기법

17 ④

텔레미터링(Telemetering) : 전기, 가스, 수도 등의 측정(검침) 값을 회선을 거쳐 멀리 떨어져 있는 센터에서 자동적으로 판독하는 것으로, 원격 측정 시스템이라고 함

오답 피하기

IMT-2000 : 하나의 단말기로 유 · 무선 환경에서 음성, 데이터, 영상 등을 고속으로 주고받을 수 있는 유 · 무선 통합 개념의 글로벌 멀티미디어 이동 통신 서비스

18 ②

멀티미디어는 디지털 방식에 의해 내용을 전달함

19 ④

텔레텍스(Teletex) : Word Process 등의 텍스트 편집 기계에 통신 기능(Telex)을 부가한 장치

오답 피하기

- CATV(CAble Television) : 불특정 다수에게 무선 형태로 보내는 종래의 TV 방송과는 달리 광케이블 등의 유선 케이블을 통하여 가입자에게 자체적으로 제작된 콘텐츠를 제공하는 유선 중계 방송
- 비디오텍스(Videotex) : TV 수상기와 전화망을 이용한 형태로, 다양한 서비스를 제공하는 유선 통신 뉴 미디어

20 ④

멀티미디어의 특징

- 통합성 : 문자, 그래픽, 사운드 등의 다양한 매체를 통합
- 디지털화 : 다양한 데이터 형식을 컴퓨터가 인식하도록 디지털로 변환
- 쌍방향성 : 사용자와 제공자 간에 서로 정보를 주고받음
- 비선형성 : 사용자의 선택에 따라 정보를 처리

인터넷

학습 방향

시험에 거의 출제되지는 않지만 인터넷을 사용하기 위한 기본적인 주소 체계 및 관련 용어에 대한 이해가 필요합니다.

출제빈도

SECTION 01 하 100%

SECTION 01

인터넷의 개요 및 주소 체계

출제빈도 상 중 (하)
반복학습 1 2 3

빈출 태그 WWW • FTP • IP 주소 • DNS • 플러그인 • HTML • CGI • VRML • ISMTP • POP • IMT-2000 • 유비쿼터스 • 쿠키 • 방화벽 • 하이퍼텍스트

01 인터넷의 개념

- TCP/IP★ 프로토콜을 통해 연결되어 있는 글로벌 네트워크
- 전 세계 통신망들이 연결(결합)되어 만들어진 세계적인 네트워크
- 1969년 최초 군사용 목적으로 개발된 알파넷(ARPANET)에서 유래
- 1982년 서울대학교 – KIET(전자 통신 기술 연구소) 간에 TCP/IP를 기반으로 하는 SDN이 구축(국내 최초의 인터넷)

★ TCP/IP(Transmission Control–Protocol/Internet Protocol)
기종이 서로 다른 컴퓨터 시스템을 서로 연결해 데이터를 전송하기 위한 통신 프로토콜로서 1960년 초 미국 국방부가 제정하였으며, UNIX와 인터넷 사용이 늘어나면서 네트워크상에서 데이터를 전송하는 표준이 됨

02 인터넷의 특징

- 다른 기종 간의 상호 연결을 지원하며 전 세계 여러 사람들과 대화 및 정보 교환이 가능
- 인터넷 연결을 위해서는 IP 주소를 배정
- 중앙 통제 기구가 없어 사용권의 제한이 없음
- 기존의 무료 서비스가 점차 유료 서비스로 전환되고 있음
- 중요한 인터넷 기구
  - InterNIC : 국제 인터넷 정보 센터로 com, net, org 등 최상위 도메인을 유지 관리하던 조직이었으나 1988년 10월 비영리 기구인 ICANN이 새롭게 최상위 도메인 관리자로 지정됨
  - KRNIC : 우리나라에서 인터넷 접속을 위한 IP 주소 할당, 도메인 이름 등록 및 정보 서비스를 제공하는 기관

기적의 TIP

인터넷의 개념 및 주소 체계에 대한 정리가 필요합니다. 특히 DNS에 대해 숙지해 두시고 인터넷 관련 용어에 대한 전반적인 이해가 필요합니다.

03 인터넷의 서비스

① 주요 서비스

월드 와이드 웹 (WWW; World Wide Web)	하이퍼텍스트(Hypertext)를 기반으로 멀티미디어 정보를 검색할 수 있는 서비스
전자 우편(E–mail)	인터넷 사용자에게 컴퓨터를 이용하여 편지를 주고받는 서비스
FTP(File Transfer Protocol)	파일을 송 · 수신하는 서비스
텔넷(Telnet)	멀리 있는 컴퓨터를 자신의 컴퓨터처럼 사용할 수 있는 시스템(원격 접속)
아키(Archie)	익명 FTP 사이트에 있는 파일을 찾아주는 서비스

고퍼(Gopher)	인터넷에 있는 정보를 계층적 또는 메뉴 방식으로 찾아주는 서비스
베로니카(Veronica)	고퍼 서비스에서 정보 검색
유즈넷(Usenet)	뉴스 그룹이라고도 하며, 공통 관심사를 갖는 사람들끼리 그룹을 구성하여 게시판에서 관련 정보를 교환, 조회할 수 있는 서비스
채팅(IRC; Internet Relay Chat)	인터넷 채팅
MUD 게임	인터넷상에서 여러 사람과 즐길 수 있는 온라인 게임
웨이즈(WAIS)	특정 데이터베이스 등을 키워드로 고속 검색하는 환경을 제공하는 서비스

② 기타 서비스

웹 호스팅(Web Hosting) 서비스	인터넷 서비스 제공업체가 독립적인 인터넷 서버를 운영하기 어려운 기업을 위해 웹 서버를 임대해 주고, 자체 도메인을 가질 수 있도록 관리해 주는 서비스
핑(ping)	특정 네트워크가 정상적으로 작동중인지 확인할 때 사용하는 명령
핑거(finger)	특정 네트워크에 접속된 사용자의 정보를 확인할 때 사용하는 명령
nslookup	DNS가 가지고 있는 특정 도메인의 IP Address를 검색해 주는 서비스
whois	인터넷에 등록된 사용자에 관한 정보를 검색하고자 할 때 사용하는 서비스
로밍(Roaming) 서비스	외국에서도 자신의 무선 전화기를 이용할 수 있도록 해 주는 서비스

더 알기 TIP

전용선 속도

T1 → E1 → T2 → E2 → E3 → T3

T1	1.544Mbps	E1	2.048Mbps
T2	6.312Mbps	E2	8.448Mbps
T3	44.763Mbps	E3	34.368Mbps

04 인터넷의 주소 체계 16년 상시, 13년 상시, 11년 10월

① IP 주소(Address)

- 인터넷에 연결된 컴퓨터의 고유한 주소로, 4개의 필드로 끊어서 온점(.)으로 구분
- IP 주소는 미국은 InterNIC, 대한민국을 비롯한 기타 나라들은 각국의 망 관리 센터에서 발급
- 대한민국의 경우에는 한국망 관리 정보 센터(KRNIC)에서 발급

더 알기 TIP

IPv6

- IPv4의 32비트 주소 체계로는 전 세계의 증가하는 호스트에 주소를 할당하기 어렵기 때문에, 1994년부터 개발하기 시작한 128비트의 주소 체계를 쓰는 IPv6의 정책을 적용
- 128비트를 16비트씩 8부분으로 나누어 각 부분을 콜론(:)으로 구분
  예 2002:1234:ABCD:0000:227F:1111:0077:AS3K

개념 체크

1 인터넷은 IP 주소를 기반으로 운영되는 네트워크들을 연결하는 것이다.(O, X)

1 ○

★ 도메인 네임의 형식
오른쪽으로 갈수록 범위가 커지는 역 트리 구조를 가지고 있음

② 도메인 네임(Domain Name)

- 숫자로 구성되어 있는 IP 어드레스를 사람(사용자)이 이해하기 쉽도록 문자로 표현한 것
- 형식 : [호스트 컴퓨터명].[소속 기관명].[소속 기관의 종류].[소속 국가]★
- 도메인 네임 작성 요령
  - 영문자 A~Z, 숫자 0~9, -(하이픈)의 조합으로 표현
  - ,(콤마), _(언더바) 등의 기호는 사용 불가
  - 영문자의 대소문자는 구분되지 않음
  - 첫 글자는 영문자로 시작
  - -(하이픈)은 중간에만 사용
  - 최소 2자~최대 63자까지 가능
- KRNIC에서 부여하는 도메인 예 http://www.youngjin.co.kr

ac	대학, 대학원 등의 교육 기관	co	기업 등의 영리 기관
go	정부 기관	re	연구 기관
or	비영리 기관	es	초등학교
ms	중학교	hs	고등학교
sc	특수 학교	pe	개인

- INTERNIC에서 부여하는 도메인 예 http://www.youngjin.com

edu	교육 기관	com	기업 등의 영리 기관
gov	정부 기관	org	비영리 기관
net	네트워크 관련 기관	mil	국사 기관
int	국제 기관		

- 소속 국가 도메인

kr	한국	fr	프랑스
au	호주	it	이탈리아
at	오스트리아	jp	일본
ca	캐나다	no	노르웨이
de	독일	us	미국
dk	덴마크	uk	영국
fi	핀란드	cn	중국

- 일반 도메인의 종류

gTLD(generic TLD)	누구나 신청이 가능한 도메인
sTLD(special TLD)	미국의 정부 기관, 군사 기관에서만 사용할 수 있는 도메인
iTLD(international TLD)	국제 기구에서만 사용 가능한 도메인

③ DNS(Domain Name System)

도메인 네임(Domain Name)을 컴퓨터가 인식할 수 있는 IP 어드레스(IP Address)로 변환해 주는 컴퓨터 체계

④ URL(Uniform Resource Locator)

- 인터넷에서 정보의 위치를 알려 주는 표준 주소 체계
- 인터넷의 정보에 대한 접근 방법, 위치, 파일명 등으로 구성
- 형식 : 프로토콜://서버 주소[:포트 번호]/디렉터리/파일명
- 기본 포트 번호 : HTTP★-80, FTP-21, TELNET-23, News-119, Gopher-70

★ HTTP
하이퍼텍스트를 전송하기 위한 프로토콜

인터넷 프로토콜
- 프로토콜(Protocol)이란 네트워크에서 서로 다른 기종 간의 데이터 전송 시 원활한 정보 교환이 가능하도록 절차 등을 규정해 놓은 통신 규약
- TCP/IP(Transmission Control Protocol/Internet Protocol) : 인터넷 표준 프로토콜

더 알기 TIP

인트라넷과 엑스트라넷

인트라넷(Intranet)	인터넷의 기술을 기업 내 정보 시스템에 적용한 것으로 전자 우편 시스템, 전자 결재 시스템 등을 인터넷 환경으로 통합하여 사용하는 것을 말함
엑스트라넷(Extranet)	기업과 기업 간에 인트라넷을 서로 연결하여 납품업체나 고객업체 등 자기 회사와 관련있는 기업체와의 원활한 통신을 위해 인트라넷의 이용 범위를 확대한 것

05 인터넷 관련 용어

- 그룹웨어(Groupware) : 여러 사람이 공통의 업무를 수행하는데 있어 공동으로 사용할 수 있는 프로그램을 의미하는 것으로, MS 사의 익스체인지(Exchange)나 넷미팅(Netmeeting) 등이 이에 해당함
- 플러그인(Plug-in) : 웹 브라우저 자체 기능으로 실행할 수 없는 프로그램들을 실행시킬 수 있도록 도와주는 프로그램(아크로벳 리더, 퀵타임, 리얼 플레이어, 윈도 미디어 플레이어 등)
- 프록시 서버(Proxy Server) : 클라이언트 요구에 응답하는 대리 서버로, 패킷을 전송하기 전에 검사를 수행하기 때문에 외부의 침입으로부터 네트워크를 보호하는 역할을 하며, 프록시 캐시 기능으로 속도를 향상시킬 수도 있음
- HTML(HyperText Markup Language) : 웹 페이지를 작성하기 위한 언어
- XML(eXtensible Markup Language) : 차세대 인터넷 언어로, SGML의 복잡성과 HTML의 단순함을 개선한 언어
- SGML(Standard Generalized Mark Language) : 문서의 내용이나 구조를 정의하기 위한 국제 표준 언어
- CGI(Common Gateway Interface) : 웹 서버와 외부 프로그램 간에 데이터를 교환하기 위해 사용되는 개념
- VRML(Virtual Reality Modeling Language) : 3차원 가상 공간을 표현하기 위한 언어
- 미러(Mirror) 사이트 : 인터넷 특정 사이트에 다수의 사용자들이 한꺼번에 몰려 서버가 다운되는 현상을 방지하기 위해 같은 내용을 여러 사이트에 복사하여 다수의 사용자가 분산되게 하고, 보다 빨리 자료를 찾을 수 있도록 하는 사이트

개념 체크

1 웹 브라우저 자체 기능으로 실행할 수 없는 프로그램들을 실행시킬 수 있도록 도와주는 프로그램은?

2 문서의 내용이나 구조를 정의하기 위한 국제 표준 언어는 (   )이다.

1 플러그인 2 SGML

- 하이퍼미디어(Hypermedia) : 하이퍼링크가 설정된 음성, 영상, 그림 문서들
- 하이퍼텍스트(Hypertext) : 하이퍼링크가 설정되어 있는 텍스트 문서
- 하이퍼링크(Hyperlink) : 웹 문서와 웹 문서를 서로 연결해 놓은 형태
- 포털 사이트(Portal Site) : 사용자들이 인터넷에 접속할 때 제일 먼저 접하는 관문을 말하며, 다양한 콘텐츠를 제공하는 대형 사이트 전체를 나타내는 의미로도 사용
- 보털 사이트(Vortal Site) : 특정 산업 분야에서 필수적으로 요구되는 여러 사이트들이 수직적으로 묶여져 원활한 전자상거래 서비스를 제공할 목적으로 만들어진 전문 사이트
- SMTP(Simple Mail Transfer Protocol) : 메일 송신 프로토콜 09년 9월
- POP(Post Office Protocol) : 메일 수신 프로토콜
- 허브 사이트(Hub Site) : 영세 전문 포털 사이트들이 한 곳에 모여 관문과 목적지를 동시에 제공하는 사이트
- 디지털 워터마크(Digital Watermark) : 불법 복제 방지 기술, 어떤 파일에 관한 저작권 정보를 식별할 수 있도록 디지털 이미지나 오디오 및 비디오 파일에 삽입한 비트 패턴 기술
- IMT-2000 : 위성을 이용한 통신 서비스로, 세계 어느 지역에서나 음성 전화, 텔렉스, 무선 호출, 전자 우편 등의 서비스를 제공받을 수 있는 4세대 통신망
- ISP(Internet Service Provider) : 개인이나 회사들에게 인터넷 관련 서비스 등을 제공하는 회사
- Active X : 특정 프로그램으로 작성된 작업 문서를 웹과 연결시켜 웹으로 재현할 수 있도록 하는 기술
- 메일링 리스트(Mailing List) : 인터넷상에서 공통의 관심사를 가진 사람들끼리 정보를 교류하기 위해서 전자 우편을 이용해 의견을 공유하는 그룹을 지칭
- 유비쿼터스(Ubiquitous) : 사용자가 컴퓨터나 네트워크를 의식하지 않고 장소에 관계없이 자유롭게 네트워크에 접속할 수 있는 환경
- VoIP(IP 폰, 인터넷 폰) : 인터넷 프로토콜을 이용하여 데이터뿐 아니라 음성을 함께 전송할 수 있도록 지원하는 프로토콜
- 쿠키(Cookie) : 인터넷 웹 사이트의 방문 정보를 기록하는 텍스트 파일
- 캐싱(Caching) : 자주 사용하는 사이트의 자료를 따로 저장하고 있다가 사용자가 다시 그 자료에 접근하면 인터넷에 접속하지 않고 미리 저장한 자료를 활용해서 빠르게 보여주는 기능
- 히스토리(History) : 사용자가 방문했던 웹 사이트 주소들을 순서대로 기억하여 보관하는 기능
- 고퍼(Gopher) : 텍스트 위주의 메뉴 방식 검색 서비스
- 방화벽(Firewall) : 불법적인 침입으로부터 보호하기 위하여 게이트웨이에 설치되는 접속 제한 보안 장치로, 외부 네트워크의 접속을 제한함으로써 보안을 어느 정도 확보할 수 있으며, 네트워크 간의 IP 패킷 전송을 차단하는 방법, 특정의 애플리케이션에 의한 패킷만을 전송하도록 하는 방법 등이 있음
- IPTV : 초고속 인터넷을 통해 서비스되는 양방향성 TV 방송 서비스로 시청자가 원하는 시간대에 프로그램을 선별하여 볼 수 있는 뉴 미디어 시스템 09년 3월/7월

- FTTH(Fiber To The Home) : 인터넷을 사용하는 집 안까지 광섬유를 설치하는 초고속 인터넷 방식으로 FTTP(Fiber To The Premises)라고도 함 09년 3월
- 스미싱(Smishing) : 문자(SMS)와 피싱(Phishing)의 합성어로 인터넷 접속이 가능한 스마트폰의 문자메시지를 이용한 휴대폰 해킹
- 스푸핑(Spoofing) : '골탕먹이다, 속여먹다'라는 뜻을 지닌 'spoof'에서 나온 말로 해커가 악용하고자 하는 호스트의 IP 주소나 e-메일 주소를 바꾸어서 이를 통해 해킹을 하는 것
- 스니핑(Sniffing) : 네트워크의 중간에서 남의 패킷 정보를 도청하는 해킹
- 파밍(Pharming) : 합법적으로 소유하고 있던 사용자의 도메인을 탈취하거나 도메인 네임 시스템(DNS) 또는 프락시 서버의 주소를 변조함으로써 사용자들로 하여금 진짜 사이트로 오인하여 접속하도록 유도한 뒤에 개인정보를 훔치는 새로운 컴퓨터 범죄 수법

개념 체크

1 SMTP는 메일 송신 프로토콜이다.(O, X)

2 네트워크의 중간에서 남의 패킷 정보를 도청하는 해킹은 스미싱이다.(O, X)

1 ○ 2 ×

이론을 확인하는 기출문제

01 특정 시스템과 접속이 안 될 경우 네트워크상의 문제를 진단해 볼 수 있는 명령으로, 상대 호스트와의 연결 상태를 점검하기 위한 UNIX의 통신 명령어는?

① finger ② ping
③ who ④ talk

ping(packet internet groper) : 다른 호스트에 IP 데이터그램 도달 여부를 조사하기 위한 프로그램으로, 특정 컴퓨터의 정상 작동 여부를 확인하는 등 사용자가 접속하려고 시도하고 있는 호스트가 실제로 운영되고 있는지를 확인하는 진단 목적으로 사용

02 인터넷상에서 메일을 주고받을 수 있는 프로토콜에 해당하는 것은?

① HTTP ② SNMP
③ SMTP ④ FTP

SMTP(Simple Mail Transfer Protocol) : 전자 우편을 송신하기 위한 프로토콜

오답 피하기
- HTTP(HyperText Transfer Protocol) : 하이퍼텍스트 문서를 교환하기 위한 통신 규약
- SNMP(Simple Network Management Protocol) : 간이 망 관리 프로토콜
- FTP(File Transfer Protocol) : 파일 전송 규약

03 인터넷 도메인 네임을 IP Address로 바꿔주는 시스템을 무엇이라 하는가?

① HTTP ② TCP/IP
③ URL ④ DNS

DNS(Domain Name System) : DNS 서버는 도메인 이름과 이에 대응하는 IP 주소에 관한 데이터베이스를 유지하고 있다가 원하는 컴퓨터에게 제공하는 기능을 수행

04 초고속 인터넷 망을 이용하여 제공되는 양방향 텔레비전 서비스로 시청자가 자신이 편리한 시간에 보고 싶은 프로그램을 볼 수 있는 뉴 미디어는?

① IPTV ② DMB
③ 블루투스 ④ 유비쿼터스

IPTV(Internet Protocol TeleVision) : 인터넷을 통해 텔레비전 시청이 가능하게 제공해 주는 서비스

오답 피하기
- DMB(Digital Multimedia Broadcasting) : 고속 이동 시청, 초고화질 방송 등 기존 방송의 한계를 극복하고 통신망과 연계되어 있는 차세대 멀티미디어 방송 서비스
- 블루투스(Bluetooth) : 무선기기 간 정보 전송을 목적으로 하는 근거리 무선 접속 프로토콜
- 유비쿼터스(Ubiquitous) : 사용자가 컴퓨터나 네트워크를 의식하지 않고 장소에 관계없이 자유롭게 네트워크에 접속할 수 있는 환경

정답 01 ② 02 ③ 03 ④ 04 ①

합격을 다지는 예상문제

01 다음 중 메뉴 형식의 정보 검색 시스템으로, 텍스트뿐만 아니라 화상이나 음성 정보도 취급하는 것은?

① 아키(Archie) ② 유즈넷(Usenet)
③ 텔넷(Telnet) ④ 고퍼(Gopher)

02 다음 용어에 대한 설명 중 옳은 것은?

① HTML : 웹 서버와 클라이언트가 상호 통신하기 위해 사용되는 언어이다.
② DNS 주소 : 네트워크상에서 컴퓨터가 직접 인식할 수 있는 주소로서, 점으로 구분되는 4묶음의 문자이다.
③ 웹 브라우저(Web Browser) : 웹에서 정보를 볼 수 있도록 해 주는 응용 프로그램이다.
④ HTTP : 하이퍼텍스트를 만드는 수단이 되는 언어이다.

03 웹 브라우저에서 사용자가 자주 찾는 웹 사이트를 매번 접속할 때마다 문서를 새로 가져오는 것을 방지하기 위해 일정량의 디스크 용량을 PC에 설정하는 것을 무엇이라 하는가?

① Proxy Server ② Bookmark
③ Caching ④ Gateway

04 다음 중 인터넷을 설명한 것으로 옳지 않은 것은?

① 인터넷은 1969년 미국 국방성의 ARPA-NET에서 유래되었다.
② Gopher 기능을 이용하면 원격지 컴퓨터를 이용할 수 있다.
③ 인터넷은 지구 상에 통신망과 컴퓨터가 있는 곳이면 접속과 자원의 공유가 가능하다.
④ 인터넷상에서 여러 사람들과 공통 관심사에 대해 대화를 나누기 위해서는 IRC 기능을 이용한다.

05 다음 중 도메인 네임에 대한 설명으로 옳은 것은?

① 숫자로 되어 있는 IP Address를 쉽게 알아볼 수 있도록 문자로 표시한 주소 방식이다.
② 도메인 네임 작성에 있어 콤마(,)를 사용할 수 있다.
③ 32비트의 주소 체제는 4부분으로 구성되며, 10진수의 각 부분은 점(.)으로 구분한다.
④ 국내는 호스트 이름, 기관 이름, 기관 종류로 구성되며 국가별 코드는 필요 없다.

06 인터넷에서 사용하고 있는 통신용 프로토콜은?

① IEEE 802 ② TCP/IP
③ CAT 5 ④ 10 Base T

07 다음 중 인터넷 관련 용어에 대한 설명으로 옳지 않은 것은?

① 로밍 서비스 : 다른 국가에서 자신의 ID와 비밀 번호를 이용하여 인터넷을 이용할 수 있는 서비스이다.
② SOHO : 작은 사무실이나 자신의 집에서 사업을 하는 환경을 의미한다.
③ 포털 사이트 : 특정 분야에 한정된 정보를 깊이 있게 제공하는 인터넷 사이트를 말한다.
④ MIME : 인터넷상에서 전자 우편으로 화상이나 음성을 포함한 멀티미디어 정보를 보낼 때의 표준 규격을 말한다.

08 인터넷에서 제공되는 서비스가 아닌 것은?

① WWW ② FTP
③ E-MAIL ④ PLUG & PLAY

09 인터넷상에서 하이퍼텍스트를 전송하기 위한 프로토콜은?

① DDCMP ② SNMP
③ HDLC ④ HTTP

10 IPv6(Internet Protocol version 6)의 주소는 몇 비트인가?

① 16비트 ② 128비트
③ 64비트 ④ 32비트

11 인터넷을 통해 TV 서비스를 제공하는 방송 서비스는?

① MPEG ② IPTV
③ HDTV ④ SDTV

12 인터넷상에서 특정 사이트에 동시에 많은 이용자들이 접속하는 것을 방지하기 위하여 같은 내용을 여러 사이트에 복사하여 다수의 사용자가 보다 빨리 자료를 참조할 수 있도록 해 주는 사이트를 무엇이라 하는가?

① 백업 사이트(Backup Site)
② 미러 사이트(Mirror Site)
③ 웹 서버 사이트(Web Server Site)
④ FTP 서버 사이트(FTP Server Site)

13 기업체, 은행 등의 본 지점 간 발생하는 내부 업무 처리를 위해 별도의 네트워크를 구축하기보다 인터넷 망을 사용할 경우 재택 근무가 가능해지고 어디에서나 회사 네트워크에 연결하여 작업을 할 수 있게 되었다. 이와 같이 인터넷 망을 이용하여 회사 업무의 네트워크를 구축하는 것을 무엇이라 하는가?

① Intranet ② InterLAN
③ VAN ④ OSI

14 인터넷 접속 방식 중 TCP/IP의 설명으로 옳지 않은 것은?

① 네트워크로 연결된 시스템 간의 데이터 전송을 가능하게 하기 위해 인터넷에서 사용되는 표준 프로토콜이다.
② TCP는 OSI 7계층의 전송 계층에 해당되며, 데이터의 흐름을 관리하고 에러 유무를 검사한다.
③ IP는 OSI 7계층의 세션 계층에 해당되며, 데이터 패킷을 전송하는 역할을 한다.
④ 1960년대 미국 국방성에서 기종이 다른 컴퓨터 간의 통신을 가능하게 하기 위해 ARPANET용으로 개발한 프로토콜이다.

15 인터넷의 보급이 확산되면서 보안에 대한 관심이 높아지고 있다. 내부 정보의 외부 노출 가능성을 제거하기 위한 보안 개념으로 이용되고 있는 것은 무엇인가?

① 파일 서버(File Server)
② SET(Secure Electronic Transaction)
③ 방화벽(Firewall)
④ 메일 서버(Mail Server)

16 다음 중 전자 우편을 설명한 것으로 옳지 않은 것은?

① 문서 파일뿐 아니라 다양한 파일까지도 전송이 가능하다.
② POP3는 전자 우편을 전송하기 위한 표준 프로토콜이다.
③ 인터넷 사용자들끼리 편지를 주고받는 서비스이다.
④ 보내는 즉시 수신이 가능하므로 빠른 정보 교환이 가능하다.

17 다음 중 소속 국가 도메인이 잘못된 것은?

① kr : 한국 ② ca : 캐나다
③ it : 이탈리아 ④ ch : 중국

18 자주 방문하는 URL을 목록으로 모아서 관리하는 것을 무엇이라 하는가?

① Bookmark ② URL List
③ Directory ④ Catalog

19 전 세계 인터넷상의 익명의 FTP 사이트 정보를 쉽게 검색할 수 있도록 하는 서비스는?

① 텔넷(Telnet) ② 고퍼(Gopher)
③ 유즈넷(Usenet) ④ 아키(Archie)

20 인터넷 서비스의 설명 중 옳지 않은 것은?

① IRC : 전 세계 인터넷 사용자 간에 대화할 수 있는 기능이다.
② FTP : 다른 시스템에 있는 파일을 다운로드할 수 있다.
③ TELNET : 인터넷 웹 사이트의 방문 정보를 알 수 있다.
④ E-Mail : 자신의 파일을 다른 사람의 시스템에 보내줄 수 있다.

21 사용자의 허락없이 일방적으로 전달되는 광고성 전자 우편이나 뉴스 그룹에서 필요없는 메시지를 지나치게 많이 올리는 행위를 일컫는 말은?

① Bookmark ② Spam
③ Finger ④ FAQ

22 인터넷 전용선 속도가 잘못 짝지어진 것은? (단, 단위는 Mbps임)

① T1 : 1.544
② E1 : 2.048
③ T2 : 6.312
④ T3 : 8.448

23 사업가인 홍영진씨는 일본으로 비즈니스 겸 여행을 가려고 한다. 이때 사용하고 있던 무선 휴대폰을 일본에서도 사용할 수 있는 서비스는 무엇인가?

① 웹 호스팅 서비스
② 고퍼 서비스
③ 월드 와이드 웹 서비스
④ 로밍 서비스

24 다음 중 사용자가 컴퓨터에서 작성한 메일을 다른 사람의 계정이 있는 곳으로 전송해 주는 역할을 하는 프로토콜은?

① POP3
② SMTP
③ HTTP
④ USENET

25 다음 중 인터넷 웹 사이트의 방문 정보를 기록하는 파일로, 이를 이용하여 사용자의 정보 등을 분석할 수 있는 것은?

① 쿠키
② 패치
③ 조각 모음
④ 크래커

합격을 다지는 예상문제 / 정답 & 해설

CHAPTER 08

01 ④	02 ③	03 ③	04 ②	05 ①
06 ②	07 ③	08 ④	09 ④	10 ②
11 ②	12 ②	13 ①	14 ③	15 ③
16 ②	17 ④	18 ①	19 ④	20 ③
21 ②	22 ④	23 ④	24 ②	25 ①

01 ④

Gopher(고퍼) : 메뉴 방식으로 정보를 검색할 수 있는 정보 검색 서비스로, 화상이나 음성 정보도 검색이 가능

오답 피하기

- 아키(Archie) : 인터넷상의 익명 파일 전송 규약 서버(Anonymous FTP Server)에 공개되어 있는 파일의 검색 서비스를 행하는 클라이언트/서버형 프로그램
- Telnet(텔넷) : 원격 접속으로, 원격지의 컴퓨터를 자신의 컴퓨터처럼 이용할 수 있는 서비스
- Usenet(유즈넷) : 인터넷 전자 게시판, 뉴스 그룹 정보

02 ③

웹 브라우저(Web Browser) : 인터넷 정보 검색 등이 가능하도록 지원하는 프로그램

오답 피하기

- HTML(HyperText Markup Language) : 하이퍼텍스트 문서를 만들기 위한 프로그래밍 언어
- IP 주소(Internet Protocol Address) : 네트워크상에서 컴퓨터가 유일하게 인식할 수 있는 주소
- DNS(Domain Name System) : 도메인 주소를 컴퓨터가 인식할 수 있는 IP 주소로 변환시켜 주는 작업을 수행하는 시스템
- HTTP(HyperText Transfer Protocol) : 하이퍼텍스트 문서를 교환하기 위한 통신 규약

03 ③

Caching : 사용자가 한 번 접속한 사이트의 정보를 하드 디스크의 일정한 공간에 저장하여 다음에 해당 사이트에 접속할 때 저장된 내용을 불러와 접속과 정보 전송에 소요되는 시간을 절약하게 하는 기능

오답 피하기

- Proxy Server : PC 사용자와 인터넷 사이에서 중계자 역할을 수행하는 서버
- Gateway : 2개 이상의 다른 종류 또는 같은 종류의 통신망을 상호 접속하여 통신망 간 정보를 주고받을 수 있게 하는 기능 단위 또는 장치

04 ②

Gopher(고퍼) : 메뉴 방식으로 정보를 검색할 수 있는 정보 검색 서비스

오답 피하기

Telnet(텔넷) : 원격 접속으로, 원격지의 컴퓨터를 자신의 컴퓨터처럼 이용할 수 있는 서비스

05 ①

도메인 네임 : 호스트 이름, 기관 이름, 기관 종류, 국가별 코드 등으로 구성되며, 도메인 네임 작성에 있어 콤마(,)는 사용할 수 없음

오답 피하기

IP 주소 : 32비트의 주소 체계의 4부분으로 구성되며, 10진수의 각 부분은 점(.)으로 구분

06 ②

TCP/IP : 인터넷에서 사용되는 프로토콜로 TCP는 인터넷에서의 데이터 전송을 제어하는 프로토콜이며, IP는 패킷을 목적지까지 전송하는 프로토콜임

오답 피하기

10 Base T : 속도 10Mbps, 트위스티드 페어 와이어(Twisted-Pair Wire)

07 ③

포털 사이트(Portal Site) : 이용자가 웹 페이지에 접속할 때 최초로 들어가는 사이트(곳)로 허브, 관문국(게이트웨이) 등으로 부르기도 하며 E-Mail, 홈페이지, 채팅, 게임, 쇼핑 등의 모든 서비스와 콘텐츠를 종합적으로 제공하는 사이트

오답 피하기

보털 사이트(Vortal Site) : 특정 분야에 한정된 정보를 깊이 있게 제공하는 인터넷 사이트

08 ④

PnP(Plug & Play) : 새로운 하드웨어 장치를 자동으로 검색하여 다른 장치와 충돌 없이 설치해 주는 운영체제의 기능

오답 피하기

- WWW(World Wide Web) : 하이퍼텍스트(Hypertext)를 기반으로 멀티미디어 정보를 검색할 수 있는 서비스
- FTP(File Transfer Protocol) : 파일을 송수신하는 서비스

09 ④

HTTP : 하이퍼 텍스트를 전송하기 위한 프로토콜

10 ②

IPv6(인터넷 규약 버전 6) : IPv4의 부족한 IP 주소를 32비트에서 128비트로 확장하여 주소 공간을 확장함

오답 피하기

IPv6 : 128비트를 16비트씩 8부분으로 나누어 각 부분을 콜론(:)으로 구분

11 ②

IPTV(Internet Protocol TeleVision) : 인터넷을 통해 텔레비전 시청이 가능하게 제공해 주는 서비스

12 ②

미러 사이트(Mirror Site) : 인터넷상의 특정 사이트와 똑같은 것을 복사하여 다른 장소에 만든 사이트로, FTP 서버의 병목 현상을 방지하고 보다 가까운 위치에서 자료를 전송받을 수 있음

13 ①

인트라넷(Intranet) : 기업 내부의 정보 통신망을 인터넷에 흡수시켜 정보의 획득과 경영의 효율화, 생산성 증대 등을 위한 개념

오답 피하기

- VAN : 부가 가치 통신망
- OSI : 개방형 시스템 간의 상호 접속과 원활한 정보 전송을 위해 제정한 표준안으로, 7계층으로 구성

14 ③

IP(Internet Protocol) : OSI 7계층의 네트워크 계층에 해당되며, 데이터 패킷을 전송하는 역할을 수행

오답 피하기

- TCP : 전송(Transport) 계층
- IP : 네트워크(Network) 계층

15 ③

방화벽(Firewall) : 불법적인 침입으로부터 보호하기 위하여 게이트웨이에 설치되는 접속 제한 보안 장치로, 외부 네트워크의 접속을 제한함으로써 보안을 어느 정도 확보할 수 있으며 네트워크 간의 IP 패킷 전송을 차단하는 방법, 특정의 애플리케이션에 의한 패킷만을 전송하도록 하는 방법 등이 있음

오답 피하기

SET : 인터넷을 통한 전자 상거래를 안전하게 할 수 있도록 보장해 주는 보안 프로토콜

16 ②

SMTP(Simple Mail Transfer Protocol) : 메일 송신 프로토콜

오답 피하기

POP(Post Office Protocol) : 메일 수신 프로토콜

17 ④

cn : 중국

18 ①

즐겨찾기 : 자주 방문하는 웹 사이트(Web Site)의 URL을 등록하며, Bookmark 기능이라 함

오답 피하기

Directory : 서로 관련성있는 데이터들을 체계적으로 관리하기 위한 집합 장소

19 ④

아키(Archie) : 인터넷상의 익명 파일 전송 규약 서버(anonymous FTP server)에 공개되어 있는 파일의 검색 서비스를 행하는 클라이언트/서버형 프로그램

오답 피하기

- 텔넷(Telnet) : 원격 접속
- 고퍼(Gopher) : 메뉴 방식의 정보 검색 서비스
- 유즈넷(Usenet) : 인터넷 게시판(뉴스 그룹)

20 ③

Telnet(텔넷) : 원격 접속으로, 원격지의 컴퓨터를 자신의 컴퓨터처럼 이용할 수 있는 서비스

오답 피하기

- IRC(Internet Relay Chat) : 인터넷 대화실로, 사용자들끼리 대화를 나눌 수 있는 서비스
- FTP(File Transfer Protocol) : 파일 전송 프로토콜로, 인터넷을 통하여 파일을 송 · 수신하기 위한 서비스

21 ②

Spam : 불특정 다수에게 무작위로 대량 발송되는 상업 광고 등을 의미함

오답 피하기

- Bookmark : 자주 방문하는 사이트의 주소를 저장하여 주소를 입력하지 않고도 접속이 가능하도록 하는 기능
- Finger : 사용자의 접속 유무를 알 수 있는 명령
- FAQ(Frequently Asked Question) : 자주 발생하는 질문과 답변을 모아서 정리해 놓은 것

22 ④

T3 : 44.763Mbps

오답 피하기

- E2 : 8.448Mbps
- E3 : 34.368Mbps

23 ④

로밍 서비스(Roaming) : 외국에서도 자신의 무선 전화기를 사용할 수 있게 해주는 서비스

24 ②

SMTP(Simple Mail Transfer Protocol) : 전자 우편을 송신하기 위한 프로토콜

25 ①

쿠키(Cookie) : 인터넷 웹 사이트의 방문 정보를 기록하는 텍스트 파일

오답 피하기

- 패치(Patch) : 프로그램의 오류가 있는 부분의 모듈을 수정하거나 기능의 향상을 위하여 프로그램의 일부를 변경해 주는 것
- 조각 모음 : 디스크의 단편화 현상을 제거하기 위한 방법
- 크래커(Cracker) : 컴퓨터 네트워크 안에서 타인의 데이터를 파괴하거나 훔치는 등의 범죄 행위를 저지르는 사람

MEMO

MEMO

MEMO

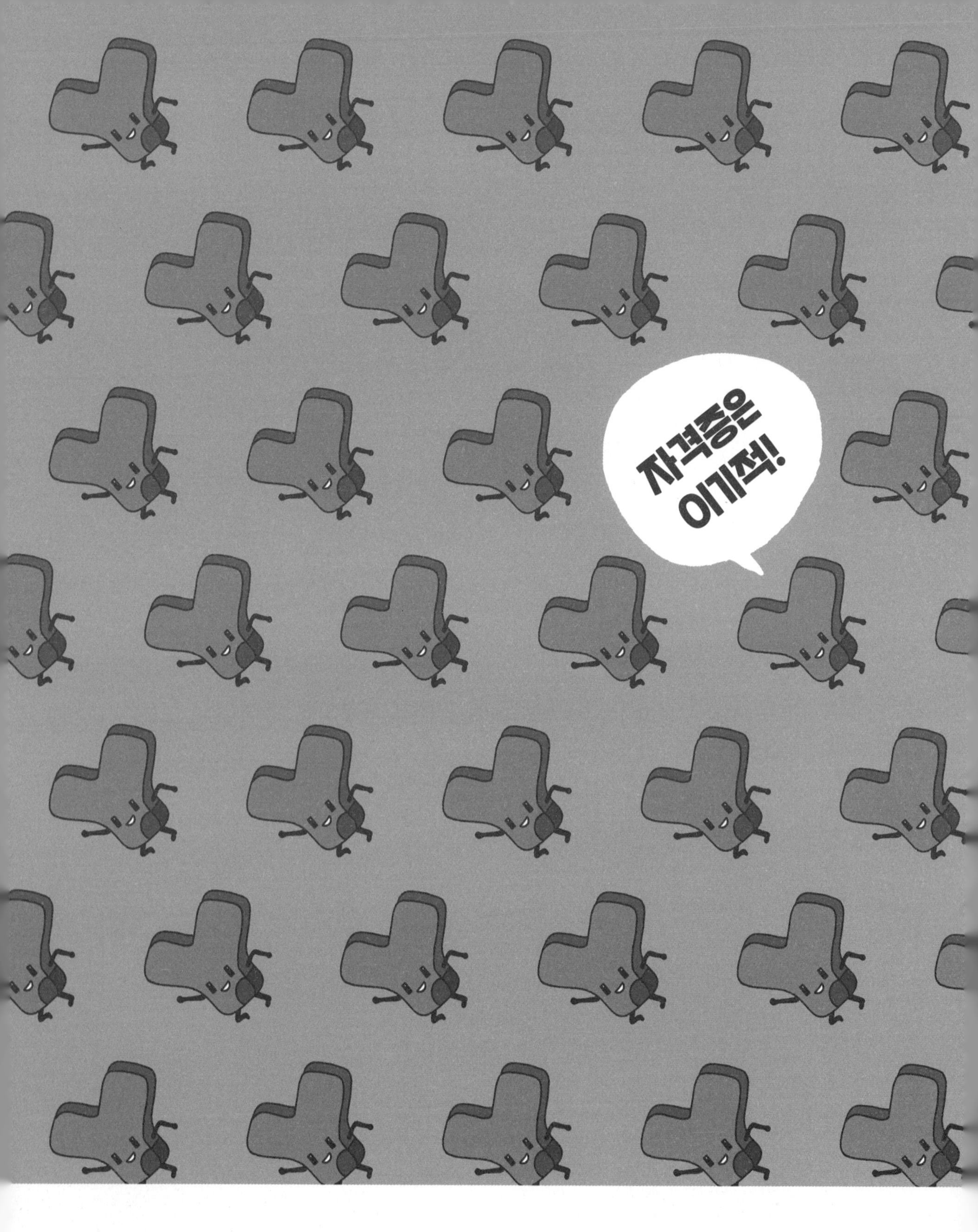
자격증은
이기적!